田中有紀

中国の音楽思想

朱載堉と十二平均律

東京大学出版会

The Philosophy of Music in Ancient China:
Zhu Zaiyu and Twelve-tone Equal Temperament
TANAKA Yuki

University of Tokyo Press, 2018
ISBN978-4-13-016037-7

はじめに

本書の主役は、中国で十二平均律理論を発明した人物として名高い朱載堉《しゅさいいく》(1)（一五三六―一六一一）である。彼がどのようにして十二平均律を生み出し、また十二平均律がその後の中国でどのように受容されたかを思想史的に解明すること——これが本書の目的である。十二平均律とは一オクターブを十二等分する理論である。現在、ピアノを始めとする多くの鍵盤楽器に採用されて世界中に普及し、我々の音感の基礎的な部分を形作っているといってもよい。

マックス・ウェーバーは、十二平均律を、近代西欧の合理化を芸術において象徴する重要な要素の一つとして取り上げ、西欧以外では起こり得なかった独自の事象と理解した(2)。そのような十二平均律が、中国においてほぼ同じ時期に（あるいは西欧に先駆けて）生まれていた。しかしその後の中国において、楽器の調律に採用されて実用化されることはなく、広く受容され発展したとは言い難い。それは一体、なぜなのか。本書の結論をあらかじめいえば、中国では儒学の中で礼楽として音楽が論じられ、十二平均律は、それまでの礼楽思想が目指していた調和的世界観を体現するまさに理想的な理論であったけれども、その後、儒学や礼楽思想の枠組そのものが転換する中で、新たな調和を実現するためにふさわしい理論として、受け入れられなかったからである。

「楽は天地の和なり、礼は天地の序なり」（『礼記』楽記）というように、人間関係に差等をもたらし秩序化する礼に対し、楽には人間関係を調和させ人々を導く役割が与えられてきた。しかし、楽もまた礼の一部である。つまり楽は、「正しい」秩序化を経た上で、調和をもたらすことを期待されてきた。儒者たちはとりわけ楽律（音律）に注目した。「正しい」音高を基準として定め、「適切な」音階を形成するよう音楽を「正し」、人々を秩序化していくこと——こうした過程を通して初めて、楽は調和を実現できる。朱載堉もまた自らの十二平均律こそが調和を実現できると考えた。朱載堉が目指した調和とは、楽律が、暦法や度量衡、そのほか人間世界の様々な制度と連関しあい、象数易（数理的易学）によって基礎付けられ、すべてが永遠に循環する世界であった。十二平均律は、それまでの楽律理論が抱えていた矛盾を解決し、天と人とが同じ規律でめぐる理想的世界を構築できる唯一の理論である——朱載堉はそう考えた。しかしその後、清代において、儒学の音楽論の枠組そのものが変わり、新しい調和を体現する理論として十二平均律は選ばれず、伝統的な楽律（音律）計算法である三分損益法が復活した。つまり中国はあえて十二平均律を受容「しなかった」のである。

そもそも十二平均律とは、どのような性格を持つ理論なのか。一オクターブを等分割するということは、隣接する二律の振動数比がすべて等しくなるということである。その結果、どの音を主音にしても著しく不協和な音程は存在せず、転調が容易になる。十二平均律の登場が西欧の作曲の歴史に果たした役割は大きい。しかし、十二平均律は唯一の正解ではない。そもそも西欧社会においても、十二平均律がすぐに普及したわけではなかった。響きの純粋性を考えると、十二平均律に抵抗感を持つ音楽家も多かったのである。十二平均律には、著しく不協和な音程が存在しない代わりに、一オクターブを除き完全に協和する二律はない。現代でも十二平均律の響きに疑問を持つ人は多い。この点こそが、筆者が研究を始めた大きな動機でもある。

筆者は長い間歌うことを趣味としてきた。数人で集まって互いの声に耳を傾け、響きを重ね合わせる経験は心地よく、素晴らしい演奏を聞けば「自ずと手が舞い足が踊り出す」（『礼記』楽記）。美しく調和した音楽を生み出すまでの過程には、厳しい練習や演奏者同士の議論がある。ある時、筆者は友人と合唱の練習をしていた。練習を重ね、美しい響きを得たように思えたが、どうしても納得がいかないと食い下がってきたメンバーがいた。彼女は絶対音感を持っており、それは十二平均律に基づいたピアノによって培われたものである。前述したように、十二平均律を用いると完全に純正な音程はほとんど存在しない。そのため合唱の場合は、ピアノに全面的に依拠して音を取るよりも、声の重なりによく耳を澄ませ和音を重ねた方が、より純正な響きを得られるはずである。

しかし実際、もしまったくピアノに頼ることなく、各自が感じる「美しい」響きに依拠して音を出したら、どうなるだろうか。よほど敏感な耳を持つ人間が揃わない限り、その演奏は惨憺たるものになるだろう。現在の日本では数多くの人が、小中学校で基本的にピアノの音に基づいた基礎音楽教育を受けている。これをふまえれば、響きの純粋性を多少犠牲にしてでも十二平均律に依拠した方が、比較的調和した演奏を効率良く生み出せるといえるだろう。すなわち、ピタゴラス律や純正律[3]などを用い、響きの純粋性を徹底的に追求した調和を目指すべきか、それとも十二平均律を用い、演奏の便宜を考慮して、ほどほどに調和した音楽を演奏すべきか、どちらも目指すものは調和ではあるが、その内実には大きな違いがあり、それぞれの音楽観にも関わってくる。

このように、十二平均律は、その音楽的性質を鑑みても、必ずしも唯一の正解ではない。本書では終章で西欧の十二平均律との比較を行なうが、「一オクターブを等分割する」十二平均律を生んだのは、音楽的な要請というより、むしろ音律を等しい数値で並べていくという理論的な要請であると考えるべきである[4]。西欧や日本で十二平均律を発明したのは数学者であったということがそれを物語っている。つまり、十二平均律という事象そのものが非常に数学的かつ理論的であり、鍵盤楽器への技術的応用が可能にならない限り、実践的な音楽と容易には一致し得ない性格を持っている。十二平均律を発明した朱載堉という人もまた、非常に理論的な人物である。朱載堉は、様々な実験を行なったということもあり、その実証主義的傾向が注目されがちであったが、実のところ、彼にとって一番重要なのは理論であり、彼の信じる調和の世界観が、その理論を構成する重要な前提になっている。

朱載堉とはどのような人物なのか。筆者は、朱載堉は、ケプラー（Johannes Kepler, 一五七一―一六三〇）のような人物だと思っている。彼らはほぼ同時代に生き、前者は象数易、後者は占星術への傾倒という、「魔術」的傾向を有しつつ、どちらも輝かしい「科学」的発明・発見を行なった。ここでいう「魔術」とは、自然魔術を指す。自然魔術は、我々が魔術と聞いて想像するような妖術ではなく、ある事物は、ほかの事物に何らかの形で影響を及ぼすと考え、事物の性質や事物同士の相互作用について深く認識するという特徴を持つ。[5]朱載堉は、易・律・暦が相互に関連しあうと考え、一年の日数に六十四卦と十二律を配した表を作成した。ケプラーは、天体運動が人間に影響を与えると考え、自分自身の誕生ホロスコープを作成している。[6]両者とも、宇宙は音楽的調和原則に則っていると考え、人間もその調和の中にあると考えた。本書は、彼らの中の「魔術」的傾向と「科学」的精神の並存を矛盾と捉えずに、両者が共存できるような思惟について思いをめぐらせたい。朱載堉は「魔術」的伝統のどのような部分を自らの発明に取り入れ、十二平均律を生み出すことになったのだろうか。「魔術」と「科学」の関係は、中国音楽の文脈ではどのように考察できるだろうか。

朱載堉は従来の中国音楽史研究において決して軽視されていたわけではない。また、彼の著作『楽律全書』は『四庫全書』の経部楽類（儒家経典の中の音楽類）に入り、昔から非常によく読まれてきた著作である。それにもかかわらず筆者が再び朱載堉を取り上げるのはなぜだろうか。それは、十二平均律を過度に礼賛するのではなく、朱載堉の中の「魔術」的伝統に目をつぶることなく、コンテクストに即して彼の著作を読み、また彼自身が参照した明代以前の楽律著作を当時の議論をふまえながら読み直し、彼が十二平均律を発明し、それが正しいと信じるに至った背景を明らかにしたいからである。さらに、十二平均律が受容されなかった原因を清代中国の封建性に帰することなく、なぜ十二平均律が選ばれなかったのかをできる限り当事者の問題意識に即して考えたいからである。このような作業を通して初めて中国の楽律論が理解でき、そこから中国音楽の特徴があぶり出され、さらには「音楽とはいかなるものか」という筆者自身の問いにも、いくらか答えを与えてくれるだろう。

(1) 生没年は、田中華「神道碑与朱載堉生平考述」(『中国科技史料』、二〇〇四年第四期、三三六頁)や戴念祖『天潢真人朱載堉』、大象出版社、二〇〇八年、五二頁を参照し、『鄭端清世子賜葬神道碑』に記載されるものに拠った。
(2) マックス・ウェーバー、安藤英治・池宮英才・角倉一朗訳解『音楽社会学』、創文社、一九六七年。
(3) 純正律は、振動数比三対二を五度、五対四を長三度として構成した音律。単純な整数比となるため、純正な響きを持つ。
(4) 堀池信夫「『音楽社会学』ノート——音律理論の形成についての予備的考察」、『哲学・思想論集』(筑波大学)一八、一九九三年、三一—三二頁。
(5) ジョン・ヘンリー、東慎一郎訳『十七世紀科学革命』、岩波書店、二〇〇五年、七二頁。
(6) J・V・フィールド、大谷隆昶訳「占星術への寄与と批判」、渡辺正雄編著『ケプラーと世界の調和』、共立出版、一九九一年、一五五頁。

目次

凡例

一、人名は、便宜上、名、号を問わず、広く通用している表記を用いた。
二、中国語の先行研究については、原則として日本語の常用漢字に直した。
三、原則として、引用は原文に従い旧字表記とし、地の文は新字とした。
四、引用文中の（　）は原文に付された注などの引用、〔　〕は引用者による補足を示す。

序章　思想としての中国音楽
——新しい朱載堉像を目指して

序

朱載堉は嘉靖十五（一五三六）年、明代後期の宗室（皇族）として生まれ、懐慶府（現・河南省沁陽市）でその生涯の大半を過ごした。字は伯勤、号は句曲山人、鄭王朱厚烷《しゅこうかん》（一五一八—一五九一）の世子（跡継ぎ）であった(1)。朱厚烷は、時の皇帝世宗にたびたび諫言を行ない、親戚に陥れられて爵位を剝奪され投獄された。十七年後、穆宗の即位に伴い爵位を回復する。万暦十九（一五九一）年に朱厚烷が逝去したのち、朱載堉は爵位を継承せず、懐慶府において楽律学や天文暦算学に没頭した。万暦三十九（一六一一）年に没する。謚は端清。著書『楽律全書』は、楽律学・天文暦法・舞踏論・数学など十五種の著作を収める。

十二平均律（詳細は第四章第三節参照）の発明で知られる朱載堉は、中国音楽史や科学史の領域で高く評価されるとともに、明代後期の実学思潮を代表する学者と見なされた。彼はこれまでの儒者が、三分損益法（五度と四度の和音を重ねていく音階計算法。詳細は第一章第一節参照）と呼ばれる理論に依拠し楽律を計算したことを批判し、『律学新説』の中で新しい方法「新法密率」を提唱した。十二律の隣りあう二つの音律の律長比をすべて1:$\sqrt[12]{2}$に統一したのである。これが現在の十二平均律理論にあたる。欧州における十二平均律発明の時期については諸説あるが、メルセンヌ（Marin Mersenne, 1588-1648）の『普遍的調和』（*Harmonie Universelle*）（一六三六）を最初に十二平均律を説いた著作とするならば、朱載堉の発明は世界初となる。

本書は、前近代中国社会が、音楽という事象にいかなる意味を与えてきたかを常に念頭に置いて朱載堉を論じる。つまり、音楽をあくまで経学として捉え、儒者たちの音楽に関する理論（楽論）を取り上げ、朱載堉を論じるのである。中国音楽史を思想史的に整理し、「経学としての楽」として、十二平均律を含めた朱載堉の音楽理論全体を捉え直すといってもよい。ここでいう楽とは、楽律論のほか、歌や楽器演奏、舞踏や楽譜なども含む音にまつわる文化の総称である。本書では朱載堉の楽論全体を取り上げると同時に、漢代から清代までの楽律論を中心とする楽論を分析する。朱載堉が直接言及した楽論や、批判しつつも強い影響を受けた楽論と彼自身の楽論を比較することで、そして、彼の楽論をふまえた清代の楽論と比較することで、初めて朱載堉の思想の特徴や新しさを正当に評価できるのではないか。本書は朱載堉を主役にした新しい音楽史でもある。

第一節　儒学の楽論の性格

礼楽思想というように、楽は礼の一部である。ただし、個々の経典解釈で主張が大きく変わる礼と異なり、前近代の中国において、楽として論じられる問題の大半は楽律であり、音響物理学であるため、白黒はっきり決着がつく場合も多い。楽律に関する議論は膨大にあるが、音階については概ね三分損益律を取るか十二平均律を取るかに集約されよう。基準音についても、極端に高い音高や低い音高は、一時的には支持されても長く続く制度とはなり得ず、概ね無理のない音高の範囲に限定される。このように楽の問題は、議論の範囲がある程度限定されているといえよう。しかしその一方、儒学の学問「経学」でありながらも経典を持たないという特徴ゆえに、特定の経典に極度に縛られることなく、議論の枠組が大きく転換する可能性を有する。十二平均律の発明及び受容には、このような中国独特の楽の特徴も大きく関連している。

儒者たちは、なぜ楽律を論じたのか。中国では楽が政治と密接に結び付き、新しい王朝が起これば、前の王朝が用いていた楽は「亡国の音」とされた。楽のすべての基礎となるのが楽律であり、王朝が滅べば、理念的には、黄《こう》鐘《しょう》という基準音を発する律管（ピッチパイプ）を新しく作り直し、それを基にして音楽をすべて作成し直すべきだとされた。そのため楽律学は、古くから高度に発展し、儒家の学問として重要な位置を占めた。儒者の楽書（音楽理論書）をひもとくと、黄鐘律管の長さ、音階の計算、さらには律管の管口面積や直径の計算など、次々に羅列される数字に圧倒される。正史に律暦志があるように、楽律は天文暦法と結び付き、また度量衡論とも関連付けられ、象数易と密接な関係を持った。

このような楽律学は、一方で三分損益律や十二平均律など科学的業績を生むに至ったが、また一方で、中国音楽研究を困難にする原因ともなった。儒学の楽律学について、台湾出身の音楽家・江文也(2)は、以下のように論じる。

いたづらに古典籍に拘泥して、ただ玄奥なる空論を弄して楽を解釈したり、易の思想へとこじつけたり…（中略）…ただでさへも容易に読み得ない古代の楽書を、より晦くして仕舞つて、楽律や楽理などは、そのためにひとをして文字通り、五里霧中に迷はせるかのやうな、わけの解らないものにしてしまったのである。(3)

このような儒学の楽律学へのイメージは現在でも根強く残る。江文也は、孔子が「芸術家的資質と音楽的才能とを具備した人物」であるのに対し、孔子より後の儒者は、楽律論を易学と結び付け複雑に論じ、「権威を維持するため」に、「見せかけのための見せかけの表現を演じ」ることになったという。(4) 江文也が「殊に漢代の如きは、これの最も甚だしかつた時代であつた」と述べるように、(5) 前漢の京房《けいぼう》（前七七―前三七）や劉歆《りゅうきん》（前三二頃―後二三）は、楽律と易学を密接に関連させる枠組を構築した。

江文也の指摘は、儒者の楽論の特質を、ある意味非常に的確に捉えている。儒者の楽論には象数学的要素が複雑に入り込み、儒者たちは楽の良し悪しを政治の善悪と結び付けた。彼らは楽を重要な学問の一つとして位置付け、熱心に楽書を執筆したにもかかわらず、多くの時代において、彼らの論じる楽よりも民間音楽や外来音楽こそが、人々の心を捉えていた。音楽家や楽器の技術者たちはしばしば、儒者の楽論に耳を傾けることさえしなかった。元の馬端臨は宋代の士大夫たちの楽論を概括し、「ついに職人の説に勝てなかった」(6) と述べている。

朱載堉の理論も、このような楽律論と本質的には変わらない。朱載堉だけが、儒学の音楽論から自由になれていたわけではないのだ。筆者の見るところ、朱載堉の理論は、漢代以来の楽論の流れをふまえ、象数学的側面を徹底的に追求した楽律学を中心とする、典型的な儒者の楽論である。彼は楽を単なる演奏に留めず、楽律と易の数を関連付けながら、楽を暦法や度量衡など諸制度と結び付け、宇宙と人間を貫く壮大な世界を構想した。そして、民間音楽の技術を聖人の楽とは区別した上で、自らの秩序の中へ位置付けようとしたのである。

朱載堉も含めた本書の登場人物たちは、「古典籍に拘泥」し、「玄奥なる空論を弄し」、積極的に楽を「易の思想へとこじつけ」た。(7) 江文也が、そのような儒者たちを「気取り屋」であり「滑稽」と表現するのならば、(8) 本書はまさに、そのような儒者の声を代弁するために存在するといってもよい。

第二節　経学としての楽(9)

そもそも前近代中国では、音楽という分野は、どのような枠組で論じられたのであろうか。中国の伝統的な図書分類法である四部分類は、経・史・子・集に分かれる。四書五経の中に、『書経』『易経』のような『楽経』という書物はないが(10)、楽は概ね経部に分類されてきた。すなわち、中国の学術において、楽は経学として論じられてきたということである。楽の中でも、特に楽律に関する書は、楽譜や歌詞と区別され、経部に分類されることが多かった。たとえば『明史』芸文志では、楽府や歌詞、琴譜や外来楽器に関する書が経類から姿を消し、経類のほとんどが楽律に関する著作で占められている（ちなみに朱載堉の著作は、『楽律全書』は経類（楽類）に、『律暦融通』は子類（暦数類）に分類される）。

「経学としての楽」を楽律に限定する傾向がさらに前面に表れた目録が、『四庫全書総目提要』（以下『四庫提要』）である(11)。一七八一年に完成した四庫全書の提要は分担して作成されたが、そのすべてに紀昀《きいん》（一七二四―一八〇五）の方針が貫かれている(12)。楽に関する書は、経部楽類のほか、子部の芸術類、そして、集部に新たに登場した詞曲類に分類されている。どのような基準で分類されるのだろうか。『四庫提要』経部楽類の序文には次のようにある。

沈約は『楽経』は秦に亡んだという。諸々の古籍を考察してみると、『礼記』の経解篇には楽教の文がある。伏生の『尚書大伝』は「辟雝舟張」の四語を引きこれを「楽」という。しかし、ほかの書ではみな『楽経』があるとはいわない（『隋書』経籍志に『楽経』四巻とあるが、これは王莽の元始三年に成立したものではないか。賈公彦の『周礼』考工記、磬氏疏にいう「楽曰」は王莽の書であり、古楽経ではない）。おおよそ、楽の綱目は『礼記』に備わっており、歌詞は『詩経』に備わっている。楽器演奏や楽舞は、伶官〔音楽を掌る官職〕に伝えられている。漢初の制氏が記したのは、つまるところ楽の遺譜であり、別に一経があって、聖人の手によって定められたというわけではない。ただ喜びと調和をもたらし、神人を感応させ天地に通じ、その効用は大変大きく、その意義は大変精妙であり、そのためその教えを尊んで経に位置付けられることになった。後代、楽律の書はまたそのまま経部に著録され、芸術と同じ分類にはしなかった。漢代以降を顧みると、雅俗を両方とも並べ、恋歌や側調〔琴の演奏理論の一種〕までも一緒に「雲門」や「大韶」〔両方とも周の雅楽の名〕に付されている。そうして、諸々の史書に挙がる楽書は、細かいものでは箏・琵琶を扱う書までも含むが、これらもまた経部の末尾に付されている。これに随えば、稗官小説も、言や事を記したものはすべて、また『書経』と『春秋』に付すことになろうか。理に悖り教えを傷つけること、なんと甚だしいことか。いま諸々の書を区別し、律呂を議論し雅楽を明らかにするものだけをそのまま経に列した。歌唱に関する末節の技術、弦楽器や管楽器の複雑でせわしない技術は、均しく退けて「雑芸」「詞曲」の二つの分類に並べた。それによって、大いなる楽は、道を天地と等しくし、鄭声が犯せないことを明らかにする。(13)

『四庫提要』の立場は、聖人が作った『楽経』は元来存在せず、楽の教えは、礼や詩の中にあり、具体的な技術は伶官が伝えている、というものである。『楽経』は存在しないが、喜びと調和をもたらし、神人を感応させ天地に通じるという楽の効用や意義は重要であり、そのため尊ばれ、経と見なされてきた、という。『四庫提要』は楽律理論と芸術とを区別する。小説を『書経』や『春秋』と並べてはいけないように、恋歌や琴の演奏理論を周の雅楽である「雲門」や「大韶」と並べてはいけない。また、箏・琵琶に関する書を経部に分類してはいけない。このように『四庫提要』は、「律呂を議論し雅楽を明らかにするもの」が経部であると明確に定義し、それ以外を子部や集部に退けたのである。確かに、四庫全書経部楽類に分類される書は、「律呂」「楽律」「鐘律」「黄鐘」などの名を冠し、楽律を扱う書が多い。これらの書は楽律に関してどのような問題を扱っているのか。『四庫提要』の記述に即して紹介すると、たとえば、基準音を発する黄鐘律管の長さ・管口面積・容積をめぐる問題や、度量衡の考証、そして十二律をどのような方法を用いて計算するのか、などである。ただし注意したいのは、四庫全書が経部として収録する書が、必ずしも楽律だけを論じているわけではないということである。『四庫提要』がこれらの書を要約する際、楽器論や楽譜よりも楽律論を中心にまとめ、その理論の是非を検討しているといった方が適切である。つまり『四庫提要』は、外来音楽や民間音楽に関する議論をあえて外し、意図的に楽律論を取り上げ「経学としての楽」として議論しようとする態度をとっているといえる。

以上のように、「経学としての楽」は楽の中でもとりわけ楽律論を扱ってきた。特に『明史』芸文志や『四庫提要』には、楽律論を重んじる清初特有の価値観が働いているのではないか。この価値観が変わるのが清代中期以降であり、第十四章で後述するように「経学としての楽」は楽律論から音楽史全体へと開かれていく。しかし、この変化は決して意外なものではない。そもそも『楽経』が存在しない以上、楽にまつわる議論は、もともと多様に展開する可能性を有していたのである。

第三節　朱載堉研究の変遷

朱載堉は、「十二平均律の発明者」として、中国では近代的音楽史研究の始まりと同時に盛んに研究され、欧米や日本においても現在に至るまで豊富な研究の蓄積がある。特に、十二平均律を初めて発明したのは東西どちらなのかを論じる研究は多い。もし中国で先に発明されたならば、「近代西洋の合理化を象徴する」とまでいわれた理論が西洋より先に存在することになる。そのため、中国における初期の研究には、十二平均律を解明することで中国音楽の先進性を証明しようとするものも多い。欧米の朱載堉研究の数多くもこの問題を扱い、どのようにして中国あるいは西洋に伝わったのかを、文化交渉史として明らかにしようという傾向を持つ。その一方、近年の朱載堉研究は、十二平均律理論の解明を中心にしつつも、楽譜や舞譜の分析や思想的背景、朱載堉の置かれた歴史的事情に注目するものが増えてきた。日本では早くから中国の楽律学が注目され、思想史の分野からのアプローチも複数ある。本節では朱載堉の研究を大きく四分類して紹介したい。

（一）近代中国における初期の研究

中国で初めて、本格的に朱載堉の十二平均律を研究したのは劉復である。(14) 劉復は、世界中の楽器のほとんどが十二平均律に基づくことを述べ、朱載堉の発明の重要性を論じ、計算法を論じた。また、清代における十二平均律の受容に言及し、江永を除いて大部分の論者が三分損益律を選択したと述べた。朱載堉が普段懐慶府で過ごし、宣教師との交流を示す記録がないことを根拠に、西洋からの影響を否定した。(15) 十二平均律西漸の可能性にも触れるが、メルセンヌが独力で発明したのか、それとも朱載堉の影響を受けたのかについては判断を保留する。しかし、西洋で十二平均律が発明された後に成立した『律呂正義続編』が、西洋の十二平均律を紹介していないことや、宣教師のアミオ（Jean Joseph-Marie Amiot, 1718-1793）など何人かの西洋人が、曖昧ではあるが、十二平均律が中国で発明されたと認識していることは、十二平均律西漸の可能性を示唆する事象だとした。(16)

中国音楽史の大家である楊蔭瀏《よういんりゅう》（一八九九―一九八三）も早くから朱載堉に注目した。「平均律算解――律呂攷之一」[17]は、朱載堉以前にも、何承天《かしょうてん》（三七〇―四四七）、劉焯《りゅうしゃく》（五四四―六一〇）などが平均律を試みていたことを指摘し、朱載堉の十二平均律と、異径管律の計算法を詳細に論じた。楊蔭瀏は『中国古代音楽史稿』[18]の中でも再び朱載堉を取り上げている。特に三十六律（半律、正律、倍律）[19]の管口の直径に関する計算は、劉勇を始めとして後の研究に大きな影響を与えた[20]。

一九八〇年代に入ると、音楽史や科学史の分野で朱載堉研究が盛んになり、十二平均律の計算のみならず、発明年代の考証や理論を生んだ背景についても広く研究が行なわれるようになった。李純一「朱載堉十二平均律発明年代弁証」[21]は、平均律の発明を一五八一年より前だと分析した[22]。また、黄翔鵬「律学史上的偉大成就及其思想啓示」[23]は伝統楽律学の集大成者として朱載堉を位置付け、「儒家経典を尊奉し、経典の外衣をまといつつも、いくつかの伝統思想に反旗を翻した奇異な人物」「彼は当時において、伝統に反逆することはできず…（中略）…彼は彼の創造した発明のために、ふさわしい保護色と経典に依拠した外衣を探し求めた」[24]と述べる。このような朱載堉像――創造的な発明をして伝統思想に異を唱える一方で、儒学から解放されて自由になることはなく、理論の根拠を古い経書に求めざるを得ず葛藤したというイメージは、その後の研究でも繰り返される。しかし、彼の著作から読み取れるのは葛藤ではなく、むしろ自らの楽こそが儒学の理念にかない、「経学としての楽」にふさわしいと自負する態度である。

戴念祖は、音響物理学の知識を生かした朱載堉研究で知られる。一九八六年の著書『朱載堉――明代的科学和芸術巨星』[25]に、最新の研究成果を反映させたのが、二〇〇八年に刊行された『天潢真人　朱載堉』[26]であり、これらは現在でも最も包括的に朱載堉を論じた書として評価が高い。明代以前の十二平均律算出の取り組みや、十二平均律の思想的来源についても論じている。数学と度量衡、天文暦法（天文暦法を扱う第八章は第五節を除き陳美東が執筆）も扱い、朱載堉が科学史において果たした功績を紹介する。象数学的色彩が強い朱載堉の著作から、科学的に評価できる業績を抽出する作業は、戴念祖でなければ難しく、その研究成果は筆者も負うところが大きい。また、科学的側面だけではなく、朱載堉及びその父である朱厚烷の経歴、明朝宗室の置かれた状況、朱載堉の著作なども解説し、楽譜や舞踏論なども詳しく論じる。さらに十二平均律の中国における受容状況を論じ、平均律西漸説についても様々な研究を取り上げて概括している。

戴念祖の一九八六年の著書には「科学哲学」の項があり（二〇〇八年の著書にはない）、そこには本書に関わる重要な問題がいくつか含まれている。たとえば、朱載堉が朱子学に反旗を翻し実践と実験を重視したと論じ、「朱熹は『格物窮理』のスローガンのもと、自然界を詳細に研究することに反対し、自然事物を研究する中から真実の知恵を獲得することに反対した」[27]と述べていた。当時の戴念祖は、朱熹の格物説を唯心主義と批判し、朱載堉の態度を実証主義的として対立させていたのである。戴念祖の、朱子学や格物説に対する理解はさておき、朱載堉の言説を内在的に分析すれば、決して朱熹に反発する意図は読み取れず、朱載堉自身はむしろ朱熹の影響を受けたと言及している[28]。朱載堉は彼なりの朱子学理解をし、特に朱子学の象数学的側面を、本来の朱熹の意図とは異なる形で展開したといえるだろう。

また戴念祖は、朱載堉の数と理の概念について、「朱載堉の著作における『数』は、すでに『易』や邵雍（一〇一一―一〇七七）などの神秘的、抽象的な『数』ではなく、また道学家たちの指す一般規律でもなく、客観性・実在性を反映したものである。…（中略）…ここでいう（朱載堉のいう）理もまた、すでに理学家たちの『理』の範疇に属さず、科学的原理、法則あるいは道理である」[29]と述べる。後述するように、筆者は象数易こそが、朱載堉の十二平均律の大きな特徴であると考えている。朱載堉と『周易』や邵雍との距離はむしろ近い。また、朱載堉は理については多様な説明をしており、河図・洛書の数を理と見なす場合もあれば、『周礼』考工記、嘉量の制を理と見なす場合もあり、必ずしも科学的原理や法則を指すわけではない。

このほか、朱載堉を包括的に研究した著作として、陳万鼐『朱載堉研究』[31]がある。陳万鼐は「鄭端清世子賜葬神道碑」を発見し、朱載堉の生平や著作に新たな情報を加えた（第一章第十一節　鄭端清世子賜葬神道碑釈文）。また十二平均律については、『楽律全書』の記述と楊蔭瀏の研究成果をふまえ、実験器具を作り、律管の振動数などを測定した（第二章第三節　朱載堉十二平均律律管実測頻率）。邢兆良『朱載堉評伝』[32]は明代後期の社会思潮と科学技術の発展から朱載堉を論じた。清代における十二平均律受容については、西洋社会における技術変革と比較しながら考察している。さらに、杜景麗『楽聖朱載堉』[33]は、河南省沁陽の朱載堉記念館館長として研究に従事してきた杜氏ならではの視点から朱載堉を論じる。また、朱載堉の著作のうち、『律学新説』と『律呂精義』には馮文慈の校注が、『律暦融通』には劉勇・唐継凱の校注がある。[34]

（二）西洋における研究

西洋では早くから宣教師が朱載堉の理論を紹介していたが、本格的な朱載堉研究の先駆けとしては、ケネス・ロビンソン[35]が挙げられ、後述するニーダムも参照している。

西洋の朱載堉研究は、十二平均律が東西どちらにおいて先に発明されたのかを論じるものが多い。前述したように、西欧における十二平均律発明の時期については諸説あり、メルセンヌ以前にも、計算は不完全ながら一オクターブを十二等分する理論を記した人物として、オランダのステヴィン（Simon Steven, 1548-1620）がいる。しかしステヴィンの原稿は未発表のまま紛失し、一八八四年まで忘れ去られていた。

ジョセフ・ニーダムの *Science and Civilisation in China*[36] における十二平均律西漸説はその後の朱載堉研究に絶大な影響を与えた。ニーダムは、十二平均律理論が記された『律学新説』の成立を一五八四年とし、マテオ・リッチ

(Matteo Ricci, 1552-1610) が中国へ入った後、暦法の修正に関わった事実をふまえれば、リッチは朱載堉の暦法著作を読んでいた可能性があると指摘する。中国において律学と暦学は密接不可分であるため、暦を理解するためには律管の理論に精通することが求められる。朱載堉の理論が、リッチなど宣教師から西欧にもたらされたというわけである。また、ステヴィンは帆走車の発明者でもあるが、帆走車の着想は中国から西欧に伝わったとされており、平均律も諸々の発明とともに、中国から西欧へ伝わっていった可能性が高いと指摘する。(37)

これに対しフリッツ・カットナー(38)は、朱載堉の発明がステヴィンより一年あるいは数年早かったにせよ、両者の理論はそれぞれ独立して成立したものであるとし、平均律発明の功績を過度に朱載堉へ帰する傾向に警鐘を鳴らす。

卓仁祥 (Gene Cho) は『東西方文化視野中的朱載堉及其学術成就(39)』で、朱載堉とステヴィンの十二平均律を分析し、ステヴィンの数値が朱載堉の数値に影響を受けた可能性を指摘する。リッチの日記の中に朱載堉を示すと思しき名前 (Cemsceze 鄭世子) が登場し、朱載堉の暦書に目を通していた可能性があること、また、リッチと交流のあった李之藻の『頖宮礼楽疏』は朱載堉に言及してはいないものの、十二平均律理論を記述していること、そのほか多くの宣教師が平均律に触れる契機を有していたことなどを挙げる。

ゴドウィン・チョウ(40)は、従来の研究とは異なり、朱載堉が十二平均律を生むに至った思想的背景を中心に分析する。特に、『律暦融通』に見える十二律と十二節気を結合する理論を、十二平均律着想のヒントとして取り上げる。確かに朱載堉の平均律は、彼の律暦合一思想と強く関連を持つ。ただし律と暦を相関させる枠組自体は、古代から存在し、漢代の劉歆が体系化したものであり、朱載堉のオリジナルではない。本書は、朱載堉の律暦合一思想と漢代のそれとの共通点を指摘した上で、どのような差異があるのかを分析する。

(三) 近年の新しい傾向

近年では十二平均律の技術的側面のみならず、思想的側面や、度量衡論、そして舞踏論などについて論じるものも増えてきた。十二平均律受容についても新しい角度からのアプローチを試みる研究が増えた。

洛秦「朱載堉十二平均律命運的思考」[41]は、十二平均律が明代後期及び清代の社会で応用されなかった理由について、封建専制及び科挙の科学技術の発展に対する抑制のほかに、和声よりも単旋律を重視した中国音楽が、そもそも平均律を必要としなかった点を挙げる[42]。十二平均律が新しい技術として定着しなかった理由は、洛の説明で十分であろう。しかしそれ以前に、十二平均律は新しい儒学の中で正統理論として受け入れられなかったのではないか。本書第三部では清代の楽論を取り上げ、儒学の新しい潮流の中で、象数易と深く関連した十二平均律がどのような命運を辿ったのかを考察する。

数多くの研究が、清朝の公式楽律論が十二平均律を排除した理由を、封建性に帰していた。これに対し劉勇「朱載堉著作的命運新探」[43]は、十二平均律という新しい技術を施行することの難しさを経済面も含めて論じ、朱載堉の書だけが特別に攻撃されたわけではないと述べる。

朱載堉の楽律理論の思想的側面についてもいくつか優れた研究がある。黄黎星「論朱載堉的楽学与易学」[44]は、朱載堉の楽理・楽譜・楽器論それぞれにおける易学の影響を論じるが、影響の強さを指摘するに留まる。本書では特に、十寸律制・九寸律制（第七章参照）と河図・洛書の関連について注目し、朱載堉の律暦合一思想を考える中で詳しく論じたい。

王軍「論朱載堉律学研究中的『以数為本』思想」[45]は、中国思想における「数」文化の変遷を論じ、「明代末期には実学思潮が巻き起こり、近代西洋科学研究の数字化の傾向が西学東漸とともに到来し、中国が古くから持つ数文化の伝統に加わり、機運に乗じて朱載堉の楽律研究における重数思想を生んだ」と述べる。王軍は朱載堉の数概念を、「神秘思想の充満した象数」と区別し、「朱氏の数学演算は今の数学と、学理上完全に一致する」と述べる[46]。第二部で明らかにするように、朱載堉においても象数学的側面は強く見られ、これがその後の十二平均律受容の命運を大きく左右したと筆者は考えている。それゆえ本書では、西学による間接的な影響よりも、朱載堉自身が言及する宋代の象数易や、律暦思想の枠組を作った漢代の象数易に注目する。また、同じく王軍の「『以道寓器』――論朱載堉律学研究中的道器合一思想[47]」は、朱載堉の度量衡史考証、律管製作、琴の演奏理論、古代楽器の考証などには、「以道寓器」すなわち「実験や事物の発展過程そのものを考察することで、事物の規律に対する認識を獲得する[48]」態度が貫かれていると論じる。従来の研究が、朱載堉の実証主義的態度をただ高く評価してきたのに対し、王軍は「道」「器」という概念を、中国伝統文化における「理論と実践の関係に関する重要な哲学範疇[49]」と位置付けた上で、朱載堉を評価する。しかし、朱載堉は本当に「実験や事物の発展過程そのものを考察」したのだろうか。筆者の見るところ、朱載堉はまず彼の理想とする「道」が先にあり、その理想を「器」に反映させているといった方が適切である。本書では第十一章において、朱載堉の行なった実験と十二平均律理論の関係を再考する。

秦序「略談朱載堉『音』・『数』思想的重大啓示――陳欣博士学位論文序[50]」は、朱載堉が三分損益法の「往きて返らず」（第一章で詳述する）を論じた箇所（『律学新説』）を引用し、「彼は『数』（楽律に関する数理計算）を『死物』とし、さらに数理計算は『一定』であるがゆえに『不易』である、つまり固定して変化がないという。同時に、彼は『音』（音楽）が『活法』であり、『円転無窮』である、つまり自律的に完全に調和して、変化が窮まることのないものだと強調する」と述べ、「楽律計算の限界を強調した」という[51]。楽律の理論的計算と実際の演奏の間に差があることは、今日測音技術によって証明されているが、朱載堉は当時から数と音の違いを認識できていたと評価する。しかし朱載堉はあくまで、三分損益法の「往きて返らず」を念頭に、数が「死物」だと述べている。朱載堉は十二平均律こそが、窮まることのない音の変化を捉えた「活法」であり、「円転無窮」だと考えていただけであり、数と音の違いを論じていたわけではない。

度量衡論については、張柏銘「浅談朱載堉縦横律度尺」(52)が、本書でも取り上げる朱載堉の二種の尺（縦黍尺、横黍尺）について論じる。朱載堉は何瑭《かとう》(53)（一四七四―一五四三）の説に基づき、『尚書』の「同律度量衡」を「律・度量衡を同じくす（律と度量衡を同貫させる）」と読み、漢の劉歆の律制と度量衡制は乖離していると批判した。張は「何瑭は歴代腐儒の説を踏襲し、三代の時にすでに律と度量衡が連関していたと見なした。しかし上古時代の科学技術のレベルから見れば、『同律度量衡』という高い水準までには至っていないのは明らかである(54)」と述べ、律と度量衡の同貫を果たしたのは漢代であり、現存する劉歆の量器など様々な考古学的史料からも証明されていると述べる。この指摘はもっともであるが、劉歆もまた『周礼』の量器を理想とし、それを復元しようとしたのである。儒者であれば、三代で理想的状態が実現されていたと考えるのは当然ではないだろうか。劉歆も何瑭も朱載堉も、上古で「同律度量衡」の世界がすでに実現されていたと考えるのは同じであって、そこは問題ではない。むしろ同じような世界を志向しながらも、一方は三分損益律を、一方は十二平均律を基礎理論にするという違いがどこから出てくるか、このような点こそ検討すべき問題ではないだろうか。

また近年、朱載堉を舞踏史の角度から分析した研究が増えてきた。劉暁静「関于朱載堉『霊星小舞譜』的俗楽性質研究(55)」は、朱載堉の「霊星小舞譜」が用いる旋律を音楽学的に分析し、その俗楽的要素を確認する。今楽（当時民間で演奏されていた俗楽を指す。古楽や、「古より続く」と見なされる雅楽の対概念）に目を向けた朱載堉の舞踏論は、数多くの研究が高く評価する一方で、舞踏論に儒学的価値観が入り込むことについては、やや否定的に論じられてきた(56)。これに対し長井尚子「朱載堉舞踏譜小考(57)」は、朱載堉の舞踏論が「古舞の正当性を満たす様式であることを第一に主張」し、「音楽・舞踏による完全な宇宙における理想世界の構築」のために、「儒教的な価値観に沿って」

舞踏の過程を儒教的理念に結び付けたと述べている[58]。長井が述べるように朱載堉の舞踏論は今楽を取り入れつつも、儒教的価値観を柱にする。本書もまた、朱載堉の舞踏論の今楽的要素が、彼の「経学としての楽」の中にどのように位置付けられているかを考察したい（第九章）。

朱載堉が今楽を重んじたという点について高く評価する研究は多い。王怡「朱載堉『楽従乎今、情合于古』思想述評[59]」は、朱載堉にとって「今楽は古楽の発展した結果であり、今楽を通して、古楽を理解、認識できる[60]」と説明する。そして「朱載堉は古代礼楽の復興を主張したが、一般的な意味の復古とは少し異なり、朱載堉の理想及び実践は、今楽を借りての古楽復興、古今融通であり、ただ古に拘り保守退嬰し、今楽を捨て去り一心に古に向かったのではない」「朱載堉は古を重んじ今を軽んずることをせず、古楽復興を提唱すると同時に、当時の俗楽を排斥したり低く見たりしないで、甚だしくは力を尽くして俗楽を提唱したことは、まことに肯定する価値がある」と結論する[61]。ただし『孟子』にすでに今楽という概念があるように[62]、また朱熹も当時の琴の演奏に注意していたように（第三章）、今楽重視自体は儒者の楽論にたびたび見られる傾向である。朱載堉の今楽論も歴代の今楽論と比較して考察すべきであろう。

（四）日本の中国思想研究からのアプローチ

日本では早くから田邉尚雄（一八八三―一九八四）が東洋音楽の音響学的研究を始め、中国の研究にも大きな影響を与えていた。彼の豊富な楽律研究の蓄積の上で、日本では科学史や思想史面からのアプローチも行なわれた。中国楽律学の技術的変遷を詳細に論じたものとして、川原秀城「中国声律小史[63]」がある。また、楽律学の展開を儒教と関連付けて論じたものとして、堀池信夫「中国音律学の展開と儒教[64]」がある。本書もまた、朱載堉以前の理論も参考にしながら、思想史的に朱載堉を読み解くものである。従来の研究が、朱載堉の十二平均律理論をゴールとし、いかに十二平均律へと向かうかという視点で整理するのに対し、本書では十二平均律を含めた朱載堉の思想全体の根源がどこにあるのかという視点を取る。

朱載堉にとって朱熹《しゅき》（一一三〇―一二〇〇）・蔡元定《さいげんてい》（一一三五―一一九八）の『律呂新書』[65]の影響は大きい。吾妻重二は『朱子学の新研究』[66]で、「格物窮理」の展開の一つとして朱載堉を取り上げる[67]。蔡元定については、児玉憲明が思想史的アプローチで詳細に研究するほか[68]、『律呂新書』の訳注も進めている[69]。

朱載堉の理論に影響を与えたのは朱子学だけではない。彼の律暦合一思想の大きな枠組となった劉歆や京房の律暦思想については、川原秀城「三統暦の世界――経学成立の一側面」[70]、児玉憲明「劉歆の音律理論」[71]、堀池信夫「京房の六十律――両漢経学の展開と律暦学」[72]がある。

第四節　本書の目的と構成

朱載堉に関する初期の研究は、彼の理論全体から十二平均律に関するものだけを抜粋し、明代より前の楽律論と比較しながら、いかに十二平均律というゴールに向かうかという視点に偏っていたといえよう。これに対し近年では、易学や天文暦法、舞踏論も含め、朱載堉の思想全体を見直し、様々なアプローチからの研究が進んでいる。朱載堉研究は細分化し、楽器論や舞踏論など十二平均律以外の理論もそれぞれ詳細に研究されているが、いずれの研究も根本的には十二平均律を考察するという動機によって始まっている。それは筆者も同じである。十二平均律が支配する現代の音楽の状況を考えても、また思想史上の問題としてアプローチする場合でも、朱載堉の十二平均律はやはり重要だからである。筆者は本書で改めて、朱載堉の十二平均律がどのように生まれ、またどのように受容されたかを論じたい。決して新しい文献を分析したり、斬新な研究手法を取ったりするわけではない。それでも先行研究と大きく異なる点は、朱載堉が論じた楽もまた、伝統中国における経学という枠組の中にあることを意識した上で、朱載堉の文献を読み解き、そこで肯定的・否定的に言及される先行理論を当時の文献に遡って読み直し、朱載堉の思想にどのような影響を与えているのかを考察する点である。また、清代で朱載堉に言及する文献を読み込み、彼らが十二平均律をどのように考えていたのか、可能な限り彼らの言葉で語ってもらう点である。このような作業を通して初めて、朱載堉の十二平均律を中国音楽史の中に正しく位置付けることができるのではないか。

本書で取り上げる時代をおおまかに示せば、第一部が前漢と宋代、第二部が明代、第三部が清代となる。このような時代区分は、音楽史や思想史の時代区分としては少し奇異に映るだろう。しかし「経学としての楽」の要であった楽律理論に注目した場合、このように区分して整理できるのではないだろうか。中国では様々な楽律理論が登場したが、体系性を持ち、後世の儒者の議論に耐え得るような理論は、主に二つである。一つが、三分損益法であり、もう一つが十二平均律である。三分損益法については前漢の劉歆が体系化し、南宋の朱熹と蔡元定が実際の演奏に即したかたちで整理した。十二平均律は明の朱載堉が発明した。漢学・宋学という枠組で見ると、劉歆と朱熹は対立するが、楽律思想では後者は前者を自覚的に踏襲している。また、朱載堉は朱子学者であるため、宋学の部類に入るものの、楽律では理論面で漢・宋の学と対立している。しかし後述するように、劉歆、朱熹・蔡元定、朱載堉の楽律思想には大きく共通する部分もある。清代は、公式楽律書は三分損益法を選択しているので、劉歆・朱熹・蔡元定の楽律学に回帰したといえる。その一方で、清代後期になると数的な楽律学そのものが低調になり、もっと幅広い視点で音楽の歴史を考証するようになった。いわば楽律学から音楽史全体へと転換していくような様相が、清代には見られるのである。以上をまとめると、第一部は三分損益法が体系化され儒学の枠組の中で深められる時代、第二部は朱子学が隆盛となり理想的な理論として十二平均律が誕生する時代、第三部は三分損益法に回帰した上で楽律学から音楽史全体へと「経学としての楽」が転換する時代、と位置付けることができよう。

各部の内容を少し紹介し、本書の見取り図を示したい。第一部では、前漢と宋代の三分損益法を取り上げる。いわば「朱載堉の見た中国音楽史」である。三分損益法を体系化し、易の思想と関連付けた劉歆の思想（第一章）や、三分損益法を継承し、実際の演奏にも使用しやすい楽制を作り上げた南宋の朱熹・蔡元定の楽律論（第二章、第三章）を、朱載堉の思想との比較を念頭に置いて考察する。朱載堉にとって三分損益法は最大の批判対象であるが、実のところ劉歆とは非常に似通った世界観を共有してもいる。また朱熹・蔡元定も三分損益法を支持したが、朱載堉は彼らの象数易に注目し、あくまでも「朱子学」として自らの楽律論を展開した。

第二部は、朱載堉の音楽思想について考察する。まず朱載堉の経歴や著作、十二平均律や異径管律など基礎的な理論を概括する（第四章）。そして朱載堉が直接参照した明代の楽論を取り上げる（第五章）。明代の楽論は、科学史的に影響力のあるものは少ないが、「朱子学にとって最も理想的な楽律とは何か」を徹底して追究した。その結果、「朱子学的楽律論」は、朱熹・蔡元定の当初の理論から変質し、象数易や暦との連関が強められていく。第六章では、朱載堉が「私淑した」何瑭を取り上げる。両者の影響関係を指摘する先行研究は数多くあるが、少なくともその易学理論には大きな差異がある。それでは朱載堉が何瑭から引き継いだものは何か。本書では何瑭自身の思想を明らかにした上で、何瑭の「象数学的思惟」こそが、朱載堉へと受け継がれたものだと結論付ける。このように、明代では楽律の数的要素が強められ、より抽象化する傾向があった。その一方で、明代の論者たちは楽律理論を机上の空論としないために、当時民間に伝承していた今楽とどのように結び付けるかという問題を積極的に論じた。

第七章から第十一章は、朱載堉の音楽理論を考察し、第一部及び第二部前半で考察した音楽理論との関連を指摘しながら、十二平均律の特徴を明らかにしていく。

第七章では、楽律学の根本となる黄鐘論を取り上げ、朱載堉の楽律学が度量衡とどのような関係を持っていたかを分析する。朱載堉は、楽律と度量衡が表裏一体となる世界を志向した。その世界を支えるものが、象数易であり、十二平均律であった。第八章では楽律学と暦学の関連について論じる。彼は律と暦もまた相互に関連すると考え、楽律計算と天文計算双方に共通する数を設定し、両者の一体性を強調した。

第九章では朱載堉の舞踏論を取り上げる。朱載堉は、経書の一つである『詩経』の歌詞を歌いながら、当時の民間音楽の旋律にのって踊るという古今融合の楽舞を目指した。朱載堉は十二平均律を象数易と関連付け、理論化・抽象化を進める一方で、今楽を重視し積極的に利用しようとしたのである。第十章で論じる朱載堉の数学論と度量衡論にも、「今の技術」を理論に取り入れようとする態度が見出せる。朱載堉は晩年、自らの理念を支える存在として度量衡を「律の理」と見なし深く信頼するに至り、さらには当時の紙幣である鈔から起こした尺度（今尺）を、律管作成の基礎とした。古文献に記載される内容に依拠して律管を作成しようとしたこれまでの論者とは対照的である。朱載堉は明らかに新しい尺度、つまり自分と同時代の職人の技術を信頼したのである。

朱載堉の理念は、今楽や今尺の技術によって支えられていた。しかし、彼にとっての技術は「象数学的思惟」で構築された理念的世界を覆すほどの力を持っていたのだろうか。第十一章では、朱載堉が行なった実験をいくつか分析し、彼の頭の中で理論と技術がどのようなかたちで共存していたのかを明らかにする。

第三部は清代において十二平均律がどのように認識されたか、そして「経学としての楽」における楽律学の位置付けがどのように変化したのかを論じる。第十二章では清朝の公式楽律観が表明されている官製楽律書を、第十三章では江永《こうえい》（一六八一―一七六二）の楽律理論書を取り上げる。官製楽律書が三分損益法を選ぶ一方、江永は十二平均律を象数易と積極的に結び付け、古代の聖人の意図にかなう理論だと訴えた。しかし象数易と強く結び付いた十二平均律は、その後、儒学の中で象数易そのものが否定されると同時に放棄されていく。第十四章では梁啓超《りょうけいちょう》

（一八七三―一九二九）の描いた清代音楽の歴史を見取り図に、清朝中後期を「経学としての楽」の転換期として位置付ける。この時期には、十二平均律のみならず、これまで「経学としての楽」として主役を務めていた数理的楽律研究そのものが低調になっていった。第十五章で取り上げる凌廷堪《りょうていかん》（一七五七―一八〇九）は、数理的楽律研究を放棄し、隋唐の外来音楽である燕楽の研究に没頭した。すなわち古代から清代初期にかけて長い間「経学としての楽」として君臨していた楽律学は主役の座から降り、それに代わり、民間音楽や外来音楽も含めた音楽史の考証が盛んに行なわれるようになった。「経学としての楽」は、楽律学から音楽史全体へと開かれていったのである。

終章ではまず西欧における十二平均律と比較する。そもそも十二平均律とはどのような性格を持つ理論なのだろうか（第一節）。さらに、西欧において「魔術」的伝統を受け継ぎつつ「科学」的発見を行なったケプラーとの比較を試み、朱載堉自身の中で象数学的思惟と科学的思惟がどのような関係で共存していたのかを考察する（第二節）。最後に、中国における十二平均律の発明と受容について概括したい（第三節）。

以上のような構成に基づき、本書は朱載堉を分析していく。

（1）朱厚烷と朱載堉の事績については、『明史』巻一一九、列伝七、諸王四、仁宗諸子、鄭靖王瞻埈伝、中華書局、一九七四年を参照。鄭靖王瞻埈は仁宗の二番目の子であり、朱載堉は彼の子孫である。『明史』巻一〇三、表四、諸王世表四の中にも朱載堉の名がある。

（2）一九一〇年、台湾生まれの作曲家。日本に渡り、東京で作曲家、声楽家として活動した。一九三八年以降は北京に拠点を移し、一九八三年、中国で没する。彼の作品の多くは文化大革命によって失われた（片山杜秀「江文也とその新たな文脈」、江文也、坂田進一・片山杜秀解説『上代支那正楽考』、平凡社、東洋文庫、二〇〇八年、三一九―三二〇頁を参照）。

（3）同上、三三三頁。

（4）同上、三二―三三頁。
（5）同上、三三頁。
（6）「卒不能勝工師之説」、馬端臨『文献通考』巻一三〇、楽考三、歴代楽制、万有文庫本『十通』（乾隆官刊本）、『十通　文献通考二』、浙江古籍出版社、二〇〇〇年、一一六〇頁。
（7）江文也、前掲『上代支那正楽考』、三三頁。
（8）同上、三三頁。
（9）本節は、田中有紀『中国の音楽論と平均律』、風響社、二〇一四年、五―八頁を改稿したものである。
（10）児玉憲明は「『楽』については、その基盤を形成するはずの経典そのものが存在しないという変則的な状況がある」と述べる（「経学における「楽」の位置」、『人文科学研究』一〇六、二〇〇一年、三三頁）。『楽経』が存在しないことをどう考えるかは、大きく以下の三通りとなる。
①『楽経』は秦の焚書で滅んだ。
②『楽経』は秦の焚書で滅んだわけではない。
③『楽経』はもともと存在せず、楽の教えは他の書に見えている。
①は、宋・沈約（「秦焚典籍、樂經用亡」『宋書』巻一九、楽一）のほか、梁・劉勰（「秦燔樂經、漢初紹復。」『文心雕竜』巻二、楽府第七）や、唐・徐堅（「古者以易書詩禮樂春秋爲六經。至秦焚書、樂經亡、今以易詩書禮春秋爲五經。」『初学記』巻二一、文部、経典第一）、明・徐師曾（「古有樂經、疑多聲音樂舞之節、而無辭句可讀誦記識、故秦火之後無傳焉。」朱彝尊『経義考』巻一六七所引の説）などに見える考え方である。
②については、朱熹と朱載堉が、必ずしも『楽経』に言及するわけではないが、古楽と焚書について論じている。朱熹の場合、秦や漢はむしろ古に近い時代であり、周の楽器と音楽は残存していたとする（「古樂之亡久矣。然秦漢之閒、去周未遠、其器與聲猶有存者。」『律呂新書』朱熹序）。また朱載堉は、古楽滅亡の原因を焚書に帰するのは誤りだと考える（「古樂絶傳、率歸罪於秦火、殆不然也。」朱彝尊『経義考』巻一六七所引の説）。

③の場合、たとえば、『詩経』『易経』『礼記』（楽記）『周礼』（春官、大司楽）『儀礼』に楽の教えが見えると考える。宋・葉時は、詩が伝われば楽も伝わり、詩が滅べば楽も滅ぶと考える（「樂有詩而無書、詩存則樂與之倶存、詩亡則樂與之倶亡。」『礼経会元』巻三下、詩楽）。また明・黄佐は、『易経』『尚書』『詩経』『春秋』には、楽に関する叙述が見えるから、『楽経』だけ伝わらなかったとはいえないと考える（「觀諸豫之象、則雷出地奮、卽合樂之律自下而上可知矣。觀諸夔之言、則琴瑟下管、卽雲和孤竹之屬可知矣。觀諸商頌、依我磬聲、則擊石拊石合於鳴球可知矣。觀諸春秋、萬入去籥、則萬舞干戚本合英韶可知矣。凡此皆大司樂成均之法也、孰謂五經具在而樂獨無傳耶。矧夫歌奏相命、聲變成方、雖謂之樂記之經可也。」『経義考』巻一六七所引の説）。清・邵懿辰は、楽には本来、経はなく、詩や礼が楽を描いていたと考える（「樂本無經。…（中略）…樂之原在詩三百篇之中、樂之用在禮十七篇之中。…（中略）…欲知樂之大原、觀三百篇而可。欲知樂之大用、觀十七篇而可。而初非別有樂經也。」『礼経通論』、論楽本無経）。清・朱彝尊は、楽経は『周礼』大司楽にその綱要が残されており、『礼記』楽記がそれを補足すると考えた（「樂之有經、大約存其綱領。然則大司樂一章、卽樂經可知矣。樂記從而暢言之。無異冠禮之有義、喪服之有傳。卽謂樂經於今具存可也。」『経義考』巻一六七）。『楽経』の有無をめぐる問題については、周予同『中国経学史講義』、上海文芸出版社、一九九九年、二〇—二二頁を参照。

(11) 児玉憲明は、四庫全書経部楽類の特徴として、「『楽類』に収められた書が『鍾律』（音楽音響学）を論じるものに限定されていること」を挙げ、「鍾律論以外の音楽関係の文献は、『経部・楽類』ではなく、『子部・芸術類』『集部・詞曲類』などの『経』以外の部門に移されている」「いま『四庫全書』の『楽類』の箇所を開くと、確かに収録されたものは鍾律を論じたものに限定されている」と指摘する（前掲「経学における「楽」の位置」、三五—三六頁）。

(12) 内藤湖南は「とにかく紀昀には一定の考へがあり、四庫提要の凡例に斷わつた主義の外に、斷わつてない一種の精神が全體に流れてゐる。之を研究すれば、紀昀の明言しない目録學が出來る譯である。勿論各部各子目の序論は紀昀自身の筆で、これがすでに一種の著述といつてもよいものと云はれる。時としては焦竑の國史經籍志によつて書いた處もあるが、全體として一貫した意見があつたことは疑ひない」という（『支那目録学』、『内藤湖南全集』巻一二、筑摩書房、一九六九—一九七六年、四二九—四三〇頁）。

(13)「沈約稱樂經亡於秦。考諸古籍、惟禮記經解、有樂教之文。伏生尙書大傳、引辟雝舟張四語、亦謂之樂。然他書均不云有樂經（隋志樂經四卷、蓋王莽元始三年所立、賈公彥考工記磬氏疏所稱樂曰、當即莽書、非古樂經也）。大抵樂之綱目具於禮。其歌詞具於詩。其鏗鏘鼓舞、則傳在伶官。漢初制氏所記、蓋其遺譜、非別有一經、爲聖人手定也。特以宣豫導和、感神人而通天地、厥用至大、厥義至精、故尊其教、得配於經。而後代鐘律之書、亦遂得著錄於經部、不與藝術同科。顧自漢氏以來、兼陳雅俗、豔歌側調、竝隷雲韶。於是諸史所登、雖細至箏琶、亦附於經末。循是以往、將小說稗官、未嘗不記言記事、亦附之書與春秋乎。悖理傷教、於斯爲甚。今區別諸書、惟以辨律呂明雅樂者、仍列於經。其謳歌末技、弦管繁聲、均退列雜藝詞曲兩類中。用以見大樂元音、道侔天地、非鄭聲所得而奸也。」『四庫全書総目』経部楽類序、藝文印書館、一九六四年、七八八頁上下。

(14) 劉復「十二等律的発明者朱載堉」、『慶祝蔡元培先生六十五歳論文集』、国立中央研究院歴史語言研究所集刊外編第一種、一九三三年。

(15) 同上、二八八頁。

(16) 同上、二九〇—二九二頁。

(17)『燕京学報』二一、一九三七年、一—六〇頁。

(18) 人民音楽出版社、一九八一年。

(19) 半律、正律、倍律で三オクターブを形成する。半律は正律の半分（一オクターブ上）の律長、倍律は正律の二倍（一オクターブ下）の律長である。

(20) 劉勇「朱載堉異径管律的測音研究」（『中国音楽学』、一九九二年、第四期、五七—七五頁）、徐飛「楊蔭瀏対朱載堉異径管律修正案得失考」（『中国音楽』、一九九六年、第二期、七—一三頁）は楊蔭瀏の推算をふまえ、さらに異径管律を詳細に分析する。

(21)『音楽研究』、一九八〇年、第三期、三三—三四頁、九八頁。

(22) 李純一は『律呂精義』のもととなった原稿が成立した年代も考証している。「『律呂精義』旧稿撰成的年代」、『中国音楽

学』、一九八五年、第一期、三四―三八頁。

(23)『音楽研究』、一九八四年、第四期、一―一六頁。

(24)李純一、前掲「朱載堉十二平均律発明年代弁証」、六―七頁。

(25)人民出版社。

(26)「はじめに」注(1)を参照。

(27)戴念祖、前掲『朱載堉――明代的科学和芸術巨星』、二五九頁。

(28)朱載堉は年少の頃、『性理大全』や、『皇極経世書』『易学啓蒙』などを夢中になって読んだという(『進暦書奏疏』)。戴念祖は、「しかし、朱載堉は決して彼らの書を読んだからといって、唯心主義の泥沼に誤って入り込むことはしなかった」と述べる(同上、二六二頁)。

(29)同上、二六六頁。

(30)河図・洛書は古代、黄河と洛水の中から現れ出たといわれる図。『周易』繫辞上伝「河出圖、洛出書、聖人則之」に基づく。現在通行し、また、本書で論じる人物たちが念頭に置く河図・洛書の図は、河図の数を十、洛書の数を九としたもので、朱熹・蔡元定の説に拠る。どのような図なのかについては、第三章第二節図3-2を参照。

(31)台北故宮博物院、一九九二年。

(32)南京大学出版社、一九九八年。

(33)中州古籍出版社、二〇〇六年。

(34)馮文慈点注『律学新説』、人民音楽出版社、一九八六年、及び『律呂精義』、人民音楽出版社、二〇〇六年。劉勇・唐継凱『律暦融通校注』、中国文聯出版社、二〇〇六年。

(35)一九四八年の博士論文(オックスフォード大学)が、Robinson, Kenneth. 1980. *A Critical Study of Chu Tsai-yü's Contribution to the Theory of Equal Temperament in Chinese Music*. Wiesbaden: Steiner. として出版されており、ニーダムの序がついている。

(36) Needham, Joseph. 1962. *Science and Civilisation in China: Physics and Physical Technology*. Cambridge: Cambridge University Press.
(37) Ibid., pp. 226-228.
(38) Kuttner, Fritz A. 1975. "Prince Chu Tsai-yü's Life and Work: A Re-evaluation of His Contribution to Equal Temperament Theory", *Ethnomusicology*, 19, 163-206.
(39) 隆玉麟訳、鄧希路校、中央音楽学院出版社、二〇〇九年。
(40) Godwin Chou, Kwongyan. 2008. *Twelve-tone Equal Temperament: Prince Zhu Zhaiyu- His Discovery and Inspiration*. Hammond. IN: American Conservatory of Music, Ph. D. dissertation.
(41)『中国音楽学』、一九八七年、第一期、八六―九二頁。
(42) 同上、八七―八八頁。
(43)『黄鐘』（武漢音楽学院学報）、二〇一一年、第一期、一〇〇―一〇三頁。
(44)『周易研究』、二〇〇九年、第一期、六―一五頁。
(45)『星海音楽学院学報』、二〇一一年、第四期、三六―四六頁。
(46) 同上、三八―三九頁。
(47)『中国音楽』、二〇一二年、第二期、二八―三七頁。
(48) 同上、三五頁。
(49) 同上、二八頁。
(50)『中国音楽学』、二〇一二年、第二期、七八―八四頁。
(51) 同上、七九頁。
(52)『中央音楽学院学報』、一九九四年、第三期、八二―八四頁。
(53) 朱載堉の親族であり、大きな影響を与えた。詳しくは第六章を参照。

(54) 張柏銘、前掲「浅談朱載堉縦横律度尺」、八三頁。
(55)『芸術百科』、二〇一三年、第三期、一二五—一二八頁、一二四頁。
(56) 王克芬『中国舞踏発展史』（上海人民出版社、二〇〇四年）『中国舞踏通史』（上海音楽出版社、二〇一〇年）、李石根「敍朱載堉霊星小舞譜」（『交響』（西安音楽学院学報）、一九九四年、第一期、八—一一頁）、蔡麗紅「論朱載堉的『舞学』理論」（『福建師範大学学報』、二〇〇七年、第六期、二一一—二三八頁）、徐艶「論朱載堉的『舞学』体系」（『四川教育学院学報』二四—六、二〇〇八年、六〇—六二頁）、王曉茹「朱載堉『楽律全書』中舞譜与合楽譜的研究」（『北京舞踏学院学報』、二〇〇九年、第三期、二七—三二頁）、呉志強「朱載堉舞踏思想的現実意義」（『芸術教育』、二〇一一年、第二期、一〇七—一〇九頁）など。
(57)『お茶の水女子大学中国文学会報』二一、二〇〇二年、七九—九六頁。
(58) 同上、八七頁。
(59)『人民音楽』、二〇〇九年、一一、六四—六六頁。
(60) 同上、六五頁。
(61) 同上、六六頁。
(62)『論語』（衛霊公）や『礼記』（楽記）が当時の民間音楽である鄭声を遠ざけようとし、古楽と区別するのに対し、『孟子』は民間音楽が持つ力を一定程度評価した。以下は、孟子と斉の宣王のやりとりである（梁恵王章句下）。

孟子は「王様は以前、荘暴に楽が好きだと仰ったそうですが、そのようなことはございましたか」と聞いた。王は顔を赤らめていった、「私の好きなのは先王の楽ではなく、ただ世俗で流行っている楽なのだよ」と。

孟子は「王様が楽を大変お好きなら、斉の国の統治が安定するのも近いことでしょう。今の楽は、古の楽のようなものです」といった。

「今之樂、猶古之楽也」について、趙岐（後漢）は「要点は、民とともに楽しむことに、古今何の違いがあるだろうかということである」（『孟子注疏』、梁恵王章句下、十三経注疏整理本、北京大学出版社、二〇〇〇年、三八頁）と注する。また、孫奭（宋）は「孟子は斉王が先王の楽を好むことができず、ただ世俗の楽を好むだけだというのを聞き、それによって、今の楽は古の聖王の楽のようだといったのであり、その要点は、民とともに楽を聞いたり演奏したりできるということに過ぎない」（同上、四〇頁）と述べる。このように古注は、「民とともに楽しむ」という点で、今楽と古楽の違いはないと見なしている。

朱熹は「今楽は、世俗の楽である。古楽は、先王の楽である」（『孟子集注』巻二、梁恵王章句下、『四書章句集注』、中華書局、一九八三年、二一三頁）とし、范祖禹の解釈を引用した。范祖禹は、「戦国の時、民は困窮し財は枯渇し、人君はひとり南面の楽によって、自分自身に楽を奉ずるだけだった。孟子は民を救うことに真剣に取り組んだので、斉王が楽を好むことによって、斉王の善心を開き導き、民とともに楽しむことを十分にすすめ、今楽は古楽のようなものだといったのである。実際には、今楽と古楽は、同じでよいはずがない。ただ、民とともに楽しむという意味において、古今に違いはないのである」と解釈している。

古注と新注がともに注意深く解説しているように、孟子の言は、「独り占めせずに、民とともに楽しめる」点に重点があり、その点において古今に違いはないだけと理解されている。特に新注は、鄭声や世俗の楽、すなわち今楽は、決してそのまま先王の楽である古楽と同一ではなく、同じ価値を持つことはないと考える。このように、古楽と今楽の関係は慎重に議論された。ただし、この経文は後世、民間音楽を古楽復興に利用する際の経学的根拠としても用いられることとなった。

(63) 山田慶児編『新発現中国科学史資料の研究』、一九八五年、四六三―五〇四頁。

(64)『中国――社会と文化』六、一九九一年、一一四―一四一頁。

(65)『律呂新書』は朱熹と蔡元定の共著である。朱熹、字は元晦、徽州婺源の人、福建省出身。蔡元定、字は季通、建陽の人。『律呂新書』の成立過程については、児玉憲明「律呂新書研究序説――朱熹の書簡を資料に成立の経緯を概観する」（『人文科学研究』（新潟大学）八〇、一九九二年、六九―一〇八頁）が詳しく論じる。

(66)創文社、二〇〇四年。

(67)同上、三七七―三七九頁。

(68)児玉、前掲「律呂新書研究序説」のほか、「候気術に見える気の諸観念」、『人文科学研究』(新潟大学)八二、一九九二年、一―二九頁、「『律呂新書』研究――「声気之元」と「数」」、同九五、一九九八年、一七―三九頁。

(69)児玉憲明「蔡元定律呂本原詳解」、『人文科学研究』(新潟大学)一二五、二〇〇九年、一四一―一七六頁、「蔡元定律呂証弁詳解(一)」、同一三〇、二〇一二年、三三―六二頁、「蔡元定律呂証弁詳解(二)」、同一三二、二〇一三年、一五―四〇頁。

(70)『中国思想史研究』一、一九七七年、六七―一〇五頁。

(71)『待兼山論叢』一五、哲学篇、一九八二年、三三―四七頁。

(72)『日本中国学会報』三一、一九七九年、七四―八九頁。

第一部　漢代と宋代の楽律論

——朱載堉の見た中国音楽史

第一部　序

第一部では、朱載堉の理論を論じる際に必要な予備的考察として、漢代及び宋代の楽律論を分析する。前述したように「経学としての楽」は概ね楽律論を中心としていた。楽律論には様々あり、後述するような黄鐘論や、律管作成にあたって必要な度量衡論なども含まれる。その中でも音階計算法に関する問題は重要であり、どのような音階計算法を取るかで、中国の楽律論は大きく二分できる。西欧では音階計算法として、ピタゴラス律や純正律、中全音律や十二平均律など様々な理論が登場した。[(1)]これに対し中国の場合は、三分損益律（ピタゴラス律）と十二平均律という二つの音階計算法のどちらかに概ね絞られ、この二つの理論が易学や暦学と関連付けられ、深められていった。三分損益律自体は『淮南子』にすでに見られるように、前漢初期には存在していたが、その方法を整理し体系化したのは前漢末の劉歆である。その後、三分損益法を実際の演奏の都合に合わせて十八律として設定し、三分損益法も含めた楽律学全体を「経」として位置付けたのが、南宋の朱熹・蔡元定であった。第一部では三分損益法が深められ、中国の楽律論の基礎的枠組を形成した時代として、漢代と宋代を取り上げる。

第一章では、前漢の劉歆による三分損益法を取り上げ、その背景にある律暦合一思想を考察する。三分損益法は朱載堉が克服しようとした理論だが、一方で、劉歆と朱載堉は律暦合一という世界観を強く共有している。三分損益法は、『律呂新書』や『儀礼経伝通解』に取り入れられ、朱子学の正統楽律論として位置付けられた。第二章では北宋期の黄鐘論争に対し、南宋の朱熹・蔡元定の黄鐘論がどのような意味を持っていたか確認する。黄鐘律管の寸法は、楽律計算の最も基礎となるものである。「度が律を生む」状況を克服するため、『律呂新書』は、気の理論を用いて『漢書』が記述する律と度の関係を明確にし、「律が度を生む」理念を貫き通した。朱載堉は律と度量衡が表裏一体であるという立場を強く主張し、律が失われた以上、頼るべきものは度量衡しかないと考え、晩年はむしろ度量衡制への信頼を強めていく。第三章では、朱熹・蔡元定の度量衡論、易学と楽律との関係をめぐる議論、琴論を取り上げ、彼らの楽律論の特徴を描く。蔡元定自身の学問は象数学的色彩が強く、また彼自身は琴の演奏技術を持たないため、理論偏重と批判されることがある。しかし、『律呂新書』は決して、理論だけで自らの楽律論の正当性を主張しようとしたのではない。朱熹・蔡元定は、黄鐘を度量衡という記録に残る制度によって裏付けようとした。また、理論を過度に抽象化させないよう、楽律学と象数易との距離を「適切に」保とうとしている。さらに朱熹は、当時演奏されていた琴の技術に自らの理論を応用しようとした。度量衡制や今楽の技術を重視する態度は朱載堉にも見出せる。以上をふまえ、第一部の結論では、劉歆・朱熹・蔡元定の理論と朱載堉の理論との関わりについて言及し、第二部へつなげたい。

（1）ミーントーンと呼ばれ、五度をピタゴラス律よりも狭くし、三度の響きを優先させた音律。

第一章　三分損益法
――その技術と思想

序

三分損益法と呼ばれる楽律算出法は、先秦から様々に理論が蓄積され、漢代になると暦や易の思想とともに体系化された。朱熹・蔡元定以降は、朱子学の正統な楽律理論として定着する。(1) 本章では三分損益法の技術的変遷を、背後にある思想とともに明らかにする。

第一節　三分損益法の概略

中国古代の文献には楽律に関する記述が多く残る。『呂氏春秋』古楽篇は、以下のように楽律の興りを述べ、黄鐘や十二律や五音に関しても記述する。

昔、黄帝は伶倫に命じて律管を制作させた。伶倫は大夏から西へ向かい、崑崙山の北に到着すると、山中の奥深い谷で竹を取り、適切な広さの空間を持ち、皮の厚さが斉一の竹を選び、竹の節と節の間の長さを切り取ると、その長さは三寸九分であり、「黄鐘の宮」とし、吹いて「舎少」と名付けた。次に十二個の筒を作り、崑崙山のふもとへ行き、鳳凰の鳴き声を聞いて、十二律を識別した。雄の鳴き声が六種、雌の鳴き声もまた六種、これらを「黄鐘の宮」と合わせてみると、すべて協和していた。「黄鐘の宮」は、これらの音すべてを生むことができる。だから「黄鐘の宮」は、律呂の根本だというのである。黄帝はさらに伶倫に命じて栄将とともに十二鐘を鋳造させ、それによって五音を調和させ、「五英」と「韶」の楽を演奏し、仲春の月、乙卯の日、太陽が奎宿(2)の位置にある時に、初めてこれを演奏し、「咸池」と名付けた(3)。

この一文は後世、楽律学の起源を論じる際に頻繁に引用された。十二律を、鳳凰の雄の鳴き声と、雌の鳴き声とに分ける思想は、十二律を陽律と陰律に分ける発想にもつながる。

また『淮南子』天文訓には、九寸の長さを黄鐘律とし、そこから林鐘《りんしょう》・太蔟《たいそう》・南呂《なんりょ》・姑洗《こせん》・応鐘《おうしょう》・蕤賓《ずいひん》・大《だい》呂《りょ》・夷則《いそく》・夾鐘《きょうしょう》・無射《ぶえき》・仲呂《ちゅうりょ》を生むとあり、これら十二律をそれぞれ十二月に配当する。宮《きゅう》・商《しょう》・角《かく》・徴《ち》・羽《う》など五声（五音）を示す名称も見える。

道は一より始まり、一つでは物を生めないため、分かれて陰・陽となり、陰・陽が和合して万物が生まれる。そのため「一は二を生み、二は三を生み、三は万物を生む」（『老子』第四十二章）という。天地は三ケ月を一時とするので、祭祀は三度の食事を礼とし、喪儀では三度踊躍するのを節とし、兵事は三軍を制とする。三によって万物をまじえ、三×三は九である。そのため黄鐘の律は九寸で宮の音調となるのだ。九寸に九をかけ、九×九は八十一、それによって黄鐘の数が成立する。黄は、土徳の色である。鐘は、気の種〔起源〕である。日が冬至となれば、その徳気は土であり、土の色は黄色であるから、黄鐘という。律の数は六であり、分かれて雌・雄となるので、十二鐘といい、十二月に配当される。十二はそれぞれ三成するので、三を十一乗すると、積は十七万七千百四十七となり、黄鐘の大数が成立する。およそ十二律とは、黄鐘は宮、太蔟は商、姑洗は角、林鐘は徴、南呂は羽である。物は三によって生成し、音は五によって成立し、三と五を足せば八となり、ゆえに卵生のものには八つの穴がある。律が最初に生まれた時、鳳凰の鳴き声をまね、ゆえに音は八を隔てて生まれる。黄鐘は宮であり、宮は、音の君主であり、ゆえに黄鐘は子の位置にあり、その数は八十一、十一月にやどり、林鐘を下生する。林鐘の数は五十四、六月にやどり、太蔟を上生する。太蔟の数は七十二、正月にやどり、南呂を下生する。南呂の数は四十八、八月にやどり、姑洗を上生する。姑洗の数は六十四、三月にやどり、応鐘を下生する。応鐘の数は四十二、十月にやどり、蕤賓を上生する。蕤賓の数は五十七、五月にやどり、大呂を上生する。大呂の数は七十六、十二月にやどり、夷則を下生する。夷則の数は五十一、七月にやどり、夾鐘を上生する。夾鐘の数は六十八、二月にやどり、無射を下生する。無射の数は四十五、九月にやどり、仲呂を上生する。仲呂の数は六十、四月にやどれば、極まってその次の律は生まない。徴は宮を生み、宮は商を生み、商は羽を生み、羽は角を生み、角は姑洗を生み、姑洗は応鐘を生み、〔変宮となるので〕正音に入らず、ゆえに和とする。応鐘は蕤賓を生み、〔変徴となるので〕正音に入らず、ゆえに繆とする。[4]

十二律とは、絶対音高を表す音名である。黄鐘をcとすれば、大呂＝cis、太簇＝d、夾鐘＝dis、姑洗＝e、仲呂＝f、蕤賓＝fis、林鐘＝g、夷則＝gis、南呂＝a、無射＝ais、応鐘＝hとなる。五声とは、相対音高を表す階名であり、宮をドとすれば、商＝レ、角＝ミ、徴＝ソ、羽＝ラとなる。変徴＝ソ♭（ファ♯）と変宮＝ド♭（シ）を加え、七声を形成することもある。

中国では、特定の長さの笛が発する音の高さをすべての基準とし、黄鐘と呼んだ。黄鐘律管は、『呂氏春秋』では三寸九分、『淮南子』では九寸とするなど、文献によって長さは様々だが、漢代になり制度が整うと「黄鐘九寸」という規定が確立する。もちろん度量衡は時代によって変わるため、九寸という長さも時代によって異なる。第二章で論じるように、後世の楽論において、黄鐘律管の寸法をどのように設定するかという問題は、非常に重要となる。

黄鐘律管が定まった後は、三分損益法を用いて、他十一律管の長さを計算する[5]。音は、二つの音の間の振動数比が、単純な整数比で表されるものほどよく協和する。三分損益法は、振動数比が二対三の完全五度と、三対四の完全四度を用いる。これは、ギリシアのピタゴラス律と同じ方法である。ある律管の長さを$\frac{2}{3}$にすると、その律管の振動数は$\frac{3}{2}$となり、五度上の音を計算できる。長さを三分して、そのうちの一を去るので、これを三分損一（下生）という。また、ある律管の長さを$\frac{4}{3}$にすると、その律管の振動数は$\frac{3}{4}$となり、四度下の音を計算できる。長さを三分して、そのうちの一を益すので、これを三分益一（上生）という。このような計算を反復して音階を作る方法を三分損益法という。十二律は、表1-1のように、黄鐘から次々に三分損益を行ない（十二律は陽律と陰律に分かれ、陽律を律、陰律を呂と呼ぶ）、五声（七声）も、宮から次々に三分損益を行なう。実際の演奏では、五声音階（宮・商・角・徴・羽）が中心となり、特に儒者の理論では、変徴・変宮を「正しくない音」と見なすこともある。

続いて、十二律と七声を組み合わせ、旋宮と転調を行なう。まず十二律のうち、どれを宮とするかを決め宮の音高を確定し（旋宮）、さらに七声の中から主音を選ぶ（転調）。たとえば、「黄鐘宮調」というと、宮である黄鐘が主音となり、以下、太簇が商、姑洗が角、蕤賓が変徴、林鐘が徴、南呂が羽、応鐘が変宮となる。十二×七で八十四

表 1-1　三分損益法による十二律と五声の計算

黄鐘	$\times\frac{2}{3}\rightarrow$	林鐘	$\times\frac{4}{3}\rightarrow$	太簇	$\times\frac{2}{3}\rightarrow$	南呂	$\times\frac{4}{3}\rightarrow$	姑洗	$\times\frac{2}{3}\rightarrow$	応鐘	$\times\frac{4}{3}\rightarrow$	蕤賓	$\times\frac{4}{3}\rightarrow$	大呂	$\times\frac{2}{3}$
	下生		上生		下生		上生		下生		上生		上生		下生
c		g		d		a		e		h		fis		cis	
律		呂		律		呂		律		呂		律		呂	

$\rightarrow$	夷則	$\times\frac{4}{3}\rightarrow$	夾鐘	$\times\frac{2}{3}\rightarrow$	無射	$\times\frac{4}{3}\rightarrow$	仲呂
		上生		下生		上生	
	gis		dis		ais		f
	律		呂		律		呂

宮	$\times\frac{2}{3}\rightarrow$	徴	$\times\frac{4}{3}\rightarrow$	商	$\times\frac{2}{3}\rightarrow$	羽	$\times\frac{4}{3}\rightarrow$	角	$\times\frac{2}{3}\rightarrow$	変宮	$\times\frac{4}{3}\rightarrow$	変徴
ド		ソ		レ		ラ		ミ		シ		ファ$^{\sharp}$

調ができることにはなるが、変徴や変宮は主音としないなど（蔡元定の説）、実際には用いない調もある。

三分損益法には大きな問題があった。三分損益を繰り返し、黄鐘から数えて十二番目に算出される仲呂律に、もう一度三分損一を行なって得られる黄鐘は、もともとの黄鐘のちょうど半分の長さにはなれない。もともとの黄鐘の八度（一オクターブ）上と比べ、やや高くなる。すなわち、$\frac{1}{2}\div\frac{2^{18}}{3^{12}}=\frac{3^{12}}{2^{19}}=\frac{531441}{524288}$ となり、この値をピタゴラス・コンマ（二三・四セント）[6]という。三分損益で計算を続けても、もともとの黄鐘には戻れない——この問題は「往きて返らず（往而不返）」と呼ばれ（図1－1）、のちに朱載堉の十二平均律によって克服されることとなる。

三分損益法を繰り返しても同じ数になることはない。それゆえ三分損益法は、理論上いくらでも繰り返し、新しい律を計算することができる。たとえば前漢の京房は、十二律を計算したのち、さらに三分損益を進め六十律を計算した（『続漢書』律暦志）。十三番目に算出された $4\frac{25948}{59049}$ 寸[7]の律を「執始」と名付け、その後六十律まで三分損益を続けたのである。南朝宋の銭楽之は三百六十律まで計算した。

しかしたとえ数多くの律を計算しても、実際の演奏で使用するには限界がある。それではなぜ京房は三分損益を進めたのだろうか。その目的は候気の法を行なうためである。候気の法とは、律管を使った気の観測

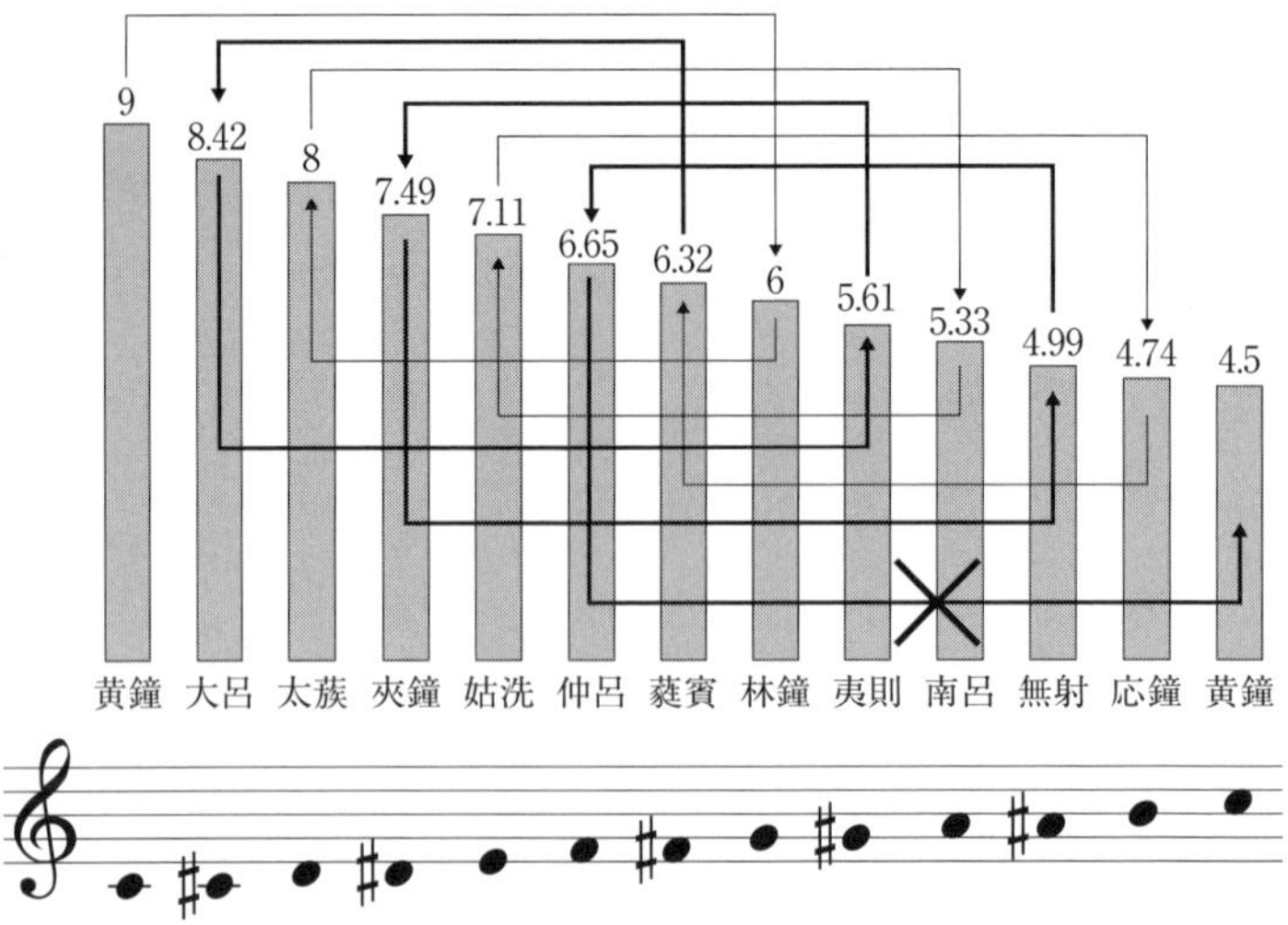

図1-1　三分損益法に基づく音階の形成（黄鐘＝c とする）

術である。方法は様々だが、密閉した部屋に、律管を対応する方位に従って並べ、灰を管の端に詰め、季節のめぐりに合わせて気が到来した時に、灰が動くというものである(8)。京房は六十律を、易の六十卦（六十四卦－四卦）に配当し、一年の三百六十日（三百六十五日－五日）に配当して候気を行なった。彼は、律・暦・易が互いに関連しあう世界を求めていたのである。

第二節　劉歆の律暦思想

前漢の劉歆もまた、易を中心として、律、暦、そして度量衡を連関する事象として捉えた(9)。前近代中国において暦は政治的に重要な意味を持つ。天と人とは相互に連関し、天子が非道なふるまいをすれば、天が災異を起こし譴責する。日食など天文学上の現象も災異と考えられたため、歴代の統治者は天文観測と暦法に細心の注意を払った。劉歆が三統暦と呼ばれる暦法を整備したのも、彼が仕えた王莽の政権を支え、正当化するためである。『漢書』律暦志は以下のように、成立の事情を記す。

元始年間に至り王莽が政権を掌握し、名声を輝かせようと、天下の楽律学に通じている百余人を召し、羲和〔天文をつかさどる官〕の劉歆らに掌らせて一つ一つ上奏させたが、それは最も詳しいものだった。そのため劉歆の言のうち、偽りについては取り除き、正しいことだけを取って、この篇に著録した[10]。

後世、劉歆の律暦思想は、王莽の悪政と関連付けられ、批判を受けることがある。しかし、第二章・第三章で論じるように、少なくとも朱熹や蔡元定は、王莽を支えた制度だからといって、劉歆の楽律論それ自体を否定することはなかった。朱載堉も、王莽と関連させるのではなく、劉歆の理論的矛盾を取り上げ批判している。このように劉歆の律暦の学は、後世の楽論の中で批判を受けつつも、楽律理論の大きな土台を提供し、三統暦が描かれた『漢書』律暦志はその後の暦法を大きく規定した。

三統とは、「天の施し・地の化育・人の綱紀」を指す。三統暦は、前漢武帝の時に採用された太初暦と定数を同じくする八十一分暦である。八十一分暦とは、一年を$365\frac{385}{1539}$日、一朔望月（新月から新月まで、満月から満月までの日数）を$29\frac{43}{81}$日とする。一ケ月の日数の分母が八十一であるため、八十一分暦と呼ばれる。

劉歆にとって、暦と人間はどのように結び付くのか。

そもそも暦というものについては、『春秋』では天の時であり、人に関する事件を列ねるのに、天の時を用いた。『春秋左氏伝』に「民は天と地の中和の気を受けることで生まれ、これを命という…（中略）…」とある[11]。

人間は、天地の中和の気を受けて生じた以上、天地と同じ気を持つため、天地に従わねばならない。それゆえ『春秋』は、天の時である暦と、人間に関する事件を列記すると劉歆は考えた。暦と人はこのように関連付けられたが、そこに楽はどのように関わってくるのか。劉歆が最も重視するのが元という概念である。

元典〔不詳〕では、暦の始めのことを元といっている。『春秋左氏伝』〔昭公十二年〕に「元は善の長である」とあり、三徳をすべて養成することが善である。また『左氏伝』〔襄公九年〕に「元は体の長である」とある。三体を合してその根元とするので、元という。『春秋』においては、春の三ケ月にのみ、毎月「王」と書いているのは、元には三統があることを示すためである。[12]

三徳、三体が何を指すのかは諸説あるが[13]、万物の根本である元は、三通りの位相を持ち、次のように黄鐘へと展開していく。

三統は合わさって一元となっている。ゆえに、元である一をもとにして、そこから九回三倍して法数〔一九六八三〕とする。十一回三倍して、実数〔一七七一四七〕とする。実数をもって法数を満たして一を得る。[14]

ここでは、三という数字から、黄鐘九寸を導く。$3^{11} \div 3^{9} = 3^{2}$により九を得る。これが「黄鐘九寸」の由来である。[15]続いて、黄鐘は以下のように十一律を生むという。

黄鐘の初九は、六律のはじめであり、陽の変である。ゆえにこれを六倍し、九を法数とし、林鐘を得る。〔林鐘の〕初六は、呂の首であり、陰の変である。いずれも天を参〔三〕にし、地を両〔二〕にする〔『易経』、説卦伝〕方法である。上生は六を二倍し、下生は六をかけて損ずるが、いずれも九を法数とする。[16] 九と六は、陰陽・夫婦・親子の道である。律は妻を娶り呂は子を生む、これは天地の情である。六律と六呂とで、十二辰が立つのである。[17]

黄鐘から三分損一によって林鐘を計算する。黄鐘の九、林鐘の六という数値は、『易経』の「参天両地」に通じるという（九＝三×三、六＝三×二）。林鐘からさらに三分益一、三分損一を繰り返し、十二律すべてを計算する。劉歆はこうして計算した十二律を、十二支と十二ケ月に重ねあわせる。黄鐘（子・十一月）に続けて、大呂（丑・十二月）、太簇（寅・正月）、夾鐘（卯・二月）、姑洗（辰・三月）、仲呂（巳・四月）、蕤賓（午・五月）、林鐘（未・六月）、夷則（申・七月）、南呂（酉・八月）、亡射（無射）（戌・九月）、応鐘（亥・十月）の順で、それぞれどのような気を導き、どのような役割を担っているかを説明していく。[18]

五声も同様に、黄鐘九寸を宮として、そこから上生・下生（三分損益）を繰り返して、計算する。[19] 五声を二倍した十という数は、十干（甲・乙・丙・丁・戊・己・庚・辛・壬・癸）に合致するという。[20] また、律管の長さ九寸を自乗した八十一を、一朔望月の日数の分母の値とした。[21]

さらに律は度量権衡とも結合する。[22] まずは度（長さ）である。

度は分・寸・尺・丈・引であり、長短を測る方法である。もともと黄鐘の長さに起こる。粈殻のついた秬黍《くろきび》のうち「中」であるものを用いて、一黍の広さを、九十分はかれば、黄鐘の長さである。一つが一分であり、

十分が寸であり、十寸が尺であり、十尺が丈であり、十丈が引であり、そうして五度が審らかになる。(23)

劉歆は、「長短を測る方法〔分・寸・尺・丈・引〕は黄鐘の長さから起こる」、つまり「度は律から起こる」という。まず、黍を九十粒並べ、それを黄鐘九寸とする。黍一粒の長さを一分とし、十分＝一寸、十寸＝一尺、十尺＝一丈、十丈＝一引として五度を定めている。『漢書』律暦志の記述は、一方で「律が度を生む」という理念を掲げながらも、具体的な方法としては「度が律を生む」ことになる。なぜなら、黍を九十粒並べた長さを九寸とすれば、最初から黍一粒が一分と決まっており、それでは「度が律を生む」ことになるからである。第二章で論じるように、北宋では『漢書』律暦志の記述をめぐり、「度が先か」「律が先か」という問題が紛糾した。南宋の朱熹・蔡元定は「度は律から起こる」ことを重視するため、黍はあくまでも出来上がった黄鐘律管の寸法を確認するために、後で用いる手段だと位置付けた。そして黄鐘律管を定める際には、候気の法に依拠すべき、つまり気を基準にすべきだと主張した。これに対し朱載堉は、気という曖昧なものを律管設定に用いるべきではないとした（第七章）。朱載堉は、律と度量衡は最初から同時に存在するため、度から律を起こしてもかまわないという立場を取ったのである。このように、劉歆の論じた律と度の関係は、後世に大きな影響を与え、論争を巻き起こすことになった。

劉歆はまた、量も「黄鐘の龠《やく》に起こる」とする。

量は、龠・合・升・斗・斛《こく》であり、分量を量る方法である。もともと黄鐘の龠に起こり、度数を用いてその容量を審らかにし、籾殻のついた秬黍のうち「中」であるもの千二百粒をその龠に満たし、井水をもってその概を水平にする。龠を二つ合わせて合とし、十合を升、十升を斗、十斗を斛として、五つの量器が良い状態になる。その法は銅を用い、正方形を描いてそれに外接する円を描き、対角線を延長する。それを上向けにすれば斛であり、下向けにすれば斗である。左の耳を升とし、右の耳を合と龠とする。[24]

黄鐘律管には、籾殻のついた秬黍のうち「中」[25]であるもの千二百粒が入り、それを一龠とする。二龠＝一合、十合＝一升、十升＝一斗、十斗＝一斛と定める。これら五単位をすべて計測できるようにしたのが、劉歆の量器（漢斛）である。劉歆の量器は、歴代何度も発見されていることが史書からうかがえるが、魏晋に発見されたのち、唐に入ると記載がなくなり、清代になって再び発見された。台北故宮博物院が所蔵するものは、一九二四年に坤寧宮で発見されたもので、一九二八年に劉復が測量を行なった。[26] 劉歆の量器は『周礼』に依拠したもので、斛・斗・升・合・龠が一体となっている（図1-2）。劉復の解説によれば、中央の円柱は下辺に近い位置に底があり、底から上が斛、底から下が斗である。左についている小さい円柱（左耳）は升、右についている小さい円柱（右耳）は底が中央にあり、底から上が合、底から下が龠だという。[27] 右耳の底はかなり厚い壁になっている。

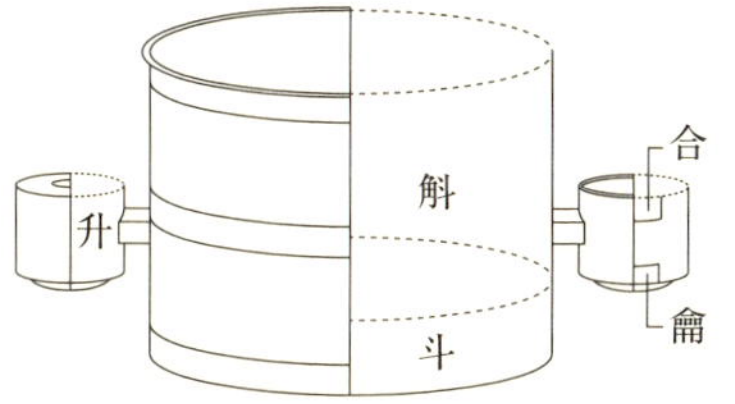

図1-2　劉歆の量器（劉復，前掲『新嘉量之校量及推算』2頁の図に基づき作成）

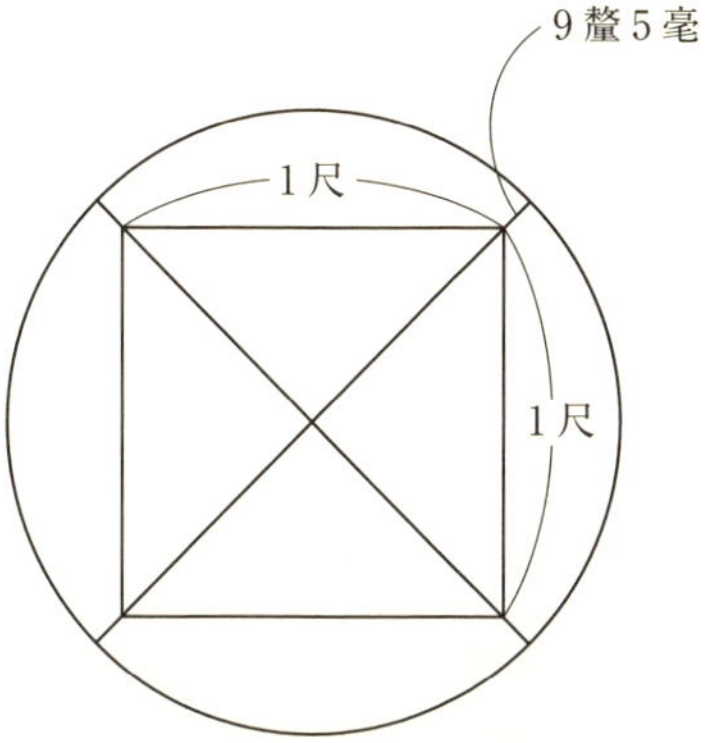

図1-3　斛の上面（劉歆の説明及び『隋書』に載る漢斛の銘文に基づき作成）

劉歆は斛の上面について、「正方形を描いてそれに外接する円を描き、対角線を延長する（方尺而圜其外、旁有庣焉）」と述べる（図1-3）。庣（対角線を延長した部分）の具体的な数値は、量器の銘文からわかる。劉歆の量器の銘文について、『隋書』（律暦志上、嘉量）では斛の銘文

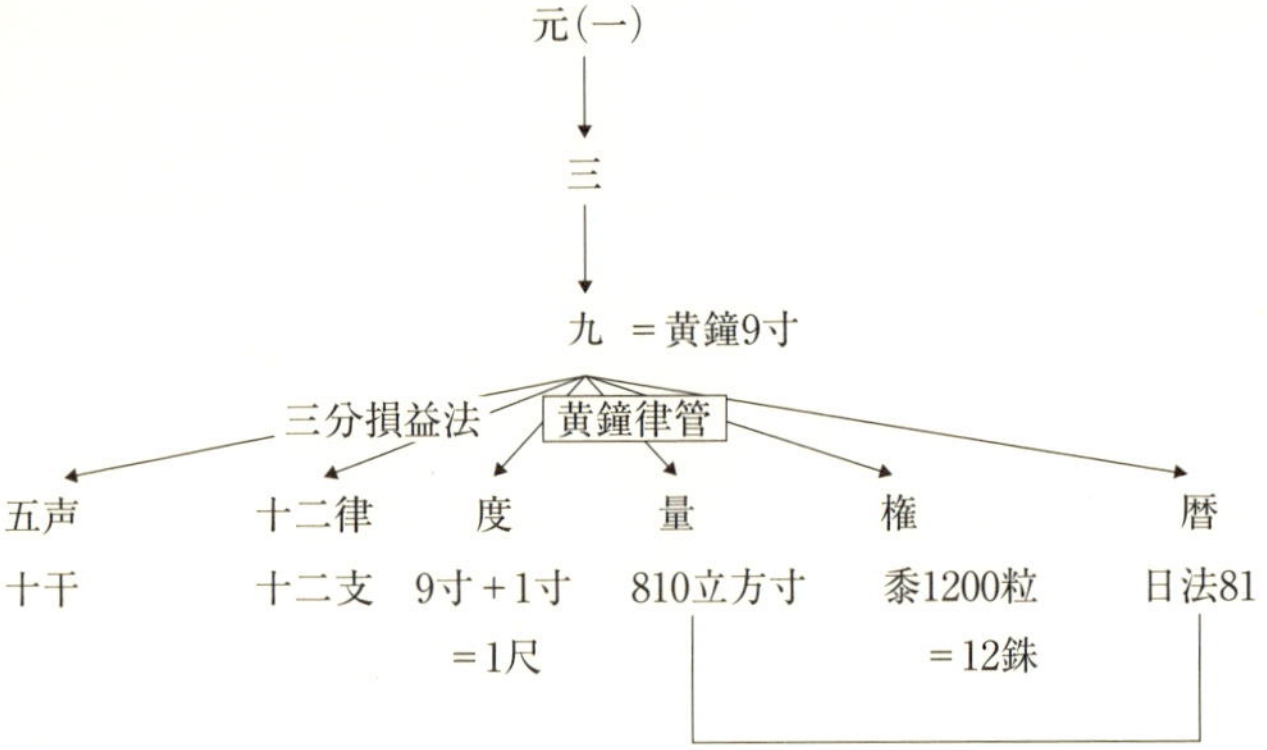

図 1-4　劉歆の律暦思想（川原秀城，前掲「三統暦の世界」81 頁の表に基づき作成）

のみ載せており、庣が九厘五毫であるとわかる。すなわち、斛の上面は、一辺が一尺の正方形を描き、その正方形の対角線を九釐五毫伸ばした点に内接するように円を描けばよい。銘文によれば、円の面積は百六十二平方寸、斛の深さは一尺、容積は千六百二十立方寸となる。(28)

このように劉歆は、黄鐘と量を結び付けた。劉歆の量器について、第三章で論じるように、朱熹・蔡元定は周の量器と一致するとして高く評価する。これに対し朱載堉は、一龠つまり黄鐘律管の容積を、八百十立方分とするのは誤りだとした。劉歆の理論では一斛が千六百二十立方寸となるが、そうなると、一龠は八百十立方分となる。朱載堉は八百十という数字が、劉歆の暦法計算と合致せず、律暦の一致を妨げていると考えたのである（第十章）。

最後に権、つまり重さである（度量権衡の「衡」は「はかり」の意味）。劉歆は度・量と同様に、権も黄鐘の重さから起こるとする。

　権は、銖・両・斤・鈞・石であり、物をはかって公平に与え、軽重を知る方法である。もともと黄鐘の重さに起こる。一龠に千二百粒の黍を入れ、その重さを十二銖とし、これを二倍にして両とする。二十四銖を両とし、十六両を斤とし、三十斤を鈞とし、四鈞を石とする。忖《はか》れば十八、易十八変の象である。(29)

黄鐘一龠に千二百粒の黍を入れ、その重さを十二銖とし、二十四銖＝一両、十六両＝一斤、三十斤＝一鈞、四鈞＝一石とする。このようにして黄鐘と重さは結び付き、さらには「忖れば十八、易十八変の象である」と述べ、易と関連付けたのである(30)。

このように劉歆は、元という概念に基礎付けられた九寸の黄鐘律管から十二律を計算し、暦と関連付けるとともに、黄鐘を度量権衡の基準とした。万物の根元を一とし、三（天・地・人）に分かれ、さらにそれを三倍した九という数が、基準音である黄鐘と重ねあわされる。黄鐘から生まれた十二律・五声は、それぞれ陰・陽に分かれ、それらがさらに、易の卦・十二子・十二月・十干に結び付けられる。すなわち楽律学が、易学理論と重ねあわされながら、天文暦法へ結び付いていくのである(31)（図1－4）。

劉歆の理論は、一見こじつけに見えるかもしれない。しかし、楽律と度量衡、そして天文現象を関連付けるという発想は、北極点から赤道までの距離を基準とし、様々な計量単位を相互に関連付けて一つの体系を作り上げた、メートル法の最初の理念にも通じる(32)。また、律と暦が相互に関連し、永遠に循環を続ける世界観は、やがて三分損益法の非循環性（「往きて返らず」）を突破し、明代に新しい楽律理論を生み出す原動力となった。

第三節　朱熹・蔡元定による整理

三分損益法は何度でも計算を繰り返せるが、実際の演奏を考えるならば、あくまで必要な範囲内に計算を止めるべきである。南宋の朱熹と、その友人であった蔡元定の共著『律呂新書』は、十二律（正律）に、六つの変律（ピ

表1-2　『律呂新書』の六十調

	宮	商	角	変徴	徴	羽	変宮
黄鐘均	黄鐘	太簇	姑洗	蕤賓	林鐘	南呂	応鐘
林鐘均	林鐘	南呂	応鐘	半大呂	半太簇	半姑洗	半蕤賓
太簇均	太簇	姑洗	蕤賓	夷則	南呂	応鐘	半大呂
南呂均	南呂	応鐘	半大呂	半夾鐘	半姑洗	半蕤賓	半夷則
姑洗均	姑洗	蕤賓	夷則	無射	応鐘	半大呂	半夾鐘
応鐘均	応鐘	半大呂	半夾鐘	半仲呂	半蕤賓	半夷則	半無射
蕤賓均	蕤賓	夷則	無射	半変黄鐘	半大呂	半夾鐘	半仲呂
大呂均	大呂	夾鐘	仲呂	変林鐘	夷則	無射	半変黄鐘
夷則均	夷則	無射	半変黄鐘	半変太簇	半夾鐘	半仲呂	半変林鐘
夾鐘均	夾鐘	仲呂	変林鐘	変南呂	無射	半変黄鐘	半変太簇
無射均	無射	半変黄鐘	半変太簇	半変姑洗	半仲呂	半変林鐘	半変南呂
仲呂均	仲呂	変林鐘	変南呂	変応鐘	半変黄鐘	半変太簇	半変姑洗

タゴラス・コンマを有する律）を加えた十八律を定めた。すなわち、十二律それぞれが宮となり（表1－2の「○○均」）、転調を行なう際（表1－2の「宮・商・角・徴・羽」）に必要となる十八律だけで計算を止めたのである。十三番目以降に算出される音律は変律と呼び、もともとの十二律とは区別して設置した。たとえば、蕤賓を宮とする蕤賓均は、蕤賓（宮）$6\frac{26}{81}$寸に$\frac{2}{3}$を乗じ半大呂（徴）を計算、さらに$\frac{4}{3}$を乗じ夷則（商）を計算、$\frac{2}{3}$を乗じ半夾鐘（羽）を計算、$\frac{4}{3}$を乗じ無射（角）を計算、$\frac{2}{3}$を乗じ半仲呂（変宮）を計算、$\frac{4}{3}$を乗じ変律半黄鐘$4\frac{25948}{59049}$寸（変徴）を計算する。蔡元定は、宮・商・角・徴・羽だけが主音となり調をなせる（変徴・変宮は主音になれず、調をなせない）とし、十二律×五声で六十調とした。

朱熹の『儀礼経伝通解』学礼、鐘律は『律呂新書』の理論を多く引用する。『朱子語類』楽の項でも楽律の問題が大半を占めている。さらに、『律呂新書』は、明・胡広撰『性理大全』にも収録され、朱子学において正統楽律理論と見なされていった。

小結

本章では三分損益法の概要を取り上げた。三分損益法の「往きて返らず」という問題は、後世多くの論者が克服しようとし、第四章で論じるように、朱載堉が十二平均律を発明して技術的に克服されることとなった。しかし第十二章で論じるように、清代では、この「往きて返らず」をめぐり新しい解釈が起こり、三分損益法が復権すると同時に、十二平均律理論の受容を大きく妨げる要因となった。また、朱子学の楽律論が漢代の楽律理論を発展させたものであり、朱熹・蔡元定は度量衡制も含め漢制を重視していたことは、朱載堉の楽律思想にも非常に大きな影響を与えている。

三分損益法を中心とする楽律体系は、確かに朱載堉が異を唱えたものではあるが、漢代の律暦思想と朱載堉のそれは、非常に類似する側面を持つ。京房は六十律を計算し、楽律と季節のめぐりを一致させようとした。劉歆は、楽律・天文暦法・度量衡を、易の数によって密接に結び付けた。楽律、その中でも基準音である黄鐘はすべての根本とされ、宇宙と人間をつなぐ手段として、重要な役割を付与されていた。朱載堉もまた、易の数を媒介として律暦合一をはかり、その際、黄鐘が律暦を連関させる基準として重要な意味を持っていた。このように、朱載堉の律暦思想の枠組、すなわち律と暦を同貫させるという発想自体は、漢代の律暦思想を継承している。筆者の見るところ、朱載堉は、劉歆以降、おそらく誰よりも徹底して律暦の合一を目指した。しかし、それゆえ、朱載堉は劉歆の律暦思想に多くの不満を持つようにもなったのである。

（1）三分損益法をはじめとする中国楽律学については川原、前掲「中国声律小史」や、堀池、前掲「中国音律学の展開と儒教」が詳細にまとめている。技術的側面だけではなく、陰陽理論という思想的側面から、三分損益法に関する言説を分析したものとして、児玉憲明「三分損益法と陰陽思想」（『東洋音楽研究』五一、一九八七年、四―一八頁）がある。

（2）二十八宿の一つ。アンドロメダ座。

（3）「昔黄帝令伶倫作爲律。伶倫自大夏之西、乃之阮隃之陰、取竹於嶰谿之谷、以生空竅厚鈞者、斷兩節間、其長三寸九分而吹之、以爲黄鐘之宮、吹曰舍少。次制十二筒、以之阮隃之下、聽鳳皇之鳴、以別十二律。其雄鳴爲六、雌鳴亦六、以比黄鐘之宮、適合。黄鐘之宮、皆可以生之。故曰黄鐘之宮、律呂之本。黄帝又命伶倫與榮將鑄十二鐘、以和五音、以施英韶、以仲春之月、乙卯之日、日在奎、始奏之、命之曰咸池。」『呂氏春秋』仲夏紀、古楽。

（4）「道始於一、一而不生、故分而爲陰陽、陰陽合和而萬物生。故曰、一生二、二生三、三生萬物。天地三月而爲一時、故祭祀三飯以爲禮、喪紀三踊以爲節、兵重三罕以爲制。以三參物、三三如九。故黄鐘之律九寸而宮音調。因而九之、九九八十一、故黄鐘之數立焉。黄者、土德之色。鐘者、氣之所種也。日冬至德氣爲土、土色黄、故曰黄鐘。律之數六、分爲雌雄、故曰十二鐘、以副十二月。十二各以三成、故置一而十一、三之、爲積分十七萬七千一百四十七、黄鐘大數立焉。凡十二律、黄鐘爲宮、太蔟爲商、姑洗爲角、林鐘爲徵、南呂爲羽。物以三成、音以五立、三與五如八、故卵生者八竅。律之初生也、寫鳳之音、故音以八生。黄鐘爲宮、宮者、音之君也、故黄鐘位子、其數八十一、主十一月、下生林鐘。林鐘之數五十四、主六月、上生太蔟。太蔟之數七十二、主正月、下生南呂。南呂之數四十八、主八月、上生姑洗。姑洗之數六十四、主三月、下生應鐘。應鐘之數四十二、主十月、上生蕤賓。蕤賓之數五十七、主五月、上生大呂。大呂之數七十六、主十二月、下生夷則。夷則之數五十一、主七月、上生夾鐘。夾鐘之數六十八、主二月、下生無射。無射之數四十五、主九月、上生仲呂。仲呂之數六十、主四月、極不生。徵生宮、宮生商、商生羽、羽生角、角生姑洗、姑洗生應鐘、不比于正音、故爲和。應鐘生蕤賓、不比正音、故爲繆。」『淮南子』天文訓。テキストの校勘及び翻訳の一部は、楠山春樹『淮南子』上（明治書院、新釈漢文大系、一九七九年）、一六七―一七一頁を参照した。

（5）律管を用いて音律を計算する場合、厳密には管口補正を施す必要がある。管楽器内部の空気には慣性があり、管の両端が開いた律管の場合、吹き口と開端の端面は定常波の腹にならず、少し外側に腹ができるので、あたかも管が少し伸びたようになる。その見かけの伸び丈を律管の寸法に加え、補正しなければならない（田邊尚雄『音楽音響学』、音楽之友社、一九五一年、八九頁）。管口補正については、第四章も参照。

（6）セントは、A・エリスが提唱した、音程を数量的に表示する値。

(7) 京房の六十律については、堀池、前掲「中国音律学の展開と儒教」を参照。
(8) 候気の法の変遷については、児玉、前掲「候気術に見える気の諸観念」を参照。
(9) 本節で論じる劉歆の律暦思想については、川原、前掲「三統暦の世界」及び児玉、前掲「劉歆の音律理論」を参照した。
(10) 「至元始中王莽秉政、欲燿名譽、徵天下通知鐘律者百餘人、使羲和劉歆等典領條奏、言之最詳。故删其僞辭、取正義、著于篇。」『漢書』巻二一上、律暦志上、中華書局、一九六二年、九五五頁。翻訳は一部、小竹武夫訳『漢書2　表・志上』(筑摩書房、ちくま学芸文庫、一九九八年)を参照した。
(11) 「夫曆春秋者天時也、列人事而因以天時。傳曰、民受天地之中以生、所謂命也。…(中略)…」前掲『漢書』巻二一上、律暦志上、九七九頁。
(12) 「元典曆始曰元。傳曰、元、善之長也。共養三德爲善。又曰、元、體之長也。合三體而爲之原、故曰元。於春三月、每月書王、元之三統也。」同上、九八〇頁。
(13) 三徳は『尚書』洪範によれば「正直」「剛克」「柔克」の三つ、顔師古注によれば三統の微気。三体については、川原秀城は「元は体の長である」を「元とは人間の徳目では最高の善たる仁に当たり、最高に体得する必要性のあるものである」と解する(前掲「三統暦の世界」、七〇頁)。
(14) 「三統合於一元、故因元一而九三之以爲法、十一三之以爲實。實如法得一。」前掲『漢書』巻二一上、律暦志上、九八〇頁。
(15) 「黄鐘」という名前の由来について劉歆は、黄色が君主の服の色であり、五声の中で最も低く貴い音律にふさわしく、鐘は「種」(万物がそこから増えていく)であると述べている。同上、九五九頁。
(16) 上生(三分益一)は、12/9＝4/3、6/9＝2/3ということ。
(17) 「黄鐘初九、律之首、陽之變也。因而六之、以九爲法、得林鐘、初六、呂之首、陰之變也。皆參天兩地之法也。上生六而倍之、下生六而損之、皆以九爲法。九六、陰陽夫婦子母之道也。律娶妻而呂生子、天地之情也。六律六呂、而十二辰立矣。」前掲『漢書』巻二一上、律暦志上、九八〇―九八一頁。
(18) 同上、九五九―九六〇頁。

(19)「声とは、宮・商・角・徵・羽である。…（中略）…五声はもともと黄鐘の律から生じる。黄鐘の九寸を宮とし、損益して、商・角・徵・羽を定めるのである。九と六が互いに生みあうのは、陰陽が現れでた証である。」同上、九五八頁。

(20)「五声には清濁があり、合わせて十日に合致する。（顔師古注）李奇曰く『声にはそれぞれ清濁があり、合わせて二つずつなので、五声は十となり、十日に合致し、甲から癸に至る。』」同上、九八一頁。

(21)「日法は八十一である。初めに黄鐘の初九の数を自乗して、一龠の数とし、日法を得る。」前掲『漢書』巻二一下、律暦志下、九九一頁。

(22) 中国で度量衡の基準となったものは、律も含めて主に六つある。①人の身体の一部（概数は測れても、正確性は低い）、②糸、毛など（基準としては曖昧。小数を表すための単位になった）、③粟、黍など（時代、土地によって異なるが、統計学的観点から見れば優れた方法である）、④律管を定め、そこから度量衡を起こす（『漢書』律暦志や『律呂新書』の方法。黄鐘が度量衡の基礎になるという思想は、度量衡史において主要な地位を占めた）、⑤土器や、⑥貨幣を基準とする方法（特定の度量衡によって定められた物品を使用するので、保存法がよければ、信頼性の高い方法である）である。劉歆や『律呂新書』は④の立場である（呉承洛『中国度量衡史』、商務印書館、一九三七年、一五―一六頁）。

(23)「度者、分・寸・尺・丈・引也、所以度長短也。本起黄鐘之長。以子穀秬黍中者、一黍之廣、度之九十分、黄鐘之長。一爲一分、十分爲寸、十寸爲尺、十尺爲丈、十丈爲引、而五度審矣。」前掲『漢書』巻二一上、律暦志上、九六六頁。

(24)「量者、龠・合・升・斗・斛也、所以量多少也。本起於黄鐘之龠、用度數審其容、以子穀秬黍中者千有二百實其龠、以井水準其槩。合龠爲合、十合爲升、十升爲斗、十斗爲斛、而五量嘉矣。其法用銅、方尺而圜其外、旁有庣焉。其上爲斛、其下爲斗。左耳爲升、右耳爲合龠。」同上、九六七頁。

(25)「中」は「中くらいの大きさ」を指すとも考えられるが、第十章で論じるように、「（度量衡を定めるのに）ふさわしい大きな」サイズを指すという説もある。

(26) 呉承洛、前掲『中国度量衡史』、七五頁。

(27) 劉復『新嘉量之校量及推算』、輔仁大学輔仁学誌編輯会、一九二八年、二頁。

(28)「律嘉量斛、方尺而圜其外、庣旁九釐五毫、冪百六十二寸、深尺、積千六百二十寸、容十斗。」『隋書』巻一六、律暦志上、嘉量、中華書局、一九七三年、四〇九頁。清乾隆年間の『西清古鑑』巻三四には、嘉量の図とともに、斛以外も、すべての銘文を載せるという（呉承洛、前掲『中国度量衡史』、七五頁）。

(29)「權者、銖・兩・斤・鈞・石也、所以稱物平施、知輕重也。本起於黃鐘之重。一龠容千二百黍、重十二銖、兩之爲兩。二十四銖爲兩、十六兩爲斤、三十斤爲鈞、四鈞爲石、忖爲十八、易十有八變之象也。」前掲『漢書』巻二一上、律暦志上、九六九頁。

(30)「忖れば十八、易十八変の象である」は、一鈞（一万千五百二十銖）を六十四卦で割ると、百八十を得ると解釈するか、あるいは、黄鐘・龠・銖・両・鈞・斤・石の七つと、続いて述べる十一象（①二十四銖を一両とするのは二十四気の象である。②一斤は三百八十四銖であり、『易』六十四卦三八四爻と等しく、陰陽が変動する象である。③十六両が一斤であるのは四時を四方に乗じた象である。④一万千五百二十銖は万物に当たる象である。⑤一鈞が四百八十両であるのは、六旬が六度めぐる一歳で八節をめぐらす象である。⑥三十斤を一鈞とするのは一ケ月の象である。⑦四鈞を一石とするのは四時の象である。⑧百二十斤を一石とするのは、十二ケ月の象である。⑨十二支に終わって子に復るのは黄鐘の象である。⑩三百八十四爻は五行の象である。⑪四万六千八十銖を一石とするのは、一万千五百二十（一鈞は一万千五百二十銖）の物が四時を見る象である）を合わせて十八とするという考え方もある。小竹武夫訳、前掲『漢書』二、二〇〇―二〇一頁、及び二二九―二三〇頁を参照。

(31)川原秀城は「基準として『易』と結び付く黄鐘を選び、原則的な適用理念としても同じく『易』を選んで、論を組み立て、それでどうしてもうまくいかない場合、陰陽の気と季節の対比あるいは他の経書などの助けを借りて論を組み立てた」と述べる（前掲「三統暦の世界」、八一頁）。

(32)川原秀城「世界最古の統一度量衡制」（週刊『朝日百科』四三『日本の歴史　古代3　暦と年号・度量衡』、二〇〇三年、八九頁）を参照。

第二章　宋代の黄鐘論
——北宋楽論と南宋『律呂新書』

序

朱子学の正統理論となった朱熹・蔡元定の楽律論は、朱載堉にとって乗り越えるべき最大の理論であった。朱熹・蔡元定は、第一章で論じた劉歆の律暦思想の影響を強く受けると同時に、先行する北宋楽論についても詳細に検討し、その問題点を明らかにした上で、自らの理論を組み立てている。北宋楽論で特に大きな問題となったのが、すべての音の基準となる黄鐘をどのように定めるかという問題であった。朱熹・蔡元定にとっても、そして朱載堉にとっても、黄鐘は自らの楽律論の理念を最も象徴的に表象する存在である。本章ではまず北宋における黄鐘論争を取り上げ、その論点を明らかにする。

第一節　北宋楽論

北宋では楽律に関して多様な議論が展開されたが、その一つに、『漢書』律暦志の文章をどのように理解し、どのように黄鐘律管を定めるかという問題がある。第一章で論じた通り、律暦志はまず「度は…（中略）…もともと黄鐘の長さに起こる」と記述する。すなわち、長さの基本的な単位である「度」は、黄鐘律管つまり「律」を基準とし、そこから生じるということである。しかしその一方で律暦志は、「粈殻のついた秬黍のうち、中くらいの物の、一粒あたりの幅を九十粒並べれば九十分、これが黄鐘の長さである」と述べる。つまり、秬黍を九十粒並べて、九十分という長さを測り取り、それを黄鐘律管の長さとしている。この場合、「律」は、あらかじめ定められた「度」から生じることになる。

前者は「楽律が度量衡などあらゆる制度の基準となる」という、儒学の音楽論にとって重要な理念である。しかし一方で、「秬黍を並べて律管の長さとする」という後者の発想は、実際に律管の長さを定める際、非常に有効な方法であった。確かに秬黍は、年によって大小の差はあるが、毎年一定量不変的に産出される。このように、何度でも再現可能な自然現象を計量の基準とすることは、現代科学にも共通する発想である。しかし、これらの記述を文字通りに解釈しようとすれば、「律が度を生む（黄鐘が度量衡に先行する）」という理念と、「度が律を生む（度量衡が黄鐘に先行する）」という実状が並存しており、矛盾してしまう。これらの記述をどのように整合的に理解すればよいのだろうか。この問題に最も熱心に取り組んだのが、北宋第四代皇帝仁宗（在位一〇二二―一〇六三）の時代の士大夫たちである。

宋初では、王朴《おうぼく》（後周の人）が制作した楽律が用いられていた。この楽律は、音が高すぎることが問題視され、太祖のもと和峴《わけん》（生没年不詳）が改定にのり出した（九六六年）。和峴は「西京銅望臬」という尺が古法に倣うとして、これに基づいて律を定めるよう上言する。和峴によれば、この「西京銅望臬」とは、司天台の日影柱の下にあった石尺のことである。「西京銅望臬」なる尺が、古法を反映しているとして信頼する傾向は、和峴だけでなく、従来の儒者の議論の中にも散見していた(1)。この石尺と、王朴の用いた尺とを比較すると、王朴尺の方が四分短いため、高く感じられたという。そして、「日影柱は天地を測定するものであるから、律管はこれを基準とすればよい」と述べる。この尺に基づいて黄鐘九寸の管を制作したところ王朴律より低くなったという。これに加え、古くから良黍の産地として知られる上党羊頭山（現在の山西省にあり、山頂に羊の頭のような形をした石があることで知られる）の秬黍を用いて、完成した楽律を校訂したところ、符合したという。その後、他十二律も定め、和諧した音楽が完成したと史書は記述する(2)。和峴の理論をまとめれば、理想とする高さに見あうような尺度を持ち出し、さらに秬黍を並べることで、より確かさを得ようとするものである。

しかし、何らかの理由で和峴律への疑いが生じ、結局王朴律に戻ることとなる。景祐元（一〇三四）年、大楽改定を任された李照（生没年不詳）は、太府寺の布帛尺を用いて、音高を低めた。しかし、この布帛尺に基づき秬黍を並べると、「十二粒でやっと一寸になる」と李照は指摘する(3)。「太府寺石記」によれば、一寸あたり秬黍十粒でなければならないという。このため李照は、今用いているものよりもさらに大きな秬黍を探し、布帛尺に合致させた上で、候気を行なうための灰も求めた(4)。このように李照は、しかるべき尺度を基準とした上で、それに見あうような秬黍を探し、さらに候気も利用して、自らの黄鐘律管の正当性をより強固にしようとしたのである。ところが李照の楽律は、音高が低いことが批判の的となり、宝元元（一〇三八）年には以前の楽に戻すよう詔が降る。ちなみに「太府布帛尺」について、朱載堉は『律呂精義』の中で「太府尺という尺を誰が作ったのかは、結局わからない(5)」と述べる。朱載堉さえも出所がわからないのだから、当時の論者を納得させるほどの信用はなかったのだろう。

このため李照は、秬黍に加えて候気も利用し、自らの正当性をより確固たるものにしようとしたのではないか。

次に楽律改定の中心となるのは阮逸《げんいつ》（生没年不詳）と胡瑗《こえん》（九九三—一〇五九）の二人である。皇祐四（一〇五二）年十二月、五年六月、九月に三回の試奏が行なわれたのち、阮逸と胡瑗が奏上した『皇祐新楽図記』（以下『図記』と略記）は、全三巻の簡単な書である。しかし、律管や楽器の寸法を具体的な数値を挙げて図示してあるので、皇祐年間の新楽の様相を知るよい手がかりになる。

阮逸と胡瑗は黄鐘を定めるにあたり、秬黍の横幅を用いたとされる(6)。『図記』で採用した黍九十粒という長さは、李照の「太府布帛尺」よりもかなり短くなる。興味深いのは、『図記』自体が、和峴の「西京銅望臬」とほぼ同じ長さの尺度を採用した、と言及する点である(7)。つまり、ほぼ同じ長さを採用したと認めながらも、それでも秬黍を並べるところから出発した点に、自らの理論と和峴の理論の差異を見出しているのである。第一章で論じたように、黍を九十粒並べ九寸とする方法は、『漢書』律暦志以来、伝統的な楽律観を強く規定してきた。『図記』はあくまでもこの伝統的な楽律観に従い、外部から既成の尺度を取り入れていない点が特徴的である。

以上の黄鐘論は、第一に、既成の尺を基準とし、そこから九寸を測り、黄鐘とするタイプ（和峴や李照）、第二に、秬黍を九十粒並べ、それを九寸として黄鐘とするタイプ（阮逸・胡瑗）に分けられる。前者はもちろん、後者についても、結局のところ、秬黍一粒の幅を一分と捉えている。つまり、最初に決まった尺度があり、そこから黄鐘が生じることに変わりはない。そのため范鎮《はんちん》（一〇〇八—一〇八八）は彼らの理論を、「度が律を生んでいる」と批判した。范鎮はあくまでも、「律が度を生む」状態を実現しようとしたのである。しかし、范鎮が代わりに提示した方法も矛盾を複数含んでいた。これに対し司馬光《しばこう》（一〇一九—一〇八六）は、「度が律を生む」ことの妥当性を主張したが、彼らの論争は決着がつかずに終わった(8)。

その後、北宋で最も目を引く黄鐘論が出現した。徽宗朝の新楽である大晟楽を支えた魏漢津《ぎかんしん》の皇帝指尺理論である。崇寧元（一一〇二）年の詔により「知音の士」が求められ、魏漢津の名が挙げられた。彼は李良という仙人に師事したというが、その素性や経歴はほとんどわからない。以下のような魏漢津の劄子が送り届けられたのは崇寧三（一一〇四）年一月二十九日のことである。

禹は黄帝の法にならい、声によって律を作り、身体によって度を成しました。左手中指の三節三寸を用い、これを君指と呼び、竹を裁断して宮声の管とします。また薬指の三節三寸を用い、これを臣指と呼び、竹を裁断して商声の管とします。また小指の三節三寸を用い、これを物指と呼び、竹を裁断して羽声の管とします。人差し指を民とし角として、親指を事とし徴といたしました。民と事とは、君臣が治め、物によって養うので、管を裁断しません。三指〔中指・薬指・小指〕の長さを合わせて九寸とすれば、黄鐘の律が定まります。(9)

魏漢津はここで、五本の指を宮・商・角・徴・羽の管になぞらえる。すなわち、一番長い中指が君指・宮声、次に長い薬指が臣指・商声、三番目に長い人差し指が民指・角声、四番目に長い親指が事指・徴声、最も短い小指が物指・羽声というわけである。五本の指のうち計測するのは、中指・薬指・小指の三指だけで、計測した三指の長さをすべて合わせたものを黄鐘律管の長さとしている。このように魏漢津は、黄帝や禹にならって身体尺を用いた。この一見非合理な方法は、『宋史』が「最も荒唐無稽である」(10)と見なしたのを始めとして、後世の儒者の多くに非難された。しかし人間の指という尺度は、人によってある程度の差はあっても、基本的には極端に差のない再現可能な自然現象であるともいえる。(11)この点では、秬黍を並べた王莽や劉歆と、同じ発想に基づいているともいえよう。(12)徽宗朝は近年、思想史や歴史の分野で見直されつつあり、また音楽史の分野でも発掘史料を用いた研究によって再評価が進んでいる。高麗に下賜されたことも大晟楽の影響力の大きさを物語っているだろう。(13)さらに朱載堉によれば、大晟楽は金・元朝で用いられ、さらには明朝にまで流入したという。たとえば『金史』には、大晟楽を雅楽として利用すべきだとする有司の発言が載る(14)。有司の発言によれば、徽宗の指から出た尺はその由来はどうあれ、周・隋・唐に用いた尺と同じであり、時の君主の指を基準としたのは、軽々しく議論させないためである。古の尺度と合致しているのだから、金朝においても大晟楽を用いることには問題はない。つまり、徽宗の指を使ったかどうかは関係なく、結果として出来上がった制度が古と合致していればそれでよいという発想である。そして、しっかりと基準さえ定まってしまえば(15)、音楽制作の具体的な過程は、経験豊富な楽人たちに任せてしまえる。徽宗朝にこのような発想があったとはもちろんいえないが、「皇帝の指を基準に尺を測り取る」という行為に対し、当事者たちがどこまで本気だったのかは、疑わしいところもある(16)。

しかし、「度が律を生む」状態を解決できていない大晟楽は、従来の議論と本質的には変わらない。また、黄鐘の正当性を裏付けていた皇帝の権威が失墜してしまえば、黄鐘も、それに基づく音楽全体も否定されるのは容易に想像できる。以下に引用する『文献通考』は大晟楽も含め、北宋楽論を批判的に総括する。

　崇寧の楽は、魏漢津が中心となり、皇帝の中指の長さを律とし、中指の直径や円周を用いて律管の容量を測ろうとしたが、その後結局中指の長さを用いるだけで、直径や円周は用いなかった。楽器を製作するにあたっては楽器の容積を測れず、職人はただ律に従って調整し、ほとんど魏漢津のもともとの説通りではなかったのに、魏漢津はそれを知らなかった。そうであるならば学者や士大夫の説は結局職人の説に勝てず、これは楽制がしばしば変わったといってもその根本は何も変わらなかったということである。思うに楽とは器であり、音であるのだから、ただ議論を突き詰めるだけではだめである。今、楽をどんなに詳細に正したといっても楽器は協和せず、道理は聞き従えても鐘や磬などを撃って音を成さないのでは、また何の意味があろうか(17)。

『文献通考』によれば、士大夫の理論とは無関係に、現場の職人たちが恣意的な調整をしたのが大晟楽の内実である。ここで描かれるのは、大晟楽も含め士大夫の理論が職人の技術を覆せず、勝てなかった歴史であった。士大夫が理論を振りかざしても根本は何も変わらなかったと『文献通考』は批判する。

このような北宋楽論の後に登場する南宋の朱熹・蔡元定には、黄鐘に関して次のような課題の解決が求められていた。すなわち、「律が度を生む」ことと「秬黍を九十並べ、黄鐘とする」こと、『漢書』律暦志のこの二つの記述を矛盾なく整合的に解釈することである。そして黄鐘に対し、誰もが納得できるような正当性を付与することである。

第二節　南宋『律呂新書』(18)

第一章で論じたように、『律呂新書』は、三分損益法で生じる問題を明確に認識し、正律十二律に六変律を加えた十八律を定めて、すべての調性で演奏を可能とした。このような点で後世評価の高い『律呂新書』であるが、本節では当事者の問題意識に寄り添い、北宋楽論の後に位置する『律呂新書』が、黄鐘をどのように考えていたかに焦点を当てる。『律呂新書』は、『漢書』律暦志同様あくまで黄鐘律管から度量衡を起こすことを主張する。

度とは、分・寸・尺・丈・引である。長さを測る手段であり、黄鐘の長さから生じる。籾殻のついた秬黍のうち、「中」であるものを九十粒用いて測り、一粒を一分とする。十分を一寸とし、十寸を一尺とし、十尺を一丈とし、十丈を一引とする。数は一に始まり、十に終わるのは、天地の全数である。律が完成しないうちは、この数は存在するがまだ見ることはできない。律が完成した後、数は初めて形を得る。度が完成するのは律の後だが、度の数は律の前にある。だから律管の長さと管口の円周と直径によって度を測ってゆけば、分・寸といった単位まで定まるのである。(19)

黄鐘を定めるにあたり、「秬黍を九十粒並べる」が、この九十という数は、律が完成する前は「まだ見えていない」という。そして黄鐘という律を定めて初めて、その数が「形を得る」というのである。つまり、律が完成する前には、「秬黍九十粒＝九寸」という尺度の基準はまだ確定しておらず、あくまで黄鐘律管が完成した後に、それを九寸として、尺度が定まると考えたのである。

尺度は黄鐘の基準にはならない。蔡元定が黄鐘の基準として重視したものが、気である。『律呂新書』では、「声気の元」を黄鐘の正当性を証明する重要な概念とする。(20)

秬黍のようなものは年によって凶作・豊作があり、地によって肥えているもの・瘠せているものがあり、種によって長短・大小・円か楕円かの差があって同じではなく、頼るべきものではない。ましてや古人は「粃殻のついた秬黍の中なるものを、その龠に満たす」という。これはすなわち、先に黄鐘を得て後でこれを測るにあたって黍を用いたのであり、足りなければ大きいものに変え、余りがあるなら小さいものに変えた。九十黍の長さに千二百黍を容れる位の大きさで、管口の円周と直径の広さを鑑みて、度量権衡の数を生んだのである。律が黍から生まれたのではない。百世下った後に百世前の律を求めたいならば、やはり声気の元に求め、必ずしも秬黍に求めれば得られるわけではない。(21)

蔡元定は、秬黍を、年や土地、種によってそれぞれ形が異なるものと見なし、あくまで完成した黄鐘律管を後で測るために用いるものだと位置付けた。秬黍を並べることへの懐疑は、北宋の段階ですでに見られた。神宗朝の楽律論を担った楊傑《ようけつ》（生没年不詳）は黄鐘の正当性を秬黍ではなく、人声に求めた。また秬黍よりも気を重視する発想は、道学系の楽論にも現れていた(22)。そもそも「声気の元」という語は前漢に見られ、気と律を結び付ける楽律観は伝統的であった(23)。さらに、北宋末の陳暘《ちんよう》（一〇五〇頃―一一二〇頃）は著書『楽書』で、秬黍を用いることは用いるが、あくまで冲和の気が生んだ黍を手に入れ並べることで、黄鐘の正当性が確保されると考えた(24)。蔡元定もその流れにあって、決して革新的な理論ではない。しかし蔡元定の評価すべき点は、それらをふまえて改めて、古文献に見られる黍と気という記述がいかなる関係で並存し、どのように黄鐘の正当性を保証するのか、より厳密な意味付けを行なった点にあるといえよう。

蔡元定は黄鐘を定めるにあたり、『史記』や『漢書』を引用したのち以下のように述べる。

　みな音の高低、気の先後によって黄鐘を求めている。これが古人が楽を制作した本意である。そもそも律が長ければ音は低くなり、気が先んじて極端に長くなれば、音を成さず気も応じない。律が短ければ音は高くなり、気が後れて極端に短くなれば、音を成さず気も応じない。これはその総論である。今、音と気のちょうどよいところを求めようとしてもふさわしい基準がないので、以下のような方法を取るに越したことはない。竹をたくさん裁断して黄鐘律管に擬し、あるものは極端に短くし、あるものは極端に長くして、長短の程度にそれぞれ一分ずつ差をつけて一つずつ管を作り、どれも長さを仮に九寸と見なして、管口の円周と直径を測る時には黄鐘を作るやり方をまねる。このようにして代わる代わる吹いてみればちょうど良い高さの音を得ることができ、深浅の差をつけて並べればちょうどよい気を確かめられ、もし音が調和し気が応じたならば、その黄鐘こそ真の黄鐘だと信じられる。[25]

黄鐘を定める基準として、蔡元定がいかに気を重視したかがうかがえる。具体的にはどのようにして気と律とを結び付けたのか。まず黄鐘律管に模して竹をいくつか裁断し吹き比べて、適当な高さを得たものを仮に黄鐘とする。そして候気の法を試し、気が正しく応じたものを黄鐘と決定するのである。[26]「深浅の差をつけて並べ」るという方法は、候気を意識したものである。『律呂新書』が候気の法を詳細に説明する以上、蔡元定にとって候気は決して迷信ではなく、楽律制作に欠かせない重要な方法であった。蔡元定にとっての気は、北宋楽論で紛糾した「度」と「律」の問題を解決する有効な手段であり、その気を証明するための実験として候気は非常に重要だったのである。[27]

小結

黄鐘をめぐる仁宗朝の論争や大晟楽の皇帝指尺理論は、結局のところ「度が律を生む」状態を解決できずに議論は紛糾した。紛糾の原因は、彼らの依拠する『漢書』律暦志が、「度」と「律」の優先順位に関して曖昧に記述していることにあり、律暦志にそのまま従おうとするならば当然の結末であった。朱熹・蔡元定には、律暦志の二つの矛盾する記述を整合的に解釈し、誰もが納得できるかたちで黄鐘の正当性を説明する必要があった。そこで彼らが重視したのが「気」である。彼らはこれまでの議論を十分にふまえ、『漢書』が記述する「律」と「度」が、いかなる関係にあるのかを説明し直した。気という伝統的な概念を用い、候気によって律を確かめ、気を秬黍よりも優位な位置に位置付けた上で、「律が度を生む」という理念を貫き通し、自らの黄鐘の正当性を確保するに至った。しかし後世、気によって律を確かめるという候気の法は信頼を失っていく。そして候気の法が根幹にある以上、朱子学の黄鐘論もその正当性を揺るがされる可能性がある。次章では、朱熹・蔡元定が、彼らの楽律学をより確実なものにするための方法をいかにして模索したのかを考察する。

（1）『晋書』律暦志によれば、晋の荀勗の時点でも、「西京銅望臬」なる尺が古法と見なされていた。荀勗は、尺を比較し校定する際に、周尺に近いものとして、「西京銅望臬」を規準とした（『晋書』巻一六、志六、律暦志上、審度、中華書局、一九七四年、四九〇頁）。

（2）徐松輯『宋会要輯稿』第七冊、楽一之一、北平図書館影印本複製重印、中華書局、一九五七年、二八〇頁。

（3）太府寺は、宋代では度量衡の管理を行なっていた。「本寺但掌供祠祭香幣・帨巾・神席、及校造斗升衡尺而已。」『宋史』巻一六五、職官志五、太府寺、中華書局、一九七七年、三九〇六頁。

（4）「〔景祐二年〕四月八日、李照言製造鐘律度量、見用黍粒差小、伏見太府寺石記云官尺毎寸十黍。臣以今黍十二、方盈得一寸、欲望更造管尺律管一副、相兼候氣。仍下河北路尋訪大黑秬黍毎十粒、充得太府官尺一寸者、及河內爲葭莩爲灰一百斤、進納以憑驗定尺律。」前掲『宋会要輯稿』楽一之四、二八一頁。

（5）「太府尺竟不知何人所制。」『律呂精義』外篇巻一、古今楽律雑説并附録、弁蔡元定李照之失第一、『楽律全書』、明万暦鄭藩刊本影印、北京図書館古籍珍本叢刊、書目文献出版社、三七六頁下。

（6）「阮逸・胡瑗尺、横累一百黍（比大府布帛尺七寸八分六釐、與景表尺同。見胡瑗樂義）。」朱熹・蔡元定『律呂新書』巻二、律呂証弁、度量権衡第十、万暦二五年新安呉勉学據永楽十三年刊本重校刊新刻『性理大全書』、三八頁裏。黍の横幅を用いたことを、『図記』からははっきりとうかがえないが、范鎮や『四庫提要』も指摘している。

（7）「右臣逸臣瑗所制聖朝樂尺…（中略）…比于太府寺見行布帛尺七寸八分六釐、與聖朝銅望臬影表尺符同。」『皇祐新楽図記』巻上、張海鵬家蔵抄本に拠る刊本、叢書集成初編所収学津討原本、商務印書館、一九三七年、一八頁。
（8）小島毅「宋代の楽律論」、『東洋文化研究所紀要』一〇九、一九八九年、二八五―二八六頁。
（9）「禹效黃帝之法、以聲爲律、以身爲度。用左手中指三節三寸、謂之君指、裁爲宮聲之管。又用第四指三節三寸、謂之臣指、裁爲商聲之管。又用第五指三寸、謂之物指、裁爲羽聲之管。第二指爲民爲角、大指爲事爲徵。民與事、君臣治之、以物養之、故不用爲裁管之法。得三指合之爲九寸、則黃鐘之律定矣。」前掲『宋会要輯稿』楽五之一八―一九、三四一―三四二頁。
（10）「尤爲荒唐。」前掲『宋史』巻一二六、楽志一、二九三八頁。
（11）人間の指という尺度は、黄鐘律管の長さとして案外妥当なものだった。『律呂新書』によれば、皇帝指尺は北宋で提起された五種の音高を持つ楽律のうち、三番目の高さ、つまり極端に高くも低くもない音高だということになる（前掲『律呂新書』巻二、律呂証弁、度量権衡第十、三八頁裏）。
（12）李幼平『大晟鐘与宋代黄鐘標準音高研究』、上海音楽学院出版社、二〇〇四年。
（13）南宋政和七（一一一七）年、高麗が大晟楽の雅楽と燕楽の伝授を求め、楽譜が贈られたという（楊蔭瀏、前掲『中国古代音楽史稿』上、四〇五頁）。
（14）『金史』巻三九、楽上、中華書局、一九七七年、八八三頁。
（15）魏漢津の理論で定まるのは黄鐘律管だけであり、他の十一律管の具体的な相生方法にはまったく言及がない。徽宗朝の新楽が、実際に楽器を製作するにあたって具体的にどのような理論に基づいたのかはまったく見えてこないのだ。このことはつまり、現場を預かる職人に様々な角度から調整を行なう余地が残されていた可能性を示唆する。皇帝指尺によって雅楽としての体面は保ちながら、実際には現場で、演奏上の要請に合致した現実的な調整が行なわれていたのではないだろうか。
（16）そもそも皇帝の身体に関する情報は、容易に公開され得たのだろうか。『宋史』は、指の長さの公開をためらった徽宗が偽りの長さを伝えたところ、後に夢でそれを咎められ、慌てて正しい長さを伝えようとしたというエピソードを載せる（前掲『宋史』巻一二八、楽志三、二九九八頁）。

(17)「崇寧之樂、魏漢津主之、欲請帝中指寸爲律、徑圍爲容盛、其後止用中指寸、不用徑圍。且制器不能成劑量、工人但隨律調之、大率有非漢津之本說者、而漢津亦不知。然則學士大夫之說卒不能勝工師之說、是樂制雖曰屢變而元未嘗變也。蓋樂者器也、聲也、非徒以資議論而已。今訂正雖詳而鏗鏘不韻、辨折雖可聽而考擊不成聲、則亦何取焉。」前掲『文献通考』巻一三〇、楽考三、歴代楽制、一一六〇頁。

(18)『律呂新書』の訳注については、児玉、前掲「蔡元定律呂本原詳解」「蔡元定律呂証弁詳解（一）」「蔡元定律呂証弁詳解（二）」がある。本節でも一部参照した。

(19)「度者、分・寸・尺・丈・引。所以度長短也、生於黃鐘之長。以子穀秬黍中者九十枚、度之一爲一分。十分爲寸、十寸爲尺、十尺爲丈、十丈爲引。數始於一、終於十者、天地之全數也。律未成之前、有是數而未見。律成而後、數始得以形焉。度之成在律之後、度之數在律之前。故律之長短圍徑以度之、分寸之數而定焉。」前掲『律呂新書』巻一、律呂本原、審度第十一、二六頁表。

(20)『律呂新書』における気の思想については、児玉、前掲「『律呂新書』研究」が詳しく論じる。

(21)「若秬黍則歲有凶豐、地有肥瘠、種有長短小大圓妥不同、尤不可恃。況古人謂子穀秬黍中者、實其龠、則是先得黃鐘而後度之以黍、不足則易之以大、有餘則易之以小。約九十黍之長中容千二百黍之實、以見周徑之廣、以生度量衡權之數而已。非律生於黍也。百世之下欲求百世之前之律者、其亦求之於聲氣之元、而毋必之於秬黍則得之矣。」前掲『律呂新書』巻二、律呂証弁、造律第一、三頁表。

(22)堀池信夫は程頤の楽律論を挙げ「彼は、黄鐘を秬黍によって決めるのは不安定だから、天地の気によるべきだとした。つまり気による解決を提起したわけである」（前掲「中国音律学の展開と儒教」、一二九頁）と述べる。

(23)児玉、前掲「候気術に見える気の諸観念」及び「『律呂新書』研究」を参照。

(24)小島、前掲「宋代の楽律論」、二九〇頁。

(25)「皆以聲之清濁、氣之先後求黃鐘者也。是古人制作之意也。夫律長則聲濁、而氣先至極長、則不成聲而氣不應。律短則聲清、而氣後至極短、則不成聲而氣不應。此其大凡也。今欲求聲氣之中而莫適爲準、則莫若且多截竹以擬黃鐘之管、或極其短、或極其長、長短之內每差一分以爲一管、皆即以其長權爲九寸、而度其圍徑如黄鐘之法焉。如是而更迭以吹則中聲可得、淺深以列則中氣可驗、苟聲和氣應、則黄鐘之爲黄鐘者信矣。」前掲『律呂新書』巻二、律呂証弁、造律第一、二頁表―三頁裏。

(26)「候気の法は、部屋を三重に密閉し、とびらを閉めていけにえの血を塗り、必ず布と緹縵をきっちりと室中にめぐらし、木を机として、律管にはそれぞれ机を一つ配当する。〔机は〕内側が低く外側は高く、方位に従い律管を机の上に加え、灰を管の端に満たして、緹素〔赤と白の布〕で覆い、暦に従ってこれをうかがい、気が至れば灰は吹き飛び、緹素が動く。」同上、巻一、律呂本原、候気第十、二三頁表裏。蔡元定の候気の法については、児玉憲明、前掲「候気術に見える気の諸観念」、二〇―二五頁が詳細に論じる。

(27) 堀池信夫は、蔡元定の理論を「彼の独創は、むしろ『天地の気をもって準となす』という程頤の思想や、『声音の道は天地と通ず』という張載の思想を承けて、これを技術的に具体化した点にあった」と評価する（前掲「中国音律学の展開と儒教」、一三〇頁）。

第三章　朱熹・蔡元定の楽律論の性格

序

第二章で見たように、『律呂新書』において、気の理論は黄鐘の根幹となる存在であった。しかし果たして、蔡元定や朱熹は本当に気の理論だけで自らの黄鐘の正当性を保てると思っていたのだろうか。本章では、気の理論を補強し楽律論を支える存在として度量衡の制度と琴の演奏技術が重要だったのではないか、そしてこれらの制度や技術と、楽律理論との関係を考える際、象数易の位置付けが重要になってくるのではないか、という仮説のもと、朱熹・蔡元定の度量衡論・易論・琴論を取り上げる。

第一節　『律呂新書』の度量衡論(1)

（一）黄鐘論を支える度量衡史

『律呂新書』は、膨大な紙幅をもって度量衡史を考証する。ここで改めて、『律呂新書』の構成を紹介しよう。『律呂新書』は二巻に分かれる。まず、「律呂本原」と称する巻一は、①黄鐘第一、②黄鐘之実第二、③黄鐘生十一律第三、④十二律之実第四、⑤変律第五、⑥律生五声図第六、⑦変声第七、⑧八十四声図第八、⑨六十調図第九、⑩候気第十、⑪審度第十一、⑫嘉量第十二、⑬謹権衡第十三という構成になっており、黄鐘律管の設定から始まり、十二律・五声の計算、変律・変声の計算、六十調の一覧に及ぶ。そして、律から生まれたものとして度量衡を論じる。「律呂証弁」と称する巻二は、①造律第一、②律長短囲径之数第二、③黄鐘之実第三、④三分損益上下相生第四、⑤和声第五、⑥五声小大之次第六、⑦変宮変徴第七、⑧六十調第八、⑨候気第九、⑩度量権衡第十という構成になっており、巻一の計算を裏付ける史料や関連する史料を引用し、それらに対する蔡元定の意見が記される。特に⑩度量権衡第十は、全体の三分の一ほどになる。

前述したように、『律呂新書』ではまず、気が応じたものを黄鐘律管とした。続いてその律管を黍によって測量し、次のように度量衡を定めていく。まず、度（長さ）である。律管の長さ九寸を九十粒の黍で測り、一粒を一分とし、十分＝一寸、十寸＝一尺、十尺＝一丈、十丈＝一引と定めていく。次に、量（容積）である。律管の容積八百十立方分を一龠とし、一龠＝二合、十合＝一升、十升＝一斗と定めていく。続いて、権（重さ）である。律管の容量を千二百粒の黍で量り、そのうち、百粒を一銖とする。二十四銖＝一両、十六両＝一斤、三十斤＝一鈞、四鈞

＝一石と定めていく[2]。このように、度量衡はあくまで、完成された律管から生じるものだとされた。得られた黄鐘から、度量衡を測り取るのだから、度量衡自体が黄鐘に影響を与えることはない。そのため児玉憲明は「度量衡は根源的には〈自然〉に根拠を持つものの、それを器物のうえに実現する作業は人の手にゆだねられていると言える。…（中略）…単位の体系は〈自然の理〉とは直接にかかわらない。制度の問題である。したがって人為に属する度量衡にもとづいて自然に属する音律を導き出すことは、本末転倒ということになる、このような理由で、音律の体系に度量衡の体系をただちに組み込むことに蔡元定はためらっているようである。『本原』の第十章までと、第十一章以降には断絶がある」「そのいっぽう、『証弁』の『度量権衡』と題する終章は、周から宋に至る歴代の度量衡制度にかかわる詳細・膨大な資料集の体裁を取り、『本原』での扱いとは対照をなす[3]」と述べている。

確かに黄鐘から度量衡が生まれることを徹底する立場ならば、度量衡論は、楽律体系とは本質的に無関係となる。それにもかかわらず、『律呂新書』巻一の第十一章以降及び巻二の第十章では、なぜ膨大な量の度量衡の考証を行なっているのだろうか。筆者の結論を先に言ってしまえば、漢の度量衡制がいかに正しいかを証明し、『律呂新書』が漢制に依拠することは正しいということを証明するためである。

漢制に依拠することはなぜ正しいのか。まずは「度」の問題から見ていこう。『律呂新書』は、黄鐘律管の管口が「直径三分」であるという説が、漢代より後、大部分の尺度を不正確にした原因の一つであると考えた。『律呂新書』によれば、古の記録に残っているのは、黄鐘律管の長さ（黍九十粒）と容量（黍千二百粒）だけである。管口の直径についてはまったく言及していないのに、晋以降、儒者たちは管口の直径を論じ始め、隋では直径が三分であると定めてしまった。しかし直径三分では、容量の数値とかみ合わない。かりに直径が三分ならば、黍九十粒の長さの律管の容量は、黍八百粒余りに留まり、古法である黍千二百粒の容量とは一致しないのである[4]。『律呂新書』は、黄鐘律管の長さを九寸、管口面積を九平方分、容積を八百十立方分とした。そして、管口に外接する正方形の面積を$9\times\frac{4}{3}$によって求め十二平方分とし、その平方根を開いて管口の直径を三・四六強と計算している。(5)「管口直径三分」の説が、尺度の不正確さを生んだ原因の一つであることを示すため、『律呂新書』は、『隋書』律暦志に載る十五種の尺の比較を引用する。(6)『隋書』律暦志では、十五種の尺のうち「周尺」として、王莽と劉歆の銅斛、後漢・建武帝の銅尺、晋・荀勗の律尺、南朝・祖沖之の銅尺の四つを挙げる。そして『律呂新書』も『隋書』と同様に、王莽・劉歆尺を「周尺」として扱う。荀勗の律尺について以下のようにいう。

この尺は汲冢(7)の律と劉歆の銅斛から出たものであり最も古に近い。それは漢は古から遠くなく、古の律度量権衡も依然として存在していたからである。ゆえに『漢書』律暦志では、諸家の議論は一致していた。王莽の制作は、依拠するには足りないが、その律と度量衡は当然古と変わっていない。…（中略）…荀勗は周尺と同じ尺を定めたが、彼の作った律管の音は高くせかせかとしていた。当時の律管の管口面積や直径は一体いくつだったのだろうか。…（中略）…思うに後世の尺度の誤差は、みな律管の管口の直径と面積が間違っていたことによる。今、司馬光が伝えるところによると、荀勗の尺は王莽の定めた貨幣の寸法を基準にしたものであり、丁度が上奏し、高若訥《こうじゃくとつ》が定めたものである。年代は久しく離れていても、おおまかな形が消え去ることはなく、おおまかな制度はやはり古に近いのである。(8)

荀勗の律尺は劉歆の銅斛と同じく周尺である。漢代、度量衡はまだ周と変わらない状態で保存されていた。だから王莽と劉歆の律や度量衡は古と変わらない。後世、尺度に誤差が生じたのは、律管の管口の直径と面積が間違っていたことによる（たとえば、律管の容量は正しくても、管口の直径を三分としたので、結果として律管の長さは長くなった）。そして『律呂新書』は司馬光の見解を引用し、王莽から荀勗へと引き継がれた周尺が、宋代では「丁度が上奏し、高若訥が定めた」尺と同じだと見なす。このように『律呂新書』は、周から宋まで年代ははるかに隔たっているが、それでも古に近いおおまかな制度は残っていると考えた。王莽・劉歆による漢尺が周尺を受け継いだと捉え、漢尺もまたその後様々な変遷を経て受け継がれたという歴史を描いたのである。

『律呂新書』ではさらに、宋代に用いられた様々な尺度を比較する際も、「漢前尺」（周尺とそれを受け継いだ漢尺）を基準にする。たとえば王朴尺は「漢前尺」と比べると一尺あたり二分短く、和峴尺は一尺あたり六分長い。また大府布帛尺（李照尺）は一尺あたり三寸五分長いという。(9) 後世の尺度に差が出た原因は、前述した通り、黄鐘律管の管口の直径を誤ったため、結果として律管の長さにも誤りが出たからである。このように『律呂新書』は「漢前尺」を基準として、宋代の大部分の尺度がそれに一致しないことを示したのである。

そもそも『律呂新書』は首章ではっきりと「『漢書』律暦志の斛の銘文によって定める」と述べていた。つまり漢制に基づくということである。『律呂新書』が黄鐘を定める過程を再度述べると、まず黄鐘律管の根拠を「声気の元」に求める。そして、完成した律管を秬黍によって測り、尺度の基準を定めた。『律呂新書』はさらに、尺度の歴史を考証し、漢尺が周尺に一致することを証明した。つまり、漢制に基づき作成した黄鐘律管が生む尺度が、結果として周尺に一致すると証明することで、『律呂新書』は自らの黄鐘の正当性をさらに高めたのである。

次に「量」（容積）である。『律呂新書』は、周と漢の量器も一致すると主張する。まず、『周礼』考工記、㮚氏に見える量器の周鬴とその概略を示す。周鬴とは、以下のような量器である。

㮚氏は量をなし、銅と錫をそれぞれ繰り返し丁寧に煎じ、余計なものを取り去ることで〔これらの金属が〕消耗しないようにし、その後それぞれを分けて測ったのち、正確な数度に基づいた鋳型を作り、銅と錫とを合わせ、量を測って流し入れ、鬴をなし、深さは一尺、円に内接する四角形の一辺の長さも一尺であり、またその容積を一鬴とする。鬵の深さは一寸、その容積は一豆とする。耳の深さは三寸、その容積は一升とする。鬴の重さは一鈞で、その音程は黄鐘の宮にあたる[10]。

周鬴は鬴・鬵・耳の三つの部分から成る量器である。円筒状の量器の中心部の上部が鬴、下部が鬵であり、側面に耳がついている（図3-1）。

王莽・劉歆の量器である漢斛については第一章第二節を参照してほしい。漢斛（嘉量）は、斛・斗・升・合・龠が一体となった量器である。前述したように、漢斛のうち最も大きい部分である斛の上部は、まず一辺が一尺の正方形を描き、その際、正方形の対角線を九氂五毫伸ばした点に接するように外接円を描く。円の面積は百六十二平方寸、深さは一尺、容積は千六百二十立方寸である。一斛は十斗である[11]。

『律呂新書』はこれらをふまえ、范鎮の言を引きながら[12]、周鬴と漢斛が一致すると主張する。蔡元定の分析によれば、周鬴の容積は六斗四升、千二百八十龠、千三十六・八立方寸、漢斛の容積は十斗、二千龠、千六百二十立方寸である。このように表面上の数値は異なるが、両者は一致するとし、その理由は、周代に「一尺＝八寸」と「一尺＝九寸」の制度が併用されていたからだという。そのため、漢斛を明らかにすることは、周代の量器を明らかにすることにつながる[13]。『律呂新書』は『隋書』律暦志に載る銘文を手がかりに、漢斛の制度をさらに詳しく分析している。

以上のように、『律呂新書』では量器について詳細な分析を行なっているが、その理由については以下のように述べている。

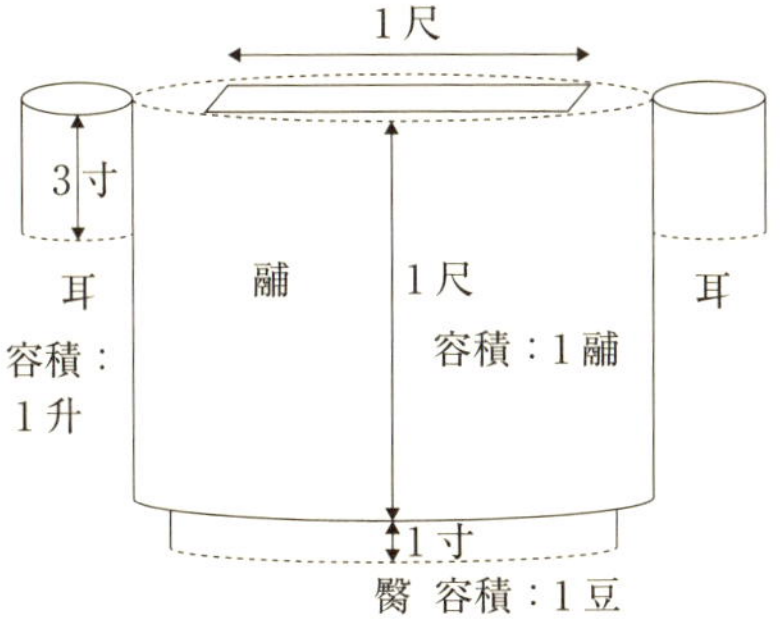

図3-1　周鬴（戴震『考工記図』上，叢書集成三編，藝文印書館，1972年，46頁表裏に基づき作成）

律の管口の面積や直径は、古にはっきりとした記述はない。もし容積に依拠しなければ、龠である黄鐘は得られない。実のところ、漢以降、律が完成しなかったのは、みなこれが原因である。[14]

前述したように、古の記録に残るのは黄鐘律管の長さ（黍九十粒）と容量（黍千二百粒）だけであった。つまり容積は律管を復元するための重要な要素であり、量器に対する考察を省略して、先に管口面積や直径を決めてはならない。「権」（重さ）についても、「権」を改めて詳細に考証するというよりは、むしろ容積の大切さに言及し、容積が正しければ、権も楽律も古に近くなると論じている。[15]

以上のように、『律呂新書』が考証した度量衡史によれば、周代の度量衡の制は『漢書』律暦志に示されているということになる。つまり、楽律においても度量衡においても、周制と漢制は一致していたと考えている。前述したように、『律呂新書』は「律が度を生む」立場を取る。ただし「正しい」黄鐘から生まれた度量衡は、やはり「正しい」はずである。度量衡という目に見える制度によって、黄鐘という目に見えない理論の「正しさ」を、わかりやすく証明できるのだ。『律呂新書』における度量衡史の考証は、漢代以降の多くの論者が依拠した度量衡が、いかに漢制と異なるものだったかを証明することで、結果的に彼らの楽律論が誤りであることを示し、また、自らの楽律論の正当性を主張する意味を持っていた。楽律論から生まれた度量衡という制度を信頼するという点で、朱熹・蔡元定の楽律学は、気の理論への過度の依存を回避できているといえよう。

ただし、王莽・劉歆の制にほぼ全面的に依拠するということは、危険を伴う行為でもある。楽は古くから、人間の心に働きかけ移風易俗を実現するという役割を担っていた。楽には人々を教化することが求められ、楽の製作者や演奏者には道徳性が求められていたのである。朱熹は、人間の道徳性と、理論や制度とは無関係に存在すると考えていた。この問題について次項で検討したい。

(二)「近古」としての漢制

そもそも当時から「非興國之聲」(『漢書』王莽伝)という誇りを受けていた王莽・劉歆の制度を、たとえ優れていたとしても、そのまま周代の制度と重ねてしまえば、後世批判を受ける危険性は拭いきれない。たとえば朱載堉は、漢の量器に依拠することを致命的な欠点として『律呂新書』を批判する。前述した『律呂新書』の度量衡論数条を、朱載堉は「蔡元定の書の中で、最も重要なものだ」として以下のように述べる。

『律呂新書』第一章の題目の所で、『漢書』律暦志の斛の銘文によって定めるといったのは、なぜだろうか。そもそも『漢書』律暦志は劉歆がでたらめになしたものに依拠しており、漢斛は王莽が偽造したものから出ているのだから、どうして百世の師とするに足りるだろうか。(16)

朱載堉は、「非興國之聲」である王莽の制度に、なぜわざわざ依拠するのかとも問いかけている。(17)しかし『律呂新書』は、たとえ王莽・劉歆の製作であっても、漢が古からそれほど離れていない以上、その理論や技術は古と変わらないと考え、製作者の資質に拘泥せず採用したのである。特に朱熹はしばしばそのような態度を表明している。

古楽は亡んで久しい。しかし秦漢の間は、周を去ることまだ遠くなかったので、その器と音はなお存していた。ゆえに楽の道は世に行なわれなかったとはいっても、楽の方法を定めるにあたってはなお異論を入れる余地はなかった。東漢末に及び、西晋初に接する時には、方法はすでに多種多様になっていった。魏・周・斉・隋・唐・五代を経ると、論者はいよいよ多くなり方法はいよいよ定まらなくなった。(18)

朱熹はまず、古楽は亡んだと認識する。しかし楽の道は行なわれなくなっても、楽の器や音は絶滅せずに、秦・漢の間はその痕跡を留めていたという。そして時代が下るにつれて異説が増え、方法が定まらなくなったのである。つまり、朱熹にとって残存する理論や技術の正しさは、周朝との距離によって測られることになる。また、『朱子語類』では次のように論じている。

唐以前は、楽律はまだ制度が残っており考究することができた。唐より後は、まったく考究することができない。たとえば杜佑の『通典』が計算する律管の数値は極めて精密である。しかし『通典』は十分を一寸として計算したので、計算するのが頗る難しかった。蔡元定は一寸を九分として計算した。本朝の范鎮・司馬光といった人士たちはただ古制に知識がなかっただけでなく、唐制すら詳しく見ていなかったのである。『通典』はめったに見られない書でもないのに、当時の人士たちは、なぜみな見ていないのだろうか。(19)

朱熹「司馬光と范鎮、胡瑗と阮逸・李照たちは楽について議論したが、中身のない論争を繰り広げるだけだった。私の見るところ、すべて正しくなく、そもそも『通典』を見たことがないようだ。『通典』の内容に依拠すればみな正しく、またはっきりとする。」輔広「そうであるなら、杜佑は楽を体得していたと思われます。」朱熹「この場合、杜佑が体得していたかどうかはわからないが、古楽は唐の時代にまだ残存していたものがあったから、杜佑はそれを採用して書に載せたのである。唐末の黄巣の乱の後、古楽はそのまま伝わらなくなった。[20]」

古楽の痕跡を残す存在として、朱熹は『通典』を重視する。しかし朱熹は、『通典』を記した杜佑自身が、どの程度、楽を理解しているかは問題ではないとする。[21]つまり、楽律に限っていえば、それを留めていた時代の人間の理解度や資質とは関係なく、理論や技術として存在し得ると考えていたのである。朱熹が北宋楽論に対して「唐制を見ていない」と批判するのは、[22]古楽が亡んだ時代、うかがい知れない古を無理に参照するよりも、宋代よりは古に近い唐代を参照する方が、より着実な道であるという発想に基づくものである。

こうした態度は、『儀礼経伝通解』における楽律の扱いに如実に現れている。『儀礼経伝通解』は主に『儀礼』に載せる記述を経と考え、その他の史料で礼を扱う部分を伝として付したものである。[23]朱熹は、学礼の項において楽を論じる最初の項目として「鐘律」「鐘律義」を挙げ、「詩楽」を挟んだのちに、「礼楽記」として礼楽思想を論じる史料を抜粋するという構成を取るが、その目録巻には以下のような記述がある。

古にはこの篇はなかったが、今、六芸に基づいて順序付ける。およそ礼に関して通行しているものは、すでに上の諸篇にあらましが見えている。この後はまさに楽が継ぐべきところだが、楽経はすでにずっと亡逸したままである。ゆえに『周礼』の鄭玄注、『史記』『淮南子』『漢書』と『続漢書』の律暦志、杜佑『通典』において、律呂の相生や律管の長さ、旋宮・転調について論じる箇所を採用して、この篇を創り、その欠を補う。[24]

朱熹は亡逸した楽経を補うために、「鐘律」の項を創り、『史記』や『漢書』、『周礼』鄭玄注、『通典』など前漢から唐にかけての書を採用した。これらの史料は『律呂新書』でも頻繁に引用されていた。経書である『儀礼』や

『周礼』『礼記』には、楽に関する記述は比較的豊富にある。しかし朱熹はそれらよりもむしろ、「古に近い」時代から集めた楽律理論を、楽経として位置付けたのであった。

また、隋の鄭訳《ていえき》(25)（五四〇—五九一）が西域由来の琵琶の理論を用い、雅楽をなしたことについて、『朱子語類』には以下のようにある。

朱熹「南北朝時代の戦乱で、中華の雅楽は断絶した。隋の文帝の時、鄭訳は蘇祇婆から雅楽〔を復興する手がかり〕を得た。蘇祇婆は西域からやってきたので、律呂が天地自然の声気であり、人の力を超えたものであることを知っていた。鄭訳は〔蘇祇婆の理論をもとに〕旋宮を行なうことを求めたが、何妥は鄭訳に及ばないことを恥ずかしく思い、そのまま黄鐘一均を用いるに止めた（このことは『隋書』律暦志に見える）。」これにちなんで次のようにいった。朱熹「仏教が我らの道と合わないのは、つまるところ道が無形のものであるため、違いが生じるからである。楽律のようなものには、数が形作る器〔楽器〕があるのだから、西域のものとも合致するのである。(26)」

このように朱熹は、楽律に関しては「数が形作る器」があるため、無形の道と違って、仏教のものとも合致すると考えた。仏教が儒教と道を別にしていたとしても、同じ数値で作られた楽器は存在し得るし、その楽器が特定の楽律に基づいているならば、楽律も同じはずである。

だからこそ、人格や道という見えないものの違いに拘るあまり、形ある器を無視してはならない。器がなければ何も始まらないのである。朱熹は、最近の士大夫について以下のように嘆いた。

今の士大夫に、五音・十二律について質問しても、理解できている者はいない。つまり、楽学という分野を確立して、士大夫に学ばせるべきであり、そうすればしばらくした後必ず精通する者が出てくるだろう[27]。

今の人はみな楽器の理論を理解せず、楽器の音を聞きもしないので、楽の持つ意義に通じることもない。たとえば古の人は鐘や太鼓の理論を理解しており、そうした後に鐘や太鼓で音楽を奏でたのである。だから孔子は「楽だ、楽だといっても、鐘や太鼓のことをいうのだろうか」といった。今の人はもはや鐘や太鼓ですら理解していない[28]。

確かに孔子は、楽を単なる演奏とは見なさず、人々を教化し調和を導くといった楽の精神性を重視し、演奏者にも道徳性を期待していた。しかし朱熹によれば、今の士大夫たちは、道徳性以前の問題、すなわち楽律理論や演奏技術を身につけることすらできていないのである。以上をふまえて考えると、『律呂新書』が漢制を評価するのも頷ける。王莽・劉歆の時代は「近古」であるため、優れた楽律理論が残存していた。王莽・劉歆の道徳性だけを問題視し、彼らの理論や制度が優れていたとしても学ばないのであれば、それは本末転倒である。製作者の道徳性を切り離した上で学ぶのであれば、漢制に依拠しても何の問題もない。むしろ楽の精神性ばかりを重視し、基礎理論や演奏技術を疎かにするようでは、楽はそもそも成立しないのである。朱熹・蔡元定が王莽・劉歆の楽律理論を支持した背景には、「近古」の理論や制度に対する素朴な信頼があったといえよう。

以上のように、朱熹・蔡元定は度量衡の考証に力を注ぎ、王莽・劉歆の度量衡制が周制と一致するとした。王莽・劉歆が優れた聖人でなかったとしても、周代に近い「近古」である漢代には、優れた理論や制度が残存していたと考えるのである。黄鐘の正しさが候気によって証明できるのであれば、本来ならば度量衡に頼る必要はないはずである。本節で論じた、度量衡という制度に対する歴史的な検証作業は、蔡元定らにとって、自らの理論の正当性を補強するために存在しているのではないか。『律呂新書』のこのような態度には、理論だけに過度に依存せず、理論が応用された具体的な制度、目に見える「モノ」として存在していた制度にも依拠しようとする傾向を見出せる。

第二節　『律呂新書』と象数易

(一) 楽律論と易学の関係

第一節では、度量衡という具体的な制度の歴史を検証することで、気を根幹とする黄鐘理論の正当性をより高めようとする朱熹・蔡元定の姿を描いた。『律呂新書』にはこのように、理論を一人歩きさせず、なるべく実際のモノに即して理論を支えようとする傾向が見られる。これをふまえ本節では、理論を過度に抽象化させないよう、楽律学と象数易との距離を「適切に」保とうとした朱熹・蔡元定の試みを分析する。

周知のごとく、蔡元定は象数易への造詣が深く[29]、また第五章で論じるように、明代、朱熹・蔡元定の楽律学は、彼らの象数易と関連付けて読まれていた。しかし、とりわけ朱熹は、楽律と象数易の過度の連関を避けようとしていたのではないか。

『律呂新書』では、律の管口の直径や面積は十進法を用いたが（黄鐘第一）、律の相生を説明する際には、分・釐・毫・糸を九進法で表した（黄鐘之実第二）。その理由について以下のように説明する。

十進法を用いるのは、天地の完全な数だからである。九進法を用いるのは、三分損益のためである。完全な数は十を基礎にしそのうちの九を取り、三分損益による相生は十を分けて九とする。十を基礎にしそのうちの九を取るとは、体が成り立つ手段である。十を分けて九とするとは、用を行なっていく手段である。体は〔黄鐘という〕中声を定める手段であり、用は十一律を生む手段である。(30)

『律呂新書』は、十進法は天地の完全な数である十に基づくものであり、九進法を用いるのは三分損益を行なうため、つまり技術的な理由によると説明する。また、十進法は黄鐘を定める手段としての体であると説明し、九進法は相生によって十一律を生む手段としての用であると説明する。これに対し、たとえば明の李文察《りぶんさつ》（一四九三―一五六三）は、『律呂新書』を解説する中で、十進法・九進法の由来を洛書に関連付けている。(31) 確かに、河図の数を十、洛書の数を九とする思想（河十洛九説）は蔡元定『易学啓蒙』にも見られるが、(32) 蔡元定や朱熹は、河十洛九説を楽律学には適用せず、また、河図・洛書のいずれかを何らかの形で楽律に関連付けることもない。蔡元定と朱熹にとって、楽律論と易学は異なる原理を有する。その理由は、楽律には易学にはない問題――「往きて返らず」があるためである。

陽の気は復卦に生じ、陰の気は姤卦に生じて、環のように切れ目がない。今、律呂の計算が用いる三分損益法が、一巡したのち初めに戻らないのはなぜだろうか。陽気の上昇は子に始まり、午に陰気が生じたとしても陽気の上昇は終わらず、亥に至って上昇が窮まり下降へと反転する。陰気の上昇は午に始まり、子に陽気が生じたとしても陰気の上昇はまた終わらず、巳に至って上昇は窮まり下降へと反転する。楽律は陰については記さないので、陽気の上昇が終わったあと再び始まることはない。…（中略）…ある人がいった、『易』は陰陽を述べるが、律は陰を記さないのはなぜか、と。『易』は天下の変化を尽くし善と悪をすべて兼ね備える。律は中と和の作用をきわめ、至善に止まるからである。[33]

易の六十四卦は切れ目なく循環するが、三分損益法による十二律は一巡したのち、初めの黄鐘に戻ることはない。その理由は、易が天下の変化を尽くすのに対し、律は陽だけについて記述し、至善に止まるからだという。それでは、完全に循環する六十四卦と、「往きて返らず」の十二律は、それぞれまったく別の体系なのだろうか。それとも、何らかの形で結び付けられるのだろうか。

実は天地の理はたった一つである。時に古今先後の違いはあるが、その理が二つということはあり得ない。そのため伏羲は河図だけに依拠して易を作り、あらかじめ洛書を見る必要もなく、その理はすでにもう洛書と合致している。禹は洛書だけに依拠して洪範をなし、やはり後から河図を見る必要もなく、その理はすでに河図と暗合している。その理由は何なのか。まことにこの理のほかに、別の理などないからである。しかしこの理は河図・洛書だけではない。律呂には五声十二律があるが、それを組み合わせた数は六十に究まる。日の名前には十干十二支があるが、それを乗じあわせた数もまた六十に究まる。これらはみな易の後に出て、数の起こりはそれぞれ異なるが、易の陰陽と卜筮や術数の数に自然と組み合わされ、みな六十となり、すべて完全に符合する。下は気功や『周易参同契』、太一のようなものに至るまで、道とするには足りないが、通じないものはない。これが自然の理である。[34]

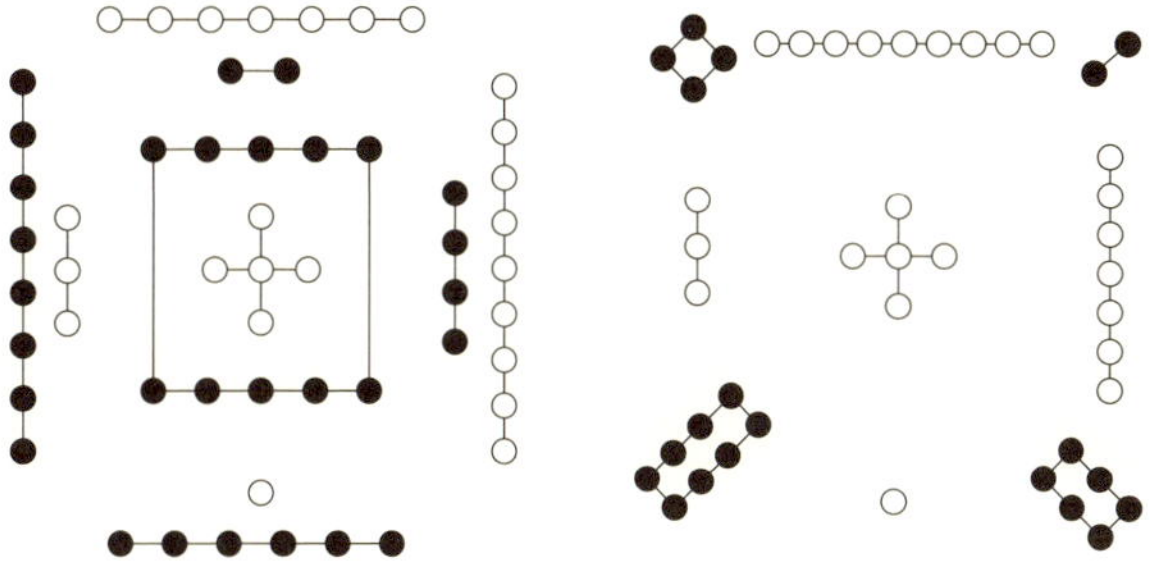

図 3-2　河図（左）・洛書（右）

蔡元定は、理が一つである以上、河図・洛書（図3－2）も、楽律や暦も同じ理を持つと考えた。律と暦は、両者の数の起こりは異なるが、十二律×五声が六十、そして、十干十二支の組み合わせが六十であるように、同じ六十という数が共通していると指摘する。ただし、六十という数は、『易学啓蒙』中、ここにしか見られない。少なくとも楽律学に関しては、易学理論との間に共通の数ないし数理を細かく見出して直接的に結び付けるというより、両者の数の背後にある大きな原理が共通しているという認識である。その原理が「一陰一陽」である。『易学啓蒙』では河図の数について、「数をなしている手段は、一陰一陽、一奇一偶に過ぎず、それらが五行を二倍しているだけである[35]」、また河図・洛書が両者とも中心に五を置くことについて「およそ数の始めは、一陰一陽のみ[36]」という。

このように、『易学啓蒙』では数を成り立たせるものとして、陰陽の対立を重要視し、律と暦が六十という数で共通する理由についても以下のように述べる。

ある者が問うた。日辰の数は天五と地六が錯綜して生じる。律呂の数は黄鐘九寸から損益して生じる。両者が生じる過程は同じではない。しかし数が完成するに至り、日に六甲、辰に五子があり[37]、六十日となり、律呂に六律五声があり六十調となる。このようにぴったり合致するのはなぜだろうか。曰く、これが前述した「調が完成して陰陽が備わる」ということである。そもそも理には必ず対立があり、数の自然である。「天五地六[38]」の数が陰と陽を

表3-1　三分損益法の上下相生を順番通りに行なった場合

	下生	上生	下生	上生	下生	上生	下生
黄鐘9寸	$\times\frac{2}{3}$	$\times\frac{4}{3}$	$\times\frac{2}{3}$	$\times\frac{4}{3}$	$\times\frac{2}{3}$	$\times\frac{4}{3}$	$\times\frac{2}{3}$
=	6寸	8寸	$5\frac{1}{3}$寸	$7\frac{1}{9}$寸	$4\frac{20}{27}$寸	$6\frac{26}{81}$寸	$4\frac{52}{243}$寸
	林鐘	太簇	南呂	姑洗	応鐘	蕤賓	大呂

$4\frac{52}{243}$寸＝4.21399177…寸＜4.5寸　⇒1オクターブ（9寸〜4.5寸の範囲を超えてしまう）

合することをいえば、六甲五子は六十に究まり、そのうちの三十六が陽で、二十四が陰である。黄鐘九寸が陽を記し陰を記さないことをいえば、六律五声は六十に究まり、そのうち三十六が陽で、二十四が陰である。これは陽の中に、また自然と陰陽が備わっているのであり、天地による万物の生成を理解しない者はこのような陰陽の働きに関与できない(39)。

楽律は陽を記すものだが(40)、陽の中にさらに陰陽の対立を含んでいる。『易学啓蒙』は、このように陰陽の対立を含み、六十という数に集約されるという点で、律と暦は共通すると考えたのである。

（二）三分損益法に適用される陰陽理論(41)

蔡元定は、陰陽の対立を三分損益の上生下生理論にも適用していく。表3－1のように、三分損益法を進め、上生・下生を繰り返していくと、蕤賓に至って順番通りに下生をした場合、一オクターブを飛び出すことになる。

この問題を解決するために陰陽理論をどのように用いるかという点に、『律呂新書』と朱熹自身の言説の間で違いが見られる。『律呂新書』には、蔡元定の意向がより反映されていると考えられるため、『律呂新書』の陰陽理論が蔡元定のそれにより近いものと仮定して考察を進める。蔡元定は蕤賓があくまで下生するとした上で別の方法を導入し、朱熹は蕤賓は上生する、つまり上生が二回連続すると考えた。

まず、蔡元定の理論を確認する。彼は以下のように説明する。

> 黄鐘は十一律を生み、子・寅・辰・午・申・戌の六陽辰にあたる律はみな下生する。丑・卯・巳・未・酉・亥の六陰辰にあたる律はみな上生する。……（中略）……六陽辰の律は自らが得るべき位置にあるが、六陰辰の律はその衝にある。林鐘・南呂・応鐘の三呂（陰律）は陰にあるので増減しないが、大呂・夾鐘・仲呂は陽にあるので倍数を用い、十二月の気と応じるようにする。陰が陽に従うのは、自然の理である。[42]

蔡元定は三分損益法において、陽律は下生（三分損一）、陰律は上生（三分益一）という法則を守り通し十二律を算出した。蔡元定は、子・寅・辰・午・申・戌にある陽律は下生、丑・卯・巳・未・酉・亥にある陰律は上生すると考えた。十二律を相生の順によってそのまま十二方位に当てはめると、表3－2(左)のようになる。しかし、高低の順によって十二方位に当てはめる場合、表3－2(右)のようにならなければならない。

二つの表を比べると、陽律は十二方位への配当が一致しているが、陰律は、↓のように、配当を修正する必要がある（丑の林鐘は未に、卯の南呂は酉に、巳の応鐘は亥に、未の大呂は丑に、酉の夾鐘は卯に、亥の仲呂は巳に修正する）。表3－2(右)のように配当を修正して、十二律の長さを比較してみると、大呂・夾鐘・仲呂の長さが、それぞれ四寸五分未満となり、一オクターブ内（九寸～四寸五分）に収まっていないことがわかる。そこで、蔡元定は大呂・夾鐘・仲呂の長さをそれぞれ二倍した（表3－3）。この過程について、明の韓邦奇《かんほうき》[43]（一四七九―一五五六）の作成した図によって解説すると（図3－3を参照）、以下の通りである。まず、子午線の東側を陽、西側を陰とした（蔡元定自身はただ陽・陰と呼ぶだけであるが、三分損益法に則って算出される陽律・陰律との混同を避けるため、本節では便宜的に陽・陰と

表 3-2　（左）十二律を相生順に十二方位に当てはめた場合，
（右）十二律を高低順に十二方位に当てはめた場合

陽	子（陽）	黄鐘長九寸	子	黄鐘
陽	丑（陰）	林鐘長六寸	丑	大呂
陽	寅（陽）	太蔟長八寸	寅	太蔟
陽	卯（陰）	南呂長五寸三分	卯	夾鐘
陽	辰（陽）	姑洗長七寸一分	辰	姑洗
陽	巳（陰）	応鐘長四寸六分六釐	巳	仲呂
陰	午（陽）	蕤賓長六寸二分八釐	午	蕤賓
陰	未（陰）	大呂長四寸一分八釐三毫	未	林鐘
陰	申（陽）	夷則長五寸五分五釐一毫	申	夷則
陰	酉（陰）	夾鐘長三寸六分六釐三毫六絲	酉	南呂
陰	戌（陽）	無射長四寸八分八釐四毫八絲	戌	無射
陰	亥（陰）	仲呂長三寸二分八釐六豪二絲二忽	亥	応鐘

表 3-3

子	黄鐘長九寸
丑	大呂長四寸一分八釐三毫→八寸三分七釐六毫
寅	太蔟長八寸
卯	夾鐘長三寸六分六釐三毫六絲→七寸四分三釐七毫三絲
辰	姑洗長七寸一分
巳	仲呂長三寸二分八釐六豪二絲二忽→六寸五分八釐三毫四絲六忽
午	蕤賓長六寸二分八釐
未	林鐘長九寸
申	夷則長五寸五分五釐一毫
酉	南呂長五寸三分
戌	無射長四寸八分八釐四毫八絲
亥	応鐘長四寸六分六釐

記す）。陽律は、本来あるべき所（高低の順によって十二方位に配当した場合）に配当されているので問題ない。陰律は本来あるべき所の「衡（対称の位置）」にあるので、配当を表3－2(右)のように修正する。陰律の中でも、大呂・夾鐘・仲呂のように、配当を修正したことで陰から陽へと移った律は、表3－3のように二倍すれば、「十二月の気とあい応じる」となる。

つまり蔡元定は、（1）陽律が下生、陰律が上生、という原則を守り、（2）技術上の矛盾が生じる点については、「陰律は衡にある」「子午線の東側を陽、西側を陰とする」「衡の位置が陽に含まれる場合は倍数を用いる」という若干複雑なルールを導入したのである。

しかし、蕤賓以降、上生・下生を入れ替えてしまえば簡単に問題は解決する。『律呂新書』はこちらの方法も紹介した上で、批判を行なっている。

図 3-3　韓邦奇「十二律隔八相生之図」（韓邦奇が蔡元定の律呂論を解釈した図）（『苑洛志楽』巻一，景印文淵閣四庫全書第 212 冊（経部），199 頁下の図を，筆者が 180 度回転させ，十二方位を付け加えたもの）

『呂氏春秋』『淮南子』が記す上下相生法と司馬遷『史記』律書、『漢書』律暦志は異なる。大呂・夾鐘・仲呂は倍数を用いれば計算結果は同じであるとはいえ、『呂氏春秋』『淮南子』は数の多寡によって上生か下生かを決めているに過ぎず、律呂と陰陽の関係はみな錯乱し秩序がなく、本来の方法ではない(44)。

『律呂新書』は、上生・下生を入れ替えるという方法が、数の調整だけに終わっていると批判し、そうではなく、数の背後にある陰陽の論理を読み取るべきだと述べる。このような態度について、児玉憲明は「蔡元定の意図は、黄鐘律がつぎつぎに音律を生成するプロセスである三分損益法が、規則的な気の運動そのものであることを述べることにあり」「蔡元定の論のかなめは、『声気之元』の生成運動にほかならない三分損益を、陰陽消息の運動に一致したものとして合理化すること」であると述べている(45)。

表 3-4　朱熹の十二律算出の過程

黄鐘	$\times\frac{2}{3}\rightarrow$	林鐘	$\times\frac{4}{3}\rightarrow$	太簇	$\times\frac{2}{3}\rightarrow$	南呂	$\times\frac{4}{3}\rightarrow$	姑洗	$\times\frac{2}{3}\rightarrow$	応鐘	$\times\frac{4}{3}\rightarrow$
大陽		大陰		大陽		大陰		大陽		大陰	
	下生		上生		下生		上生		下生		上生
蕤賓	$\times\frac{4}{3}\rightarrow$	大呂	$\times\frac{2}{3}\rightarrow$	夷則	$\times\frac{4}{3}\rightarrow$	夾鐘	$\times\frac{2}{3}\rightarrow$	無射	$\times\frac{4}{3}\rightarrow$	仲呂	
大陰		大陽		大陰		大陽		大陰		大陽	
	上生		下生		上生		下生		上生		

以上、『律呂新書』に見られる理論を蔡元定の理論として紹介してきた。『律呂新書』が朱熹と蔡元定の共著である以上、両者の考えに相違はないと見なすべきではある。しかし『朱子語類』を見ると、『律呂新書』とは異なる考え方が記されている。つまり、朱熹が単独でこの問題を論じた場合は、蕤賓以降、上生・下生を入れ替えるという方法（『呂氏春秋』『淮南子』の方法）を取っているのである。

> 楽律は、黄鐘から仲呂まではみな陽律であり、蕤賓から応鐘まではみな陰律であり、これが大陰陽としてまず一つある。黄鐘を陽律、大呂を陰律、太簇を陽律、夾鐘を陰律とし、陽律の間に陰律が挟まれるのは小陰陽であり、また別にあるのだ。[46]
>
> 黄鐘から仲呂まではみな下生によって次の律を生み、蕤賓から応鐘まではみな上生によって次の律を生む。上によって下を生む場合、みな三が二を生み、下によって上を生む場合は、みな三が四を生む。[47]

朱熹は、高低の順に従った陰陽（黄鐘が陽律、大呂が陰律、太簇が陽律、夾鐘が陰律、…）を小陽・小陰とし、それとは別に、黄鐘から仲呂までを大陽、蕤賓から応鐘までを大陰とした。そして、大陽はすべて下生し、大陰はすべて上生するという理論を提示したのである。十二律算出の過程を示すと、表３－４のようになる。

朱熹が採用した方法は、『呂氏春秋』や『淮南子』と同じではある。しかし蔡元定が、

『呂氏春秋』や『淮南子』は「数の多寡によって上生か下生かを決めているに過ぎない」と批判したのに対し、朱熹は陰陽理論を付け加えた。陰陽のほかに大陰陽・小陰陽という概念を併用することで、蔡元定のような複雑な方法を取らずとも、相生した十二律を一オクターブ内に収めることができたのである。図3－4は朱熹の「律呂相生図」である。

ちなみに蔡元定のように、蕤賓は下生すると見なす理論は、『史記』律書、『漢書』律暦志に見られる。朱熹のように、蕤賓は上生すると見なす理論は、『呂氏春秋』『淮南子』『周礼』鄭玄注、『続漢書』律暦志に見られ、『儀礼経伝通解』には鄭玄の説が引用されている。

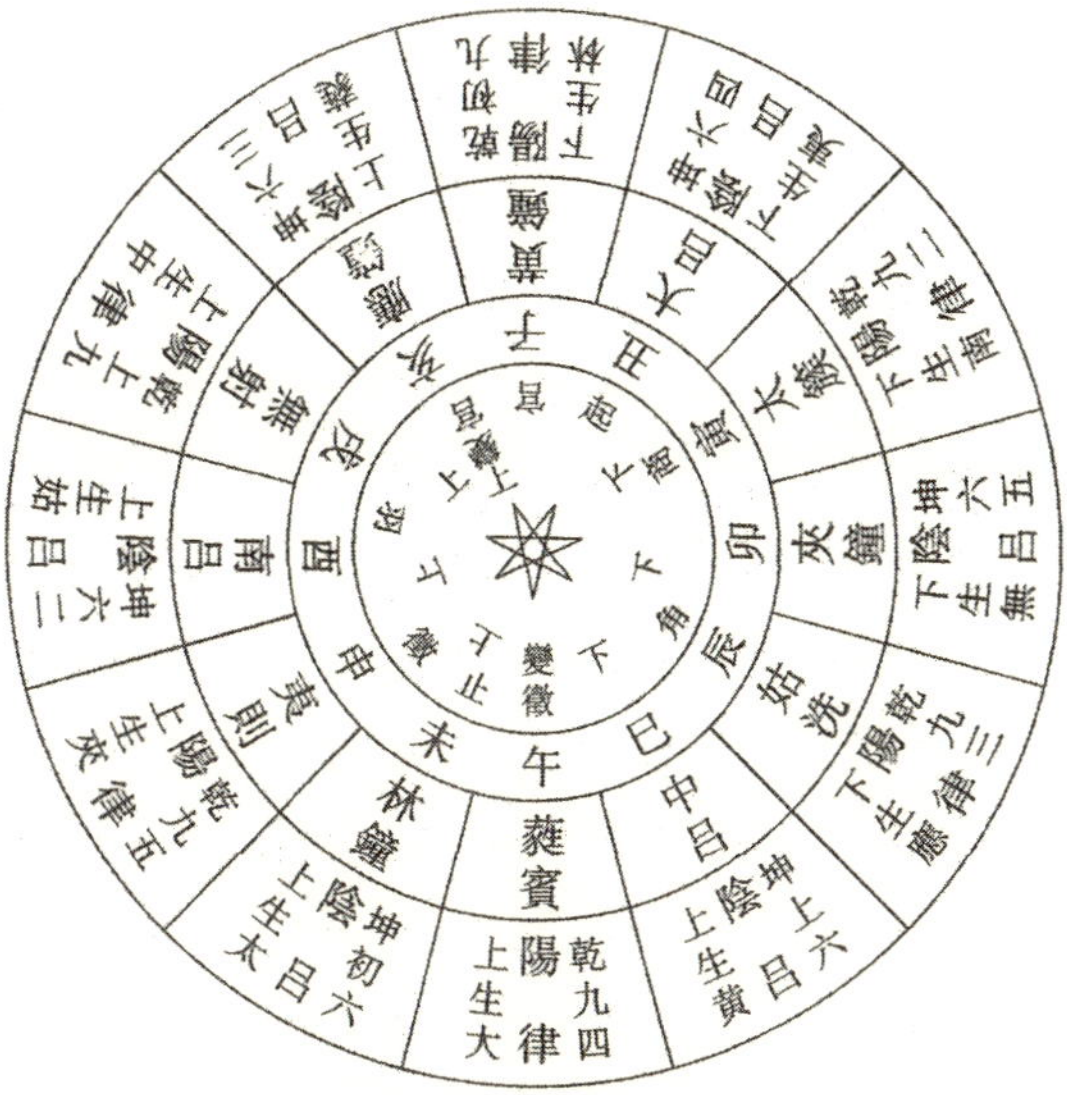

図 3-4　朱熹「律呂相生図」（前掲『儀礼経伝通解』巻一三，486 頁より転載．筆者が 90 度回転させた）

（二）で論じたように、『律呂新書』は、律と易とを直接結び付けはしないが、両者は「六十」という数によって大きく括られ、背後には陰陽理論が貫いているという点で両者の結合を図っている。（二）ではその具体的な陰陽理論の適用の仕方を見てきたが、たとえば十二律の相生と陰陽理論を結び付ける際、朱熹と蔡元定の間は違いが見られるものの、自分たちの見解をすりあわせてすらいない。この状況をどのように理解すべきだろうか。

（三）上生下生説をめぐる後世の解釈

（二）で論じた上生下生説は、朱熹と蔡元定の間で明らかな差異が見られる。このことについて、後世の論者たちはどのように解釈したのか。後世の論者たちは一様に、これを朱熹・蔡元定の楽律学における大きな差異だと認識している様子がうかがえる。

朱子学の楽律学として正統な地位を得た『律呂新書』は、明代になると、その注釈書が数多く登場する。韓邦奇『苑洛志楽』、倪復《げいふく》（生没年不詳）『鐘律通考』、季本《きほん》(48)（一四八五—一五六三）『楽律纂要』等がそれである。たとえば韓邦奇は、律呂の「全」と「正」という概念で蔡元定の説を解釈し直した。韓邦奇によると、「全」は十二律の長短に対応した数値、「正」は十二律の三分損益に対応した数値である。蕤賓が下生する大呂は四・五寸未満となり、「正」ではあるが、「全」ではない（三分損益によって正しく算出されてはいるが、長さが適正ではない）。このままだと、大呂律管は短すぎて用いることができない。そのため、大呂の正数を二倍にし、高低の順としては黄鐘の次に並ぶようにする。韓邦奇はこのような処理を、意図的な作為ではなく、自然の数と位置付けた。また、蕤賓が黄鐘から七番目に相生されるという点に注目し、宮・商・角・変徴・徴・羽・変宮の七声理論にあてはめれば、蕤賓の次に大呂を算出するという過程は、七声を相生し終わり、もう一度宮を計算するという過程と同じであるから、宮を計算する以上、当然、音は低くならなければならない。それゆえ、大呂の律長は、二倍しなければならない。韓邦奇はこのような解釈によって、前述の蔡元定の理論（「大呂・夾鐘・仲呂は陽にあるので、倍数を用いる（其大呂・夾鐘・仲呂在陽、則用倍數）」）を説明した(49)。このような解釈が蔡元定の真意を反映しているかどうかはさておき（筆者としては、蔡元定の複雑な理論に、さらに複雑な要素を付け加えたとしか思えないが）、韓邦奇は蔡元定式の蕤賓下生理論を支持した一人だとはいえるだろう。

続いて、朱熹式の蕤賓上生理論を解説したものをいくつか紹介する。まずは、元・劉瑾《りゅうきん》（生没年不詳）の『律呂成書』である。前述したように、『呂氏春秋』『淮南子』は、結果としては朱熹と同じ方法（蕤賓上生）を取っていた。しかし劉瑾は、それらは数の損益に依拠しているだけなので、あくまで陰陽理論に則るべきだと見なし、朱熹の大陰陽・小陰陽の説を紹介する。小陰陽については、陽律が下生し、陰呂が上生するのは、尊い陽が陰へと降り、卑しい陰が陽へと昇るからだと解釈する。大陰陽については、陽に属す子から巳にかけては三分損一し、陰に属す午から亥にかけて三分益一するのは、陽は満ちているので減り、陰はからっぽなので満ちるからであり、これもまた自然の理である、と説明している[50]。劉瑾は、蔡元定と朱熹のどちらの立場を取るかを明言していないが、数の増減という技術的側面から数値を改変する単純な方法に反対し、あくまでも陰陽理論を基礎にすべきだと主張しているのである。

続いて、明・李文察『律呂新書補註』である。李文察は、蔡元定が「陽律は上生、陰律は下生」という古法に拘った結果、倍数を用いる説を取ったという。しかし、このような説は辻褄は合うが、造化の原理と合わず、気も応じないと批判し、朱熹の説を取るべきだと考えた[51]。

明・邢雲路《けいうんろ》（一五八〇頃―一六二〇頃）『古今律暦考』の場合は、鄭玄の方法に従うので、結果的に朱熹と同じ蕤賓上生説とはなるが、必ずしも朱熹に従っているわけではない。陽である子から巳に属す律のうち、黄鐘・太蔟・姑洗は陽の陽、陰である巳から亥に属す律のうち、林鐘・南呂・応鐘は陰の陰である。陽の陽においては、陽律が陰律を生むときは下生し、陰律が陽律を生む時は上生する。陽である子から巳に属す律のうち大呂・夾鐘・仲呂は陽の陰、陰である巳から亥に属す律のうち、蕤賓・夷則・無射は、陰の陽である。陽の陰、陰の陽においては、陽律が陰律を生むときは上生し、陰律が陽律を生むときは下生する。陽の陽及び陰の陰という場合と、陽の陰及び陰の陽という場合に、陰陽に上生下生の法則を逆に適用することで、蕤賓から上生して大呂、大呂から下生して夷則という、表3－4の方式を維持したのである[52]。

朱載堉『律学新説』は、朱熹の大陰陽・小陰陽説を採用し、小陰陽は変則的な例にのみ適用され、基本的には大陰陽を論ずればよいと考える。蕤賓上生説の来歴は久しく、また『列子』が、大呂の音を「低くゆったり」と記述していることや、「大呂」という名称、あるいは大呂の別名「元間」から、大呂が低音であることを論証する。つまり、大呂律管は比較的長くなければならないので、蕤賓から上生される必要があるということだ[53]。

清・胡彦昇《こげんしょう》（生没年不詳）『楽律表微』では、蔡元定が「小陰陽の存在は知っていても、大陰陽の存在を知らなかった」とし、短すぎる大呂などの律管について、蔡元定が律長を二倍にしたことを、人為であり天地自然の理ではないと批判した。さらに、前述の朱載堉の解釈が、朱熹の意図を汲み取っていると評価し、蕤賓上生説を支持している[54]。

前述したように、朱熹も蔡元定も、楽律学が河図・洛書と同じように陰陽の対立を含み、同じ理を持つと考え、そこから律と易との関連を見出そうとした態度は共通する。しかし、楽律学にどのように陰陽理論を当てはめるかという点では、意見を異にした。『律呂新書』に代表される蔡元定の理論が「陽律が下生、陰律が上生」という原則を重視し、蕤賓はあくまで下生すると主張したのに対し、朱熹は大陰陽と小陰陽という概念を当てはめることで、別の規則性を見出し、蕤賓は上生するとした。後世の論者は、この違いを、蔡元定と朱熹の見解の相違としてはっきりと意識した。そして、蔡元定に対しては、陰陽に対する理解の不足を指摘し、朱熹に対しては支持することが多いが、朱熹が解説した以上の補足を加えることもあった。

以上のような後世の解釈と比較すると、朱熹と蔡元定自身は、果たしてこの問題を自分たちの大きな差異だと思っていたのだろうか。『律呂新書』に載る説と、『朱子語類』『儀礼経伝通解』に載る説は確かに一致しないが、この問題に関して両者が積極的に討論し、意見をすりあわせようとした様子は現存する史料からは見出せない。このことはかえって、朱熹と蔡元定が、楽律理論に対し陰陽論を徹底的に展開させることに、そこまで大きな拘りを持たなかったことの表れではなかろうか。

確かに、朱熹・蔡元定にとって、律と易とは何らかの形で関連するものである。しかし、楽律の計算と易の数はそれぞれ別の体系を有しており、まったく同じ数理展開をすることはない。そのため彼らは、易と律の数を過度に関連付けることを避けようとしたのではないか。後世しばしば見られるような、『律呂新書』の記述を、河洛の学や陰陽理論と複雑に関連付ける傾向と比較すると（第五章を参照）、朱熹と蔡元定には、むしろそのような傾向がそれほど強く見られない。彼らは、楽律学と象数易が過度に接近しないよう、両者の距離を慎重に保ったのではないか。そしてこのような態度こそが、三分損益法が、十二平均律誕生以降も大きな影響力を持ち得た原因ではないだろうか。

第三節　朱熹の琴論(55)

続いて朱熹の琴論を取り上げる。後述するように、蔡元定は琴の演奏技術を持たなかった。おそらく朱熹にとって蔡元定は理論偏重に見えていたのではないか。そして、象数易に造詣が深く数理的思考に長けた蔡元定に、ある程度歯止めをかけ、楽律学を技術的に応用可能な状態に保つ役目を、朱熹は果たしていたのではないか。しかし、朱熹もまた理論的裏付けなしに演奏技術さえ磨けばよいと考えていたわけではない。本節では朱熹の琴論を通し、理論と技術に対する彼の考えを検討したい。

朱熹と蔡元定は『律呂新書』を編集する際、数多くの書簡をやりとりしているが、朱熹の書簡からは、『律書』

〔楽律理論を記した『律呂新書』を指す〕のほかに、『楽書』〔演奏技術について論じる書〕の執筆を蔡元定に期待していたことがわかる。(56) しかし蔡元定は、琴の技術に欠けていたようだ。この点について朱熹は不満に思っていた。以下の引用文で朱熹は、士大夫の嗜みとしての琴の演奏技術の習得を強調している以上、朱熹自身も当然琴を弾けたと考えられる。

蔡元定の手紙によれば、近頃明らかになったのだが、ただ七弦を〔黄鐘均に合わせ〕続けて定めてしまえば、調弦は必要ではなく、みな十一律の宮調を弾けるという〔琴の本体は黄鐘一均であるから、〔黄鐘さえ定まれば〕その他の十一律の宮調を弾けるのだ〕。こうであれば、大呂・太簇・夾鐘均以下を用いる際、みな徽を按ずる必要があり、〔宮声すべてに〕散声〔開放弦〕はなくなる。もしわずかでも押さえ損なえば、黄鐘の音を発してしまうが、(57) そんなに多くの箇所を指で押さえられるだろうか。…〔中略〕…古の人は琴を弾く際、月に従って調弦した。十一月には黄鐘均に、十二月には大呂均に、正月には太簇均に、二月には夾鐘均に調弦したのである。しかしその後、音はどんどん高くなり、十月に応鐘均に調弦するに至っては、弦の張り方はどんどんきつくなり、切れそうになる。古の人がどうしていたかはわからない。蔡元定は琴を弾けず、ただひたすら頭の中で考えることはできても、弾いてみればうまくいかないのではないか。これはまさに基礎的な技術を学ぶ努力をしなかったということであり、我々はみなこの欠点を抱えている。古の人は朝夕琴を繰り返し練習したので、それによって上のレベルへ達することも難しくなかった。つまり基礎的な技術習得の中にさらに上のレベルへ達するための道理がみな備わっているのである。(58)

確かに理論上、黄鐘均で調弦しておけば、別の十一均を用いる際に調弦し直さなくても、そのまま用いることはできる。徽をきちんと押さえれば、大呂均でも太簇均でも弾くことはできる。徽とは、琴の音の高低をつけるため、指で弦を按ずる所を示すしるしである。ただし、黄鐘均に基づいて調弦した琴で、大呂均を弾く場合、第一弦で、宮である大呂を弾く時には開放弦を用いることができない。注(57)で述べたように、朱熹が大呂・太簇・夾鐘均以下の諸宮をあくまで第一弦（黄鐘律で調弦）で弾くと考えているならば、宮のみならずほか六声も半音ずつずれていき、開放弦を用いずに徽を押さえることが多くなるため、技術的にも難しくなるだろう。これに対し朱熹は、古の人は月によって用いる均を変え、調弦し直していたと言及する。この方法ならば旋宮を行なっても第一弦の解放弦がすべてその均の宮声になるため、細かく徽を押さえていく必要はない。ただし、十二律中最も高音である応鐘均に第一弦を調弦しようとすると、そのほかの六弦も含め、かなりきつく調弦することになる。この問題について朱熹は答えを出していないが、蔡元定の方法に不満を持っていたのは確かである。その原因について朱熹は、蔡元定が演奏技術を持たず、理論だけで考えていたため、無理のある弾き方を提唱したと考えた。

ただし朱熹は、演奏技術を重視する一方で、琴の演奏に伝統的な楽律理論を応用することを強く意識もしている。琴における徽の配置について、朱熹は以下のようにいう。

徽の配置法は、その声数の多寡、律管の長短に従い、三分損益し、上下相生することによって、その位置を定めるのは、上述の通りである。今の人はまったくこれを理解せず、その配置法も、ただ四つに分けて中間を取って徽の位置を決め、鄙俗な方法で定めた取るに足りない数値である。楽律が応じることはこのように簡単でわかりやすいのに、自然の中の現象についてその由来を理解しないのでは、不十分な点があることは免れ得ないだろう。(59)

朱熹は、徽の配置に三分損益法を正確に応用していくべきだと述べる[60]。便宜的に琴の長さを分割し徽を配置してはならない。琴には徽の配置法として三分損益法が適用されるばかりでなく、律は九分、声数は八十一（九×九）、琴の長さは四尺五寸（九寸÷二）とし、楽律と琴制は九という数字で共通すると考えた[61]。このように朱熹は、自らの楽律理論を琴という楽器に、実際に機能する技術として結び付けようと工夫を凝らしたのである。

さらに、このように調弦された琴は、候気の法とも一致するという。候気は、前述したように、一定の規則に基づいて並べた律管によって気を観測する技術である。そのような候気と琴とは、どのような関連があるのだろうか。朱熹は琴における徽の分布に、候気の法を適用できると考えた。候気の法では、穴を作り、木の机を設置し、十二律管をその上に置き、土をかけて埋めて地面と平らになるようにする。穴の底部は律管の長さに拠り、高ければ高いほど浅く、低ければ低いほど深い。この状況を琴にあてはめてみると、竜齦が木の机を置く場所にあたり、臨岳が地面と平らかになる地点である。それぞれの弦における音の高さは、机、すなわち竜齦からの距離に拠る。つまりどこの徽を押さえるかに拠る。このような点が、候気を適用できる点である。しかし、律管を使う候気とは異なる点もあるという。候気と異なるのは、まず、候気に用いる律管の内部が空洞であるのに対し、琴の弦は中まで詰まっていることである。また、律管には長さの違いはあるが、太さの違いはなく（朱熹は、律管の管口面積はすべて九平方分とし、直径はすべて三分だとしている）、弦には太さの違いはあるが、長さの違いはないことである。さらに管を置く位置は、上はみな同じで平らか、下はばらばらであるが、弦は下も揃っていて、みな同じように竜齦に起こることである。このように朱熹は、候気と琴に見出される異同について述べた。この理論は、「博学高名な儒者でもこの説を唱えた者はまだいない」というほど、朱熹独自の自信のある理論だったようである[62]。

以上のように朱熹は、三分損益法を始めとする楽律理論、そして候気など、儒者の楽律理論を琴という楽器に積極的に適用しようとした。琴制は明確な理論なしに便宜的に調整するものではなく、あくまでも儒者の理論に基づいて調整すべきだと考えたのである。

このような蔡元定・朱熹に対し、後世の儒者はどのように評価したのだろうか。朱載堉は、蔡元定が琴を弾かないことに言及するほか、朱熹に対しても、理論偏重であり実際に音を確かめていないと批判する。つまり、朱熹・蔡元定は、楽律の理を明らかにはしたが、その理に基づく楽が、本当に楽として成り立つのかを、実際に演奏を行ない確かめなかったことを批判したのである(63)。

これに対し江永は、理論偏重である蔡元定を批判する一方、朱熹の楽律論については、琴の実際の演奏とも符合するとして高く評価している。彼は、蔡元定の理論が実際の琴制と一致しないと認識し、朱熹が蔡元定を批判したのと同じように、理論だけで演奏技術がなければ実用に適さないことがあると見なした(64)。江永は朱載堉よりも一層、朱熹の実践的側面を見出し、蔡元定との差異として理解しているといえよう。

確かに朱熹は、蔡元定の楽律論が理論偏重であると考え、演奏技術の重要性を訴えていた。蔡元定と比較すれば、朱熹はやはり実践重視だといえよう。このように朱熹の立場は、どちらかというと理論に偏りがちな蔡元定を抑え、理論と実践の間の微妙なバランスを取る傾向がある。しかし朱熹は決して演奏家の習慣的な方法を支持しているわけではなく、あくまでも儒者による理論を技術として応用しようとも考えていた。三分損益法を適用し、九という数字によって楽律学と琴制の一致をはかり、また候気の法とも関連付けたことは、朱熹自身が「琴律説」で述べているように、「傅會牽合之私」から出たこじつけだと捉えられかねない。しかしそれでも、朱熹は何とかして儒者の楽律理論と音楽家の演奏技術とを乖離させず、工夫して関連付けようとしたのではないか。

小結

「律が先か」「度が先か」という問題をめぐり、北宋で紛糾した黄鐘論に対し、朱熹・蔡元定の『律呂新書』は、気の理論を持ち込むことで解決を図った。その一方、候気を黄鐘の根幹に据えたことは、後世、朱子学の楽律論への批判の一因ともなった。しかし、朱熹・蔡元定は、黄鐘に正当性を与える存在として、気の理論に過度に依存することを回避しようとしていたのではないか。

朱熹・蔡元定は度量衡の考証に力を注いだ。「正しい」楽律理論に基づけば、その度量衡という技術も当然「正しい」ものとなる。朱熹・蔡元定の考証によれば、王莽・劉歆の度量衡制は、周代の制度と一致するという。『律呂新書』の考証によれば、歴代多くの論者が「正しい」と主張した様々な度量衡は、漢代と比べると差誤があった。度量衡が間違っているならば、彼らの楽律理論も誤りである。たとえ王莽・劉歆が優れた聖人でなかったとしても、周代に近い「近古」である漢代には、優れた理論や制度が残存していたと考えたのである。このように『律呂新書』では、度量衡という制度に対する歴史的な検証作業を通して、自らの黄鐘理論の正当性を補強しようとした。『律呂新書』のこのような態度には、理論だけに依存することなく、理論が応用された具体的な制度、実際に使われ、目に見える「モノ」として存在していた制度に頼ろうとする傾向を見出せる。

朱熹・蔡元定が、自らの楽律学を理論偏重にせず、過度な抽象化を避けようとする傾向は、彼らの易学と楽律論の関係にも垣間見える。『律呂新書』は後世、蔡元定の象数易と関連付けられながら読まれ、その一環と見なされる場合も多い。しかし、『律呂新書』の楽律学は、象数易の世界に完全に取り込まれないよう、細心の注意が払われている。朱熹と蔡元定は、律と易の数理展開を別の体系として捉え、安易な結合は避けた。ただし、陰陽の対立という側面から見れば、両者には共通性も見出すことができ、陰陽の対立の背景にあるのは、河図・洛書の理であるとした。しかし、後世の論者が河図・洛書の数を楽律計算に直接的に結び付けようとする傾向に比べ、朱熹・蔡元定は、『易学啓蒙』に見えるような象数学と、楽律学との間には、一定の距離を置いている。易と律には、理論の背後に「陰陽の対立」という要素が共通しているだけだと考え、両者を数理的に直接連関させるのを避けたのである。朱熹・蔡元定は十二律の上生下生の仕組みを、それぞれの陰陽論で説明するも、意見は一致しておらず、また積極的に意見をすりあわせようとした形跡も見出せない。両者の陰陽論の違いを敏感に指摘し、どちらを支持するかを表明して自らの陰陽論を積極的に展開した後世の議論と比べると、朱熹・蔡元定には、楽律学の数理展開を、象数易によって過度に説明し尽くそうとは「しない」態度を指摘できる。すなわち、楽律学を過度に抽象的にせず、象数易と適切な距離を保とうとしたのである。

また、朱熹の琴論には、楽律理論を机上の空論にせず、できるだけ実際の技術として応用しようとする態度が見出せる。朱熹は、蔡元定の琴論が理論偏重であり、実際の演奏技術としてそのまま応用すれば不都合が出ると認識し、演奏技術を身に付けることの重要性を唱えた。しかし朱熹は、あくまで儒者による理論を技術として応用することを目指していた。朱熹は琴の徽の位置に三分損益法を適用し、また、九という数字によって楽律学と琴制の一致をはかり、さらに候気の法とも関連付けた。

以上のように、朱熹・蔡元定による三分損益法を中心とする楽律理論は、気の思想が中心にありながらも、具体的な「モノ」として記録に残る度量衡という制度や、同時代の琴という楽器の演奏技術に裏付けられた理論であるといえる。王莽・劉歆の人格と関連付けられがちな漢制に全面的に依拠できたのも、制度や技術は、人間の人格とは別に存在していると信頼している証であろう。とりわけ朱熹は、理論を技術として応用することに力を注ぎ、理論が過度に抽象的にならないよう絶妙なバランスを取っている。ただしあくまで儒者の理論を、職人や音楽家の技術として応用することが念頭にあるだけで、技術そのものが理論を覆してしまうような状況は決して想定していない。理論と技術をめぐる朱熹のこのような態度は、朱載堉の場合を考えるにあたっても注意すべきである。

（1）第二章同様、『律呂新書』の訳については、児玉、前掲「蔡元定律呂本原詳解」「蔡元定律呂証弁詳解（一）」「蔡元定律呂証弁詳解（二）」を一部参照した。

（2）前掲『律呂新書』巻一、律呂本原、審度第十一、嘉量第十二、謹権衡第十三、二五頁裏—二六頁裏。

（3）児玉、前掲「『律呂新書』研究」、三四—三五頁。

（4）前掲『律呂新書』巻二、律呂証弁、度量権衡第十、三二頁裏。

（5）「長九寸、空圍九分、積八百一十分。…（中略）…（算法置八百一十分、分作九重、毎重得九分。圓田術三分益一、得一十二、以開方法除之、得三分四釐六毫强爲實徑之數、不盡二毫八絲四忽。）」同上、巻一、律呂本原、黄鐘第一、四頁表裏。

（6）「十五種類の尺については、その多くは正しさを証明する手立てがないが、それを留めて残し削らないのは、各代の尺度の違いの多くが、黍を並べたことと、管口の直径と面積の誤りによることを確認するためである。」同上、巻二、律呂証弁、度量権衡第十、隋志十五等尺、三八頁裏—三九頁表。

（7）晋の太康二年に、汲郡の人が魏の襄王の墓を盗掘して得た竹簡。武帝は荀勗に命じて編纂させ、『中経』とした（『晋書』荀勗伝）。

（8）「此尺出於汲冢之律與劉歆之斛最爲近古。蓋漢去古未遠、古之律度量權衡猶在也。故班氏所志、無諸家異同之論。王莽之制作、雖不足據、然律度量衡當不敢變於古也。…（中略）…荀勗雖定此尺、然其樂聲高急。不知當時律之圍徑又果何如也。…（中略）…意者後世尺度之差、皆由律圍徑之誤也。今司馬公所傳、此尺者出於王莽之法錢、蓋丁度所奏、高若訥所定者也。雖其年代久遠、輪郭不無消毀、然其大約當尚近之。」同上、巻二、律呂証弁、度量権衡第十、隋志十五等尺、一周尺、三三頁表。

(9) 同上、巻二、律呂証弁、度量権衡第十、三八頁裏。

(10) 「㮚氏爲量、改煎金錫則不耗、不耗然後權之、權之然後準之、準之然後量之、量之以爲鬴、深尺、內方尺而圜其外、其實一鬴。其臋一寸、其實一豆。其耳三寸、其實一升。重一鈞、其聲中黃鐘之宮。」『周礼』考工記、㮚氏。

(11) 『隋書』律暦志や、清・乾隆年間の『西清古鑑』巻三四に載せる銘文を参照。

(12) 范鎮は「周鬴の『一辺が一尺の正方形』とは、一尺あたり八寸である。『深さ一尺』は、一尺あたり十寸である。『一辺が八寸の正方形に外接円を描く際、正方形の対角線を引き伸ばす』ので、円の面積は百三・六八平方寸、『深さは十寸』なので、千三十六・八立方寸であり、漢斛と同じであるのは疑いない」と述べる。范鎮の言は『続資治通鑑長編』巻一七二に載る。

(13) 前掲『律呂新書』巻二、律呂証弁、度量権衡第十、周礼㮚氏爲量、四二頁裏—四三頁表。『律呂新書』は、漢斛は、一辺が一尺の正方形を描き、その正方形の対角線を九釐五毫引き伸ばして、円の面積百六十二平方寸を計算し、それに深さ一尺をかけて千六百二十立方寸となると説明する。『律呂新書』は、周代には一尺＝八寸と、一尺＝十寸という制度が並存していたとし、范鎮の説明を借り、周鬴と漢斛が一致することを論じる（わかりにくいが、これは進法の問題ではなく、単純に、周代には八寸の長さを一尺とする短めの尺度と、十寸を一尺とする長めの尺度が併用されていたということだろう。漢斛の一尺はすべて十寸の長さである）。すなわち周鬴の場合、まず一辺の長さ一尺（＝八寸）の正方形を描く。この正方形の対角線を九釐五毫引き伸ばし、円の面積百三・六八平方寸を計算し、それに深さ一尺（＝十寸）をかけて千三十六・八立方寸となる。両者ともに、正方形の対角線を引き伸ばしたものを直径とした円の面積が、それぞれなぜその数値になるのか不明である。いずれにせよ、ここで言いたいのは、周鬴と漢斛の一致である。両者の円の面積は、周鬴が百三・六八平方寸、漢斛が百六十二平方寸というように、違った数値に見えるが、周鬴の一尺（十寸）は漢斛の八寸、周鬴の一平方寸（百平方分）は漢斛の六十四平方分だと考えれば、103.68÷64×100＝162となり、両者の円の面積は一致する。深さについては両者ともに一尺（十寸）なので、両者の容積も一致する。

　このような見解には当然問題がある。『周礼』には「庣其旁（正方形の対角線を引き伸ばす）」の記述はない。また、「正方形の一辺に関しては一尺＝八寸、深さについては一尺＝十寸」という、二種の尺度を『周礼』が採用したことを示す根拠がない。このような点で、周鬴と漢斛は必ずしも一致しない（呉承洛、前掲『中国度量衡史』、六五頁）。

(14)「律之圍徑、古無明文。向非因量之積分、則黄鐘之龠、亦無由可得。其實自漢以下、律之所以不成者、其失皆此之由也。」前掲『律呂新書』巻二、律呂証弁、度量権衡第十、四四頁表。

(15) 同上、四六頁表裏。

(16)「乃於首章標云、以漢志斛銘定、何也。夫漢志本於劉歆所杜撰、漢斛出於王莽所僞造、奚足爲百世師哉。」前掲『律呂精義』外篇巻一、古今楽律雑説并附録、弁蔡元定李照之失第一、三七三頁上。

(17) 同上、三七四頁下。ただし、朱載堉は王莽・劉歆の人格だけを理由に漢斛を批判しているわけではない。第十章で述べるように朱載堉も度量衡史の考証に力を注いだ。その結果、「漢斛」が「周鬴」と一致しないことを証明したのである。朱載堉はまず、「漢斛」の「正方形の対角線を九釐五毫引き伸ばす方法」は間違いだとし、また、周代では「一尺＝八寸」と「一尺＝九寸」の制度が併用されていたとして周鬴と漢斛の一致をはかる理論も、こじつけだとした。つまり朱載堉は、周鬴と漢斛は別物であり、漢斛によって周鬴を求めることはできないと考えたのである（『律学新説』巻四、嘉量篇第二、弁前漢志斛制之謬、『楽律全書』、北京図書館古籍珍本叢刊、明万暦鄭藩刊本影印、書目文献出版社、七八頁下。以下、「前掲『律学新説』」と記すテキストはこれを指す）。それゆえ、朱載堉は別の方法によって周鬴を求めようとした。ちなみに、呉承洛、前掲『中国度量衡史』でも、周鬴と漢斛が一致するという説は疑わしいとしている（六五頁）。

(18)「古樂之亡久矣。然秦漢之閒、去周未遠、其器與聲猶有存者。故其道雖不行於當世、而其爲法猶未有異論也。逮於東漢之末、以接西晉之初、則已浸多說矣。歴魏周齊隋唐五季、論者愈多而法愈不定。」前掲『律呂新書』朱熹序、一頁表。

(19)「自唐以前、樂律尙有制度可考。唐以後、都無可考。如杜佑通典所算分數極精。但通典用十分爲寸作算法、頗難算。蔡季通只以九分算。本朝范・馬諸公非惟不識古制、自是於唐制亦不曾詳看。通典又不是隱僻底書、不知當時諸公何故皆不看。」黎靖徳編、王星賢点校、前掲『朱子語類』巻九二、楽、中華書局、一九八六年、二三四二―二三四三頁。

(20)「溫公與范忠文、胡安定與阮逸・李照等議樂、空自爭辯。看得來、都未是、元不曾去看通典。據通典中所說皆是、又且分曉。」廣云「如此則杜佑想是理會得樂。曰這也不知他會否、但古樂在唐猶有存者、故他因取而載於書。至唐末黃巢亂後、遂失其傳。」同上、楽、二三四四頁。

(21) 内藤湖南は「朱子は門人の問に答へて『通典は好い本である。宋は前代からの制度を明かにしやうと考へてゐたが、此は通典を参考にしたがよい』と云つてをる。此の事は南宋になり中止されて了つたけれども通典の参考にすべき書なる事を云つて居る。又『通典亦好設一科』と云ひ、別に一科を設けて通典を研究すべきものであるとか、或は通典の議論はなかゝよい、杜佑は世務に意あるものと云ふべしとか、理道要訣に対しては『古を非とし今を是とす』と云つて居るが、此の評は必ずしも悪口ではなく、むしろ杜佑と同じく進歩するものだとの見解を持つてゐたのではなからうか」と述べる（「通典の著者杜佑」、『龍谷大学論叢』二八九、一九三〇年、一〇―一一頁）。確かに朱熹は『通典』を評価するが、杜佑自身の制度に対する理解度は関係ないとする朱熹の立場からすると、進歩史観からというより、単に古の制度に関する記述を留めていた点において、『通典』を評価するのではないか。

(22) ただし、少なくとも司馬光に限っては、『資治通鑑』に『通典』を複数引用しているので、見ていないことはないのではないか。

(23) 上山春平「朱子の『家礼』と『儀礼経伝通解』」（『東方学報』五四、一九八二年、一七三―二五六頁）に詳しい。『儀礼経伝通解』は朱熹の独力ではなく多くの弟子たちの協力を得て編集された。朱熹の生前に完成したのは郷礼、学礼、邦国礼の部分だけであり、これらが『儀礼経伝通解』と呼ばれ、未完成で残された王朝礼の部分は『儀礼経伝通解集註』、後に補足された喪礼、祭礼の部分は『儀礼経伝通解続』と呼ばれる。楽に関しては本節で取り上げる学礼以外に、王朝礼に楽制と楽記の項目が見える。

(24) 「古無此篇、今以六藝次之。凡禮之通行者、已略見上諸篇矣。此後當繼以樂、而樂經久已亡逸。故取周禮鄭註、太史公、淮南子、前後漢志、杜佑通典之言、律呂相生長短均調之法、創爲此篇、以補其闕。」『儀礼経伝通解』篇第目録、鐘律第二二、学礼六之上、『朱子全書』二、上海古籍出版社・安徽教育出版社、二〇〇二年、三七頁。

(25) 鄭訳、字は正義、開封の人。著に『楽府声調』三巻（佚）がある。北周と隋の両朝に仕え、蘇祇婆から亀茲の琵琶演奏を学んだ。蘇祇婆は北周武帝の時、突厥の武徳皇后に従いやって来た人物で、琵琶に巧みであった（『隋書』巻三八、列伝三、一一三五―一一三八頁）。鄭訳は、西域由来の琵琶の楽律を参考に、十二律×七声の八十四調制を、雅楽に取り入れることを主張した。

(26)「南北之亂、中華雅樂中絕。隋文帝時、鄭譯得之於蘇祇婆。蘇祇婆乃自西域傳來、故知律呂乃天地自然之聲氣、非人之所能爲。譯請用旋宮、何妥恥其不能、遂止用黃鐘一均（事見隋志）。因言、佛與吾道不合者、蓋道乃無形之物、所以有差。至如樂律、則有數器、所以合也。」前掲『朱子語類』巻九二、楽、二三四二頁。

(27)「今之士大夫、問以五音・十二律、無能曉者。要之、當立一樂學、使士大夫習之、久後必有精通者出。」同上、二三四八頁。

(28)「今人都不識樂器、不聞其聲、故不通其義。如古人尙識鐘鼓、然後以鐘鼓爲樂。故孔子云、樂云樂云、鐘鼓云乎哉。今人鐘鼓已自不識。」同上、二三四八頁。

(29) 蔡元定の著作は、『易学啓蒙』や、『大衍詳説』『皇極経世指要』『太玄潜虚指要』『洪範解』などの名称からも明らかなように、象数易を扱うものを中心とする。また、蔡元定の父である蔡発、子の蔡沈がおさめた学問も同様である。『宋史』巻四三四、儒林伝四、一二八七五―一二八七七頁を参照。

(30)「以十爲法者、天地之全數也。以九爲法者、因三分損益而立也。全數者卽十而取九、相生者約十而爲九。卽十而取九者、體之所以立。約十而爲九者用之所以行。體者所以定中聲、用者所以生十一律也。」前掲『律呂新書』巻一、律呂本原、黃鐘之実第二、九頁表。

(31) 第五章を参照。

(32) 河十洛九説について、蔡元定は邵雍の河洛説を参照したというが、邵雍自身は、河図を円、洛書を方とし、円数を三、方数を二としたに過ぎず、河図の数を十、洛書の数を九とするとはいっていない（朱伯崑『易学哲学史』第二冊、第七章南宋時期易学哲学的発展、三　蔡元定和蔡沈的河洛之学、昆侖出版社、二〇〇五年、四二八―四四六頁）。

(33)「陽生於復、陰生於姤、如環無端。今律呂之數三分損益、終不復始何也。曰、陽之升始於子、午雖陰生而陽之升于上者未已、至亥而後窮上反下。陰之升始于午、子雖陽生而陰之升于上者亦未已、至巳而後窮上反下。律於陰則不書、故終不復始也。

…（中略）…或曰易以道陰陽而律不書陰何也。曰、易者盡天下之變善與惡無不備也。律者致中和之用、止於至善者也。」前掲『律呂新書』巻一、律呂本原、候気第十、二二四頁表。

(34)「其實天地之理一而已矣。雖時有古今先後之不同、而其理則不容於有二也。故伏羲但據河圖以作易、則不必預見洛書、而已逆與之合矣。大禹但據洛書以作範、則亦不必追考河圖、而已暗與之符矣。其所以然者何哉。誠以此理之外、無復它理故也。然不特此耳。律呂有五聲十二律、而其相乘之數究於六十。日名有十干十二支、而其相乘之數亦究於六十者。皆出於易之後、其起數又各不同、然與易之陰陽策數多少自相配合、皆爲六十者、無不若合符契也。下至運氣參同太一之屬、雖不足道、然亦無不相通。蓋自然之理也。」『易学啓蒙』巻一、『朱子全書』一、上海古籍出版社・安徽教育出版社、二〇〇二年、二一一―二一二頁。

(35)「蓋其所以爲數者、不過一陰一陽、一奇一偶、以兩其五行而已。」前掲『易学啓蒙』巻一、二一二頁。

(36)「凡數之始、一陰一陽而已矣。」同上、二一三頁。

(37)『漢書』に「日有六甲、辰有五子」とあり、顔師古注に「孟康曰、六甲之中唯甲寅無子、故有五子」とある（前掲『漢書』巻二一上、律暦志上、九八一―九八二頁）。六十甲子のうち、甲がつくのは六つ（甲子・甲戌・甲申・甲午・甲辰・甲寅）であり、子がつくのは寅を除いた五つ（甲子・丙子・戊子・庚子・壬子）である。

(38)「傳曰天六地五、數之常也。」同上、九八一頁。

(39)「或曰、日辰之數由天五地六錯綜而生。律呂之數由黄鐘九寸損益而生。二者不同。至數之成、則日有六甲辰有五子爲六十日、律呂有六律五聲爲六十調。若合符節何也。曰、卽上文之所謂調成而陰陽備也。夫理必有對待、數之自然也。以天五地六合陰與陽言之、則六甲五子究於六十、其三十六爲陽、二十四爲陰。以黄鐘九寸紀陽不紀陰言之、則六律五聲究於六十、亦三十六爲陽、二十四爲陰。蓋一陽之中、又自有陰陽也、非知天地之化育者不能與於此。」前掲『律呂新書』巻一、律呂本原、六十調図第九、二二二頁表裏。

(40) 楽律が陽に属することを、朱熹はより具体的に述べている。角声は、五声の真ん中にあるが、なぜ角声でなく宮声を中声（「声気の元」を得た、最も適切な音程）と呼ぶのかについて、朱熹は以下のようにいう。「およそ音とは、陽である。音程は下から上がるが、半分にも上がっていない時は、陰に属しのびやかでないため、用いることができない。音程が上がって半分に上がった後には、陽に属しそこで初めて協和する。そのため、その始まりに際して楽を用いる時、宮となる。宮は変化を繰り返しますます上昇し、商となり、角となり、変徴となり、徴となり、羽となり、変宮となる、これは皆、宮の用である。だから、宮声は、五行では土、五常では信、五事では思である。つまり諸々の音程が協和するかしないかの間、用いるのか用いないのかの間、陰陽が接する間の真ん中に、ちょうど当たるので、宮声は盛んなのである。…（中略）…思うに、黄鐘宮調は、始まりの始まり、中の中である。〔黄鐘・応鐘以外の〕十律の宮調は、始まりのその次、中からやや過ぎた所である。応鐘宮調は、始まりの終わり、中から過ぎて、尽きた所である。半律は、軽く高すぎであり、始まりの外、中から外れたその上である。半律より短い律は、あまりに軽く高すぎて、始まりの外のさらに外、中から外れたその上のさらに上であり、その律では音楽を演奏できない（たとえば子の時の初四刻は前日に属し、正四刻は次の日に属する。両日の間が、私のいう始まりの始まり、中の中である）。」朱熹「声律弁」、『晦庵先生朱文公文集』、『朱子全書』二四、上海古籍出版社・安徽教育出版社、二〇〇二年、三四四二頁。つまり、朱熹は、音程が下から上へ、不協和から協和へ、陰から陽へと移り変わるその瞬間にあるのが、宮であると考えた。その中でも、移り変わる瞬間中の瞬間にあるのが黄鐘均の宮調であった。つまり、黄鐘から始まる十二律、そして十二律より高い半律はすべて陽に属すということになる。

(41) 蔡元定の楽律学に見える陰陽思想については、児玉、前掲「『律呂新書』研究」、二二―二七頁を参照した。

(42)「黄鐘生十一律、子・寅・辰・午・申・戌、六陽辰皆下生。丑・卯・巳・未・酉・亥、六陰辰皆上生。…（中略）…六陽辰當位自得、六陰辰則居其衝。其林鐘・南呂・應鐘三呂在陰無所増損、其大呂・夾鐘・仲呂在陽則用倍數、方與十二月之氣相應。蓋陰之從陽、自然之理也。」前掲『律呂新書』巻一、律呂本原、黄鐘生十一律第三、一一頁表。

(43) 字は汝節、号は苑洛、朝邑の人。正徳三（一五〇八）年の進士。吏部考功主事となり、員外郎に転ずる。京師で起こった地震に際し、時の政治を批判したが聞き入れられず、平陽通判に黜せられた。その後浙江僉事に移り、宦官による茶や魚の利益の独占を批判すると、官を奪われた。その後、嘉靖初に山東参議となり、南京兵部尚書となるに至って致仕する。嘉靖三十四（一五五五）年、陝西大地震の被害にあい死去。韓邦奇の学問は、経・子・史及び天文・地理・楽律・術数・兵法まで、通じないものはなかった。前掲『明史』巻二〇一、列伝八九、五三一七—五三一九頁。
(44)「呂氏・淮南子上下相生與司馬氏律書・漢前志不同。雖大呂・夾鐘・仲呂用倍數則一、然呂氏・淮南不過以數之多寡爲生之上下、律呂陰陽皆錯亂而無倫、非其本法也。」同上、巻二、律呂証弁、三分損益上下相生第四、一六頁表。
(45) 前掲「『律呂新書』研究」、三〇頁。
(46)「樂律、自黃鐘至中呂皆屬陽、自蕤賓至應鐘皆屬陰、此是一箇大陰陽。黃鐘爲陽、大呂爲陰、太簇爲陽、夾鐘爲陰、每一陽間一陰、又是一箇小陰陽。」前掲『朱子語類』巻九二、楽、二三三七頁。
(47)「自黃鐘至中呂皆下生、自蕤賓至應鐘皆上生。以上生下、皆三生二、以下生上、皆三生四。」同上、二三三七頁。
(48) 字は明徳、号は彭山、会稽の人。正徳十二（一五一七）年の進士。建寧府推官に任ぜられる。当時、寧王の乱が起こり、王陽明の出兵に感化され、自ら分水関の防御を志願した。この時、季本には、科挙の監督任務の依頼が来ていたが、栄誉ある任務を断ってまで、反乱鎮圧という苦しい道を選んだ季本を、明の馮夢龍は高く評価している（『智嚢全集』上智部見大巻一）。著に『易学四同』『春秋私考』などがある。
(49)「律呂の『全』と『正』は異なる。『全』は十二律の長短という側面で見た数値、『正』は十二律の三分損益・隔八相生という側面で見た『正』数である。たとえば黄鐘九寸は『正』である。三分損一し八音を隔てて林鐘を下生し、『正』である。…（中略）…蕤賓は三分損一し八音を隔てて大呂四寸一分有余を下生し、『正』ではあるが、『全』ではない。…（中略）…大呂は、長短の順序では黄鐘の次、十二月の管であり、もし『正』数を用いるに止めたら、管は大変短く、用いることができようか。必ず大呂の『正』数を倍にし、それによって黄鐘の次に並ぶことができる。また、これは聖人が意図的に倍にしたのではなく、自然の数である。思うに、黄鐘から七音を相生し、七音の相生が終わると蕤賓となる。蕤賓は大呂を生むことで〔改めて〕宮を起こす〔宮を起こすのだから、当然音は低くならねばならない〕。自然の神妙さはこの通りであり、必ず倍にし、その後に『全』だというのだ。夾鐘と仲呂もこれにならうのは、いわゆる『陽にあれば、これを倍にする』ということである。」『苑洛集』巻二〇、見聞考随録三、二頁表—三頁表、四庫全書珍本四集、三六一。
(50)「思うに、ただ律呂の陰陽によって上生・下生の区別をつけるべきで、数の損益によって上生・下生の区別をつけるべきではない（先儒の中には、損益を行なった結果の数が同じでないことから、蕤賓より後は陰と陽、上生と下生の方法を逆転させる、つまり五回下生し七回上生して黄鐘に戻るという説があるが、正確な方法ではない）。今、朱子の言う小陰陽という考え方で見てみると、子から亥にかけては、一陽一陰が交互に現れ、陽律であれば皆下生し、陰呂であれば皆上生する。これは、陽が尊いために陰へと降り、陰が卑しいために陽へと昇るからである。大陰陽という考え方で見てみると、陽は子に生じ、子から巳にかけては陽側であり、律呂は陽側にあるものは、みな三分損一し、この法則は黄鐘に始まる。陰は午に生じ、午から亥にかけてはみな陰側であり、律呂は陰側にあるものは、みな三分益一し、この法則は蕤賓に始まる。これは、陽は満ちているので減り、陰はからっぽだから満ちるのであり、これも自然の理である。さらに、陽は巳に極まり、相生の法もまた仲呂に至って極まる。陰は亥に極まり、長短の数もまた応鐘に至って極まる。これら子・午・巳・亥は、陰陽の気が昇ったり降りたり、生じたり消えたりする過程の、微かな兆しである。」『律呂成書』巻二、隔八相生娶妻生子法第十七、百部叢書集成四七、墨海金壺本影印、二〇頁裏―二一頁表。

(51)「『六陽辰にあたる律は皆下生し』、『六陰辰にあたる律は皆上生す』〔『律呂新書』〕れば、そのように相生された大呂・夾鐘・仲呂の三律管は、あまりに短く、気に応じられない。そのため、〔蔡元定は〕律管の長さを二倍する方法を用いた。そうすれば、三つの陰律の律管は、気と調和する。その説は確かに通じるが、恐らく造化に合わない。…（中略）…朱子曰く『十二律管は八律を隔てて相生する。黄鐘の律管からは、陽律はみな下生し、陰律はみな上生する。蕤賓の管からは逆に、陰律は下生し、陽律は上生し』〔『朱子語類』〕、天地の気を象る。もし古法に拘って陽律は必ず下生し、陰律は必ず上生するとすれば、気をうかがおうにも気は応じず、楽を起こそうにも楽は和諧しない。〔朱子の説は〕みな鄭玄が重んじた上生の法であり、変えてはいけない鉄則としたものである。学ぶ者はこの法によって律呂を求めれば、良い結果が得られるだろう。蔡元定が当時その説を載せなかったことは惜しまれる。」『律呂新書補註』、律呂本原、黄鐘生十一律第三、一五五頁。

(52)「子から亥までは、黄鐘・太蔟・姑洗は、陽の陽である。林鐘・南呂・応鐘は、陰の陰である。陽が生じれば陰は退くので、律が呂を生めば下生といい、呂が律を生めば上生という。蕤賓・夷則・無射は、陰の陽である。大呂・夾鐘・仲呂は、陽の陰である。陰が生じれば陽は退くので、律が呂を生むことを上生といい、呂が律を生むことを下生という。だから鄭玄は上生の法を重んじ、変えてはいけない鉄則としたのに、まことに蔡元定が鄭玄の説を載せ忘れたのには、疑問を抱かざるを得ない。」『古今律暦考』巻二九、律呂、十二律之実、百部叢書集成九四、畿輔叢書本影印、十二頁裏。

(53)「『経世大訓』の解説は大変わかりやすい。つまり一年でいえば、冬至以後は陽に属し、夏至以後は陰に属す。一日でいえば、子の時以後は陽に属し、午の時以後は陰に属す。これがいわゆる大陰陽である。子は陽、丑は陰、寅は陽、卯は陰というようなものは、小陰陽である。律呂では、陽が陰を下生し、陰が陽を上生するのは、大陰陽である。およそ陰律が陽側にいれば、みな陽に属し、陽律が陰側にいれば、みな陰に属す。ただ応鐘と蕤賓はともに陰側におり、仲呂と黄鐘はともに陽側にいるので、〔応鐘が蕤賓を生めば陰が陰を生むことになり、仲呂が黄鐘を生めば陽が陽を生むことになってしまうので〕別に小陰陽を設定〔して、陰である応鐘が陽である蕤賓を生み、陰である仲呂が陽である黄鐘を生むように〕するが、これは変則的な例である。そのほかの律については、ただ大陰陽だけを論じればよく、通例通りである。朱熹のこの理論は、蔡元定の及ぶところではない。そもそも、応鐘と蕤賓が連続して上生する説は、『国語』『呂氏春秋』『淮南子』『史記』から出たもので、その来歴は久しい。『列子』〔楊朱第七〕には『黄鐘・大呂は、せわしなく複雑なリズムの舞には用いないのはなぜか。その音が低く、ゆったりしているからである。大を治めようとするものは細を治めず、大きな功績を成そうとするものは小さい功績を成さない、ということである』といい、これもまた、大呂を低音としている。ましてや、古の人はこの律を名付けて大呂とし、また『元間』、つまり黄鐘と太蔟の間にあるという意味を持つ名で呼んでいる以上、この律が低いということがわかる。」前掲『律学新説』巻一、論大陰陽小陰陽第十一、一三頁下。

(54)「胡瑗・蔡元定は、〔『晋書』律暦志が、蕤賓が再度上生する方法を批判したことを受けて〕持論を展開したが、彼らはみな、小陰陽の存在は知っていても、大陰陽の存在を知らなかった。さらに、大呂・夾鐘・仲呂の三つの陰呂は、元々の律長が短いので、倍数を用いたというのは、律の長短が、人のさかしらな知恵によって変えられたということであり、天地自然の理ではない。…（中略）…朱子の『儀礼経伝通解』は、蔡元定の説を多く採用するが、蕤賓が大呂を生む方法だけは、はっきりと『呂氏春秋』『淮南子』に従い、大陰陽・小陰陽の道理を解き明かした。それによって、陽律・陰律にまつわる疑問は、十分解き明かされた。朱載堉は『およそ陰呂が陽の方向にいれば、みな陽に属し、陽律が陰の方向にいれば、みな陰に属す。ただ応鐘と蕤賓はともに陰の方におり、仲呂と黄鐘はともに陽の方にいるので、別に小陰陽を設定するが、これは変則的な例である。そのほかの律については、ただ大陰陽だけを論じればよく、通例通りである』といった。朱載堉のこの語は、朱子の意を得ている。」『楽律表微』巻二、度律下、景印文淵閣四庫全書第二二〇冊、三九五頁。

(55) 朱熹の琴論については、山寺三知「朱熹『琴律説』における調弦法について」、(『国学院雑誌』一〇六―一一、二〇〇五年、一―一三頁)が調弦法の音楽学的分析を詳しく行なっている。

(56) 児玉、前掲「律呂新書研究序説」、九三―九四頁。

(57) 旋宮し、黄鐘以外の十一律に宮を置いた場合、つまり「大呂・太簇・夾鐘均以下を用い」た場合、あくまでも第一弦で宮を弾こうとすると、「みな徽を按ずる必要があり、〔宮声すべてに〕散声〔開放弦〕はなくなる」。そして第一弦を「もしわずかでも押さえ損なえば、黄鐘の音を発してしまう」。

(58) 「季通書來說、近已曉得、但絣定七弦、不用調弦、皆可以彈十一宮（琴之體是黃鐘一均、故可以彈十一宮）。如此、則大呂・太簇・夾鐘以下、聲聲皆用按徽、都無散聲。蓋纔不按、即是黃鐘聲矣、亦安得許多指按耶。…（中略）…古人彈琴、隨月調弦。如十一月調黃鐘、十二月調大呂、正月調太簇、二月調夾鐘。但此後聲愈緊、至十月調應鐘、則弦急甚、恐絕矣。不知古人如何。季通不能琴、他只是思量得、不知彈出便不可行。這便是無下學工夫、吾人皆坐此病。古人朝夕習於此、故以之上達不難。蓋下學中上達之理皆具矣。」前掲『朱子語類』巻九二、楽、二三四六頁。

(59) 「其布徽之法、則當隨其聲數之多少、律管之長短、而三分損益、上下相生、以定其位、如前之說焉。今人殊不知此、其布徽也、但以四折取中爲法、蓋亦下俚立成之小數。雖於聲律之應若簡切而易知、但於自然之法象懵不知其所自來、則恐不免有未盡耳。」「琴律說」、『晦庵先生朱文公文集』、『朱子全書』二三、上海古籍出版社・安徽教育出版社、二〇〇二年、三二四一頁。

(60) 朱熹は基本的には三分損益法によって徽の位置を定めるべきだとするが、「琴律説」が記述する徽の尺寸から、弦長比を割り出すと、実際には三分損益法に合致しない寸法がある。山寺、前掲「朱熹『琴律説』における調弦法について」、二頁。

(61) 「律の九分と、声数の八十一、琴の八尺一寸という、三つの関係性は、本来異なることがない。今、八尺一寸では、琴は長すぎて使用に不適当であるから、九を十倍して九尺とし、さらにそれを半分にして四尺五寸とする。そうすれば、四尺五寸の琴と、九寸の律、八十一の数には、異なることがない。つまり、第一弦は黄鐘（宮）、第二弦は太蔟（商）、第三弦は仲呂（角）、第四弦は林鐘（徴）、第五弦は南呂（羽）、第六弦は黄鐘清声（少宮）、第七弦は太簇清声（少商）であり、弦は全て竜齦に起こり、臨岳に終わり、その長さはみな四尺五寸、すべて指で押さえる必要のない、その律そのものの自然の散声である。」前掲「琴律説」、三二四一頁。

(62) 同上、三二四四―三二四五頁。

(63)「世間で律をいう者は、多くは蔡元定を宗とし、その方法は『性理大全』に載る。朱熹は蔡元定の方法に依拠し、『儀礼経伝通解』に著した。そこで述べる説は、より詳細でわかりやすくなっている。しかし二人の方法を見ると、書に著しておきながら、実は音が正しいかどうかを確かめていない。つまり儒者が明らかにしたのは、楽律の理だけである。音を聴いてみて完全によいものでなければ、果たして楽の要を備えたとしても、それを本当に得てはいない。音を確かめることは楽律の根本であり、単なる空言ではない。」前掲『律呂精義』外篇巻一、古今楽律雑説并附録、弁蔡元定李照之失第一、三七五頁上。

(64)「私は若い時に蔡元定の書を繰り返し深く読んだが、一言も賛成できなかった。しばらくして朱子の『琴律説』を読み、管と弦が同じ理を持つという記述、また琴には二つの角声があり、これは律呂においても人の性情においてもまったく自然な変化であり、人為の及ぶものではないという記述を読み、ここからたちまち疑いが生じた。蔡元定の書が完全に正確だといえるだろうか。琴家にこれを確かめると、〔朱熹の説と〕完全に符合した。どうして蔡元定の『律呂新書』には二変があるのに、琴はみな正声なのか。『律呂新書』には角声は一つだけというのに、どうして琴には二つの角声があるのか。蔡元定の書は、やはり実用には適さないことがあるのだろう。後に朱子が『蔡元定は琴を弾けず、その理論通りに弾いてみればうまくいかない』というのを見て、蔡氏の書が琴を参照していないことを知った。」『律呂新論』巻上、論蔡氏律書、論蔡氏律書未尽善、四庫全書原本、百部叢書集成五二、守山閣叢書本影印、一頁裏―二頁表。

第一部　結論

朱載堉の十二平均律を論じるための予備的考察として、第一部では前漢劉歆及び南宋朱熹・蔡元定の楽律学を中心に分析した。朱載堉は、彼らの理論の克服を目指しながらも、彼らと大きな枠組を共有している。第二部への足がかりとして、朱載堉の理論との関連について簡単に言及しておきたい。

第一章では三分損益法と劉歆の律暦思想を取り上げた。三分損益法の「往きて返らず」という問題は、十二平均律の発明によって技術的に解決されることとなる。第七章、第八章、第九章で論じるように、朱載堉は三分損益法も含め、黄鐘論・度量衡・暦の計算方法に至るまで漢制を厳しく批判した。しかし一方で、劉歆が行なった易による律・暦・度量衡の同貫は、朱載堉の律暦合一思想を考える上で見過ごすことはできない。

第二章では、北宋の楽論及び『律呂新書』における黄鐘論を取り上げた。黄鐘律管の寸法をどのように測り取るかという問題は楽律学の要であり、朱載堉も注意深く論じている。「律が度を生む」という理念を優先するか、「度が律を生む」という実情を優先するかという問題をめぐり、北宋では議論が紛糾した。『律呂新書』は気の理論を導入し「律が度を生む」理念を貫き通し、北宋から続く議論に一応の決着をつけた。これに対し朱載堉は、律が先でも度が先でもなく、律と度量衡は表裏一体であるという立場を強く主張した。律・暦・度量衡が相互に関連し、同時に存在する世界観において、「律が先か」「度が先か」はもはや問題ではなく、「律が度を生む」理念に拘る必要はない。朱載堉は晩年、度量衡への信頼をさらに深め、当時使用されていた紙幣を用いた尺度を利用し、律を復元しようとする。

第三章では、朱熹・蔡元定の度量衡論、律と易との関係をめぐる議論及び琴論から、彼らの楽律学の特徴を再考した。『律呂新書』が膨大に展開する度量衡史の考証、そして象数易との直接的な連結を避けた楽律学、儒者の理論を実際の演奏技術に応用しようとする朱熹の琴論からは、理論偏重になるのを避け、史料として確認できる制度や、当時実際に存在していた技術とうまくバランスをとろうとする性格を指摘できる。朱載堉もまた、度量衡史の考証を行なうことで自らの楽律学の正当性を補強しようとした（第十章）。また今楽（当時の民間音楽）の演奏技術を、古楽復興のための大きな鍵とした（第九章）。このような性格は、『律呂新書』とも共通している。両者とも理論偏重にならないよう、「モノ」として記録に残る度量衡という技術を信頼し、また儒者の理論と職人や演奏家の技術を関連付けようとした。しかし、朱載堉の十二平均律が、『律呂新書』の三分損益法と大きく異なるのは、象数易――特に河図・洛書の学を中心とする易学――が楽律計算の中に直接的に組み込まれている点である。十二平均律が有する象数学的側面は、清代の江永がさらに徹底的に発展させ、やがては朱載堉の意図以上に強調されていく（第十三章）。その結果、理論と技術のバランスが崩れ、十二平均律は技術として応用不可能な理論と見なされるに至ったのではないか。清代中期以降、儒学の中で象数易及び象数易に関連付けられた自然科学が批判される中で、律と易の連関に対する姿勢の違いは、三分損益法と十二平均律の、その後の受容における明暗を分けたと筆者は考えている。

第二部　朱載堉の音楽思想

第二部　序

第二部では朱載堉の音楽思想と、朱載堉に影響を与えた明代の楽論を分析する。まず第四章では、朱載堉の経歴と著作を紹介し、十二平均律理論の概略を示す。第五章では、朱載堉が直接的あるいは間接的に影響を受けた明代の四人（張敔《ちょうぎょ》・李文利《りぶんり》・李文察《りぶんさつ》・劉濂《りゅうれん》）の楽論を分析する。一般的に彼らの音楽史・科学史的評価は決して高くない。しかし、朱載堉は著作の中でしばしば彼らの理論を引用し、また朱載堉の楽律論を支える世界観は彼らとの共通点を多く有する。第六章では、朱載堉が「私淑した」何瑭の陰陽論と楽律論を取り上げる。朱載堉は、父・厚烷と並んで何瑭を尊崇し、自らの理論への影響の大きさを語ることが多いが、何瑭と朱載堉の楽律学を支える易学理論を詳細に検討すると、両者には大きな差異がある。このような点も考慮した上で、何瑭が朱載堉に残したものは何かを再検討したい。明代の楽論は、第一部で論じた漢代・宋代の楽論を批判する一方、朱子学の楽律論に対しては独自の解釈を交えて発展的に継承し、朱載堉へと引き継ぐような役目を担っている。

続いて朱載堉の音楽思想を分析する。第七章では、楽律論の要である黄鐘論を取り上げる。第二章で論じたように、宋代では「律」と「度」の先後をめぐって議論が紛糾した。朱載堉は、『尚書』の「律・度量衡を同じくす」という記述に基づき、律と度量衡が河図・洛書の数によって同貫され、完全に表裏一体となる世界を構想した。その世界を支えるためにも、古の文献に見える黄鐘に関する複数の記述を矛盾なく解釈し、自らの黄鐘論の正当性を経学的に裏付ける必要があった。第八章では、朱載堉の律暦合一思想を分析する。彼は「律」と「度」のみならず、「暦」も相互に連関する世界を理想とした。漢代の律暦合一の枠組を継承しながら、宋代の象数易に依拠して、新しい律暦合一のあり方を模索したのである。第九章では朱載堉の舞踏論を取り上げ、舞踏論の中で重要な役割を果たす今楽（当時の民間音楽）について取り上げる。第三章で論じたように、朱熹は儒者の伝統的な楽律理論を、当時の琴の演奏技術に応用しようとした。朱載堉もまた、「古今融合」の楽舞を目指し、『詩経』の伝統的な歌詞を歌いながら、今楽の旋律で踊る楽舞を構想した。朱載堉の今楽への態度は、朱熹と比較してどのような特徴があるだろうか。第十章では、朱載堉が晩年に至るまで執筆を続けた複数の数学書を分析し、その中で最も詳細に論じている度量衡論を取り上げる。朱載堉は晩年、「律・度量衡を同じくす」る立場から、度量衡を「律の理」と呼ぶまで信頼するようになり、『周礼』考工記の量器「鬴」を自らの楽律理論の思想的支柱とした。朱子学の楽律論では、度量衡はあくまでも楽律理論を正当化するための補助的存在であったが、朱載堉にとって度量衡という制度は、黄鐘を生み出すための理論が凝縮され具現化した存在として、より重い価値を持ったのである。また、律管の長さを具体的に測り取る際には、明初に定められた紙幣「鈔」を基準とした。黄鐘を復元し得る存在として「鈔」を信頼したのは、「鈔」が同一規格で大量生産されたからであり、当時の紙幣の製造技術を評価するからこそであろう。すなわち朱載堉は、楽律理論が、『周礼』考工記の量器という古の技術に凝縮されていると考えると同時に、「鈔」という今の技術を用いて復元しようとしたのである。朱熹も朱載堉も「古」の楽を復元するという立場は変わらない。しかし漢制を「近古」であるから信頼した朱熹に対し、朱載堉は「古」との距離に拘らず、「今」の技術であってもそれが有益であるならば積極的に利用したのである。第十一章では、朱載堉が行なった四つの実験（日食・月食の実験、正方案による北極高度の測定、円周率の計算、新旧二律の比較実験）を取り上げる。朱載堉は「実証主義者」として評価が高い。また、朱載堉が今楽の演奏技術や当時の紙幣の製造技術を信頼する態度からは、理論だけを論じるのではなく、実際に機能している当時の技術に即して考えようとする態度を見出せる。しかし筆者は改めて、彼の「実証」とは何なのか、彼にとっての技術とは何なのかを考えてみたい。本章では朱載堉の行なった実験の特徴を分析し、そこに見出せる「理論の優位」を、西洋の科学革命における実験の性質と比較して論じる。

第四章　鄭王世子・朱載堉

序

朱載堉は嘉靖十五（一五三六）年に生まれ、万暦三十九（一六一一）年に没した。明朝の宗室として、『明史』諸王列伝に立伝される彼は、どのような環境に育ち、なぜ楽律学に傾倒するようになったのだろうか。十二平均律の発明を考える上で、朱載堉が政治から距離を置きつつも、宗室として経済的には恵まれた環境にあったことは重要である。本章では、朱載堉の経歴や著作、十二平均律理論の概略を改めて紹介する。

第一節　経歴(1)

朱載堉の父、朱厚烷は鄭王として懐慶府を治めた。鄭王は、仁宗の庶二子、朱瞻埈《せんしゅん》が鳳翔府（現・陝西省鳳翔県）

に封じられたのに始まり、のち、懐慶府に移った。朱厚烷は仁宗から数えて五代目、朱載堉は六代目の子孫となる。若くして王に封じられた朱厚烷は、十六歳の時加冠の儀を行なった。当時、南京右都御史であった何瑭が「鄭王加冠序」を撰した。朱載堉に大きな影響を与える何瑭との交流はその後も続き、何瑭の孫娘は朱載堉の妻となる。朱厚烷は世宗に対し、宗室の困窮問題の解決を訴え、(2)また道教への傾倒を批判し、度々諫言を行なった。仁宗の曾孫にあたる鄭簡王朱祁鍈《きえい》の庶子、盟津郡王朱見濍《けんそう》は罪を犯し、庶人に下っていた。その子である朱祐檡《ゆうせん》は父の復爵を求めたが、朱厚烷が協力しなかったことを恨み、朱厚烷に謀反の意志があることを世宗に伝える。(3)いわれのないことで世宗の怒りをかった朱厚烷は、爵位を剝奪され、庶人に落とされ、鳳陽の「高牆」に軟禁された(4)（一五五〇年）。朱厚烷の爵位が剝奪されると同時に、朱載堉も世子の身分を剝奪され、庶人に落とされた。「高牆」は郡王が罪を犯した際に軟禁される場所で、衣食は十分に与えられ、子孫は邦地に留まることが許された。朱載堉は当時の父の様子を「琴書自適」と評している。(5)朱厚烷が爵位を剝奪されている間、朱載堉は宮門の外で暮らし、処女作『瑟譜』を完成する（一五六〇年）。この書の序文で朱載堉は「狂生」と自称し、「山陽酒狂仙客」と署名した。(6)朱載堉はその前後に少林寺に行き、小山宗師について、僧の松谷とともに仏教を学ぶ。(7)朱載堉の『金剛心経注』（佚）は、松谷と仏法の心得について討論したものだと考えられる。(8)少林寺には朱載堉が描いたといわれる「混元三教九流図」碑が残る。(9)「混元三教九流図」は、中心に釈迦がおり、釈迦の左頰と左半身が孔子、右頰と右半身が老子であり、三体が一体となった図である。図の上部にある「賛」には「三教一體、九流一源、百家一理、萬法一門」とあり、三教と九流が同源一理であることを論じる。

穆宗の即位に伴い、朱厚烷は復爵し（一五六七年）、ひるむことなく諫言を行なった功績を称えられ、朝廷に尊重された。同年、朱載堉も世子の身分を回復する。万暦十九（一五九一）年、朱厚烷は七十三歳で死去する。神宗は朱厚烷の死を大いに悲しみ、恭王の謚号を与えた。朱厚烷の死後、朱載堉は回復した爵位を親族へ譲ろうと考えた。(10)

表4-1　朱載堉世系（戴念祖，前掲『天潢真人　朱載堉』，28頁の表1に基づき作成）

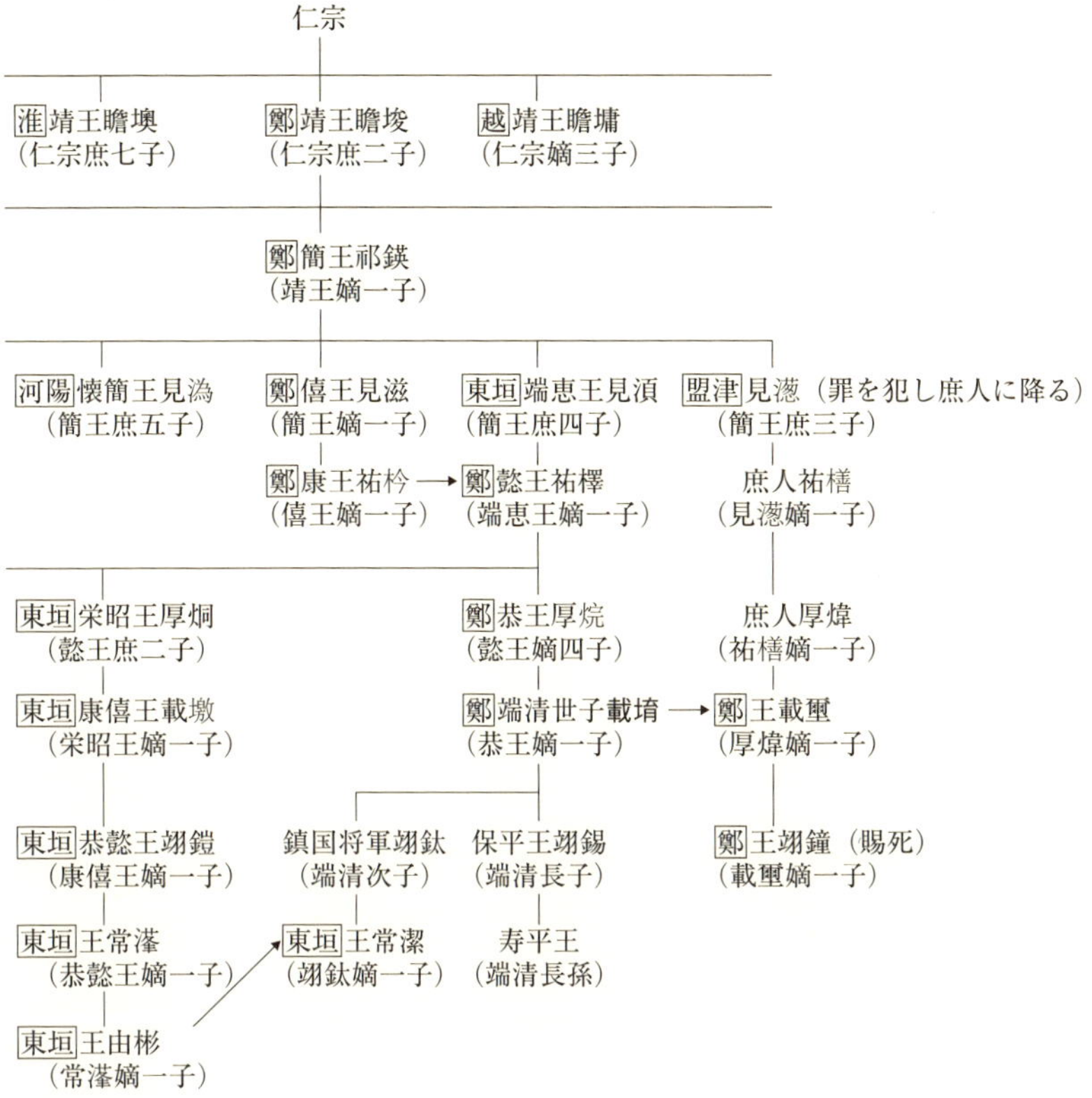

朱載堉が爵位を譲ったのは朱見濍の曾孫であり、朱祐橏の孫である朱載璽《さいじ》である。つまり、父親を陥れた人物の孫にわざわざ爵位を譲ったのである（一六〇五年、七十歳の時）。鄭王は、仁宗の四代目の孫にあたる朱祐枔《ゆうしん》に子がなかったため、朱祐檡《ゆうたく》が継いだ(11)（表4－1を参照）。朱祐檡の父である朱見湞（東垣郡王）は、朱祐枔の祖父・朱祁鍈の庶四子であった。朱祁鍈の庶三子が、盟津郡王朱見濍である。朱載堉はこの長幼の序列を重んじ、朱見濍が復爵した以上、その子孫に鄭王の位を返すべきだと考えたのである。

爵位を譲った朱載堉は晩年、懐慶府の郊外に移り住んで、「道人」と称し自由自適な生活を送った。

七十歳を過ぎてからも著述を続け、『律呂正論』『律呂質疑弁惑』『嘉量算経』『円方句股図解』を著す。また、邢雲路とは六十歳を過ぎてから交友を深め、『古今律暦考』に序を書いた。朱載堉と邢雲路はともに大統暦の改正を訴えた(12)。七十六歳で没する。

第二節　著作の概要(13)

朱載堉の著作は、楽律学、天文暦法、楽譜、舞踏論、数学など多岐にわたる。処女作とされる『瑟譜』を一五六〇年に著したのち(14)、律暦合一思想を説いた『律暦融通』を遅くとも一五八一年までに著した。十二平均律理論を記した『律学新説』の成書年代は、遅くとも、序が書かれた一五八四年であるが、『律暦融通』は平均律を前提としなければ成立しない理論も含むため、一五八四年より前に十二平均律の発想はあったと考えられる。『律暦融通』は、一五九五年に『聖寿万年暦』『万年暦備考』とともに『暦書』として上進された。その後、一五九六年に、十二平均律理論をさらに詳しく記述した『律呂精義』や、『周礼』の楽官を解説した『楽学新説(15)』、楽律計算に必要な数学を論じた『算学新説』が完成した。また、『操縵古楽譜』『旋宮合楽譜』『郷飲詩楽譜』などの楽譜や、『六代小舞譜』『小舞郷楽譜』『二佾綴兆図』『霊星小舞譜』などの舞譜は、成書年代ははっきりしないが、戴念祖の考証によれば、一五六六年から一五八一年の間に成立したと考えられる。以上の著作は『瑟譜』を除き、『楽律全書』(十四種、四八巻(16))に収められている。『楽律全書』は一六〇六年に刊行された。『楽律全書』成立後、一六一〇年に成立したのが、『律呂正論』『律呂質疑弁惑』『嘉量算経』『円方句股図解』である。これらの書の内容は、『楽律全書』に収録する書と理論上大きな変化はないが、数学と度量衡論に重点を置いて論じるのが特徴的である。陳万鼐はこの他に佚書として、『大成楽舞図説』『古楽図譜』『琴銘解疏』『算経秬秠詳考』『古今韻学得失論』『毛詩韻譜』『礼記類編』『金剛心経注』を挙げる[17]。表4－2は朱載堉の著作の概略である。

第三節　十二平均律

朱載堉は、『楽律全書』に収録される『律学新説』で、十二平均律（書中では「新法密率」と呼ばれる）を記述した。十二平均律とは、一オクターブを十二の半音に等分割し、各音の律長比が1:$\sqrt[12]{2}$となるよう計算したものである（表4－3）。十二律を計算し終わった後、再び1:$\sqrt[12]{2}$の比を利用して計算すれば、もともとの黄鐘の、ちょうど一オクターブ上の半黄鐘を算出できる。つまり十二平均律の発明によって、「往きて返らず」の問題を技術的に解決したのである（図4－1）。律も暦と同じように永遠に循環し続ける世界を獲得した朱載堉は、第八章で述べるように、積極的に律暦合一を試みた。

具体的には、朱載堉は以下のように計算の過程を説明する。

新法は律や方円を計算するにあたって、いつも句股定理を使う。その方法は『周礼』の「㮚氏が量器を作り」、「内は方尺にしてその外を円にす」に基づく。「内は方尺にしてその外を円にす」とは、円の直径が（内接する）正方形の対角線の長さに等しいことであり、正方形の対角線の長さがわかれば円の直径もわかる。「度はもともと黄鐘の長さに起こる」（『漢書』律暦志）のだから、黄鐘律管は「度法」[18]の一尺であり、その平方一尺を黄鐘の長さとする。東西十寸を句とし、それを自乗した百寸を句冪とする。南北十寸を股とし、それを自

表 4-2　朱載堉の著作の概略（戴念祖，前掲『朱載堉——明代的科学和芸術巨星』，38-46 頁の表を基礎に，近年の研究を参照し，筆者が一部加筆した）

	書名	巻数	成書年代	主な内容	代表的な版本と所蔵場所
1	瑟譜	十	嘉靖 39 年 6 月 13 日（1560 年 7 月 6 日）の序.	瑟の源流，箏・蓁・筑・箜篌などの楽器の源流と瑟の関係，瑟と関係のある音楽理論の弁証，楽器史における琴と瑟の関係など.	汲古閣蔵明毛子晋転抄本影印本，中国科学院図書館蔵，1927 年.
2	律学新説	四	万暦 12（1584）年の序.	【巻一】九進法と十進法の換算，十二平均律の計算，円周率，律管の管口面積と容積，律器「準」について.【巻二】【巻三】【巻四】歴代度量衡の考証.『律学四物譜』を付す.	『楽律全書』（1595 － 1606 年刊），北京図書館蔵，万暦鄭藩刊本．北京図書館古籍珍本叢刊四，経部（書目文献出版社）に影印本を所収．同一の版本を中国科学院・同自然科学史研究所図書館も所蔵する.
3	律呂精義	内篇十，外篇十	万暦 24 年正月朔日（1596 年 1 月 29 日）の序.	【内篇】平均律の律長の計算，律管の管口面積と容積，三オクターブ三十六律の律長．管口の直径と円周，三分損益法との比較，候気，琴譜，楽器図説，度量衡の考証.【外篇】先行楽論への批判，礼楽と舞に関する論評.	同上.
4	楽学新説	一	同上.	『周礼』春官・宗伯の楽官名と人数及び『周礼』春官・大司楽から司干各篇を合わせたものを『楽経』とし，注釈をつける.	同上.
5	算学新説	一	同上.	「初学凡例」では，計算の基礎や，算盤の使い方を述べた後，数学書の先例にならい，問題形式で解説．第 1 問から第 12 問では，句股定理を用いながら，十二律管の長短について述べる．開平方・開立方や，音律計算の過程の中に，等比数列の中項や各項を求める計算方法も見られる.	同上.

6	聖寿万年暦	二	万暦 23（1595）年の数年前.	伝統的な形式に則って記した二つの暦法（黄鐘暦，聖寿万年暦）. 授時暦と異なる暦元及び諸数値を用いる. 授時暦・大統暦よりも正確に回帰年の長さを計算した. また，新しい方法で北京の地理緯度と地磁偏角を測った. そして音律学と天文暦法の数値上の統合をはかる.	同上.
7	万年暦備考	三	同上.		同上.
8	律暦融通	五	万暦 9（1581）年の序.		同上.
9	操縵古楽譜	一	嘉靖 45（1566）年－万暦九（1581）年の間に成立？	琴・瑟の演奏方法，楽学の起源，定弦方法，演奏を学ぶ際の注意事項. 楽譜も多数.	同上.
10	旋宮合楽譜	一	同上.	楽譜.	同上.
11	郷飲詩楽譜	六	同上.	楽譜.	同上.
12	六代小舞譜	一	同上.	舞踏の手順を描いた舞譜. おおまかな振り付け（体や顔の向き，手足の動きなど）を描く.	同上.
13	小舞郷楽譜	一	同上.	「六代小舞」を踊る際に用いる音楽の楽譜.	同上.
14	二佾綴兆図	一	同上.	舞譜. 足の位置と方位.	同上.
15	霊星小舞譜	一	同上.	霊星祀で踊るための舞譜.	同上.
16	律呂正論	四	万暦 38 年清明節（1610 年 4 月 4 日）の序.	律管，尺度，琴律などについて論じる.	明万暦刊本，中国芸術研究院音楽研究所資料館蔵，続修四庫全書第一一四冊経部楽類.
17	律呂質疑弁惑	一	同上.	「嘉量仰鬴図」「嘉量覆鬴図」「鬴及び両耳面冪の図」から始まり，黄鐘九寸の説と三分損益法を否定する論述，そして，管口円周 9 分の説と積 810 分の説，「鬴の容積は 6 斗 4 升である」説を否定する論述を収める.	同上.

18	嘉量算経附嘉量算経問答一巻，目録一巻	三	同上.	【上巻】円周・直径・容積を互いに求めあうための計算方法.【中巻】十二律の長さ，管口面積，容積，円周，直径を計算.【下巻】転調の理論，琴の演奏.	阮元輯宛委別蔵本，江蘇古籍出版社，1988 年.
19	円方句股図解	「円方図解」巻，「古周髀算経図解」巻.	同上.	『周髀算経』を周公の遺書とし，そこに載せる円方句股の説を解説する．漢・趙君卿の図解を，朱載堉がさらに説明.	明刊本影印本，北京師範大学図書館蔵，続修四庫全書第一〇三一冊子部天文算法類.
20	醒世詩	一	不明.	清・道光元（1821）年に河内県の儒生賀汝田が朱載堉の歌詞 73 首を収集した．偽作の可能性もある[*1].	路工編『明代歌曲選』に 21 首を収録，上海古典文学出版社，1956 年.
21	韻学新説		不明.	佚.	清『河南通志』巻五八に記載.
22	切韻指南		不明.	佚.	同上.
23	先天図正誤		不明.	佚.	同上.

＊1　陳万鼐，前掲『朱載堉研究』，234-235 頁.

表4-3　十二平均律の律長（劉復，前掲「十二等律的発明者朱載堉」，川原秀城，前掲「中国声律小史」，戴念祖，前掲『天潢真人　朱載堉』を参照）

黄鐘＝l	l＝1のとき	蕤賓＝$\frac{1}{\sqrt{2}}l$	0.70710678118654752
大呂＝$\frac{1}{\sqrt[12]{2}}l$	0.94387431268169349	林鐘＝$\frac{1}{\sqrt[12]{2^7}}l$	0.66741992708501718
太簇＝$\frac{1}{\sqrt[6]{2}}l$	0.89089871814033930	夷則＝$\frac{1}{\sqrt[3]{2^2}}l$	0.62996052494743658
夾鐘＝$\frac{1}{\sqrt[4]{2}}l$	0.84049641525371454	南呂＝$\frac{1}{\sqrt[4]{2^3}}l$	0.59460355750136053
姑洗＝$\frac{1}{\sqrt[3]{2}}l$	0.79370052598409973	無射＝$\frac{1}{\sqrt[6]{2^5}}l$	0.56123102415468649
仲呂＝$\frac{1}{\sqrt[12]{2^5}}l$	0.74915353843834074	応鐘＝$\frac{1}{\sqrt[12]{2^{11}}}l$	0.52973154713964763

乗した百寸を股冪とする。それらを合わせた二百寸を弦冪とする。そして弦冪を実とし、平方根を開けば、弦一尺四寸一分四厘二毫一糸三忽五微六繊二三七三〇九五〇四八八〇一六八九を得て、これが正方形の対角線、つまり円の直径であり、それが蕤賓倍律の長さでもある。さらに句十寸を乗じ、平方積百四十一寸四十二分十三厘五十六毫二十三糸七十三忽〇九五〇四八八〇一六八九を得る。それを実として平方根を開けば、一尺一寸八分九厘二毫七忽一微一繊五〇〇二七二一〇六六七一七五を得て、これが南呂倍律の長さである。さらに句十寸を乗じ、また股十寸を乗ずれば、立方積千百八十九寸二百七分百十五厘二毫七百二十一糸六十六忽七千百七十五を得る。それを実として立方根を開けば、一尺五分九厘四毫六糸三忽九繊四三五九二九五二六四五六一八二五を得て、これが応鐘倍律の長さである。(19)

黄鐘正律＝lとすると、蕤賓倍律＝$\sqrt{l^2+l^2}=\sqrt{2}l$、南呂倍律＝$\sqrt{\sqrt{2}l^2}=\sqrt[4]{2}l$、応鐘倍律＝$\sqrt[3]{\sqrt[4]{2}l^3}=\sqrt[12]{2}l$と計算している（倍律は正律の二倍の律長）。このようにして得た$\sqrt[12]{2}$を使い，隣接二律間の律長比を$1:\sqrt[12]{2}$とした。(20)

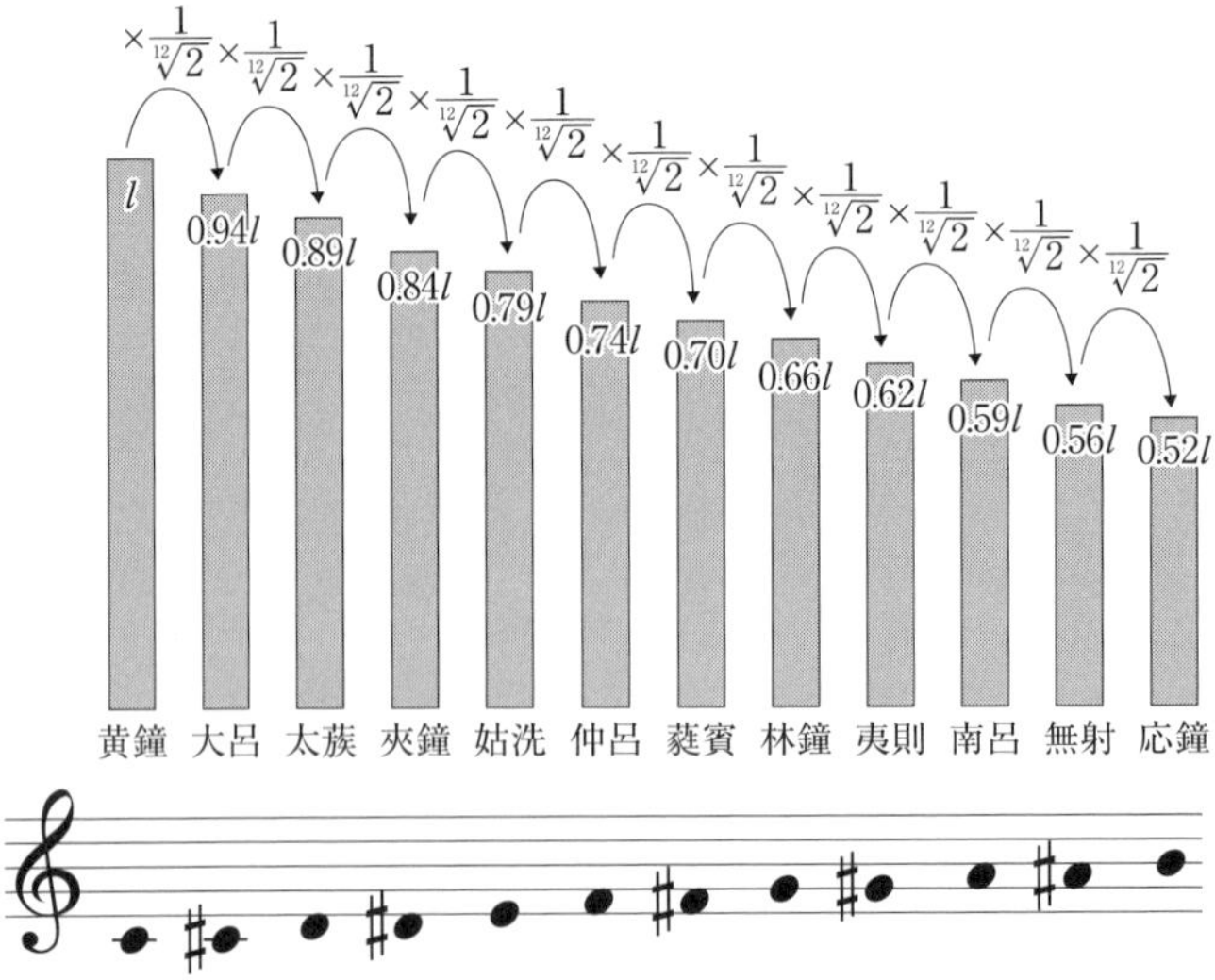

図 4-1　十二平均律に基づく音階形成

表 4-4　十二律管の内径（l = 100 分の時．劉復，前掲「十二等律的発明者朱載堉」，川原秀城，前掲「中国声律小史」，戴念祖，前掲『天潢真人　朱載堉』を参照）

黄鐘 $= d = l \times \frac{\sqrt{2}}{40}$	3.535533905932737	蕤賓 $= \frac{1}{\sqrt[4]{2}} d$	2.973017787506802
大呂 $= \frac{1}{\sqrt[24]{2}} d$	3.434884118645222	林鐘 $= \frac{1}{\sqrt[24]{2^7}} d$	2.888381742180682
太簇 $= \frac{1}{\sqrt[12]{2}} d$	3.337099635425085	夷則 $= \frac{1}{\sqrt[3]{2}} d$	2.806155120773432
夾鐘 $= \frac{1}{\sqrt[8]{2}} d$	3.242098886627524	南呂 $= \frac{1}{\sqrt[8]{2^3}} d$	2.726269331663144
姑洗 $= \frac{1}{\sqrt[6]{2}} d$	3.149802624737182	無射 $= \frac{1}{\sqrt[12]{2^5}} d$	2.648657735898238
仲呂 $= \frac{1}{\sqrt[24]{2^5}} d$	3.060133858261638	応鐘 $= \frac{1}{\sqrt[24]{2^{11}}} d$	2.573255591608730

朱載堉はまた、隣接する二律の律管の内径比が$1:\sqrt[24]{2}$となるよう計算し、管口補正を行なった[21]（表4－4）。管律は、音高の決定に、長さと内径の二つの要素が関与する。弦と結び付く相生法を管に適用すると音程差が生じるので、管口補正を行なわなければならない[22]。朱載堉は内径逓減によって解決しようとした。朱載堉は律管の長さと管口の円周の長さが、九対一の関係であると考えた。黄鐘倍律の長さを$2l$とした時の倍律外周を$\frac{2}{9}l$とし（図4－2第一層の円周）、朱載堉の円周率$\frac{40}{9\sqrt{2}}=3.1426968$を用い、$\frac{2}{9}l\div\frac{40}{9\sqrt{2}}=\frac{\sqrt{2}}{20}l$によって、倍律外径を計算する（図4－2第一層の直径）。また、$\frac{\sqrt{2}}{20}l\div\sqrt{2}=\frac{1}{20}l$によって倍律内径を計算し、これは正律外径と一致する（図4－2第二層の直径）。さらに、$\frac{1}{20}l\div\sqrt{2}=\frac{\sqrt{2}}{40}l$によって正律内径を計算する（図4－2第三層の直径）[23]。

図4-2　律管の外周・外径・内周・内径（前掲『律呂精義』内篇巻二，不取囲径皆同第五之上，163頁下）

これを応用すると、正律外周は、$\frac{1}{20}l\times\frac{40}{9\sqrt{2}}=\frac{\sqrt{2}}{9}l$であり（図4－1第二層の円周）、正律内周は、$\frac{\sqrt{2}}{40}l\times\frac{40}{9\sqrt{2}}=\frac{1}{9}l$である（図4－2第三層の円周）。そのほか十一律については、隣接する二律の律管の内径比が$1:\sqrt[24]{2}$となるよう計算した。十二律管の内径は表4－4のようになる。ただし、理論上は、内径比も$1:\sqrt[12]{2}$となるべきであり、朱載堉の補正値は完全に正確な値ではない。しかし、弦律・管律の性質の違いを明確に理解し、十二律の管口に差をつけた功績は大きい。

小結

朱載堉は親王世子として生まれ、政治的には逆境に立たされることもあったが、爵位を譲った後は、生涯経済的に恵まれた立場が保障された。宗室の権限や経済力がなければ、秬黍や竹を調達し律管を作成することなどできなかっただろうし、律管の長さを測り取る根拠とした鈔を大量に有することなどなかっただろう。朱載堉は、様々な本を入手できる立場にあり、教育を受ける機会に恵まれながらも、科挙を受ける必要がなく、また政治にも直接関わらなかったがゆえに、比較的自由な立場で研究に専念できたのである。朱載堉の生きた時代は、西欧で科学革命が起こり、またマテオ・リッチを始めとする宣教師たちが来華し、西洋の様々な科学知識を伝え始めた時期であった。しかし朱載堉の場合、宗室という立場である以上、その生涯をほとんど懐慶府で過ごさざるを得ず、宣教師と実際に交流することはなかったと考えられる。西学の影響が皆無だと断ずることはできないが、朱載堉への影響を論ずるにあたり、やはり注目すべきは、朱子学の楽律論や、同時代の楽論や何瑭の理論との影響関係である。

(1) 戴念祖、前掲『天潢真人　朱載堉』は、明代の宗室の置かれた状況から、朱厚烷、そして朱載堉自身の経歴とその著作について詳細に記述している（第一章〜第三章）。本章の記述も戴念祖の研究に負うところが大きい。

(2) 明代後期になると、宗室の数は膨大になったが、科挙の受験や農工商業への従事は禁じられていた。一部の親王とその長子一族を除けば、生活が困窮するようにさえなった。嘉靖二十六（一五四七）年、朱厚烷は困窮のために宗藩条例を破った宗室に、厳罰を与えないよう上疏している（同上、三九—四〇頁）。

（3）「祐橏求復郡王爵、怨厚烷不爲奏、乘帝怒、摭厚烷四十罪、以叛逆告。」前掲『明史』巻一一九、列伝七、諸王四、三六二七頁。

（4）「恭王厚烷、懿嫡四子、嘉靖六年襲封。二十九年以諫帝眞修、降庶人、發高牆。隆慶元年復爵、加祿四百石。萬曆十九年薨。」前掲『明史』巻一〇三、表四、諸王世表四、仁宗十子、二八五三—二八五五頁。

（5）陳万鼐、前掲『朱載堉研究』、一一—一二頁。

（6）戴念祖は当時の朱載堉の心境を、「酒の力を借りて愁いを取り除き」、宮門の外に部屋を築くことで「無声の抗議」をし、『狂生』『山陽酒狂仙客』という自称には、彼の人格と性質が露出している」と説明する（前掲『天潢真人　朱載堉』、五四頁）。

（7）「時與關西名僧松谷者、闡於内典。」「鄭端清世子賜葬神道碑」、『懐慶府志』巻三一、芸文、碑銘、新修方志叢刊一五三、河南方志三、台湾学生書局、一九六八年、二五〇八頁。

（8）『金剛心経』は、『金剛般若波羅蜜経』と『般若波羅蜜多心経』の二つを合わせた略称である。戴念祖、前掲『天潢真人　朱載堉』、五五頁を参照。

（9）碑については、安国楼・宋春「少林寺三教九流碑説」（『中原文物』、二〇〇八年、第二期、八二—八五頁）に詳しい。

（10）その間の事情について『明史』は以下のように記述している。「万暦十九年、厚烷が死去する。載堉はいった、『鄭の宗藩の序列は、盟津が年長である。先代の王であった見濍はすでに謚を賜り、復爵している。爵位は盟津に返すべきだ』と。その後も度々上疏し、懇切に譲ろうとした。礼臣は『載堉は努めて爵位を辞譲しようとするが、鄭王を継いですでに三世になるのだから、途中で道理を変えず、載堉の子・翊錫に嗣がせるべきである』といった。載堉は最初と同じように上奏し、祐橏の孫である載璽が嗣ぎ、載堉及び翊錫は、世子・世孫の禄によって終身過ごし、子孫は東垣王に封じることとなった。」前掲『明史』巻一一九、列伝七、諸王四、三六二八頁。

(11)「康王祐柃、僖嫡一子、弘治十四年襲封。正徳二年薨。無子、従弟祐欅立。」同上、巻一〇三、表四、諸王世表四、仁宗十子、二八五三頁。

(12) 戴念祖、前掲『天潢真人　朱載堉』、七六頁。

(13) 朱載堉の著作については、戴念祖、前掲『朱載堉』、三八―四六頁、及び陳万鼐、前掲『朱載堉研究』、二一三―二三七頁を参照した。

(14)『瑟譜』については、長井尚子「朱載堉『瑟譜』について」、『お茶の水女子大学人文科学紀要』五五、二〇〇二年、二六一―二七四頁、「朱載堉の瑟論――初期論考と後期論考の比較を通じて」、『人間文化論叢』六、二〇〇三年、一四九―一五八頁、「『瑟譜』の予備的考察――熊朋来と朱載堉の瑟の調弦をめぐって」、『お茶の水女子大学中国文学会報』二三、二〇〇四年、一二〇―一三四頁を参照。

(15)『楽学新説』については、長井（野村）尚子「朱載堉『楽学新説』における数学的叙述」、『お茶の水女子大学中国文学会報』一八、一九九九年、八七―九四頁を参照。

(16)『楽律全書』に収録する書の種類と巻数には様々な説がある（范鳳書「朱載堉著述考」、『文献』、一九八七年、二〇四―二〇八頁）。本書で使用した「北京図書館古籍珍本叢刊」本は、「十五種四八巻」と数えるが、戴念祖は「書の『種』の数え方に誤りがある」（前掲『天潢真人　朱載堉』、八六頁）と指摘する。

(17) 前掲『朱載堉研究』、二三〇―二三四頁。

(18) 朱載堉は古文献に見られる「黄鐘九寸」や「黄鐘十寸」という不統一な記述を九進法と十進法による記述の違いによって説明し、実際には同じ長さであるとした。「黄鐘九寸」は黄帝の律、すなわち『淮南子』などに見られる、伶倫に命じて初めて律を作ったときの尺（古律尺）である。「黄鐘十寸」は舜の律であり、度量衡と表裏一体となる尺（古度尺）である。ここでいう「度法」は「黄鐘十寸」を指すので一尺ということになる。第七章を参照。

(19)「新法筭律與方圓、皆用句股術。其法本諸周禮㮚氏爲量、內方尺而圓其外。內方尺而圓其外、則圓徑與方斜同、知方之斜則知圓之徑矣。度本起於黃鐘之長、則黃鐘之長卽度法一尺、命平方一尺爲黃鐘之率。東西十寸爲句、自乘得百寸爲句冪。南北十寸爲股、自乘得百寸爲股羃。相併共得二百寸爲弦羃。乃置弦羃爲實、開平方法除之、得弦一尺四寸一分四釐二毫一絲三忽五微六纖二三七三〇九五〇四八八〇一六八九、爲方之斜、卽圓之徑、亦卽蕤賓倍律之率。以句十寸乘之、得平方積一百四十一寸四十二分一十三釐五十六毫二十三絲七十三忽〇九五〇四八八〇一六八九爲實、開平方法除之、得一尺一寸八分九釐二毫〇七忽一微一纖五〇〇二七二一〇六六七一七五、卽南呂倍律之率。仍以句十寸乘之、又以股十寸乘之、得立方積一千一百八十九寸二百〇七分一百一十五釐〇〇二毫七百二十一絲〇六十六忽七一七五爲實、開立方法除之、得一尺〇五分九釐四毫六絲三忽〇九纖四三五九二九五二六四五六一八二五、卽應鐘倍律之率。」前掲『律呂精義』内篇巻一、不用三分損益第一、一五二頁上下。翻訳は、川原、前掲「中国声律小史」、四九二―四九三頁を参照。

(20) 劉復、前掲「十二等律的発明者朱載堉」、二八〇―二八五頁、楊蔭瀏、前掲「平均律算解」、一四―二三頁、川原、前掲「中国声律小史」、四九二―四九四頁を参照。

(21) 朱載堉の管口計算については、劉復、前掲「十二等律的発明者朱載堉」、二九二―二九八頁、川原、前掲「中国声律小史」、四九五―四九六頁、戴念祖、前掲『天潢真人　朱載堉』、一五七―一六四頁、二六五―二六八頁を参照した。

(22) 弦律と管律の音響特性について簡単にまとめておく。

弦律の公式：$N = \frac{1}{2L}\sqrt{\frac{T}{\sigma}}$

N(Hz)＝基音の振動数、L(cm)＝弦長、T(dyn)＝張力、σ (g/cm)＝線密度。※dynは力の大きさを表す単位。質量1グラムの物体に働いて、$1\mathrm{cm/s^2}$の加速度を与える力。

管律の公式：$N = \frac{V}{2(L+ad)}$(開管の場合)、$N = \frac{V}{4(L+ad)}$(閉管の場合)

ここで、N(Hz)＝基音の振動数、L(cm)＝管長、V(cm/s)＝音速、d(cm)＝管径、a＝定数。

これらの公式を比較すると、弦律では、張力と密度が一定のとき、振動数は弦長に反比例するが、管律では管長ではなく、管口補正（ad）を加えた値に反比例する。ゆえに、三分損益法によって律長を計算するにあたっては、弦律が適している。また弦律では、振動数が張力の平方根に比例するため、絶対音高を定めるのが難しいが、管律ではたやすい。ゆえに、絶対音高を示すには管律が適している。

弦律による三分損益法と、管律による絶対音高表示法の間にある矛盾を解消するため、これまでも様々な取り組みがなされてきた。前漢の京房は、管律と弦律を併用して矛盾を解消しようとした。晋の荀勖は泰始十（二七四）年、管口補正を考慮した笛律の制を考案した。黄鐘笛・大呂笛などと呼ばれる長さの違う十二笛を一組とする。各笛は、前部に五音孔、後部に一音孔を持つ。一番下の第一孔の音名を笛の名前にし、第一孔の音と相生順位第五の音（宮と角の関係）の旧律長における差を管口補正値とし、また、相生順位第五の旧律長の四倍（あるいは八倍）を笛長とする。つまり、管口補正値が笛ごとに異なり（上記管律公式をふまえると、補正値は、笛径が等しい限りすべて同じでなければならない）、また笛長に管口補正が考慮されていないので理論的には問題がある。しかし、中国で最初に管口補正を考慮した荀勖の笛律は重要である。梁の武帝は京房同様、管律と弦律を併用した。彼は四通（三弦を張った、横幅九寸・長さ九尺・高さ一尺二寸の弦楽器四個）と、十二笛（十二個の管律）を作った。十二笛は、三分損益弦律と絶対音高が等しくなるように、弦律から管長を定めており、直接には三分損益法に依拠していない。川原、前掲「中国声律小史」、四六三―五〇四頁を参照。

(23) 劉復、前掲「十二等律的発明者朱載堉」、二九二―二九八頁、楊蔭瀏、前掲「平均律算解」、二五―三五頁、川原、前掲「中国声律小史」、四九五―四九七頁を参照。

第五章　明代楽論に見る「朱子学的楽律論」の変容

序

本章では、明代士大夫による楽論を取り上げる。明朝では、祭祀や宴会で用いる楽曲名や歌詞の変更は幾度も行なわれたが、楽律の改制は、その必要性が訴えられるも、本格的なものには至らなかった。(1) 嘉靖年間（一五二二―一五六六）に十三種の音楽理論書が上進され、(2) また万暦三十五（一六〇七）年には朱載堉が、十二平均律を説く『楽律全書』を上進したが、これらが実際の楽制に導入された形跡は見出せない。『明史』楽志は、楽制に一向に反映されない、士大夫らによる楽論を「空言」と批判した。(3) ただし、こういった現象は、たとえば元の馬端臨が、宋代士大夫による楽律理論が当時の演奏技術に影響を与えられなかった様を、「職人の説に勝てなかった」と述べたように、(4) 明代に限ったことではない。むしろ、明代に特徴的なのは、当時の民間音楽の演奏技術が、士大夫の楽律理論に大きな影響を与えている点である。明代士大夫は、当時の太常寺や教坊に現存していた楽、すなわち今楽の技術を、古楽復興の重要資料として自らの理論の根拠とした。本章では、明代士大夫が雅楽の歴史をどう捉え、今楽の技術といかに折り合いをつけようとしたのかという視点で分析する。

本章でもう一つ付け加えたい視点は、明代士大夫たちが、朱熹・蔡元定の楽律理論をどのように継承したのかという視点である。明代の楽論を扱う先行研究に共通するのは、「いかにして朱載堉の十二平均律が生み出されたか」という視点であった。たとえば堀池信夫は、技術的・思想的な側面をふまえながら、明代については、王廷相《おうていしょう》（一四七四―一五四四）や何瑭などの楽律論を取り上げ、朱載堉に与えた影響を論じる。(5) 明末に没した朱載堉へ向けて「十二平均律への発展史」を描くことも有意義ではある。ただし、「いかに十二平均律が生み出されたか」を描こうとし、史料の中から、平均律の発想の契機となりそうな理論ばかりが、抜粋されてきたのではないか。これに対し本章は、十二平均律との直接的な関連の有無に拘らず、明代楽論全体の中からいくつか著作を取り上げ、その主張を明らかにしたい。明代士大夫が、蔡元定と朱熹の楽律論を基礎にし、両者を乗り越えようとした点をふまえれば、明代楽論を「十二平均律を生むための議論」という枠組で描くよりも、「朱熹と蔡元定の楽律論をどう理解したか」という視点を取るべきである。これにより、朱載堉の見た明代楽論の真相に接近し、朱載堉の楽論を再考する契機ともなるだろう。

本章では、まず第一節で明代楽制を概観し、改めて蔡元定と朱熹の楽律理論を確認した後、第二節で張敔・李文利・李文察・劉濂という四人の音楽理論書を分析し、四人の楽論の持つ意味を考える。

第一節　明代楽制の概観

明代楽制史上、特に熱心だったのは太祖と世宗である。洪武年間（一三六八―一三九八）に基本的な楽制が整えられた後、北京遷都後はほぼ太祖の旧制に従い、嘉靖の改制まで目立つ改変はない(6)。

士大夫らが議論する楽は、主に国家祭祀や朝会・宴饗などの場で用いる楽であり、雅楽と俗楽がある。雅楽は主に祭祀に用い太常司（礼楽を掌る機関）が主管し、俗楽は主に宴享や朝会で用い教坊司が主管する。ただし宴享や朝会には、俗楽だけでなく雅楽も用いる。また、教坊が雅楽の演奏を行なう場合もあった。

建国に先立ち、朱元璋は典楽官（楽を掌る官員）を置き（一三五六年）、太常司を置いた（一三六四年）。元末に知音の士として知られた冷謙を召し出し、協律郎（楽律を掌る官員）とした。また、教坊司（俗楽を管理する機関）を置いた。洪武元（一三六八）年、南京で即位すると、まず、円丘・社稷・祫享・皇地祇等の祭祀で用いる曲名・楽舞数を定めた。南北郊祀については『円丘楽章』『方丘楽章』を定めたが、八年には皇帝自ら作詞し直し、十年には改めて『合祀天地楽章』を作成する。

洪武年間は、基本的に宋元の制を継承し、もっぱら曲名や歌詞、楽舞の人数の改制が行なわれた。郊祀や釈奠で用いる楽の改制は、礼制上の新たな変化と連動している(7)。

次に、嘉靖年間（一五二二—一五四五）の改制である。まず、教坊の楽が大幅に見直された。嘉靖三（一五二四）年、李錫が「耤田祭祀で用いる教坊の承応が軽々しい」と指摘する。また汪珊は、教坊司が、目新しい音楽と巧みな伎芸を進めないよう上言した。九年、廖道南が、慶成・耤田の楽章と楽舞に、雅俗が混淆しているとし、「祭祀には雅楽だけを用い、朝会には俗楽も兼用してよい」と上言する。

さらに、礼制改革に伴い、楽の改制も進められた。嘉靖九（一五三〇）年二月、天地分祭をめぐり、郊祀の改制に関する議論が始まると、十月には分祭に応じた儀注と楽舞が作成された。また皇后の先蚕親祀では、黒い冠服の楽女が『享先蚕楽章』を演奏し、舞は行なわないとした(8)。

洪武年間の楽曲名や歌詞が改められると、続いて、楽律の改制が注目された。嘉靖九年、廖道南は、『史記』や

『漢書』『律呂新書』や朱熹の言を参考に、暦と律を、天と地に対応させ、楽律改制の必要性を訴えた[9]。そして「知音の士」が求められ、張鶚が召され（九月）、蔡元定の楽律論に拠ることを求めた。嘉靖二十四（一五四五）年、太常卿となった張鶚《ちょうがく》は、蔡元定に依拠して候気を行ない、鐘律を定めることを再び求め、礼部はこれに応じた[10]。

嘉靖年間の特徴としては、第一に礼制改革に伴う改制であった点、第二に知音の士が登場し、蔡元定の楽律論を組み込もうとした点、第三に教坊の楽を改善し、雅楽と俗楽の区別を求めた点が挙げられる。

楽の改制が礼制改革と連動し、また「朱子学的礼制体系の確立[11]」の一環であることは明白である。本章で注目したいのは、蔡元定らが確立した「朱子学的楽律論」が、当時どのように理解されていたかである。また、いつの時代においても、儒者は俗楽を規制しようとする一方、雅楽との折り合いを図るが、明代の士大夫は楽の雅俗をどのように認識していたのだろうか。

まず、本章で扱う範囲に限り、朱熹・蔡元定の理論が楽律理論史において果たした役割を再度まとめる。第一に、変律の設定である。三分損益法に依拠すると、最後に算出された仲呂は、最初の黄鐘のちょうど一オクターブ上の律を算出できず、音程のやや高い黄鐘となる。このような矛盾を「往きて返らず（往而不返）」と呼んだ。三分損益法に依拠する限り、必ず生じる問題であり、正律十二律を宮声とし音階を形成する際に不便であった。蔡元定は『律呂新書』の中で変律を加え、十八律を設定することで演奏の便宜をはかり、すべての調性で演奏を可能とした。変律の存在自体はすでに認識されていたが、三分損益法を繰り返すことで、演奏に不必要な範囲にまで及んでいた。蔡元定の優れた点は十八律に留め、また七音のうち五音だけが主音となれると考え、六十調制を構想し、無理のない演奏を実現したことである（第一章を参照）。第二に、基準音である黄鐘を発する律管に、気の理論を付与した点である。『漢書』律暦志は、「黄鐘から度量衡が生まれる」としながら、「黍を九十並べ、黄鐘律管の基準と」した。つまり、一方で「律によって度を生む」といい、一方で「度によって律を生む」という矛盾する記述を持っていたため、北宋では「律が先か」「度が先か」をめぐり議論が紛糾した。蔡元定は、黍は完成した黄鐘律管を後で測るためのものとし、律管の基準を黍ではなく気に求めた。そして、すべての基準となる黄鐘は「声気の元」であるとした。具体的には、竹を裁断し黄鐘に模した律管を複数製作し、吹き比べて、声が和し気が応じたものを黄鐘としたのである。ここで使用した気の観測術が候気の法である（第二章を参照）。

第二節　明代士大夫の楽論

明代楽論の多くは蔡元定と朱熹の理論を基礎とする。中でも韓邦奇『苑洛志楽』は、蔡元定の計算を丁寧に解説し、後世の評価も高い。これに対し本節で扱う四人（張敔・李文利・李文察・劉濂）も、蔡元定の強い影響下にはあるが、蔡元定を正確に解説し、楽律理論の科学的な進歩に寄与したとは言い難い。しかし、彼らはまとまった音楽理論書を残し、同時代の著作に多く引用されている。朱載堉が『律呂精義』外篇でこの四人を挙げ批判するように、明代の主要な論争は、この四人を中心に集約できるといえる。本節では彼らの著作から当時の議論を再構築する。

（一）張敔『雅楽発微』——「雅を乱す」儒者、今楽への信頼

張敔は饒州の人。弘治年間（一四八八―一五〇五）から正徳年間（一五〇六―一五二一）に礼部員外郎を務めた[12]。張敔が後世激しく批判されたのは、人が発声し得る最低音を黄鐘とする説である。彼は黄鐘律管の寸法について、「人声に基づいて得る。その方法は、歌者に声を出させ、最も低い一声を取るのである[13]」とした。また、彼は程顥

表 5-1　張敔の八十四調制（前掲『雅楽発微』巻一，律呂還宮，移宮改調，12 頁に基づき作成）

	宮	商	角	変徴	徴	羽	変宮
黄鐘均	半変黄	半変太	半変姑	全正蕤	半変林	半変南	全正応
大呂均	半正大	半正夾	半正仲	半変林	半正夷	半正無	半変黄
太簇均	半変太	半変姑	全変蕤	全正夷	全変南	全正応	半正大
夾鐘均	半正夾	全正仲	半変林	全変南	全正無	半変黄	半変太
姑洗均	半正姑	半正蕤	全正夷	全正無	全正応	半正大	半正夾
仲呂均	全正仲	全変林	全変南	全正応	半変黄	半変太	半変姑
蕤賓均	全正蕤	全正夷	全正無	半変黄	半正大	半正夾	半正仲
林鐘均	全変林	全変南	全正応	半正大	半正太	半変姑	全正蕤
夷則均	全正夷	全正無	半変黄	半変太	半正夾	半正仲	半変林
南呂均	全変南	全正応	全正大	半正夾	半正姑	半正蕤	全正夷
無射均	全正無	半変黄	半変太	半変姑	半正仲	半変林	全変南
応鐘均	全正応	半正大	半正夾	半正仲	半正蕤	全正夷	全正無

たとえば，「半変黄」は「黄鐘の半律かつ変律」，「全正応」は「応鐘の全律かつ正律」を示す．

の言及する中声[14]について、「黄鐘の半律が中声である。その方法はこれと同じである」[15]と解説する。半律とは、正律の律長の半分の長さ、一オクターブ高い音律である。中声は程顥のみならず、蔡元定や朱熹も重視した概念であるが、張敔は自らの理論こそ、程顥の説と一致すると主張する。

張敔は、何を目指していたのだろうか。まず彼は蔡元定を批判した。蔡元定は、正律十二律と六変律で、合計十八律を設定したが、張敔は十九正律（黄鐘・大呂・太簇・夾鐘・姑洗・仲呂・蕤賓・林鐘・夷則・南呂・無射・応鐘の全律と、大呂・太簇・夾鐘・姑洗・仲呂・蕤賓・無射の半律）と九変律（蕤賓・林鐘・南呂の全律と、黄鐘・太簇・姑洗・蕤賓・林鐘・南呂の半律）、合計二十八律を主張する[16]。その理由は転調上の必要性であるという。蔡元定も転調に必要な範囲を考慮して十八律に留めたが、張敔の理想とする転調はこれとは異なるようだ[17]。彼は十二律×七声の八十四調を表5-1のように図示する。

張敔の説明によれば、たとえば黄鐘宮調は、実は夷則を宮声とする夷則均に基づいて考える。夷則均では、起調する際に主音となる律は夷則ではなく、角声にあたる黄鐘変律（かつ半律）であり、その角声が宮声へと切り替わる。また仲呂均では、宮声にあたる仲呂を、そのまま宮声とするという。この理論の背景には、張敔が『国語』から発想した「低い音高の均の宮声を甚しく低くはせず、高い音高の均の羽声は甚しく高くはしない」という原則がある。[18] ちなみに張敔は八十四調すべてを使うのではなく、七律・四声のみ主音となるとし、二十八調だけを用いるとする。

確かに基準音を「人声の最低」と定めると、全体的に低めとなりそうだが、表中には、人声の最低である黄鐘の正律が登場しない。その理由は、黄鐘は最も尊いため、「これを虚しくして宮としない[19]」からである。また、表中で使用され得る最も低い律は仲呂全正律である。その他の多くの律も半律を用いることをふまえれば、結局のところ極端に低めとはならないだろう。このような張敔の構想の背景にあるのは、極端な音高を避けようとする態度である。

張敔はこのような理論を構想するヒントが、今の大楽にあり、今の大楽は周の古楽の痕跡を留めていると考えた。

今の大楽はなお周の旧楽を留めており、実のところ昔と何も変わっていない。どうしてそれがわかるのか。今楽は、夷則宮では黄鐘を宮とし、夾鐘宮では仲呂を宮としているが、これはまさに鄭訳のいう「大楽が叛いている」状態である。教坊は古の制氏である。代々その業を守り、一絃一管一字のすべては、国の楽工といえども、軽々しくは変更できない。[20]

張敔によれば、隋の鄭訳は「夷則宮では黄鐘を宮とし、夾鐘宮では仲呂を宮とする」方法を理解せず、「大楽が叛いている」とし、調名を変更し、たとえば林鐘均の宮調は、その名の通り、林鐘を宮声とすると決めた。[21] しかし鄭訳の「改悪」にもかかわらず、古楽は伝承され続けた。また、張敔は前述した馬端臨の言を引く。馬端臨は宋の李照や楊傑らの例を引き「学者や士大夫の説は結局職人の説に勝てず、これは楽制がしばしば変わったといってもその根本は何も変わらなかったということである」と述べた[22]。馬端臨の意図は、現実と乖離した士大夫の楽論を批判することにある。張敔はむしろ、音楽家や楽器職人が伝承し現存する今楽への、積極的な信頼を裏付けるために引用したといえる。

古楽が今楽に残されているならば、今楽を利用しない手はない。

そもそも今楽と古楽の楽器と楽律は共通している。異なるのは〔まず〕作詞法であり、邪か正か、恭しいかいい加減かの差がある。〔次に〕曲調とリズムには、せかせかしているかゆったりしているか、荘厳か艶めかしいか、情緒的かあっさりしているかの違いがある。〔今楽から古楽と〕同じところを取り異なるところを除いて、詞をひとえに正しくし、曲は艶っぽくさせずあっさりとさせ、リズムはせかせかさせずゆったりとしていれば、それは古楽にほかならない[23]。

張敔によれば、古楽と今楽が用いる楽器や楽律は同じであり、異なるのは歌詞や曲調、リズムである。つまり、今楽から適切でない歌詞と曲調、リズムを取り除けば、古楽を復興できると考えた。

朱載堉は、張敔が人声の最低を黄鐘としたことを批判し、十二正律はみな自然に発声できる範囲を採用すべきとし、中声という概念の重要性を訴えた。しかし、前述の通り、張敔は半律を中声と捉えていた。つまり張敔のいう正律は朱載堉の倍律に、半律は正律にあたる。両者の主張は一見異なるが、無理のない自然な高さを重んじることは変わらない。また、朱載堉は、太常寺の楽譜を証拠に、正律黄鐘より低い音高の存在を証明して、張敔を批判した。張敔が今楽を信頼したように、朱載堉もまた張敔を批判するために、音楽家や職人たちが伝承してきた楽譜を、音楽の是非を判断する根拠としたのである[24]。

以上のように、張敔は「人声の最低」を黄鐘とするも、実際にはそれを用いず、無理のない高さを目指していた。そして、蔡元定の十八律を批判し、自らの理想とする転調法に基づき、二十八律を主張する。その転調理論の根幹にあるのは、高すぎず低すぎない中声を志向する感覚であった。張敔によれば、こうした楽律理論に基づく音楽こそが古楽であり、また今楽として現存する。古楽は、「雅を乱す」儒者である鄭訳に歪められるも、職人たちによって今に伝承されたのである。

（二）李文利『律呂元声』――黄鐘三寸九分説と「往きて復た返る」

李文利、字は乾遂、莆田の人、成化年間（一四六五―一四八七）の挙人である。思南府教授等を歴任する。[25]『律呂元声』六巻は生前に完成せず、兄の元が校補を、門人の范永鑾《はんえいらん》が校正を担当し、嘉靖三（一五二四）年七月に范永鑾が上進した。また『律呂考註』（四巻）は楽に関する経文の注釈書であり、朱熹の注を数多く引用する。

李文利は黄鐘律管の長さは三寸九分であると考えた。黄鐘律管の寸法については諸説あるが、『漢書』や『淮南子』以降、「黄鐘九寸」が有力な説であった。李文利が三寸九分だと考えた根拠は、『呂氏春秋』の「黄帝の命を受けた伶倫が、三寸九分の黄鐘律管を作った」という記述である。[26]李文利は、「声気の元」であり、最も尊い黄鐘は、十二律管中最も短く高音であるとした。その証拠に、一であった太極は、陰陽・老少と変じ、数を増す。[27]彼の十二律管の具体的な長さは、「黄鐘三寸九分、大呂四寸五分、太簇五寸四分、夾鐘六寸三分、姑洗七寸二分、仲呂八寸一分、蕤賓九寸、林鐘八寸四分、夷則七寸五分、南呂六寸六分、無射五寸七分、応鐘四寸八分」となる。黄鐘から大呂へ六分増加し、太簇から蕤賓までは各九分増加する。蕤賓と林鐘は六分減少し、林鐘から応鐘までは各九分減少する。このような十二律が持つ意味を、李文利は以下のように説明する。

子の月に陽気が発動し、その律は黄鐘となる。音が極めて高いので、黄鐘の宮は正宮であり、諸律の本となる。ここからだんだん昇り午の半ばに至れば、陽の数は九となってすでに高まり、数は多く音は低く、充ちて正羽となる。極まると再びもとへ戻っていき、陽気はここからだんだん収縮する。子の半ばに至れば、陽の数は一となってまた生まれ、数は少なく音は高く、再び正宮となる。世の儒者は「黄鐘は相生して往きて返らず」というが、それは黄鐘を知らないがためである(28)。黄鐘から陽気がだんだん上昇し、蕤賓で極まり、その後は降る。下降が極まり再び黄鐘に戻る。十二律は「往きて返らず」とされてきたが、陽気の消長として捉えれば、循環は行き詰まらない。十二律はまた、太陽の運行と重ねられる。

律呂は太陽によって気を進める。子から左に六管を増し、陽気の上昇を記す。午からは右に六管を減らし、陽気の下降を記す。下降が極まれば再び上昇し、律呂は「往きて復た返る」。聖人は五行を四時にふりまくことで十干を制作し、節気が十二月を次々に経ることで季節を変化させ、それによって十二支を制作した。また太陽が気を往返伸縮して進ませることで律呂損益の道を作った。律は暦に基づき、暦は律に正される。律暦を合することは、天人の道を知るということである(29)。

太陽の昇降と同様、楽律も窮まらず、「往きて復た返る」。聖人が、太陽の運行に基づき律呂損益の道を定めたためである。李文利にとって、律と暦は互いに関連しあう密接な関係にある。彼はさらに、十二律を十二辰に、五声を五行に、六十調を六十日に重ね、楽律も暦も、五と六の組みあわせで成ると考えた。律暦が同道ならば、楽律は太陽と同じく永久に循環し、律だけが「往きて返らず」ということはない。それゆえ「往きて返らず」に陥る三分損益法は、楽律計算法として正しくないと批判する。(30)

黄鐘律管は、最長かつ最低音であるがゆえに尊ばれてきた。こういった黄鐘観を根本的に覆す李文利の主張は、数多くの批判を受けた。たとえば季本は、(31)李文利が根拠とした史料の矛盾を指摘する。『呂氏春秋』には、三分損益法を記す場所もある。もし黄鐘を三寸九分とし三分損益を行なった場合、十二律中、最高音となる応鐘は、一寸八分ほどになり、短すぎて音を成さない。季本は李文利が「『往きて返らず』が陰陽消長往来の理に合わない」と指摘し、「往きて復た返る」を目指した態度自体はよいと認める。だが李文利の提示した律管の長さには無理があり、また『呂氏春秋』の意にも合わないとした。(32)

李文利の十二律が、等差数列に近く、一巡ののち黄鐘に戻っても、それら十二律を用いた音楽が調和するという数理的根拠はない。しかし、「往きて返らず」に対し明確に問題提起をし、「黄鐘九寸」や三分損益法それ自体を批判したことは革新的である。また、彼に対する批判も、三分損益法や黄鐘九寸を絶対視する観点からではない。「往きて返らず」を克服しようとした態度自体は、決して否定されていないことに留意したい。

(三) 李文察『律呂新書補註』――蔡元定の数と洛書の理

李文察、字は廷謨、平和の人。嘉靖十七（一五三八）年六月、遼州同知を務めていた李文察は、四種の楽書を上進し、太常典簿となった。(33)『律呂新書補註』は、蔡元定『律呂新書』を載せ、李文察自身が注解を記すという形式を取る。まず、李文察は序で蔡元定の意図を補うための「補注」であることを明言し、以下のように述べる。

初めて『律呂新書』を読んだ時、蔡氏のいう意味が数年の間わからなかった。…（中略）…夏禹の洛書を学んだことで、作楽の理が悉く洛書に基づくものだと悟った。『律呂新書』は数はいうが理には及んでいない。しかしみな理中の数である。(34)

李文察は、音楽を作成するための理はみな洛書に基づくが、『律呂新書』は数をいうだけで、理については述べていないと見なした。しかし、『律呂新書』の数はみな理に依拠したものであるから、自分がその理について解説しよう、というわけである。それでは『律呂新書』の数には、どのような洛書の理が隠されているのか。たとえば蔡元定は「黄鐘九寸」の理由を、天地の数のうち、九は陽の完成したものであり、陽声の始まり・陽気の発動する所である黄鐘は九寸を取る、とだけ説明する。李文察は以下のように考える。

分寸に必ず九を用いるのは、陽数の完全なものを取り十を遺すからである。…（中略）…九に付随して十の数はやどり、陰は陽と対立しない。九は陽の純粋なものである。陽が純粋ならば陰は変化し、変化すれば兼ねあい、兼ねあえば中であり、中ならば和同する。楽はその和同を取るがゆえに十を遺す。十であれば陰陽は対立し、対立すれば二つとなり、二つならば雑然とし不純である。洛書の数に九があり十がないのはまさにこのためである。聖人は洛書の、対立することのない数を取り、楽をおこした。(35)

黄鐘九寸の理由について、李文察は「洛書の数九→陽の純（無対）→陰化→兼→中→和」という論理を付け加える。確かに、河図の数を十、洛書の数を九とする思想は蔡元定の易学に見られる。しかし、『律呂新書』で黄鐘九寸と関連付けて洛書の数に言及することはない。

また蔡元定は、「黄鐘九寸」から三分損益を繰り返して他十一律を相生するにあたり、計算の便宜のため、あらかじめ「黄鐘九寸」に3^{12}を乗じた「黄鐘之実」（一七七一四七）を定め、それを分・釐・毫・糸で表した場合の数を、九進法で表記した。しかし『律呂新書』巻一の「黄鐘第一」では、律の管口の直径や面積を十進法で表記していた。このように十進法と九進法を併用する理由について、第三章第二節で述べたように、蔡元定はもっぱら技術的方面から説明し、また十と九という二つの数字に体用関係をあてはめた。これについて李文察は以下のように解釈する。

これもまた洛書に依拠している。（『律呂新書』の）「十を基礎にし、そのうちの九を取る」とは、洛書の「円が方より出る」ことであり、「十を分けて九とする」のは、洛書の「円は方よりも進む」ことである[36]。円は真ん中に居り、方は隅に居る。これは、洛書も必ず陰を保有しているが、陽が尊いのに対し陰は卑しいというだけなのである。黄鐘は体の働きとしては中声を定め、用の働きとしてはそこから十一律を生む。これは、黄鐘も必ず陰を保有しているが、陽が純然としているのに対し陰は変化するというだけなのである[37]。

李文察は洛書も黄鐘も、陽と陰、九と十両方を内包すると考える。ゆえに十進法も九進法も、矛盾なく共存できるのである。

彼はまた、律と暦とを関連付けようとする。たとえば変律については、「楽に変律があるのは、暦に閏があるようなものである[38]」とし、閏がなければ太陽・月・五星の調和が乱れるように、変律がなければ五音の調和が乱れると考えた。このほかに律暦の連関を転調にも見出し、宮の移り変わりを月の運行に重ねた[39]。

李文察本人は、蔡元定の意に忠実な注釈のつもりなのかもしれない。しかし『律呂新書』に見える数理に悉く洛書の数の論理を付与し、また、変律や転調を月の運行に重ね、律暦の密接な関連を主張した点は、蔡元定や朱熹の意図とは大きくかけ離れているといえる。

（四）劉濂『楽経元義』――聖人の簡明な楽を伝える職人

劉濂、字は濬伯《しゅんはく》、南宮の人、正徳十六（一五二一）年の進士である[40]。その著書『楽経元義』（八巻）には、嘉靖二十九（一五五〇）年の自序がある。劉濂は、楽経は滅んでおらず、『詩経』が楽経であると考えた[41]。さらに、以下のように「楽の道」を定義する。

楽の道は他書とは異なる。意味を持った文として存在するもの、楽器や数値として存在するもの、声調と楽譜・演奏で存在するものがある。意味を持った文として存在するものは、詩章である。楽器や数値として存在するものは、六律八音〔八種の素材から作られた八種の楽器〕である。声調と楽譜・演奏で存するものは、職人が作品の精神を伝えてきたものである[42]。

劉濂は、詩章のほか、楽律や楽器、声調と楽譜・演奏のすべてが経であり、聖人より出るとした[43]。周の太師や魯の宮廷楽師、漢の制氏が伝えた音調、また笙や竽の楽譜や演奏として伝えられたものも経と見なしたことには注目したい[44]。儒者の理論のみならず、音楽家や職人たちが代々伝えてきた技術への信頼は、劉濂の古楽・今楽観にも反映されている。

古楽は極めて簡素であっさりとし、俗楽は極めて繁雑で艶やかである。みな五音六律の生んだものである。制作の法を論ずれば、簡素であっさりとしたものは常に易しく、繁雑で艶やかなものは常に難しい。……（中略）…思うに俗楽を掌る者は、多くは楽師や伎人であり、律呂を理解せずとも楽器と歌声に精通する。楽器と歌声を得られれば、律呂も得られる。雅楽を掌る者は、多くは儒臣や学識ある者であり、楽器と歌声を熟知しないが律呂は議論できる。律呂を得ても、必ずしも楽器と歌声に合うとは限らない、ましてや律呂を得られなければどうなるか。こうして簡素であっさりとした楽はかえって難しく、繁雑で艶やかな楽はかえって易しくなる。神意によって互いに授受されたものは、より美しくなり、議論によって互いに高められたものは、より誤っていく。(45)

彼は本来簡素だった古楽が複雑に、複雑だった俗楽は簡素になった結果、雅楽は乱れ、俗楽は美しくなったと考える。律呂を論じるだけの儒者よりも、演奏技術を持つ音楽家の方が、最終的には律呂も得られると見なしている。また彼は、楽律も本来簡明であったとする。

律呂の法について、古の聖人は人声の高低として表れ出たものに基づいた。そのため律管を吹くことで楽音のちょうどよいところを定め、鐘・磬・管の諸楽器と人の歌を協和させ和を乱さないようにするのが、律呂の役目である。黍で長さと容積を測り黄鐘律管とし、三分損益を行なって、十二変したのちまた黄鐘律管のもともとの数値に戻る。その法はまた大変簡単なものである。(46)

しかし、漢魏以降の儒者は律呂を神異の物と見なし、候気など様々な邪説を付会し、その結果、「古楽を去ること万里」という状態に至った、と劉濂は考えた[47]。

簡潔な法を求める態度は劉濂の五音（五声）に関する理論にも表れる。劉濂は『管子』を引き、牛には宮、羊には商など、動物には一音が具わるだけだとし、以下のようにいう。

　ただ人だけが中和の性を稟け、声気の完全な状態を備えている。古人は五音を制作するとき、必ず人声に基づき、また必ず中原の人を基準とした。宮は喉に、商は牙に、角は舌に、徴は歯に、羽は唇に基づき、これらは五音の源である[48]。

「声気の完全な状態（声気之全）」は、やはり朱熹・蔡元定の「声気之元」に重なる。劉濂によれば、一音しか持たない動物に対し、人は五音すべてを持つ。それゆえ五音を制作する際、必ず人声に基づき、また必ず中原の人を基準とすると考えた。

また劉濂の場合、宮から連続的に相生される五音を想定しない。喉音である宮は「元声」であり、他四音とは独立している。また、他四音も次々に相生されるのではなく、喉と、牙など各部位が応じ合うことで個別に生じるという[49]。つまり、劉濂の五音は転調とは関係がないことになる。劉濂は、調を成せるのは六律だけであり、黄鐘を宮とした場合、「宮：黄鐘、商：太簇、角：姑洗、…」という一調しか存在しないとする。「六大調」とは、劉濂によれば、宮音黄鐘調・角音姑洗調・徴音蕤賓調・変徴音夷則調・羽音無射調の六つである。彼は十二律のうち、六律だけが調を成すと考えた[50]。

六調だけである以上、劉濂から見れば蔡元定の六十調は間違いである。たとえば蔡元定は黄鐘均に五調あるとするが、劉濂は、結局はどの調も、同じ七律を用いるに過ぎないと批判する。また毎調七音、六十調で四百二十音にもなれば、これほど多くの鐘を編鐘に架けられないともいう(51)。

五音が転調と無関係ならば、なぜ五音は存在するのか。劉濂によれば、詩の一文字一文字が、宮・商・角・徴・羽のどの切韻に属するかを判断するためである。そしてその後、調に基づいて、五音にどの律をあてはめるかを決定する(52)。ちなみに、そもそも調はどう決定するのかといえば、「声音の大致」という観点から調を見極めるようだ。たとえば、「易水歌」は篇全体から見ると「商音太簇調」がふさわしく、途中で転調することはないとしている。

劉濂にとっては、儒者が歪め複雑にした楽よりも、職人たちが伝えた簡明で美しい楽こそ、聖人の楽である。人声と五音を結び付け、過度に複雑な転調を避けたのも、簡明な楽を志す態度の表れである。

小結

本章では、従来脚光を浴びることのなかった四人を主役とした。彼らは、中国音楽史や科学史上ではほぼ無名の人物である。しかし彼らの著作は同時代に幅広く読まれ、現在まで残り続けた。明代士大夫が、儒学の枠組の中で論じた音楽論の典型をうかがえる重要な史料でもある。本章の分析から導き出される、三つの傾向を以下にまとめる。

(1) 蔡元定・朱熹の理論の批判と展開

張敔は自らの理想とする転調法に基づき、蔡元定の十八律を批判した。また劉濂は、五音と転調を切り離すべきと考え、蔡元定の六十調を批判した。両者とも、蔡元定の算出した数値自体には異議を唱えず、いかなる転調が最善かという観点から、蔡元定を批判した。

これに対し李文利は、黄鐘律管の寸法と、三分損益法それ自体を批判し、新しく計算し直した。その背後にあるのは、自分こそが「往きて復た返る」を実現するという自信である。彼の批判は、蔡元定も含め三分損益法に依拠した、従来の論者全体に対する挑戦ともなった。

李文察は、蔡元定自身が『律呂新書』ではまったく言及しない洛書の理を、『律呂新書』に読み込むことで、彼なりに蔡元定の理論を展開、発展させた。第三章で述べた通り、朱熹と蔡元定は楽律論と象数易を直接に数理的に関連付けることはなく、背後の陰陽理論に共通点を見出す程度に留めた。これに対し李文察は、洛書の理を持ち出すことで、蔡元定の象数易と『律呂新書』の楽律学がどのようにつながっているかを、彼なりに説明しようとしたのである。

（2）律と暦の統合

李文利の黄鐘三寸九分説は、太陽の進行に重なる消長の原理を背景とする。彼にとって、律暦は同道であり、暦が循環し続けるならば、楽律も一巡の後、必ず黄鐘に返るはずである。また李文察は、変律を閏に、転調を月の運行に重ね、やはり律と暦が同じように循環する世界を理想とした。楽律が、暦や天体の運行と重ねられるためには、「往きて返らず」の状態では不都合である。そこで律と暦が同じ理をもってめぐる「往きて復た返る」の世界が志向された。

（3）今楽や俗楽、音楽家や職人の技術への信頼

張敔は彼の考える正しい転調法に基づいた楽が、教坊に現存し、古楽を留めていると考えた。また、俗楽を批判

し楽論を講じた儒者たちを、「雅を乱す」存在と見なした。劉濂は、聖人の制作を簡潔なものとし、それが『詩経』の楽律や楽器、楽工の技術の中に残されていると考え、三者を経とした。両者に共通するのは、単に「今楽や俗楽を参照する」というレベルではなく、儒者の理論よりも、当時の音楽を担っていた音楽家や職人の技術を信頼する点である。第三章で論じたように、朱熹もまた今楽に目を向けていたが、あくまでも儒者の理論を演奏技術に応用することを目指していた。明代楽論において技術への信頼は格段に高まっているといえよう。

さて、本章の主題であるが、四人の楽律論は、「朱子学的楽律論」をどう変容させたのだろうか。第三章で論じたように、蔡元定は自らの象数易（特に河洛の学）と楽律学の数理展開を積極的に結び付けることはなかった。また、気の理論を黄鐘論の根幹に置きつつも、理論だけではなく、度量衡という具体的な技術の歴史を検証することで、黄鐘の正当性を補強した。蔡元定も朱熹も今楽に目を向け、当時の民間の演奏技術にも注目するが、やはりあくまで儒者による楽律理論を基本とし、今楽の技術を聖人の楽へと安易に関連付けようとはしなかった。このような側面を、本章の四人は、朱熹・蔡元定らに「不足していたこと」と認識した。そして彼らなりの「朱子学らしさ」を『律呂新書』の楽律論に結合させたのである。象数易と楽律理論の結合、より積極的に気の理論を応用し、完全な声気を受けた人声を信頼すること、複雑な儒者の理論よりも、簡明な今楽の技術に依拠すること――こういった試みは、『律呂新書』の本来の意図とは外れる。しかし彼らなりに、「蔡元定あるいは朱熹が目指したもの」を構築しようとする試みなのではないか。このように変容を余儀なくされた「朱子学的楽律観」は、朱載堉にも共有されていく。

朱載堉は十二平均律の発明で「往きて返らず」の問題を技術的に解決した。彼の理論を支える世界観は、以下の点において、本章で取り上げた人物たちと共通する。朱載堉も、律と暦とを密接に連関させ、河図・洛書の数によって自然と展開され、一つの理によって貫かれる「往きて復た返る」の世界を構築した（第七章、第八章）。また、朱載堉は今楽を参照する際、しばしば「礼が失われればこれを野に求める（禮失而求諸野）[53]」という言を引く。「野」にある演奏技術は、聖人製作の古楽の理論を復元するための重要資料であり、朱載堉は積極的に古今融合の音楽を目指そうとした（第九章）。

朱載堉もまた、彼の考える「朱子学らしさ」に基づき、自らの楽律理論を展開したはずである。ところが実際には、三分損益法を支持した朱熹・蔡元定に対し、朱載堉は十二平均律という新しい理論を提唱しているのである。両者の間には大きな距離がある。本章で提示したのは、明代楽論の中で蔡元定・朱熹の理論が再解釈されることで、「朱子学的楽律論」が変容していく様相である。朱載堉の理論の背景にも、このような変容した「朱子学的楽律論」がある。そして朱載堉自身もまた、新しい「朱子学的楽律論」を構築していったのではないか。

（1）前掲『明史』巻六一、楽一、一五一六頁。
（2）Lam, Joseph S. C., 1998. *State sacrifices and music in Ming China : orthodoxy, creativity, and expressiveness.* Albary: State University of New York Press, p. 78 及び前掲『明史』巻九六、芸文志一、二三六一―二三六二頁。
（3）劉濂や韓邦奇らを「典楽の職に与らず、空言に託するのみ」と見なした（前掲『明史』巻六一、楽志一、一五一六頁）。
（4）馬端臨、前掲『文献通考』巻一三〇、楽考三、歴代楽制、一一六〇頁。
（5）前掲「中国音律学の展開と儒教」、一三三―一三五頁。
（6）楽制についてはLam, op. cit., *State sacrifices and music in Ming China* を参照した。
（7）前掲『明史』巻六一、楽志一、一五〇〇―一五〇七頁。
（8）同上、一五一〇頁。
（9）廖道南『殿閣詞林記』巻二二、審楽、二六頁裏―四〇頁裏、四庫全書珍本九集、第一三六冊。

(10)前掲『明史』巻六一、楽志一、一五一五―一五一六頁。

(11)小島毅「嘉靖の礼制改革について」、『東洋文化研究所紀要』一一七、一九九二年、四一五頁。

(12)『明史』陸粲伝に張敔の名が見える。

(13)「本乎人聲而得之也。其法、令歌者作聲、取其最下一聲。」『雅楽発微』巻一、元声、求元声法、中山図書館蔵明嘉靖刊本、四庫全書存目叢書経部第一八二冊、四頁。

(14)程顥は、律管を吹いて最高音と最低音を出し、その真ん中の音高を中声と定めた（『河南程氏遺書』巻六、『二程集』上、中華書局、一九八四年、八五頁）。

(15)「以黄鐘之半律爲中聲也。其法與此同。」前掲『雅楽発微』巻一、元声、求元声法、四頁。

(16)実際には、表5-1には黄鐘全正律は出てこず、これには理由があり、後述する。また、蕤賓半変律も出てこないが、これについては理由は不明である。

(17)前掲『雅楽発微』巻一、元声、半律清声、九頁。

(18)同上、律呂還宮、移宮改調、一二頁。

(19)「虚之不以爲宮。」同上、元声、二十八調、古楽起清商清角、一三頁。張敔は、後周の王朴の説に依拠したという。

(20)「今之大樂猶有周之舊、實未嘗改也。何以知其然。今之樂、夷則宮以黄鐘爲宮、夾鐘宮以中呂爲宮之類、正譯所謂大樂乖戻者也。教坊者古制氏也。世守其業、凡一絃一管一字、雖國工、不敢輕動。」前掲『雅楽発微』巻六、三四頁。

(21)同上、三四頁。鄭訳については第三章注（25）を参照。

(22)「學士大夫之説卒不能勝工師之説、是樂制雖曰屢變而元未嘗變也。」前掲『文献通考』巻一三〇、楽考三、歴代楽制、一一六〇頁。

(23)「夫今樂與古樂、同者器也、律也。其不同者製詞、有邪正敬慢也。度曲之節、有繁簡嚴媚濃淡也。用其所同而去其所不同、使其詞一歸於正、其曲淡而不豔、其節稀而不密、則古樂豈外是哉。」前掲『雅楽発微』巻六、古楽今楽同異、古楽今楽同器同律、特製辞度曲不同、三二頁。

(24) 前掲『律呂精義』外篇巻二、古今楽律雑説并附録、弁李文利張敔之失第二、三八四頁下―三八八頁上。

(25) 「大楽律呂元声六巻附律呂考註四巻提要」、前掲『四庫全書総目』巻三九、経部三九、楽類存目、八一一頁。

(26) 「黄帝令伶倫自大夏之西、阮隃之陰、取竹嶰溪之谷、空竅厚勻者、斷兩節間、其長三寸九分而吹之、以爲黄鐘之宮。」『呂氏春秋』仲夏紀、古楽。

(27) 『律呂元声』巻一、黄鐘第一、浙江図書館蔵明嘉靖十四年浙江布政司刊本、四庫全書存目叢書経部第一八二冊、六〇―六一頁。

(28) 「子月一陽動、其律爲黄鐘。聲極淸、故黄鐘之宮爲正宮、諸律之本也。由是漸升至午半、則九陽既亢、數多聲濁、實爲正羽。極則復反、陽氣由是漸縮。至子半、則一陽又生、數奇聲淸、復爲正宮。世儒謂、黄鐘相生往而不返、不識黄鐘故也。」同上、黄鐘升陽帰陽第三、六二頁。

(29) 「律呂以日行氣也。子左益六管、紀陽之升。午右損六管、紀陽之降。降極則復升、律呂往而復返也。聖人因五行播於四時而制十干、因節氣歷十二月而成歳功以制十二支、因太陽行氣往返伸縮而制律呂損益之道也。律本於曆、曆正於律。合律曆者、其知天人之道者乎。」同上、律呂紀陽第五、六二頁。

(30) 同上、定五声生数次第第八、六四―六五頁。

(31) 第三章注(48)を参照。

(32) 前掲『律呂精義』(外篇巻二、弁李文利張敔之失第二、三八二頁下―三八四頁上)に引く季本の言。

(33) 「李氏楽書十九巻提要」、前掲『四庫全書総目』巻三九、経部三九、楽類存目、八一七頁。

(34) 「臣始讀之、瞑於義者數年矣。…(中略)…因學夏禹洛書而悟作樂之理悉本於洛書也。新書雖言數而不及理。然皆理中之數。」『律呂新書補註』序、『李氏楽書』六種二〇巻所収、福建省図書館蔵明嘉靖刊本、四庫全書存目叢書経部第一八三冊、一五二頁。

(35) 「分寸必以九者、取陽數之全而遺十也。…(中略)…即九而十之數寓焉、陰不與陽對耳。九也者陽之純也。陽純則陰化、化則兼、兼則中、中則和。樂取其和、故遺十也。有十則陰與陽對、對則二、二則雜而不純矣。洛書之數有九無十正此意也。

聖人取洛書無對之數以作樂。」前掲『律呂新書補註』、律呂本原、黄鐘第一、一五三頁。

(36)「圓出於方」は『周髀算経』巻上に「數之法出於圓方、圓出於方、方出於矩、矩出於九九八十一」とあり、また「圓行乎方」は『梁書』張充伝に「圓行方止器之異也、金剛水柔性之別也」とある。邵雍は河図を円、洛書を方と見なし、それをふまえた蔡元定は河図の数を十、洛書の数を九とした。これに対し李文察は、円も方も、十も九も、洛書に内在すると捉えている。

(37)「亦於洛書乎據之矣。卽十而取九者、卽洛書之圓出於方也、約十而爲九、卽洛書之圓行乎方也。惟圓者居正、方者居隅。此洛書、陰未嘗無、特陽尊而陰卑耳。惟體以定中聲、用以生十一律。此黄鐘之陰未嘗無、特陽純而陰化耳。」同上、黄鐘之実第二、一五五頁。

(38)「樂之有變律、猶曆之有閏。」同上、変律第五、一五九頁。

(39)「月は西に進み、晦を設け一月になる。宮は西に転じ、羽を設け一曲になる。晦が尽きれば朔を起こし、曲が終れば調を起こす。」同上、六十調図第九、一六八頁。

(40)「易象解提要」、前掲『四庫全書総目』巻七、経部七、易類存目一、一八一頁。

(41)「六経は楽経を欠くという論は、古今を問わず存在する。私が思うに、楽経は欠けておらず、三百篇が楽経である。」『楽経元義』自序、天津図書館蔵明嘉靖刊本、四庫全書存目叢書経部一八三冊、二〇八頁。劉濂は『詩経』を尊重する一方、『礼記』楽記と『周礼』大司楽を否定的に評価する。

(42)「樂之道與他書不同。有以文義存者、器數存者、聲調譜奏存者。文義存者、詩章是也。器數存者、六律八音是也。聲調譜奏存者、工師以神意相授受是也。」前掲『楽経元義』自序、二〇八―二〇九頁。

(43)笙も竽も、複数の管が束ねられた笛。管数には様々な説がある。

(44)同上、自序、二〇八―二〇九頁。

(45)「古樂極簡淡、俗樂極繁豔。皆五音六律之所生也。若論制作之法、簡淡者常易、繁豔者常難。…（中略）…蓋掌俗樂者、多師工伎人、雖不識律呂而識絲竹歌聲。得絲竹歌聲、得律呂矣。掌雅樂者、多儒臣宿學、不識絲竹歌聲而能言律呂。雖得律呂、未必協絲竹歌聲、況不得律呂乎。是以簡淡者反難、繁豔者反易。以神意相授受者、以漸而美、以議論相高者、以漸而謬。」同上、巻一、律呂篇、律意、二二四頁。

(46)「至於律呂之法、古聖人本人聲淸濁之形。故吹律以定其樂聲之中、使鐘磬管諸音與人歌協和而不奪倫者、律呂之能也。以累黍容黍爲黃鐘、三分其一以損益之、十二變復歸黃鐘本數。其法亦甚簡矣。」同上、自序、二〇九頁。

(47)同上、自序、二〇九頁。

(48)「惟人稟中和之性、而備聲氣之全。古人制五音、必本之人聲、又必以中原之人爲準。宮本喉、商本牙、角本舌、徵本齒、羽本唇、此五音之原也。」同上、巻一、律呂篇、五音、二一五頁。

(49)「五音はみな喉に基づいて出る。牙舌歯唇の四つは喉があるからこそ、音が生じる。喉がなければ、四つに音はない。四つがなくても、喉は自分で音を出せる。宮は元声の出る所である。喉は、牙と組みあわさり商となり、舌と組みあわさり角となり、歯と組みあわさり徴となり、唇と組みあわさり羽となる。」同上、巻一、律呂篇、五音、二一五―二一六頁。

(50)「五音は調をなせない、六律に至り初めて調がある。一律を主とすれば他律はこれに従う。『聴調〔異動の命令に従う〕』のようなもので、ゆえにこれを調という。たとえば、黄鐘を宮とすると、太簇・姑洗・林鐘・南呂は順々に従う。これが宮音黄鐘調である。…（中略）…五音が五に止まるだけなら、どうやって調をなせるだろうか。私は調を定める際、必ず先に五音を審らかにし、次に十二律、次に四清を定め、然る後に旋宮の法を用いて六大調に拡大する。楽調の説はこれに尽きる。」同上、巻一、律呂篇、楽調、二一八頁。

(51)同上、巻一、律呂篇、楽章、二二〇頁。しかし前述のごとく、蔡元定の必要とする律は十八律だけであるから、使う調によって鐘を付け替えれば、四百二十もの鐘を懸ける必要はない。

(52)朱載堉は、劉濂が切韻を五音に当てはめ作曲した点を批判する。切韻の五音は、楽の五音の名を借りたに過ぎず、楽の五音は一定でない（宮に黄鐘があたることも、蕤賓があたることもある）のに対し、切韻の五音は一定であるから、両者は本質的に異なると考えた（前掲『律呂精義』外篇巻三、古今楽律雑説幷附録、弁李文察劉濂之失第三、三九五頁上下）。

(53)「仲尼有言禮失而求諸野。方今去聖久遠、道術缺廢、無所更索、彼九家者、不猶瘉於野乎。若能修六藝之術、而觀此九家之言、舍短取長、則可以通萬方之略矣。」前掲『漢書』巻三〇、芸文志、一七四六頁。

第六章　何瑭の陰陽論と楽律論

序

朱載堉は著作の中で何瑭の名をしばしば挙げる。たとえば「進暦書奏疏」では「私淑」した人物として何瑭の名を真っ先に挙げる。そこには何瑭が、同郷である元儒許衡の象数易を尊んだこと、「陰陽律呂の説」を著し、『管見』と名付けたこと、朱載堉はその書を読んで悦服したことが描かれている。また「進律書奏疏」では、自らの楽律学が父・厚烷の影響を受けているとし、朱厚烷が参考にした著作として、朱熹の『儀礼経伝通解』や何瑭の『楽律管見』を挙げる。朱載堉の妻は何瑭の孫娘であり、何瑭は朱載堉に大きな影響を与えたといわれている。しかし、果たして何瑭自身の楽律論や易学は、朱載堉のそれとどの程度類似性があるのだろうか。本章では、朱載堉の理解を通した何瑭の理論と、何瑭自身の理論とを比較する。また同時代の楽論を取り上げ、何瑭の理論と比較することで、朱載堉への影響を再検討したい。

第一節　朱載堉の何瑭評価

何瑭、字は粋夫、号は栢斎。懐慶府武陟県（河南省武陟県）の出身である。七歳の時に、懐慶府城内に移る。弘治十四（一五〇一）年、郷試で一位となり、翌年、王廷相とともに進士に及第、翰林院に入り、庶吉士となり、のち編修、修撰となった。当時権勢を振るっていた劉瑾の怒りをかい、官を辞し、劉瑾が誅殺されたあと復職する。しかしまもなく経筵（君主に経書を講義する席）が忌諱に触れたため、開州同知に謫せられる。嘉靖初（一五二二）年、山西提学副使に起用されるが、父親の病のため赴任できず、のち浙江提学副使に改められる。しばらくして、南京太常少卿に進み、湛若水《たんじゃくすい》（一四六六―一五六〇）らと古の太学の法を明らかにした。工・戸・礼三部侍郎を歴任した後、南京右都御史に進むが、まもなく辞職して故郷へ帰り、十年余過ごした後、嘉靖二十二（一五四三）年九月に七十歳で死去した。礼部尚書を贈られ、諡は文定である。著書に、『陰陽管見』一巻、『楽律管見』一巻、『儒学管見』一巻、『医学管見』一巻、『何文定公栢斎集』十二巻、『栢斎先生楽府』一巻がある。(1)

朱載堉は何瑭の理論のどのような点を優れていると考えていたのか。『律呂精義』序では、世宗のもとで、楽律学と天文暦法に関する著述をなした様々な人物を挙げている。その中でも特に朱厚烷と何瑭について、「理解は卓越し、議論は精密で的確であり、先代の儒者がまだ解き明かしていないことも多かった」(2)と評価し、以下の三点を挙げる。

第一に、「先天八卦横図」について、乾を左、坤を右とし、「縦図」について、乾を上、坤を下とした点である。(3)これによって、前代の論者の「六十四卦方図」（朱熹の説）が誤っていたことを証明したという。

第二に、「黄鐘九寸」といった場合、その九寸とは、黍の縦幅を並べて測るのなら八十一分であり、黍の横幅を並べて測るのなら百分であると説明した点である。これによって、黄鐘九寸を九十分と見なす説（『漢書』律暦志に載る劉歆の説）の誤りを証明したという。また、朱載堉の『律学新説』（巻一、律呂本源第一）は何瑭の説を引用し、劉歆のように、「黄鐘九寸」に一寸を加え一尺とし、度量衡の基準とするのは、人為的な操作であり、律と度量衡が表裏一体ではなくなると主張している。

第三に、笙に依拠して琴のしくみを明らかにし、琴には等しく七音があるとした点である。また、琴に依拠して律制を明らかにし、律の数は十二に留まり、変声はあっても変律はないとして、陳暘・蔡元定の見解を否定した点である。

第一の点及び第二の点については後で詳しく考察したい。第三の点に関しては、朱載堉は「二臣（何瑭・朱厚烷）から出た」というが、朱厚烷の言に依拠したものであり、何瑭の見解とはまったく異なる。何瑭は三分損益法をとる以上、変律は認めざるを得ないだろう(4)。また何瑭は、陳暘の見解に従い、変声は不要であるといっている(5)。

朱載堉は、何瑭と朱厚烷の理論をまとめて語り、あたかも両者と自分の見解がすべて一致するかのように述べる。しかし実際は、何瑭本人の理論と朱載堉・朱厚烷のそれとは差がある。本章では、第二節から第四節において何瑭の理論を分析したあと、第五節で改めて、上記の第一点（何瑭の陰陽論と、朱載堉の河洛の学を中心とする象数易）及び第二点（「黄鐘九寸」に対し、何瑭と朱載堉はどのような見解を持っていたか）について検討したい。

「黄鐘九寸」については、すでに堀池信夫が、朱載堉は「何瑭の十寸管論を高く評価し」「十進法の重視は当然三分損益法からの離脱を意味している」として両者の学術上の影響関係を論じている(6)。確かに、三分損益法では計算上、九進法を取り黄鐘を九寸とした方が都合がよい。ただし、何瑭も朱載堉も、「黄鐘九寸」そのものを否定したわけではない。彼らが否定したものはあくまで、劉歆が定めた「黄鐘九寸」に関する計算上の処置である。本章では、そもそも何瑭がなぜ劉歆の「黄鐘九寸」を批判するに至ったのかを考える。

そのほか、朱載堉はしばしば今楽を古楽復元に利用しようとするが、後述するように、その根拠として何塘の理論（『尚書』舜典の解釈）を挙げる。また、候気の法については、朱載堉は明代後期の様々な候気論を紹介する中で、何塘の理論も挙げている。これらの問題についても、朱載堉と何塘の間にどれほどの影響関係があるのかを論じる。

第二節　何塘について

何塘は『明儒学案』巻四九、諸儒学案中三に立伝されている。従来の研究で比較されることの多い王廷相とは連続して伝が立てられ、陰陽や五行に関する彼らの論争がまとめられている。両者は同時代に生き、出身地も近く、経歴も類似する。

何塘は形神二元論を説き、万物は形と神で成り立ち、両者は完全に独立していると考えた。形とは、有形無知の物体であり、陰である。神とは、無形有知の気であり、陽である。人間は、陰（形）と陽（神）が合する時は生きているが、両者が離れた時には死ぬ。鬼神は陽であり、知を持ち、人間に禍福をもたらす。また、巫術により鬼神を呼び寄せることも可能だとした(7)。

何塘に対し、王廷相は気一元論を説き、万物の根源はただ一つの気という実体であることを強調して知を持つ鬼神の存在も否定した。これまで何塘は、王廷相の気一元論との対比において紹介されることが多かった(8)。いわゆる「気の哲学」の系譜から外れる何塘は、現在の研究でも、依然として王廷相の引き立て役に留まっている。王廷相については、「唯物主義思想家」としての評価が一段落した後も、その「気の哲学」は、「あるがままを見る」態度、「旧来の理論や解釈にとらわれないで、実際に存在し、観察が可能な事実を、根本的前提として重視してゆこうという態度」[9]として評価されている。このような王廷相に対し、何瑭の思想をどのように評価したらよいだろうか。何瑭に強く影響を受けたとされるのが、十二平均律を発明した朱載堉であった。もし、十二平均律の思想的萌芽が、「気の哲学」者たちよりも、何瑭に顕著に見出されるならば、それをどのように考えたらよいだろうか。

何瑭と朱載堉を朱子学という観点から取り上げた研究に、吾妻重二『朱子学の新研究』[10]がある。[11]吾妻は、「朱熹の格物窮理説における外的（知的）側面の展開」を「陽明心学の場合に劣らず注目すべきものがあるにもかかわらず、これまで十分に評価されていない」として、何瑭及び朱載堉を取り上げる。何瑭の学問の特徴を、「朱子学の格物窮理にもとづく実証学」とし、「心的主体の確立を全てに優先させ、外的事象の探究を軽視しがちな陽明心学の欠点を真っ向から批判した」と説明した。そして何瑭が朱載堉の楽律学に影響を与えたことを指摘し、十二平均律を紹介している。[12]しかし、何瑭は具体的にはどのような点で、朱載堉に影響を与えているのだろうか。それほど強い理論的継承関係はあるのだろうか。

第三節及び第四節では、王廷相と比較される何瑭ではなく、あくまでも何瑭本人を中心に置き、彼の理論を考察する。まず、『陰陽管見』に展開される陰陽論や形神論の特徴を明らかにする。続いて、何瑭の『楽律管見』を分析し、蔡元定『律呂新書』をどのように批判したのか、また何瑭が古楽を復元するにあたり、今楽をどう位置付けたのかを論じる。その後、具体的な楽律理論を分析し、何瑭の陰陽論との関係を考える。第五節では、朱載堉及び明代後期の楽論と比較しながら、第一節で挙げた四つの問題（今楽と古楽、象数易、「黄鐘九寸」への批判、候気の法の展開）を考察し、何瑭の楽論が持つ特徴を明確にし、明代後期楽論の中でどのように位置付けられるかを考察する。

第三節　『陰陽管見』

（一）陰陽と自然現象

何瑭は周敦頤・二程・張載・邵雍の書を繰り返し読み、さらに仏教や老子の説、医学や占いを学ぶこと二十年、伏羲の卦象に造化の道が描かれていることを悟ったという(13)。そしてこの造化をもたらす陰陽の道は鬼神・人間・天文・地理・医術・卜占・方技・道教・仏教すべてを貫くものだと考えた。それでは何瑭のいう陰陽の道とは、いかなるものだろうか。何瑭は、万物の造化のすべては陰陽だけで説明できるとし、以下のように説明する。

造化の道は一陰一陽のみ。陽は動、陰は静、陽は明るく、陰は晦《くら》い。陽には知覚があり、陰には知覚がない。陰には形があり、陽には形がない。陽は体を持たず陰を体とし、陰は用を持たず陽を待って用とする。両者が合すれば物は生まれ、離れれば物は死ぬ(14)。

何瑭はまず、陽は、動であり明であり知覚を持つ、すなわち神であり、形はないと考えた。陰は、静であり晦く知覚がない、すなわち神ではなく、有形であると考えた。そして、陰と陽が合することで物は生まれ、離れることで死ぬと考えたのである。こういった陰陽は、天・地・火・水の形で現れ、天は陽の陽、地は陰の陰、火は陽の陰、水は陰の陽であり、天は風に、地は山に、火は雷に、水は沢に変化し、この変化のありさまは、八卦の象にすべて表れていると述べる[15]。後述するように、何瑭は八卦の生成を、天・地・火・水・風・山・雷・沢の八つの現象に密接に関連付けて説明した。そして何瑭は、造化を説明する具体的な段階になると、陰陽を「実体のない名称」とし、天・地・水・火を「実体」として、陰陽という概念を用いずとも天・地・水・火の四つで十分語りつくせるとしたのである[16]。

（二）陰陽から天地水火へ――易の生成論との結合

以上のような陰陽観はどのような易学理論に支えられているのだろうか。何瑭は、太極とは、無形の神である天と、有形の地とが、未分であるが完全に混じりあっているのではない、「併存」している状態だと見なし[17]、だからこそ、そこから天地に分かれることができる、と考えた。

　天地がいまだ生まれない、つまり混沌未分の時が、いわゆる太極である。天は神であり地は形であるから、未分とはいっても、実際は並存していて、どちらかを欠くことはない。太虚の気は天であり、神であり、形を以て論ずれば、無である。地は形であり、太虚の気ではなく、形を以て論ずれば、有である。分かれて天地となっても、未分の時と異ならない。儒の道には、無も空もないというのは、間違いである。神と形が合して物は生まれ、それがいわゆる「精気が事物を形成する」である。神が形を離れれば物は死に、それがいわゆる「遊魂は変化となる」である[18]。神とは人においては、心や性にあたり、形はない。形とは人においては、血や肉にあたり、知覚はない。生きている時は、形と神は混合していて、きっぱりと分けるのは難しい。死ぬ時になって、神が離れていくのである。離れていく神はもとより形がない。〔神が離れた後も〕形はなお存在しているが、すでに知覚はなくなっているので神ではない。これは簡単な道理である。[19]

太極には無と有の両方が存在し、そこから天と地に分かれていく。人間の場合は、形・神が合するときが生きている状態であり、形から神が離れるときに死ぬ。神が心性であり、形は血肉である。何瑭が強調する点は、形と神、有と無の区別である。両者はいつまでも、二つのものとして存在し続ける。従来、形神論においてしばしば議論されたのは、「神が形と離れた後に滅ぶか滅ばないか」という問題であった。[20]何瑭の理論において、もともと無である神は、形と離れたところで、滅ぶも滅ばないもなく、無であることに変わりはない。何瑭の「無」は、単に「形が無い」という意味として捉えるべきである。[21]何瑭にとって重要なのは「形が滅べば神も滅ぶかどうか」という問題ではなく、「無形」の神と「有形」の形が両立並存して存在する世界を認識できるかどうか、である。[22]

何瑭は、形神に関するこのような思想の来源は「伏羲の易」にあるという。図6-1は、朱熹が、邵雍の先天易学に基づき描いた「伏羲八卦次序図」である。何瑭はこの図を縦に見て、図6-2のように、『周易』説卦伝[23]に基づき、八卦をそれぞれ天・沢・火・雷・風・水・山・地に配当し、上から下へ並べた。

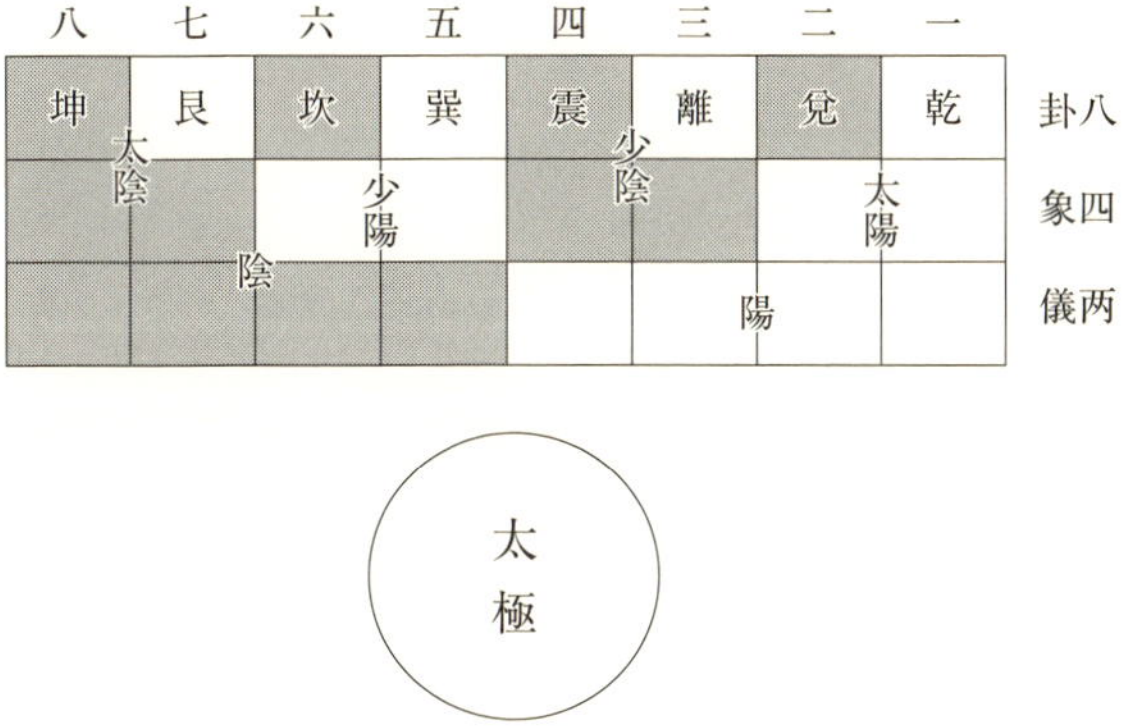

図6-1　朱熹の「伏羲八卦次序図」（『周易本義』，『朱子全書』一，上海古籍出版社・安徽教育出版社，2002年，19頁の図に基づき作成）

何瑭の理論に即して説明すれば、陽である乾（天）の初九が陰爻に

図 6-2　何瑭の八卦縦図（前掲『陰陽管見』巻一，6 頁表の図に基づき作成）

変じ、巽（風）となる。また同じく陽である離（火）の九三が陰爻に変じ、震（雷）となる。陰である坤（地）の六三が陽爻に変じ、艮（山）となる。また同じく陰である坎（水）の初六が陽爻に変じ、兌（沢）となる。[24] ここでもまた、天・地・水・火の四つが基礎となっていることがわかる。風・雷・山・沢は、天・地・水・火が変じたものに過ぎない。

　これまで述べてきたように、何瑭は、万物は陰陽の二元で成り立っていると考えるが、具体的には天・地・水・火の四つで説明しようとした。何瑭は水・火を二気と呼んでいた。[25] 水・火が気であるならば、水である陰も火である陽も、そして形も神もまた気であるといえる。ただし陽については、気の中でも、霊妙な存在を指す神という言葉を用いた方がよいという。[26] そして神には、造化を掌る神と、人の精神としての神とがあるが、能力の大きさに差はあるものの本質的には両者は同じだと見なした。[27] 造化の神も人の神も本質的に同じである以上、鬼神もまた人の精神と同様に知覚を持つと何瑭は考えたのである。[28]

　以上のように何瑭は、形はないが知覚を持った神を陽と呼び、目に見えるが知覚のない形を陰と呼んだ。両者とも気であり、神は気の中でも霊妙な存在だと位置付けた。そして形と神とが完全に合わさり混沌とした状態になることはなく、両者はあくまでも並存すると考えたのである。陰陽を区別することを重視する何瑭は、「陰陽が互いに陰陽を生じあう」という陰陽相生理論を厳しく批判する。

　その説〔周敦頤『太極図説』の説〕では「太極が動いて陽を生み、動が極まると静まり、静まって陰を生み、静が極まりまた動に復す」という。今からこれについて考えてみると、天は陽の動なるものである。一体いつ動が極まって静まるのだろうか。地は陰の静なるものである。一体いつ静が極まって動くのだろうか。天は地を生めず、水は火を生めない。愚智に関係なくみなそれを知っている。それならば陰陽が互いに生じあうというのは誤りではないか。つまり天・地・水・火は渾然として離れられないとはいっても、実際ははっきり区別するべきで乱すべきではない。…（中略）…私が思うに陰陽は頼りあうというのは可だが、互いに生じあうというのは不可である。(29)

何瑭は、周敦頤の『太極図説』が、動静・陰陽の相生を説くものと見なし、批判する。天は陽であり、動くもので、決して静まるものではない。地は陰であり、静であって、動き出すことはない。天・地・水・火、そして陰陽はお互いに頼りあう存在ではあるが、それぞれ別々の存在であり、陰が陽を生み、また、陽が陰を生むという考え方は誤っているとした。このように、何瑭が繰り返し強調したのは形神・有無・陰陽の区別であった。

東晋の慧遠や南朝の范縝が繰り広げた形神論争は、もっぱら「神は滅ぶのか、滅ばないのか」という観点から行なわれた。宋代以降は、形神論の性質は存在論へと変化した。朱熹は、形は陽気から、神は陰気から作られたものとし、つまり形神の両者はいずれも、陰陽二気が生んだものと考えた。つまり、精神現象も物質性を有する気の産物だと考え、形体が存在して初めて精神知覚が存在すると見なしたのである。(30) 何瑭も、神滅か不滅かより、存在論に重点があるという点では、宋代以降の形神論の流れを汲んでいるといえる。何瑭の場合は、神は独立して存在できる、つまり「神不滅」ではある。しかし何瑭は輪廻転生を証明するために「神不滅」を主張しているのではない。何瑭は邵雍の先天易説を基盤とし、宇宙観としての陰陽論を背景にした形神論を展開した上で、形と神は永遠に並立して存在すると考えた。結果として、神は滅びようもないということになる。

何瑭は徹底的に陰陽二元論を展開する。彼は、世界のあらゆる事象を説明する時には、陰・陽よりも、天・地・

水・火の四つの現象で説明するが、それらも究極的には陰・陽の二つである。無形の陽である神と、有形の陰である形は、太極や人間が生きている状態においては、合わさっているが、あくまでそれぞれが並立して存在していると考えた。それゆえ、何瑭は陰陽をはっきりと区別することを求め、陰から陽へ、陽から陰へといった陰陽の相生を否定的に捉えた。

第四節　『楽律管見』

（一）『律呂新書』への批判意識

本節では、何瑭の楽律学を論じ、前節で論じた陰陽論との関連を考察する。何瑭は初め、蔡元定の『律呂新書』を読んだが理解できず、陳暘『楽書』を読んだ後、蔡元定の説に不足があることに気づき、楽律を明らかにするため『楽律管見』を著したという(31)。『楽律管見』は全部で十章（「論古楽」「論黄鐘」「論十二律」「論五音」「論四清」「論二変」「論楽調」「論候気」「論度量衡」「論礼記」）に分かれ、全章を通じて蔡元定の楽律理論を批判している。その中のいくつかを紹介したい。

まず、黄鐘律管の容積である。何瑭は黄鐘律管を、「長さ九寸、空囲九分、積七百二十九分」とし、蔡元定が「積八百一十分」としたことを批判する。何瑭は、蔡元定が、黄鐘律管の管口面積九平方分に、長さ九寸を乗ずる際、十進法によって数値を表記したが、九進法を用いるべきだといい、十進法では三分損益に不便だという(32)。しかし、蔡元定は『律呂新書』で、「〔黄鐘律管の管口の〕直径や面積については十進法で数値を表記するのに、〔三分損益によって〕十二律を相生する際は九進法で分・釐・毫・絲の数値を表記するのはなぜか[33]」という質問を想定し、すでにその理由を述べている。

また、蔡元定は五音について「宮声八十一、商声七十二、角声六十四、徴声五十四、羽声四十八」とした。これに対し何瑭は、五音は高低によって順番を決めるだけで、五音の数に常があるわけではない、蔡元定の示した数は黄鐘均だけにあてはまるものであるとした[34]。蔡元定は『律呂新書』で、黄鐘の数九を自乗した数八十一を宮とし、三分損益を行なって五音の数を計算している。蔡元定は続けて、「ここで示した数は黄鐘均だけにあてはまるものであって、他の均が調をなすときには異なるのではないか」という疑問を想定し、それに次のように答えている。すなわち、黄鐘以外の場合であっても、その律の実数に八十一を乗じ、三分損益を行なって五声の数値を計算し、さらに律の実数でそれを除せば、「宮声八十一、商声七十二、角声六十四、徴声五十四、羽声四十八」という数値が出る。それゆえ、黄鐘以外の均にも当てはまるものだ、と[35]。つまり、何瑭の疑問に対し、蔡元定はあらかじめ答えを用意していたのである。

そのほかの批判については本節（三）、（四）で紹介する。しかし少なくとも、以上の批判は、客観的に見て、何瑭が『律呂新書』を正確に理解できているのか疑問に感じざるを得ない。蔡元定が書の中ですでに回答を示しているにもかかわらず、それを無視しているのだ。また、何瑭が正しいとした陳暘の理論は、宋代にすでに批判を受けている。後述するように、韓邦奇『苑洛志楽』など、『律呂新書』に対して優れた注釈書が出ている同時代の状況を鑑みれば、何瑭の場合、蔡元定への批判意識が強すぎるせいなのか、やや偏った批判をしていると思わざるを得ない。何瑭はなぜここまで『律呂新書』に対抗しようとしたのか。続いて、何瑭がそもそも古楽をどのように復元しようとしたのかを通じ、彼の音楽観を考える。

（二）古楽と俗楽

『楽律管見』の第一章は「論古楽」と題し、俗楽の中に残存する古楽について論じている。第一章で述べたように、朱載堉が影響を受けたという部分である。

古楽が伝わらなくなって久しいが、その始終本末はあらかた『尚書』虞書の数言に見え、楽律や音楽は依然として俗楽の制作のうちに残っている。見る者たちが気づかないだけである。夔は典楽となり、舜は夔に命じて「詩は志を言い、歌は言を永くし、声は永に依り、律は声を和し、八音はよく調和して、どれかが突出して鳴り響くことなく、神と人とが協和する」といった。楽の始終本末はあらかたここに見えている。「明良の歌」(36)以来三百篇の作品が今なお考究することができ、そのどれもが感情を述べている。これを「詩は志を言う」という。俗楽の詞曲は、それぞれその感情を述べている。これこそ舜の楽の遺法である。詩が完成すれば、詩を吟詠する合間には、必ずゆったりとしていたり起伏があったり、高低の調子があったりして、その後に聴くことができる。これを「歌は言を永くする」という。今の俗楽で詞曲を歌う様子は、その遺法である。歌う時には、楽器の音によって調和し、楽器の音の高低は必ず歌声の高低に合わせようとする。これを「声は永に依る」という。俗楽で曲を歌う時に、笛を吹いたり琴を弾いたりして応じるのは、その遺法である。この段階に至れば楽はひとまず出来上がる。楽器を複数奏でるような時には、高低を等しく整えるのは難しいので、律を用いて整えるべきである。たとえば黄鐘宮調を起こしたら、楽器はみな黄鐘宮調でメロディーをなし、太簇商調を起こしたら、楽器はみな太簇商調でメロディーをなす。そうすれば高低は自然と一つに整い乱れない。これはその遺法である。八音がよく和諧し、ある楽器だけが突出して和を乱すことがない。ここに至って楽は完全に出来上がる。「神と人とが協和する」とは楽の作用である。そもそも楽を起こすことは「詩は志を言う」に始まり、「律は声を和する」に終わる。始まりは楽の根本であり、終わりは楽の末節である。完全な古楽は、その概略は〔虞書と俗楽に〕見ることができるのだ。(37)

何塘はここで、『尚書』の文言と、俗楽の演奏過程を重ね合わせる。「詩言志」は俗楽の詞曲が感情を述べること、「歌永言」は俗楽で詞曲を歌うこと、「聲依永」は楽器が歌声の高さに合わせること、「律和聲」は（引用文には明示されていないが、文脈上）楽器を合奏する際に同じ律で整えること、そして「八音克諧、無相奪倫、神人以和」という状態に至る。何塘にとって、古楽は当時の民間音楽の中に完全なかたちで残っているのである。

当時の民間音楽に古楽の痕跡を見出すことは、第五章で論じたように明代楽論の中でしばしば見られる傾向である。何塘は、『尚書』の文言がまさにそのまま俗楽にあてはまると考えた点で、第五章で取り上げた論者たちと同様に、当時の民間音楽の技術を深く信頼しているといえよう。彼は朝廷や祭祀で演奏される雅楽よりも俗楽を重視し、俗楽の技術の中にこそ、古楽の痕跡が残っていると考えたのである。

(三)　十二律と六十調

何塘は音階を計算する際、基本的には蔡元定や、これまでの儒者と同じように、管律を用い、三分損益法に依拠して計算する。それゆえ、いくら蔡元定に批判的であっても、そもそも三分損益法に拠る以上、『律呂新書』を完全には否定できず、また、十二律や五声に重ねられた陰陽の相生をまったく無視することはできない。

それでは第三節で論じた陰陽二元論は、楽律論とどのように関わってくるのだろうか。王廷相は、自らと何瑭と

表6-1　何瑭の理論で計算した場合の十二律

黄鐘	$\times\frac{2}{3}\to$	林鐘	$\times\frac{4}{3}\to$	太簇	$\times\frac{2}{3}\to$	南呂	$\times\frac{4}{3}\to$	姑洗	$\times\frac{2}{3}\to$	応鐘	$\times\frac{4}{3}\to$
c		g		d		a		e		h	
陽律		陰律		陽律		陰律		陽律		陰律	
	下生		上生		下生		上生		下生		上生
蕤賓	$\times\frac{2}{3}\to$	大呂	$\times\frac{4}{3}\to$	夷則	$\times\frac{2}{3}\to$	夾鐘	$\times\frac{4}{3}\to$	無射	$\times\frac{2}{3}\to$	仲呂	
fis		cis^2		gis		dis^2		ais		f^2	
陽律		陰律		陽律		陰律		陽律		陰律	
	下生		上生		下生		上生		下生		

※便宜的に西洋音名のcを黄鐘とする.

の違いとして、何瑭は五声（五音）の順序を宮↓商↓角↓徴↓羽とし、つまり高低の順に並べているが、自分は宮↓徴↓商↓羽↓角という相生の順を採るという点を挙げている(38)。何瑭は決して五声の相生を無視しているわけではない。前述した通り、何瑭もまた三分損益法による五声十二律の相生を行なっているからである。

しかし何瑭は確かに、五声を一度相生した後は、その相生順にあまり拘らず、高低の順で楽律を論じようとした。また、五音相生と陰陽相生を密接に関連させたり、相生の順序を、十二月・十二方位に結び付けたりする思想については、非常に批判的だった。

何瑭は十二律をどのように計算しているのだろうか。『楽律管見』に見える十二律相生の法は以下の通りである（表6-1）。

> 黄鐘長九寸三分損一下生　林鐘長六寸三分益一上生　太簇長八寸三分損一下生　南呂長五寸三分三分益一上生　姑洗長七寸一分三分損一下生　應鐘長四寸六分六釐上生　蕤賓長六寸二分八釐下生　大呂長四寸一分八釐三毫上生　夷則長三寸六分六釐三毫下生　夾鐘長五寸五分五釐一毫上生　無射長四寸八分八釐四毫八絲下生　仲呂長三寸二分八釐六毫二絲二忽(39)。

何瑭は、黄鐘から数えて七番目に算出される蕤賓は、大呂を下生する、つまり蕤賓律管の三分の二の長さを大呂とすると考えた。すると、大呂律管の長さは四寸一分八釐三毫となり、そこから上生される夷則律管は三寸六分六釐三毫となる。続けて、下生→上生→下生と繰り返していくと、仲呂律管は三寸二分八釐六毫二絲二忽となる。このように、大呂・夷則・仲呂の三律は、黄鐘九寸の半分の長さである四寸五分未満となる。つまり、黄鐘九寸と、一オクターブ上の半黄鐘四寸五分の間に収まらず、一オクターブの外に出てしまっていることになる。第三章で論じたように、黄鐘から始めて、下生→上生→下生→上生…のように反復していくと必然的に生じてしまう問題であった。そのため古来より様々な解決策が試みられてきた。しかし何瑭の場合は、これをそもそも問題だと見なしていない。

第三章で論じたように、蔡元定は、「陽律が陰律を下生し、陰律が陽律を上生する」という陰陽相生の法則を守り、その結果生じる矛盾（「高低の順に即した十二律と十二月・十二方位の配当がずれる」という矛盾（1）と、「大呂・夾鐘・仲呂が一オクターブ内に収まらない」という矛盾（2））についても、さらに別の次元で陰陽を当てはめ、倍律を導入して解決したのである。つまり蔡元定は徹底的に、十二律の計算を陰陽の相生・交換によって説明し尽くそうとした(40)。

何瑭はこのような蔡元定の理論を批判した。何瑭は蔡元定と同じ三分損益法を用いるため同じような矛盾が生じるはずだが、次のように批判しながら、その矛盾を回避している。

まず何瑭は、蔡元定が、三分損益法によって算出された十二律を、十二月・十二方位に無理矢理配当しようとした結果、倍律を用いることになった、と考える。そしてこれは、候気の法に惑わされたためであるとした。もし何瑭のいう通り、候気に拘らず十二律を十二月・十二方位に配当しようとしなければ（1）はそもそも矛盾ではないことになる。

次に何瑭は、十二律を陰・陽に分別し、陽は陽の中だけで（黄鐘九寸三分→太簇八寸三分→姑洗七寸一分三分→蕤賓六

表6-2　何塘の構想する調制

	宮	商	角	変徴	徴	羽	変宮
黄鐘均	黄鐘	太簇	姑洗	蕤賓	林鐘	南呂	応鐘
林鐘均	林鐘	南呂	応鐘	半大呂	半太簇	半姑洗	半蕤賓
太簇均	太簇	姑洗	蕤賓	夷則	南呂	応鐘	半大呂
南呂均	南呂	応鐘	半大呂	半夾鐘	半姑洗	半蕤賓	半夷則
姑洗均	姑洗	蕤賓	夷則	無射	応鐘	半大呂	半夾鐘
応鐘均	応鐘	半大呂	半夾鐘	半仲呂	半蕤賓	半夷則	半無射
蕤賓均	蕤賓	夷則	無射	半変黄鐘	半大呂	半夾鐘	半仲呂
大呂均	大呂	夾鐘	仲呂	変林鐘	夷則	無射	半変黄鐘
夷則均	夷則	無射	半変黄鐘	半変太簇	半夾鐘	半仲呂	半変林鐘
夾鐘均	夾鐘	仲呂	変林鐘	変南呂	無射	半変黄鐘	半変太簇
無射均	無射	半変黄鐘	半変太簇	半変姑洗	半仲呂	半変林鐘	半変南呂
仲呂均	仲呂	変林鐘	変南呂	変応鐘	半変黄鐘	半太簇	半姑洗

寸二分八釐→無射四寸八分八釐四毫八絲→夷則三寸六分六釐三毫）、また、陰は陰の中だけで（林鐘六寸三分→夾鐘五寸五分五釐一毫→南呂五寸三分三分→応鐘四寸六分六釐→大呂四寸一分八釐三毫→仲呂三寸二分八釐六毫二絲二忽）、高低の順をもってそれぞれの極まりを論じ、それを自然の数とした。そして、この自然の数は、楽調をなす（主音を定め、音階を形成する）際、そのまま用いることができるという。楽調については後述する。もし蔡元定のように、大呂・夾鐘・仲呂の律長を二倍すれば、楽調をなす際、今度はわざわざそれらを半分にしなければならない。つまり、何塘にとって大呂・夾鐘・仲呂は一オクターブ内に収める必要がないので、（2）も、そもそも矛盾ではないということになる。[41]

何塘は自分の十二律理論であれば、楽調をなす際も問題がないという。この点をもう少し具体的に見てみたい。そもそも何塘の構想する調制は蔡元定と大きく異なる。何塘は「六律しか調をなせない」[42]「二変は不必要」[43]というルールを加えることで、大呂・夾鐘・仲呂の三律の律長を二倍にする必要をなくした。表6-2の八十四調は、蔡元定と同じ方法によって計算した律を配列したものである。何塘のルールを導入すれば、八十四調のうち、アミ掛けをした律は用いないことになる。つまり、大呂・夾鐘・仲呂の三律は、すべて半律しか用いないので、三分損益法を順序通りに計算しても、何も問題が生じない。

（四）候気の法への批判

何瑭は蔡元定を「候気の法に惑わされた」と批判した。明代後期、候気の法に対する批判は様々なかたちで展開された。何瑭の候気批判にはどのような特徴があるだろうか。彼は以下のように述べる。

> ある者が質問した、古には十二律管候気の法があるが、その道理はいかがでしょう、と。〔何瑭〕曰く、これは伝承の誤りである。候気はただ黄鐘律管によって、十一月冬至の気をうかがうことができるだけで、ほかの月は不可能である。どうしてそれがわかるのか。それは古法の占候がいつも一年の始まりに行なわれ、冬至は陽気の始まりだからである。気は地中にあり、また形がなく見ることができない。そのため黄鐘律管によってそれをうかがうのだ。…（中略）…もし十一月以外もみな気をうかがってみるのなら、十二月は陽気がまだ地中から出ていないのでまだ可能だが、一月以降は陽気が地上に出ているのでどうやって気をうかがおうか。ましてや五月以降は陽気は上から下へと降りるので、灰が飛ぶ道理はない。だから十二月すべてについて律管によって気をうかがうのは、間違いである。候気が伝承の誤りであることは、疑いない。[44]

何瑭は、候気の法を伝承の誤りとし、黄鐘律管で冬至の気をうかがうことだけは可能であるが、ほかの月は不可能であると見なした。冬至は陽気が地中から昇ってくる始まりであり、気はまだ地中にあるので、地に埋めた黄鐘律管によって、その気をうかがうことができる。しかし、冬至以降、たとえば十二月くらいであれば、陽気がまだ地中から出ていないので可能だが、一月以降は陽気が地上に出てしまうので、気をうかがう術はない。五月以降になると、陽気は上から下へと降りるので、灰が飛ぶ道理はない。つまり何瑭は、律管を土に埋めるという方法で気を捕捉できるのは、せいぜい冬至だけであり、また上下運動する陽気の性質からも無理があると考えたのである。何瑭にとって、気は陽のみであるから、「陰気」について考える必要はない。このように何瑭は、気の性質を自分なりに解説した上で、その気の性質と、管を埋める方式で気をうかがう候気の法は合わないと考えた。

しかし注意したいのは、何瑭は、黄鐘律管であれば、冬至の気を捕捉できると考えている点である。つまり、律と気が感応すること自体を、否定しているわけではない。後述するように、王廷相なども候気に関しては、何瑭と同じような理論で批判している。候気の法は、漢代以降、律・暦・気を結び付けるための有力な理論であった。黄鐘律管の設定に気が重要な意味を持つ蔡元定にとっても、候気の法は欠かせない。明代に入ると「管を並べて（あるいは埋めて）、気が到来すると灰が飛ぶ」という、従来型の候気の法は否定されていく。ただし、それでも、気と律とを何らかのかたちで関連付ける思考は根強く残っていたといえよう。

(五)「黄鐘九寸」と度量衡

何瑭は、『漢書』律暦志における「黄鐘九寸」と度量衡の関係に疑問を持ち、批判した。これこそ、朱載堉が何瑭を高く評価する最大の理由だといってもよい。確かに第一節で述べたように、『漢書』律暦志の「黄鐘九寸」を疑うことによって、九進法を計算の基礎とする三分損益律からの離脱を促し、十二平均律を導いたともいえるだろう。しかし、何瑭・朱載堉の意識の中では、「黄鐘九寸」の見直しは、必ずしも平均律と直接に結び付いてはいない。また彼らは「黄鐘九寸」を完全に否定したわけでもない。第七章で述べるように、特に朱載堉にとって、「黄鐘九寸」と「黄鐘十寸」という二つの律管は、彼の「律・度量衡を同じくす」る理念において、大変重要な役割を担っていた。

何瑭は、『漢書』律暦志の「黄鐘九寸」をどのように考えていたのだろうか。

『漢書』律暦志に「黄鐘の律九寸に一寸を加え一尺とする」という。そもそも度量権衡が黄鐘を基準とする理由は、つまるところそれが天地の気と相応じることを貴ぶがためである。もし一寸を加えて一尺とすれば、黄鐘を基準としたことにはならない。黄鐘の長さに、人為は本来介入できないということをまったくわかっていない。一寸を九倍して律の基本とし、一寸を十倍して尺の基本とするなどは、人間がなしたことである。(45)

(四)で述べたように、何瑭は気と律の感応を認めている。何瑭は、黄鐘の律を基準に度量衡を決めるのは、天地の気と応じるためだとする。それにもかかわらず、『漢書』律暦志は、黄鐘律管から度量衡を測り取る際、「一寸を加える」という人為を加えた。その結果、本来の目的であった、「気―律―度量衡」の連関は崩れてしまったのである。このように何瑭は、「黄鐘九寸」自体を否定したわけではなく、「九寸に一寸を加えた」『漢書』律暦志の作為と、それを信頼に足る度量衡論として受容した『律呂新書』を批判しているに過ぎない。つまり、彼が批判をしているのは、劉歆や蔡元定が「黄鐘が度量衡を生む」ことに過度に拘り、九寸に一寸を加えたことで、かえって「気―律―度量衡」の連関を崩してしまったという点である。

(六)何瑭の楽律論の特徴

何瑭の『楽律管見』は、蔡元定『律呂新書』への強い批判意識のもとに記されている。その批判は、五声や二変、十二律や六十調、それから候気の法や度量衡論など多岐にわたる。ただし前述したように、何塘が用いた楽律算出法が、あくまでも蔡元定と同じ三分損益法であることを考慮すれば、何塘は蔡元定を批判しきれたとはいえない。そして、三分損益法が、十二律に陰陽を配し、相互に算出しあう計算法である以上、彼の楽律論は、陰陽相生と決して切り離せない。それゆえ、第三節で述べた陰陽論が、楽律論にも一貫しているかというと、決してそうとはいえない。

しかし何塘の楽律論には、陰陽相生と距離を置こうとする態度も見出せる。彼は漢儒や蔡元定の採用した候気の法を否定し、十二律を十二月気の変化に一対一で関連付けようとはしなかった。十二律と十二月気を連関させる必要がなければ、蔡元定のように、複雑な陰陽相生・陰陽交換理論を導入する必要はなくなる。また彼は、十二律の変化と窮まりを論じる際、三分損益による陽律・陰律の相生の中で論じることはしなかった。陽律なら陽律の中で、陰律なら陰律の中で、律の高低のみに依拠し、それぞれの変化と窮まりを論じたのである。

朱載堉との影響関係において重要なのは、気と律をどう関連付けるかという点である。何塘は、候気の法を完全に否定したわけではない。黄鐘律管が、冬至の気をうかがうことは可能だと考えた。つまり、律と気が感応すること自体は認めていたといえる。ゆえに、漢儒のように、「黄鐘九寸」に一寸を加え一尺とし、度量衡の基準とすれば、その時点で人為が加わり、気との感応は妨げられ、「気―律―度量衡」の連関は崩れる。朱載堉もまた、候気に対して否定的ではある。しかし、気と律の感応を積極的に認め、さらには律・度量衡・天文暦法が、気と数によって結び付き、相互に関連する世界を理想とする朱載堉にとって、何塘の理論は重要な意味を持っていたといえるだろう。

第五節　明代楽論の中の何瑭

本節では朱載堉の何瑭評価のうち、第二節の最後に挙げた四つの問題について、朱載堉や同時代の明人の楽論と比較しながら論じる。

(一) 今楽への態度

孟子は、斉の宣王が、先王の楽ではなく民間音楽を好む自分を恥じるのに対し、「今の楽は、古の楽のようなものです(今之樂、猶古之樂也)」と答え、民とともに今楽を楽しむ宣王を励ました(『孟子』梁恵王下)。孟子は決して、今楽がそのまま古楽と同一であるといっているわけではないが(序章注(62)を参照)、この経文は、後世、民間音楽を古楽復興に利用する根拠となった。当時の民間音楽の技術を、古楽の理論を復元するために利用するという現象は、明代後期になるとより顕著に現れた。

たとえば韓邦奇である。その著書『苑洛志楽』は、『律呂新書』の解説に、韓邦奇自身の見解を加えたものである。彼は基本的には『律呂新書』の理論を踏襲する。朱熹・蔡元定は、今楽にも目を向けてはいたが、あくまでも儒者による楽律論を基本とし、今楽と古楽を直接関連付けようとはしなかった(46)。これに対し韓邦奇は、儒者の理論を中心に据えながらも、以下のような方法で、今楽の利用をすすめている。

楽を学ぶ者はすでに伝を失い、楽を造る者も製作方法を失った。これが古楽を復元できない理由である。今、以下のことをはっきり示したい。天下に詔して楽律を知る者を求め、それぞれ知るところに基づいて、今の世で演奏している楽を用いる。今日歌われている詞の、調子をはかり、リズムをしらべ、先に民間音楽でいう正宮越調の類を求め、それによって古人の〔雅楽である〕清宮清商の調を正す。そののち絲竹金石の楽器で演奏し、一堂の間で合奏すれば楽器が響きあう調和の美が生まれる。その後に、古人の楽律理論、つまり蔡元定の『律呂新書』と朱熹の『儀礼経伝通解』鐘律の項を調べ、その説と法に依拠して、どうして楽が調和するのかその理由を講究する。部屋を築き布で密閉して律管に灰を詰め、候気の法のようにし、竹を裁断して管とし、それによって黄鐘の音を求める。そうすれば善を尽くし美を尽くすとまではいかないが、章・韶・獲・武の楽のように純然とする。後世のまにあわせの方法と比べてみればその違いは明らかである(47)。

韓邦奇は先に今楽で用いている方法によって合奏し、その後に古楽〔韓邦奇にとっては朱熹・蔡元定の楽〕の方法に照らしあわせることを提唱する。朱熹・蔡元定に忠実な韓邦奇でさえ、実際に楽を起こす際は、何より先に今楽の技術を用いようとした。ただし、今楽を用いた後に、やはり儒者の理論を経由することが重要であり、彼もまた今楽そのものに高い評価を与えたわけではない。

その一方、同時代の論者の中には、より積極的に今楽の役割を評価する者もいた。第五章で論じたように、張敔は、彼の考える正しい転調法に基づいた楽が、教坊に現存し、古楽を留めていると考えた。また、俗楽を批判した儒者たちを、むしろ「雅を乱す」存在と見なした。劉濂は、聖人の製作が本来簡潔なものであったと考え、『詩経』の詩、楽律や楽器、音楽家や職人の技術の中に今でも残されていると考えた。彼らに共通するのは、「今楽を参照する」というレベルではなく、儒者の理論よりも、今楽の技術の中にむしろ古楽の遺音が含まれているという考え方である。

以上のように、今楽の技術を重視することそれ自体は、明人にほぼ共通して見られる傾向である。ただし韓邦奇のように、今楽を利用したとしても最後にはあくまで儒者の理論によって楽を完成させるべきと考える場合もあれば、劉濂や張敔、何瑭のように、今楽の技術の中にこそ古楽復元の鍵があると考える場合もある。儒者の中にも、どのくらい今楽の技術を信頼するかには幅があるといえよう。朱載堉もまた、舞学を論じる際に、「いかに簡潔にわかりやすく、舞の手順を明らかにするか」を重視し、当時の民間音楽の技術に注目した。彼は今楽の旋律と『詩経』の歌詞を利用し、古今融合の楽舞を目指したが、彼の中で、今楽の技術は儒者の理論とどのような関係で位置付けられていたのだろうか（第九章）。

（二）何瑭の縦図と朱載堉の河図・洛書の学

第一節で述べたように、朱載堉は朱厚烷・何瑭の功績として、先天八卦横図について、乾を左、坤を右とし、縦図について、乾を上、坤を下とした点、それによって前代の論者の六十四卦方図（朱熹の説）が誤っていたことを証明した点を挙げている。ただし実際に何瑭が行なったのは、朱熹の八卦次序図を縦に見て、乾が上で坤が下になるような縦図を描いたことだけである。朱載堉はその縦図に基づき、乾が左に坤が右になるように、横図として描き直した。第三節（二）で紹介した何瑭の八卦縦図（図6－2）は、朱載堉の理論の中でどのように利用されているのだろうか。朱載堉は以下のようにいう。

朱載堉はまず、朱熹の六十四卦方図（図6－3）は、『周易参同契』の文言と一致しないという。何瑭の縦図（図6－2）は、前述の通り、乾・兌・離・震・巽・坎・艮・坤を、天・沢・火・雷・風・水・山・地に配当し、上から下に並べていた。朱載堉はこの並び方が、天・沢・火・雷・風・水・山・地という八つの現象の、自然な位置と

䷁ 坤	䷖ 剝	䷇ 比	䷓ 観	䷏ 豫	䷢ 晉	䷬ 萃	䷋ 否
䷎ 謙	䷳ 艮	䷦ 蹇	䷴ 漸	䷽ 小過	䷷ 旅	䷞ 咸	䷠ 遯
䷆ 師	䷃ 蒙	䷜ 坎	䷺ 渙	䷧ 解	䷿ 未済	䷮ 困	䷅ 訟
䷭ 升	䷑ 蠱	䷯ 井	䷸ 巽	䷟ 恒	䷱ 鼎	䷛ 大過	䷫ 姤
䷗ 復	䷚ 頤	䷂ 屯	䷩ 益	䷲ 震	䷔ 噬嗑	䷐ 随	䷘ 无妄
䷣ 明夷	䷕ 賁	䷾ 既済	䷤ 家人	䷶ 豊	䷝ 離	䷰ 革	䷌ 同人
䷒ 臨	䷨ 損	䷻ 節	䷼ 中孚	䷵ 帰妹	䷥ 睽	䷹ 兌	䷉ 履
䷊ 泰	䷙ 大畜	䷄ 需	䷈ 小畜	䷡ 大壮	䷍ 大有	䷪ 夬	䷀ 乾

図6-3　朱熹の六十四卦方図（前掲『周易本義』，『朱子全書』一，「伏羲六十四卦方位」図，20頁に基づき作成）

図6-4　朱載堉の横図（前掲『律暦融通』巻三，律象，967頁下の図に基づき作成）

一致していると考えた。朱載堉は乾に一、兌に二、離に三、震に四、巽に五、坎に六、艮に七、坤に八と番号をふり、左から右へ横に並べ（図6-4）、さらに新しい六十四卦方図を描いた（図6-5）。朱載堉の方図は、横図の八卦を、左から右へ内卦[48]として配置する。つまり、方図の左から一行目の内卦はすべて乾、二行目は兌、三行目は離、四行目は震、五行目は巽、六行目は坎、七行目は艮、八行目は坤となる。そして何瑭縦図の八卦を上から下へ外卦として配置する。つまり、方図の上から一段目の外卦はすべて乾、二段目は兌、三段目は離、四段目は震、五段目は巽、六段目は坎、七段目は艮、八段目は坤となる。その結果、図6-5のように、復は子・十一月、臨は丑・十二月、泰は寅・正月、大壮は卯・二月、夬は辰・三月、乾は巳・四月、姤は午・五月、遯は未・六月、否は申・七月、観は酉・八月、剝は戌・九月、坤は亥・十月と定まる[49]。

朱載堉はさらに、春・秋・冬・夏に配当する震・巽・恒・益を除いた六十卦三六〇爻を一年の日数に配当し、一卦一爻あたりに配当される日数をすべて等しくした。朱載堉は、前漢の京房が卦爻配日を行なう際に取った、六日七分の術では、一卦一爻に配当される日数が統一されていないと考えたのである。そ

巳 四月　　正南 午 五月　　未 六月

三月 辰 二月 卯 正東 正月 寅（左）／ 申 七月 正西 酉 八月 戌 九月（右）

乾	履	同人	无妄	姤	訟	遯	否
夬	兌	革	随	大過	困	咸	萃
大有	睽	離	噬嗑	鼎	未濟	旅	晉
大壮	帰妹	豊	震	恒	解	小過	豫
小畜	中孚	家人	益	巽	渙	漸	觀
需	節	既濟	屯	井	坎	蹇	比
大畜	損	賁	頤	蠱	蒙	艮	剝
泰	臨	明夷	復	升	師	謙	坤

十二月 丑　　十一月 子 正北　　十月 亥

図6-5　朱載堉の六十四卦方図（前掲『律暦融通』巻三，律象，967頁下-968頁上の図に基づき作成．一部，文字の方向を変更した）

して朱載堉はさらに卦と日に、十二律も配当していく。一年三六五・二四二五日を十二で割ると、一律あたり三十日四三刻有余となる。一律を前段（正律より一オクターブ高い律）と後段（正律）に分けた上で、ある律の後段と次の律の前段を初・中・末の三均に分け、一均あたり五日七刻有余を配当する。一均はさらに五声にわかれ、一声あたり一日一刻有余を配当する。第八章で再度論じるが、これは、平均律がどこまでも同じ律長比で分割可能であることを生かした配日法であるといえる。卦・爻・律・日の対応をまとめると表6－3の通りである[50]。

　このように、朱載堉は何瑭の縦図から、新しい方図を描き、それに基づき、漢儒の卦爻配日理論とは異なる新しい理論を生み出した。律暦合一を志す朱載堉にとって、何瑭の縦図は確かに欠かせないものであったといえるだろう。

　しかし、もう一度考えてみたいのは、何瑭の縦図の背景にある思想である。何瑭は徹底的な陰陽二元論を取った。陽である乾（天）が巽（風）となり、また、陽である離（火）が震（雷）となる。陰である坤（地）が艮（山）となり、また、陰である坎（水）が兌（沢）となる。陽である天・火と陰である地・水は、互いを生みあったり、完全に混ざりあったりすることはない。

　これに対して朱載堉の楽律論に貫かれているのは、陰と陽を表裏一体と

日の対応表

子　冬至							
	復	(①初九・宮	②六二・商	③六三・角	④六四・徴	⑤六五・羽	⑥上六・宮)
黄鐘正律	頤	(⑦初九・商	⑧六二・角	⑨六三・徴	⑩六四・羽	⑪六五・宮	⑫上九・商)
	屯	(⑬初九・角	⑭六二・徴	⑮六三・羽	⑯六四・宮	⑰九五・商	⑱上六・角)
大呂半律	既済	(⑲初九・徴	⑳六二・羽	㉑九三・宮	㉒六四・商	㉓九五・角	㉔上六・徴)
	家人	(㉕初九・羽	㉖六二・宮	㉗九三・商	㉘六四・角	㉙九五・徴	㉚上九・羽)
丑　大寒							
	臨	(①初九・宮	②九二・商	③六三・角	④六四・徴	⑤六五・羽	⑥上六・宮)
大呂正律	明夷	(⑦初九・商	⑧六二・角	⑨九三・徴	⑩六四・羽	⑪六五・宮	⑫上六・商)
	賁	(⑬初九・角	⑭六二・徴	⑮九三・羽	⑯六四・宮	⑰六五・商	⑱上九・角)
太簇半律	損	(⑲初九・徴	⑳九二・羽	㉑六三・宮	㉒六四・商	㉓六五・角	㉔上九・徴)
	節	(㉕初九・羽	㉖九二・宮	㉗六三・商	㉘六四・角	㉙九五・徴	㉚上六・羽)
寅　雨水							
	泰	(①初九・宮	②九二・商	③九三・角	④六四・徴	⑤六五・羽	⑥上六・宮)
太簇正律	大畜	(⑦初九・商	⑧九二・角	⑨九三・徴	⑩六四・羽	⑪六五・宮	⑫上九・商)
	需	(⑬初九・角	⑭九二・徴	⑮九三・羽	⑯六四・宮	⑰九五・商	⑱上六・角)
夾鐘半律	小畜	(⑲初九・徴	⑳九二・羽	㉑九三・宮	㉒六四・商	㉓九五・角	㉔上九・徴)
	中孚	(㉕初九・羽	㉖九二・宮	㉗六三・商	㉘六四・角	㉙九五・徴	㉚上九・羽)
卯　春分							
	大壮	(①初九・宮	②九二・商	③九三・角	④九四・徴	⑤六五・羽	⑥上六・宮)
夾鐘正律	帰妹	(⑦初九・商	⑧九二・角	⑨六三・徴	⑩九四・羽	⑪六五・宮	⑫上六・商)
	豊	(⑬初九・角	⑭六二・徴	⑮九三・羽	⑯九四・宮	⑰六五・商	⑱上六・角)
姑洗半律	離	(⑲初九・徴	⑳六二・羽	㉑九三・宮	㉒九四・商	㉓六五・角	㉔上九・徴)
	噬嗑	(㉕初九・羽	㉖六二・宮	㉗六三・商	㉘九四・角	㉙六五・徴	㉚上九・羽)
辰　穀雨							
	夬	(①初九・宮	②九二・商	③九三・角	④九四・徴	⑤九五・羽	⑥上六・宮)
姑洗正律	大有	(⑦初九・商	⑧九二・角	⑨九三・徴	⑩九四・羽	⑪六五・宮	⑫上九・商)
	睽	(⑬初九・角	⑭九二・徴	⑮六三・羽	⑯九四・宮	⑰六五・商	⑱上九・角)
仲呂半律	兌	(⑲初九・徴	⑳九二・羽	㉑六三・宮	㉒九四・商	㉓九五・角	㉔上六・徴)
	革	(㉕初九・羽	㉖六二・宮	㉗九三・商	㉘九四・角	㉙九五・徴	㉚上六・羽)
巳　小満							
	乾	(①初九・宮	②九二・商	③九三・角	④九四・徴	⑤九五・羽	⑥上九・宮)
仲呂正律	履	(⑦初九・商	⑧九二・角	⑨六三・徴	⑩九四・羽	⑪九五・宮	⑫上九・商)
	同人	(⑬初九・角	⑭六二・徴	⑮九三・羽	⑯九四・宮	⑰九五・商	⑱九六・角)
蕤賓半律	無妄	(⑲初九・徴	⑳六二・羽	㉑六三・宮	㉒九四・商	㉓九五・角	㉔上九・徴)
	随	(㉕初九・羽	㉖六二・宮	㉗六三・商	㉘九四・角	㉙九五・徴	㉚上六・羽)

表6-3　卦・爻・律・

午　夏至							
	姤	(①初六・宮	②九二・商	③九三・角	④九四・徴	⑤九五・羽	⑥上九・宮)
蕤賓正律	大過	(⑦初六・商	⑧六二・角	⑨六三・徴	⑩六四・羽	⑪六五・宮	⑫上九・商)
	鼎	(⑬初六・角	⑭九二・徴	⑮九三・羽	⑯九四・宮	⑰六五・商	⑱上九・角)
林鐘半律	未済	(⑲初六・徴	⑳九二・羽	㉑六三・宮	㉒九四・商	㉓六五・角	㉔上九・徴)
	解	(㉕初六・羽	㉖九二・宮	㉗六三・商	㉘九四・角	㉙六五・徴	㉚上六・羽)
未　大暑							
	遯	(①初六・宮	②六二・商	③九三・角	④九四・徴	⑤九五・羽	⑥九六・宮)
林鐘正律	訟	(⑦初六・商	⑧九二・角	⑨六三・徴	⑩九四・羽	⑪九五・宮	⑫上九・商)
	困	(⑬初六・角	⑭九二・徴	⑮六三・羽	⑯九四・宮	⑰九五・商	⑱上六・角)
夷則半律	咸	(⑲初六・徴	⑳六二・羽	㉑九三・宮	㉒九四・商	㉓九五・角	㉔上六・徴)
	旅	(㉕初六・羽	㉖六二・宮	㉗九三・商	㉘九四・角	㉙六五・徴	㉚上九・羽)
申　処暑							
	否	(①初六・宮	②六二・商	③六三・角	④九四・徴	⑤九五・羽	⑥上九・宮)
夷則正律	萃	(⑦初六・商	⑧六二・角	⑨六三・徴	⑩九四・羽	⑪九五・宮	⑫上六・商)
	晋	(⑬初六・角	⑭六二・徴	⑮六三・羽	⑯九四・宮	⑰六五・商	⑱上九・角)
南呂半律	豫	(⑲初六・徴	⑳六二・羽	㉑六三・宮	㉒九四・商	㉓六五・角	㉔上六・徴)
	小過	(㉕初六・羽	㉖六二・宮	㉗九三・商	㉘九四・角	㉙六五・徴	㉚上六・羽)
酉　秋分							
	観	(①初六・宮	②六二・商	③六三・角	④六四・徴	⑤九五・羽	⑥上九・宮)
南呂正律	漸	(⑦初六・商	⑧六二・角	⑨九三・徴	⑩六四・羽	⑪九五・宮	⑫上九・商)
	渙	(⑬初六・角	⑭九二・徴	⑮六三・羽	⑯六四・宮	⑰九五・商	⑱上九・角)
無射半律	坎	(⑲初六・徴	⑳九二・羽	㉑六三・宮	㉒六四・商	㉓九五・角	㉔上六・徴)
	井	(㉕初六・羽	㉖九二・宮	㉗九三・商	㉘六四・角	㉙九五・徴	㉚上六・羽)
戌　霜降							
	剝	(①初六・宮	②六二・商	③六三・角	④六四・徴	⑤六五・羽	⑥上九・宮)
無射正律	比	(⑦初六・商	⑧六二・角	⑨六三・徴	⑩六四・羽	⑪九五・宮	⑫上六・商)
	蹇	(⑬初六・角	⑭六二・徴	⑮九三・羽	⑯六四・宮	⑰九五・商	⑱上六・角)
応鐘半律	艮	(⑲初六・徴	⑳六二・羽	㉑九三・宮	㉒六四・商	㉓六五・角	㉔上九・徴)
	蒙	(㉕初六・羽	㉖九二・宮	㉗六三・商	㉘六四・角	㉙六五・徴	㉚上九・羽)
亥　小雪							
	坤	(①初六・宮	②六二・商	③六三・角	④六四・徴	⑤六五・羽	⑥上六・宮)
応鐘正律	謙	(⑦初六・商	⑧六二・角	⑨九三・徴	⑩六四・羽	⑪六五・宮	⑫上六・商)
	師	(⑬初六・角	⑭九二・徴	⑮六三・羽	⑯六四・宮	⑰六五・商	⑱上六・角)
黄鐘半律	升	(⑲初六・徴	⑳九二・羽	㉑九三・宮	㉒六四・商	㉓六五・角	㉔上六・徴)
	蠱	(㉕初六・羽	㉖九二・宮	㉗九三・商	㉘六四・角	㉙六五・徴	㉚上九・羽)

※○内の数は十二節気から数えた日数. 厳密には一声あたり一日一刻有余が配当される.

する思想である。朱載堉は、河図に陽を、洛書に陰を重ねあわせ、前者には暦を、後者には律をあてはめ、両者は数と気を媒介として完全に連関していると考えた。第八章で述べるように、朱載堉は河図の数を十、洛書の数を九とした。これは南宋図書学派の流れを汲む理論である。蔡元定は河十洛九説を唱え、それを発展させた蔡沈は、世界の法則を数学の法則によって表現しようとした。朱伯崑は、「蔡氏父子の河洛の学は、筮法の解釈に始まって、世界解釈のモデルへと発展した。そのモデルは、奇偶の二数の対立と依存の関係を通して、天地・万物が普遍的な連関の過程の中に位置付けられていることを説明する。それゆえ、その河洛の図式はまた、後の自然科学者が数学・天文・地理・音楽・物理・医学などの理論を解釈するための哲学的根拠となった。蔡沈の考えに拠れば、河図は陰陽を主とし、洛書は五行を主とする。かくして、自然科学の理論的根拠としての古代の陰陽五行の学説は、河洛の図式を通して一層、規範化され、論理化され、明清以降の自然科学者が自然現象を解釈するための理論的根拠となった[51]」という。蔡元定自身は、楽律理論に対して、河十洛九説を取り入れることはしなかったが、第五章で論じたように、明の李文察は『律呂新書』に注釈し、蔡元定の理論は洛書に基づいた作楽の理に依拠すると主張した。

朱載堉の律暦合一思想における河洛の学も「自然現象を解釈するための理論的根拠」として発展させたものであるといえよう。朱載堉は、律・暦そして度量衡をも、河図の数十／洛書の数九、陰／陽の二つで説明し、数によってすべてが連関していることを証明しようとした。そして朱載堉は、十と九、そして陰と陽が、本質的には同一であること、表裏一体であると論じている。このように考えると、朱載堉の陰陽論と何瑭の陰陽二元論の間には根本的な差があるといえよう。朱載堉の理論は、むしろ蔡元定の河洛の学を展開したものであり、何瑭の先天縦図を利用したのは確かであるが、背後にある陰陽論は必ずしも何瑭のような二元論を取っているとはいえない。

（三）「黄鐘九寸」への疑い

何瑭が『漢書』律暦志の「黄鐘九寸」を批判した理由は、気と律、そして度量衡を結び付けるという目的を達成できていないからであった。同じように『漢書』の「黄鐘九寸」に疑問を持ち、気や数を用いて、律、度量衡、そして天文暦法を貫く理論を構築しようという傾向は、第五章で論じた李文利にも共通する。李文利は、黄鐘は九寸ではなく、三寸九分であると説いた。黄鐘は十二律の中で最も高く、宮は五声の中で最も高いという。そして自らの十二律制は、陽気の消長や太陽の運行と重なり、永遠に循環し「往きて復た返る」を実現できると考えた。李文利の示す十二律管の長さに数理的な根拠はないが、「往きて返らず」に対しはっきりと問題提起をし、「黄鐘九寸」や三分損益法それ自体を批判したことは革新的である。李文利の理論は、同時代の楽書で言及されないことがないほど、大きな論争を巻き起こした。たとえば季本は、李文利を批判しつつも、「往きて返らず」の克服を目指した態度については評価する。

何瑭もまた、「読律呂元声」を書き、李文利の理論を批判する。「律の長短や音の高低は、みな人が名付けたものであり、黄鐘を長いといおうが短いといおうが、宮音を高いといおうが低いといおうが、だめだということはない」[52]とことわった上で、それでもなぜ黄鐘は九寸であり、宮音が最低であるべきなのかを説明する。論点は六点にわたるが、そのうち三点を紹介する（ほか三点はやや些末なので省略する）。

第一に、天地の陽気は冬至に下から昇ってくるので、冬至において陽気は地面からまだ遠く離れた深い所にある。だから、黄鐘律管を地に埋めて、地中の気をうかがう。黄鐘が三寸九分では短すぎて、地中深い所にある気に接することができない。

第二に、律は気をうかがうことで、声を調和させる。声も気もみな陽に属し、「老陽」（『易』の四象の一つ、季節でいえば夏に当たる）の数は九であるから、黄鐘は九寸である。

第三に、楽声と人声はともに「五音」を持つ。人声こそ自然であり、喉音を宮、舌音を商、牙音を角、歯音を徴、唇音を羽とする。李文利もこれに基づいているが、喉音を宮とするならば、喉から発せられる音は奥深く低いはずである。だから古法では、長い律管を宮とした。李文利が宮音を最高とするのは、人声と矛盾がある。

このように何瑭は、李文利と比べれば、決して「黄鐘九寸」を否定する立場を取っていないことがわかる。何瑭は、あくまでも「『漢書』の黄鐘九寸」を批判するに過ぎず、李文利のように、「黄鐘九寸」そのものや三分損益法それ自体を否定したわけではない。

以上をふまえ、改めて何瑭の朱載堉への影響を考えると、九寸管制の否定が、三分損益律からの離脱を促したという点よりも、以下のような点に注目すべきではないだろうか。すなわち第四節（五）で論じた、何瑭の「黄鐘九寸」批判の背後にある思想である。何瑭が批判をしたのは、『漢書』律暦志が、「黄鐘が度量衡を生む」ことに過度に拘ったがために、かえって「気―律―度量衡」の連関を崩してしまった点であった。朱載堉は「同律度量衡」の立場から、律が先でも度が先でもなく、律と度は表裏一体であると考えた。そして、第七章で論じるように、黄鐘律管を定めるにあたり、当時残存していた尺を利用し、黄鐘が先であることに拘らない。何瑭の『漢書』律暦志批判が、朱載堉にとって重要なのは、律暦志の理論が「気―律―度量衡」の連関を崩しているので、信頼に足る制度ではないことを証明した点であろう。それによって、漢制に依拠した『律呂新書』の信頼性も揺るがすことができる。朱載堉にとって、何瑭の『漢書』批判は、朱子学の楽律学として絶対的な地位を得ていた『律呂新書』の理論を突き崩すための契機ともなるべき重要な存在だったのである。

(四) 候気の法との距離

第四節(四)で述べたように、何瑭は候気を完全に否定するのではなく、部分的に認めた。十二律管すべてが十二月気を捉えられるのではなく、黄鐘律管だけが冬至の気を捉えられると考えた。つまり京房や『律呂新書』が示した候気の法は正しくないが、律と気の感応自体は否定していないのである。

候気の法に疑いを持ったのは何瑭ばかりではない。むしろ明代後期では、「律管を並べ灰を飛ばす」従来型の方式の候気を、そのまま受容することは少ないといえよう。明人の問題意識は、律管が節気に応じて具体的にどう反応するかということではなく、もっと広い観点から、律と気の関連を捉えようとすることへ展開している。

ただし、従来型の候気を肯定的に捉えた人物もいる。湛若水である。[53]湛若水は「経は度数を主とする」「伝は義理を明らかにする」と考えた。そして、楽の経はすでに失われ、そこには律呂に関する問題が描かれていたと考え、彼の著作『古楽経伝』の中に「擬補古楽経」として自ら補った。律呂を経とするのは、『儀礼経伝通解』を踏襲しているが、「古楽経」と銘打ったことで楽全体における律呂の地位をより一層明確にしたといえる。「擬補古楽経」の冒頭で湛若水はまず、人々を教化し、万物を安定させる手段として楽を捉える。そして、律管を吹くことと、黍を律管に詰めることと同様に、候気を、天・地・人を合する手段として位置付けている。[54]湛若水は『律呂新書』に載る候気の法をそのまま引用するので、その具体的な方法は『律呂新書』に準ずると考えられる。ただし、湛若水はさらに一歩進んで、候気に対し特別な意味を見出している。

何を本というのか、律呂である。何によって律を定めるのか、候気である、粟をつめることである。…(中略)…粟も気である。今、候気を信じなければ、どうやってしらべ考え、どうやって律を定め、どうやって楽を起こそうか。このように考えてみると、候気の説は決して廃してはならない[55]。

前述した通り、湛若水は律呂を楽の経と考えた。その律呂を定める手段として、候気と、粟を律管に詰めることを挙げる。粟も自然の気が産出したものだと考えれば、候気こそが律を定める要となる。すなわち、湛若水にとって、楽の最も中心的な問題は楽律であり、その楽律を定める最も重要な手段は候気である。また、朱子の「音律はただ気である。人もまたただの気であるから、相互に連関する[56]」という言に対し、湛若水は「人の気だけでなく、天・地・人鬼の気もすべて相互に連関する」と述べる[57]。彼は具体的に候気の方法を論じた後、「候気を信じないのは天地を信じないことである[58]」と言い切る。

湛若水と比較すれば、何瑭の候気に対する態度は、明らかに否定的であることがわかる。ただし湛若水は、候気の具体的な方法（たとえば、何月の気が何の律管に対応し、律管に詰めた灰がどのように反応し、その反応の意味は何なのか、など）を積極的に述べるというよりも、気をうかがい、天・地・人を結び付ける手段としての候気の重要性を説いている。このように考えれば、律と気の感応自体は認める何瑭の立場と類似する部分もある。

次に、候気に対して懐疑的な季本の説を紹介する。季本は、『律呂新書』の候気の説を引用し、蔡元定の「先に声気の元を求め、律から尺を生む説」について、朱子が「信頼性の高い説だといった」と述べ、彼らと同様に、律から尺を生む立場を取り、尺から律を生む説を批判する。蔡元定について、「声気の元に照合し、そこから古の律呂を求めようとすることは、考えあってのことであり、決しておろそかにしてはいけない」とことわりながら、「しかし、つまるところ、やはり耳の聡い者が律をなすのが、最も簡潔な方法だ」と述べる[59]。季本は三分損益律の応鐘律と黄鐘律に、四寸二分三釐の差があり、その差がかけ離れていることに注目した。気は天地の間を循環し、途切れることがない。気には「往きて返らず」ということがなく、律にそれがある以上、蔡元定らが依拠したような候気の法は誤りである。そのため蔡元定は、「律については、陰にある場合は記述しない」という言い逃れをしたという。季本は、耳のよい者を選び、音楽を調和させれば、気は自然と応じると考え、候気は、聖人が音の調和を示すために、かりに設けた基準であると見なす[60]。このように季本は、十二律管と十二節気が一対一に対応することには、疑問を感じている。しかし、中和した音楽には自然と気が感応すると考えており、この点では何瑭の態度とも類似する。

このほか、たとえば王廷相も気の運行に注目し、天地の気を、上昇するものと、下降するものに分けた。天の気が下降し、地の気が上昇すれば、それは陽であり、その逆ならば陰である。もし、夏至以前に陽気の律が応じるとし、冬至以前には陰気の律が応じるとするなら、一年中気は上昇し続け、下降しないことになると考えた[61]。劉濂も、一年を通して、気には上昇するものと下降するものがあると考え、土に律管を埋める方法では気を捉えられないと考えた。また、気や律管に知覚はないので、気が律管を選んだり、律管が気を選んだりすることはあり得ないとした[62]。両者とも、気の動きを考察し、律管を埋める方式ではそれを捉えることができないと考えたのである。

朱載堉は劉濂・何瑭の説については「見識がある」と評価し、特に季本の「往きて返らず」批判や、王廷相などが候気の誤りを論じたものについては「卓見」とした[63]。このように候気の説に関しては、従来型の候気の法に賛成するにせよ、反対するにせよ、気と律の感応自体は、比較的受容される傾向にあった。それゆえ、気と律の感応を認めること自体は、特に何瑭に見出される特徴だとはいえない。「往きて返らず」にはっきりと疑問を持った季本の方が、朱載堉の考え方には近いともいえる。ただし、彼らはみな三分損益の法を宗としている以上、朱載堉は根本が間違っていると考えた[64]。すなわち、十二平均律によって「往きて返らず」を解決できてこそ、律は、循環する気や暦と完全に連関することができるのである。しかし、明代に蓄積された候気の法に対する様々な見解は、朱載堉にとって、気と律暦の連関の新しい形を生み出す、確実な契機となっただろう。

小結

改めて、何瑭の陰陽論及び楽律論は、朱載堉に対しどのような影響を与えたのか、考えてみたい。本章ではまず、何瑭自身の陰陽論と楽律論について考察した。陰陽を徹底的に区別し、常に陰陽が並存した状態で万物を捉える思想は、楽律計算において三分損益法を取る以上、徹底的に貫き通すことはできない。三分損益法自体が陰陽相生理論に密接に結び付いているからである。ただし何瑭は、楽律を陰と陽とに分け、それぞれで数の極まりを論じようとしており、陰陽相生と距離を置こうとする態度を見出すことはできる。続いて、朱載堉自身が何瑭から影響を受けたと述べる点を中心に、四点に分けて、両者の影響関係を論じた。その際、同時代の楽論を取り上げ、その中において何瑭の理論がどのような位置にあるのかを明らかにした。

第一に、今楽の技術を古楽復元に利用することは、明人にほぼ共通して見られる傾向である。今楽を古楽復元の補助に留める場合もあるが、より今楽に価値を見出し、古楽復元の重要な鍵とする場合もある。何瑭の場合は後者に近い。いずれにせよ、『律呂新書』の時代よりも、儒者の理論に今楽の技術が与える影響は大きくなっている。朱載堉もまた今楽の旋律を古楽復元に利用し、古今融合の楽を目指したが、そのような態度は、何瑭だけでなく、明代後期に育まれた今楽重視の傾向を受け継いでいる。

第二に、朱載堉が何瑭の縦図を利用したのは確かであるが、背後にある陰陽論は必ずしも何瑭のような二元論を取らない。朱載堉は、律・暦・度量衡などあらゆる理論を、河図の十／洛書の九、陰／陽の二つで説明しようとするが、二つが本質的には同一であり、表裏一体であることを強調しており、決して二元論を取ってはいない。朱載堉の陰陽理論は、何瑭の二元論を主軸とする陰陽論よりも、蔡元定以来の河洛の学を展開したものであるといえよう。

第三に、何瑭は『漢書』律暦志の「黄鐘九寸」の制を批判した。何瑭が問題にしたのは、「黄鐘が九寸であるかどうか」というより、『漢書』律暦志が「黄鐘が度量衡を生む」ことに過度に拘ったがために、かえって「気―律―度量衡」の連関を崩してしまった点である。朱載堉は「同律度量衡」の立場から、律が先でも度が先でもなく、律と度は表裏一体であると考え、黄鐘が先であることに拘らない。朱載堉にとって、何瑭の『漢書』律暦志批判が重要である理由は、律暦志の理論が「気―律―度量衡」の連関を崩しているので、信頼に足る制度ではないことを証明した点である。それによって、漢制に依拠した『律呂新書』の信頼性も揺るがすことができる。朱載堉にとって、何瑭の『漢書』批判は、朱子学の楽律学として絶対的な地位を得ていた『律呂新書』の理論を突き崩すための契機ともなるべき重要な存在であった。

第四に、明代後期では、従来型の候気の法に賛成か反対かを問わず、気と律の感応自体は、比較的受容される傾向にあった。そして、候気の議論は、占いの具体的な手段を問うというより、もっと幅広い視点から、律と気の関係を考えるかたちへ展開していった。何瑭の候気論も、同時代に広く共有されていた思想であり、特に何瑭だけに見出される特徴だとはいえない。明代に蓄積された候気の法に対する様々な見解は、朱載堉にとって、気と律暦の連関の新しいかたちを生み出す、確実な契機となっただろう。

以上のように、何瑭の朱載堉への影響については、同時代の論者からの影響も考慮しながら慎重に考えるべきである。朱載堉が述べるほど、何瑭の理論と朱載堉の理論が、本質的には一致していないことがしばしばある。また、朱載堉が否定的に引用する論者と、朱載堉自身の理論が、本質的には非常に共通した部分を持つことも注意しなければならない。

それでは最後に、なぜ朱載堉はそれほどまでに何瑭との関係を強調したかったのかを考えたい。朱載堉の父・厚烷が十歳で鄭王に封じられ、十六歳で加冠の儀を行なった際、南京右都御史であった何瑭は「鄭王加冠序」を撰した。また朱厚烷の頼みに応じて「追封鄭定王碑銘」(定王は厚烷の祖父)を撰した。朱厚烷が投獄されたのちも、何家との交流は続き、朱厚烷は罪が晴れた後、何瑭の孫娘を嫡子・載堉の妻とした。何瑭は辞職し郷里である懐慶府に帰り、何瑭の死後、朱厚烷は『栢斎集』を出版する(一五四九年)[65]。このように、父・厚烷と何瑭との深い関係を考慮すれば、朱載堉が何瑭からの影響を、強調したくなる気持ちも理解できよう。しかし、それ以上に、朱載堉が「私淑した」といいたくなるような、何瑭から朱載堉へと受け継がれたものがあるのではないか。

何瑭と朱載堉に共通するのは、朱子学の象数易を理論的基盤にして、朱子学の楽律学を見直そうとした点である。確かに何瑭の場合は、その楽律学の中に、易学理論が貫き通されているとは言い難い。また、彼の楽律学も科学史上の成果として高く評価できる水準には至っていない。しかし、たとえば朱伯崑は、王廷相の象数易批判を取り上げ、「王氏の批判から見出せるのは、彼が、象数易派易学哲学が持つ理論的思惟の、プラスの要素を比較的軽視し、ある種の実証的・経験主義的偏向を有していることである。彼は象数易派が提出した世界のパターンに、経験に符合しない一面があることを見出したが、そこから世界の普遍的連係を検討する思惟についても、放棄してしまった。彼は漢代以来の象数の学が神秘主義と関連する一面を持つことを見出し、無神論の立場を堅持したが、そこから邵雍の数学を占術などと同一視し、その哲学的価値を認めようとしなかった[66]」と述べる。何瑭の場合はまさに、象数易によって世界のパターンを描こうとし、世界の普遍的連係を追い求めようとしたといえる。その一方、実際に楽制を考える際には、当時はっきりと残存していた俗楽の技術を用いて古楽復元を試みようとした。このような態度を「経験主義的」とし、あえて王廷相と比較してみるならば、何瑭は象数易の理論的思惟を基盤にしながらも、「経験主義的」傾向も持ちあわせていたといえるだろう。

前述したように朱載堉は、李時珍や徐光啓、宋応星などと並び、明代後期の実学思潮を代表する人物とされ(67)、数々の実験を行なったり、実際に楽器を製作したりするなど、実証的な側面が評価されている。しかしその一方、朱載堉の書には、おびただしい量の「数」の理論が展開され、それは単なる計算の範囲を超えている。これまでの研究では、このような朱載堉の象数学的思惟をいまだ正当に評価できていなかった。しかし、十二平均律も含めた朱載堉の様々な科学理論を生み出した背景にあるのは、実証主義的な態度よりも、むしろこのような象数学的思惟なのではないか。朱載堉が何瑭から学んだことは、世界の普遍的連係を象数易によって追究する思惟であると結論したい。

(1) 前掲『明史』巻二八二、列伝、儒林一、七二五六—七二五七頁。

(2) 「穎悟超卓、論議精當、蓋多前賢所未發者。」前掲『律呂精義』序、一四八頁。

(3) 「先天八卦横図」については後述する（本章第三節（二）及び第五節（二））。『律呂精義』序ではあたかも何瑭が「縦図」も「横図」も描いたかのように述べているが、朱熹の「伏羲八卦次序図」に基づき何瑭が書いたのは「横図」だけであり、「縦図」を描いたのは朱載堉である。

(4) 何瑭は、変律半黄鐘・変律半太簇・変律半林鐘の存在を認めている（『楽律管見』、鍾人傑『性理会通』続編、杭州大学図書館蔵明崇禎刊本、四庫全書存目叢書子部第十九冊、二九三頁下）。

(5) 「角徵羽宮之間、又何用以二變濟之乎。陳氏樂書謂二變當去、今從之。」同上、二九四頁上。

(6) 堀池、前掲「中国音律学の展開と儒教」、一三六頁。

(7) 楊玉東「何瑭思想浅論」、『河南科技大学学報』（社会科学版）二三、二〇〇五年、第三期、二四—二七頁。楊玉東は、何瑭の哲学のほか、経済・政治・道徳思想も簡潔にまとめる。

（8）たとえば、衷爾鉅「王廷相和何瑭関于形神問題的一場弁論」（『河南師範大学学報』、一九八七年、第一期、三七―四五頁）は、王廷相と何瑭の思想に差異が生じた原因を三つに分けて論じる。第一に、自然科学の知識をどう結合するかという点である。王廷相は「自然科学知識を、唯物主義理論体系を建立するための基礎とし」、何瑭は「自然科学知識を陰陽五行家の学説と結び付けた」という。第二に、継承した思想系統の違いである。王廷相は張載を評価し、何瑭は許衡（何瑭の「造化の神」と許衡の「命」という概念は類似するという。許衡は、人間の力が働く世界を「義の存在する世界」、天の力に掌握される世界を「命のある世界」とした。衷爾鉅によれば、両者は世界を二分するという発想において類似する）と薛瑄（「理は無形、気は有形とし、有無は二をなす」という思想が何瑭と類似しているという）を崇拝した。第三に、朱子学への態度の差である。両者とも、王守仁の心学には反対したが、王廷相の場合は心学だけでなく、朱熹の理気論にも反対した。衷爾鉅の指摘するように、何瑭が、朱熹や許衡、薛瑄に影響を受けているのは確かだろう。また、一元か二元かという視点で比較すれば、許衡や薛瑄と確かに類似性が見られるだろう。しかし、その視点に注目するばかりに、何瑭自身の文脈に即して「形」「神」「陰」「陽」「理」「気」といった概念の意味を考察することが疎かにされているのではないか。

（9）山井湧が論じた「気の哲学」の図式にあえてそのまま即して考えてみると、「現実にあるものそのものを重視」し「自然にあるがままの人間、生身の人間の人間性を重んずる」王廷相は、「明代の時代精神を典型的に示す」ことになり（山井湧「明代における気の哲学の成立」、『明清思想史の研究』、東京大学出版会、一九八〇年、一九二頁）、何瑭はそこから外れるだろう。また、馬淵昌也は、王廷相の人性論の背景として、「彼における、ある現象を考察する際に、旧来の理論や解釈にとらわれないで、実際に存在し、観察が可能な事実を、根本的前提として重視してゆこうという態度、即ち事実の凝視とその尊重といった〝事実第一主義〟の構えの存在である。それは、彼の自然現象に対する認識活動において余す所なく発揮されている」と概括する（「王廷相思想における規範と人間――人性論・修養論を中心に」、『東方学』七三、一九八七年、一〇〇頁）。

（10）創文社、二〇〇四年。

（11）何瑭と朱子学の関連については、吾妻重二の研究のほかに、孫玉傑「従朱熹的理気説到何瑭的形神二元論」（『開封大学学報』、一九九七年、第一期、六六—六八頁）がある。孫玉傑は、朱熹の「理気は混ざり合って分かれず、一所にあるように見えるが、物より先に理は存在しているので、理気は二物である」という発想を、何瑭の形（陰）神（陽）二元論は継承しているという。何瑭の形神論が朱子学の影響下にあるのは間違いないが、何瑭が論じたのは理と気ではなく、形と神である。二元というだけで、両者の類似性を強調するのは大雑把である。朱熹以降の理気論だけではなく、形神論の歴史も参照しながら、何瑭への影響を考える必要があるだろう。

(12) 吾妻、前掲『朱子学の新研究』、三七七—三七九頁。

(13) 何瑭の『儒学管見』には、『大学』を中心とする修養論が展開され、強い経世意識が見られる。何瑭の思想は、確かに道教・仏教の影響を受けているが、形神論自体に、不老不死や輪廻転生を主張する意図はない。

(14)「造化之道、一陰一陽而已矣。陽動陰靜、陽明陰晦。陽有知陰無知。陰有形、陽無形。陽無體以陰爲體、陰無用待陽而用。二者相合則物生、相離則物死。」『陰陽管見』巻一、明隆慶刊本景印、百部叢書集成所収百陵学山本、一頁。

(15) 同上、一頁表裏。

(16)「私が思うに、陰陽は『実体のない名称』である。天・地・水・火は『実体』である。両者は結局同じことだ。天・地・水・火は、造化の奥深さを尽くすに足りないというのは、造化について理解できていないだけだ。」同上、二頁裏。

(17) 楊玉東は「何瑭は…（中略）…陰陽は並存する二物だという奇抜な見解を提出した。しかし、何瑭はこのような説明が人に受け入れられないと考えたのか、自分の理論は『易』大伝の観点と矛盾がないとし、異なるのは問題を見る角度だけだといったのである。彼は、天は陽、地は陰で、両者は混ざることはできないと見なしている。しかし、水と火は、天地の二つの派生物であり、火は陽物として、天に付随しているだけでなく、地にも行なわれ、水は陰物として、地に付随しているだけでなく、天にも行なわれる。このように考えると、『易』大伝が、天に陰陽あり、地に柔剛ありというのも正しく、自説と矛盾しないと何瑭は考えている」と説明する（前掲「何瑭思想浅論」、二五頁）。

(18)「精氣爲物、遊魂爲變、是故知鬼神之情狀。」『周易』繫辞上伝。

(19)「天地未生、蓋混沌未分之時也、所謂太極也。天神地形、雖曰未分、實則竝存、而未嘗缺一也。太虚之氣、天也、神也、以形論之、則無也。地則形也、非太虚之氣也、以形論之、則有也。分爲天地、與未分之時無異也。謂儒者之道、無無、無空者、非也。神與形合則物生、所謂精氣爲物也。神去形離則物死、所謂游魂爲變也。神在人、心性是也、無形也。形在人、血肉是也、無知也。方其生也、形神混合、未易辨也。及其死也、神則去矣。去者固無形也。形雖尙在、固已無知而不神矣。此理之易見者也。」王廷相「答何栢斎造化論十四首」、『王廷相集』、中華書局、一九八九年、九七〇―九七一頁。

(20) そもそも形、神とは何か。神の原義は、宗教的な神霊や鬼神であるが、戦国時代以降、形体、肉体としての体との対比で、人間の精神としての神を用いるようになった。やがて精神という意味が一般的になり、形と神の関係をめぐって様々な議論が起こった。前漢末、後漢初の桓譚は『新論』で、人の精神と肉体は火と燭の関係に等しく、燭が無ければ火はそれだけで燃えることはできないと説明した。これに対し、東晋の慧遠は、神は形を支配するものとし、物は消滅するが、神は消滅しないと考えた。たとえば、薪は燃え尽きて灰になるが、火は別の薪へと燃え移っていく。もし人が元気を受けて生まれ、形神は同時に生滅するのであれば、人に智愚の区別がある原因は何だろうか。たとえば丹朱は、優れた父親から形を受けたのなら、優れた神を持つはずだし、舜は愚かな父親から形を受けたのなら、愚かな神を持つはずだ。しかし、実際はそうではない。形と神は分離するからこそ、丹朱の神は愚であり、舜の神は善である。慧遠は、智愚の区別は、前世の因果応報の結果なのだ、という。南朝梁の武帝もまた、『礼記』祭義篇と礼運篇を根拠に、儒・仏・道の三教はすべて「神不滅」を論じているとした。南朝斉・梁の范縝は「神滅論」で、形は質、神は用とし、両者は分離することができないとした。肉体と精神の関係は、刃物とそれがよく斬れることの関係に等しい。刀の鋭さ自体は刀ではないし、刀自体は鋭さではないが、刀を離れては鋭さは存在し得ないし、鋭さを離れては刀は存在しない（鋭くないものは、そもそも刀ではない）。特定の形質が、特定の作用を生み出す。すなわち、精神は「生きている人間」の質に特有の作用であり、精神は「感覚」（知）と、「是非の判断ができること」（慮）に分かれる。前者は人体の手・耳・目などの感覚器官から生まれたものであり、後者は人体の心という器官から生まれたものである、と説明した（張立文『中国哲学範疇発展史（天道篇）』（中国人民大学出版社、一九八八年）第十八章形神論（六五九―六七九頁）及び『中国哲学史主要範疇概念簡釈』（浙江人民出版社、一九八八年）、瑜力濤「『形』与『神』」（一一七―一二三頁）を参照）。

范縝「神滅論」は、仏教側から激しく批判された。たとえば范縝の外弟である蕭琛は、「難神滅論」（『弘明集』巻九）を記し、「神滅論」を六段に分け、范縝の論理的矛盾を指摘した。たとえば刃物の比喩については「刀は使いふるせば鋭くなくなる、ゆえに鋭さがなくても刀は存在する。つまり神がなくても形があることになり、形と神はともになくなるものではない」と述べる。また、曹思文の「神滅論」批判には、范縝の回答がある。彼らのやりとりは『弘明集』巻九に「難范中書神滅論」「答曹録事難神滅論」「重難范中書神滅論」として収められている。曹思文は、たとえば、儒者の祖先祭祀を根拠に、「神滅であるならば、神がないのに神をまつることになる。それでは儒者の聖人の言は欺瞞に満ちていることになる」と批判する。このほか沈約も范縝への反駁を試みている。范縝の「神滅論」を契機に、儒教側は三教混淆的風潮に対し、自己の立場を確立することとなった。また仏教側にとっては「神」の概念をより明確にすべき契機となった（蜂屋邦夫「范縝『神滅論』について」、『東洋文化研究所紀要』六一、一九七二年、六三―一一八頁）。

(21) 何瑭は仏教の「無」「空」を例に挙げてはいるが、その意味する内容は仏教とは大きく異なる。

(22) 中国思想における神あるいは精神という語を考察する場合、常にその物質性に注意しなければならない。川原秀城は、「精神の用例中とくに注意すべきは、精神が物質的な性格をもっているという点である」とし、『淮南子』精神訓の高誘注を引き、「万物が気の運動でつくられるさい、万物の霊長たる人ひいてはその『精神』も、『気』とりわけ『精気』――精微ないし精妙な気、を材料としてつくられたことを意味している。中国語の『精神』は、もともと物質性をもった概念にほかならないのである」とする。また、中国医学における神も同様に物質性を有する。漢代、『黄帝内経』など古典医学理論が形成されると、神は人体の生命活動や生命力そのものを意味するようになる。川原は「『黄帝内経』は…（中略）…人体と精神について、『神』は、『形』を離れて独立に存在することはない、肉体の生命維持活動が停止すれば、精神もそれにしたがって消滅する、と明快に主張する」「医経の理論にしたがえば、『神』の不滅など、愚者の戯言にすぎないのである」「『黄帝内経』は上のように精神の不滅性を退けただけでなく、『神』は気からつくられた物質であり、非物質的なものではないことを明らかにしている。あくまで物質であることにこだわりつづけるのが、医経の神論の大きな特徴である」と述べる（「『形と神』――中国医学の〝たましい〟論」、『鍼汪』二四、二〇〇三年、一三一―一三五頁）。何瑭の形神論は結局のところ、形があるかないかが重要であり、神は気であるという以上、何瑭の神もまた物質性を有しているといえるだろう。

(23)「乾爲天」「坤爲地」「震爲雷」「巽爲木」「坎爲水」「離爲火」「艮爲山」「兌爲澤」『周易』、説卦伝。

(24) 前掲『陰陽管見』巻一、五頁裏—六頁表。

(25)「至于天地交合變化之用、則水火二氣也。」『医学管見』論水気第一三、文政四年多紀元胤手校本『栢斎文集』巻一〇(内閣文庫蔵)、一二頁表。

(26)「〔王廷相のいう〕『気に属するものはみな陽であり、形に属するものはみな陰である』、これらの語は真実である。しかし気といえば、まるで象《かたち》があるようだから、神という字を気に代えるに越したことはない。つまり、神とは気の霊なるもので、もっとも精妙な存在なのである。」王廷相、前掲「答何栢斎造化論十四首」、九六五頁。

(27)「人の神と造化の神は同じであり、互いに影響を与えられるから、巫師の類など存在しないといってはいけない。…(中略)…神は気を制御し、気は形を制御することができ、造化の神と人の神に違いはなく、ただ〔神の力の〕大小があるだけである。」王廷相、前掲「答何栢斎造化論十四首」、九六七頁。

(28)「思うに、鬼神に知覚や作為がないというのは、大きな誤解である。人は血と肉でできた体であり、その体が保有している知覚や作為は、一体誰がそれを掌っているのか。それは、人心の神である。人心の神はどこから来たのか。造化の神から得たのである。だから人には知覚や作為があり、鬼神にもまた知覚や作為があるのだ。」王廷相、同上、九六九頁。

(29)「其説謂太極動而生陽、動極而靜、靜而生陰、靜極復動。自今觀之、則天陽之動者也。果何時動極而靜乎。地陰之靜者也。果何時靜極而動乎。天不能生地、水不能生火。無愚智皆知之。乃謂陰陽相生不亦悞乎。蓋天地水火雖渾然而不可離、實燦然而不可亂。…(中略)…愚竊以爲陰之與陽謂之相依則可、謂之相生則不可。」前掲『陰陽管見』巻一、三頁裏—四頁表。

(30) 張立文、前掲『中国哲学範疇発展史(天道篇)』、第一八章形神論、六五九—六七九頁。

(31) 前掲『楽律管見』、第一章論古楽、二九一頁上。

(32) 同上、第二章論黄鐘、二九二頁上。

(33)「徑圍之分以十爲法、而相生之分・釐・毫・絲以九爲法、何也。」前掲『律呂新書』巻一、律呂本原、黄鐘之実第二、八頁裏。

(34) 前掲『楽律管見』、第四章論五音、二九三頁上。

(35) 前掲『律呂新書』巻一、律呂本原、律生五声図第六、一五頁裏。

(36) 「元首明哉、股肱良哉、庶事康哉。」『尚書』虞書、益稷。

(37) 「古樂之不傳也久矣、然其始終本末則略見於虞書之數言、而律呂聲音則猶存於俗樂之制作。顧觀者不加察耳。夔作典樂、舜命之曰詩言志、歌永言、聲依永、律和聲、八音克諧、無相奪倫、神人以和。樂之始終本末略見於此。自明良之歌以至三百篇之作今尚可考、莫非各陳其情。是之謂詩言志。俗樂之詞曲、各陳其情。乃其遺法也。詩既成矣、其吟咏之閒、必悠揚宛轉、有清濁高下之節、然後可聽。是之謂歌永言。今俗樂之唱詞曲、乃其遺法也。當歌之時、欲和之以樂器之聲、其樂聲清濁高下必與歌聲之清濁高下相應。是之謂聲依永。俗樂唱曲之時、或吹竹彈絲與之相應、乃其遺法也。至此則樂已小成矣。若幷奏眾音、清濁高下難得齊一、故須用律以齊之。如作黄鐘宮調、則眾音之聲皆用黄鐘爲節、作太簇商調、則眾音之聲皆用太簇爲節。然後清濁高下自齊一而不亂。乃其遺法也。八音克諧、無相奪倫。至此則樂乃大成矣。神人以和則其用也。夫作樂之始於詩言志、終於律和聲。始乃其本、終則其末也。古樂之全、亦略可見矣。」前掲『楽律管見』、第一章論古楽、二九一頁上下。

(38) 王廷相「答何粹夫二首」、『王氏家蔵集』巻二七、『王廷相集』、中華書局、一九八九年、四八八―四八九頁。

(39) 前掲『楽律管見』、第三章論十二律、二九二頁上。

(40) 児玉、前掲「『律呂新書』研究」を参照。

(41) 前掲『楽律管見』、第三章論十二律、二九二頁上下。

(42) 同上、第五章論四清、二九三頁下。

(43) 同上、第六章論二変、二九四頁上。

(44) 「或問古有十二律管候氣之法、其理如何。曰、此相傳之誤也。候氣止用黄鐘之管、候子月冬至之氣、餘月則否。何以知之。蓋古法占候恆在歳始、冬至蓋陽氣之始也。氣在地中、且無形可見。故以黄鐘之管候之。…（中略）…若謂餘月皆候、則丑月陽氣未出地中候之猶可也、寅月以後陽已出地又何候乎。況午月以後陽氣皆自上降下、又安有灰飛之理。然則謂十二月皆以律管候氣者、非也。其爲相傳之誤也、無疑矣。」同上、第八章論候気、二九五頁上下。

(45)「漢志謂黃鐘之律九寸加一寸爲一尺。夫度量權衡所以取法於黃鐘者、蓋貴其與天地之氣相應也。若加一寸以爲尺、則又何取於黃鐘。殊不知黃鐘之長、固非人所能爲。至於九其寸而爲律、十其寸而爲尺、則人之所爲也。」同上、第九章論度量權衡、二九五頁下。

(46) 第三章で述べたように、朱熹は「琴律説」で、三分損益法を適用し、九という数字によって楽律学と琴制の一致をはかり、また候気の法とも関連付けた。つまり、あくまで儒者の楽律理論を演奏技術に応用することを目指しており、決して、演奏家の習慣的な方法を支持しているわけではなかった。

(47)「習樂者既失其傳、造作者又失其製。此古樂之所以不復也。今請明示。詔天下求知音律者、俾其各就所知、用今世所奏之樂。今日所謌之詞、度其腔調、按其節拍、先求世之所謂正宮越調之類、以正古人清宮淸商之調。然後披之於絲、吹之以竹、宣之以金、收之以石、合作於一堂之閒而有和應之美。然後按古人鐘律之法、即蔡元定之律呂新書、朱文公之通解鐘律、依其說、按其法、而講究其所以然之故。築室布灰、如其候氣之法、截竹爲管、以求黃鐘之聲。則雖不能盡善盡美、如章韶獲武之純然。視後世之因循苟且者則有閒矣。」『楽律挙要』、涵芬楼影印清道光十一年六安晁氏木活字学海類編本、四庫全書存目叢書経部第一八二冊、二〇六頁。

(48) 卦の下三爻を内卦もしくは下卦、上三爻を外卦もしくは上卦という。

(49)『律暦融通』巻三、律象、『楽律全書』、明万暦鄭藩刊本影印、北京図書館古籍珍本叢刊、書目文献出版社、九六六頁下―九六八頁上。

(50) 劉勇・唐継凱校注、前掲『律暦融通校注』、二〇七頁を参照し整理した。北京図書館古籍珍本叢刊『楽律全書』本はこの頁が欠落する。

(51) 朱伯崑、前掲『易学哲学史』、四五九頁。訳文は伊東倫厚主編『易学哲学史』訳注、日本周易学会、二〇〇六年、四〇八頁を参照。

(52)「夫律之短長、音之清濁、皆人所命、則謂黃鐘爲長爲短、宮音爲清爲濁、似無不可。」前掲『楽律管見』、読律呂元声、二九六頁下。

(53) 字は元明、広東増城の人、号は甘泉。四十歳のとき進士となり、翰林院庶吉士となる。正徳中、母の喪に服し、喪があけたあとは西樵山煙霞洞に入り療養しながら講学した。嘉靖中に再び出仕し、侍読、南京国子祭酒、南京吏部右侍郎、礼部右侍郎、南京礼部・吏部・兵部尚書を歴任する。七十五歳で致仕し、晩年は自宅で著述と講学を行なった。九十五歳で死去。著書に『格物通』『甘泉文集』がある。陳白沙に師事し、王陽明と交流する。王陽明とともに、当時の心学思潮を推進した人物ではあるが、「主静」よりも「主敬」を重視し、心だけではなくあらゆる所に理を求め窮理を行なう態度は、理学と心学を調和させたともいえる（陳来『宋明理学』第五章第二節湛若水、華東師範大学出版社、二〇〇四年、二一八―二二九頁）。

(54)『古楽経伝全書』、北京図書館蔵明嘉靖三十四年祝廷滂刊本、四庫全書存目叢書経部第一八二冊、一二〇頁上。

(55)「何謂本、律呂是也。何以定律、候氣是也、實粟是也。…（中略）…粟亦氣也。今不信候氣、於何稽考、於何定律、於何作樂乎。由是言觀之、則候氣之說斷不可廢矣。」同上、古楽経伝或問、一七三頁上。

(56) 前掲『朱子語類』巻九二、楽、二三四八頁。

(57)「朱子曰音律只是氣。人亦只是氣、故相關、何如。曰、然也。不但人氣相關、天・地・人鬼之氣、亦相關。」同上、一七五頁上。

(58)「不信候氣是不信天地也。」同上、一七五頁下。

(59)「先求聲氣之元、而因律生尺之說、朱子謂其卓然信矣。然造律之始、亦當以尺權其長短而後驗之歷代之尺、難得其眞。…（中略）…蔡氏固謂、欲驗聲氣之元、以求古之律呂者、於此當有考而不可忽也。…（中略）…然要之、尚不及聰聽者之爲易簡耳。」『楽律挙要』、浙江図書館蔵明嘉靖十八年宋楫刊本、四庫全書存目叢書経部第一八二冊、一八四頁下。

(60)「〔耳の聡い者が訓練して得た〕その音をよくしらべ、その音が調和し、それを気にうかがえば、気は応じてくるだろう。聖人はただ、音の調和が偏りないことを示す手段がないので、かりに候気を基準としたに過ぎない。」前掲『律呂精義』（内篇巻五、候気弁疑第八）所引の季本の説、二〇八頁下―二〇九頁上。

(61)『王氏家蔵集』巻四〇、雑著、律呂論十三首、候気、『王廷相集』、中華書局、一九八九年、七一一頁。

(62) 前掲『楽経元義』序、二二二頁上下。
(63) 前掲『律呂精義』内篇巻五、二一一頁下。
(64)「但諸臣所著律書、皆宗三分損益之法、其本既乖、故無可取。」同上、二一一頁下。
(65) 戴念祖、前掲『天潢真人　朱載堉』、三五―三七頁を参照。
(66) 朱伯崑、前掲『易学哲学史』第三冊、一九二頁。
(67) 馮文慈、「実学思潮中傑出的楽律学家朱載堉」、馮文慈点注『律呂精義』、人民音楽出版社、二〇〇六年、三頁。

第七章　「律・度量衡を同じくす」

序

これまで論じてきた音楽論は、朱載堉の理論の中にどのように生きているのだろうか。本章ではまず黄鐘の問題を取り上げたい。前述したように、律と度量衡の源となる黄鐘は最も尊く、黄鐘律管の寸法をいかに定めるかという問題は、論者の理念と大きく関わる。黄鐘にいかなる音高を採用するかを考える場合、ふさわしい音高をおよそ想定することはできても、「正しい」音高というものが現実に存在するわけではない。しかし朱載堉もまた、これまでの儒者たちと同様に、「正しい」黄鐘を定めようとした。律と度の「正しい」関係に基づいた理想的な黄鐘律管を作成できて初めて、十二平均律の正当性も保証されるのである。本章では音階計算に入る前の、最も基礎的な問題である黄鐘論を取り上げ、朱載堉が律と度の関係についてどのように考えていたかを分析する。

第一節　表裏一体となる楽律と度量衡

第二章で論じたように、宋代の儒者たちは、律と度の関係をめぐり議論を紛糾させた。朱載堉は『尚書』舜典の「同律度量衡」という記述を、「律と度量衡を同貫させる」と解釈した。この解釈は、朱載堉の学術全体を貫く中心的な理念となった。

この理念に関連して重要なのが、律管を測り取る際に依拠する累黍の法について、朱載堉がどのように解釈しているかである。『漢書』律暦志を始め、歴代の多くの論者たちが、黍を並べることで黄鐘律管の寸法を測り取ってきた。馮文慈は、朱載堉の学術を概括し、「黍は当然、頼りにならないものであり、〔朱載堉は〕『黍の粒には大きいものや小さいものがあり、黍の詰め方にも、まばらな場合と、きっちり詰まっている場合とがある』という。…（中略）…このため、朱氏は『黍を用いて律管の容積をはかるのは、算術でその容積をはかるのに及ばない』と見なすのである…（中略）…我々は朱載堉が楽律を数度の基礎の上に建てようとした積極的努力を十分に肯定できる」と述べる。(1) 馮文慈は「朱載堉が累黍の法を否定した」かのように捉えているが、彼が引用する箇所は、朱載堉が『隋書』律暦志を批判する場面である。朱載堉は、『隋書』が、歴代の史書に記載された黄鐘律管の黍の容量から律管の構造をむやみに想像し、不正確な比較を行なっていることを批判して、黍の粒には大小の違いがあり、詰め方にもいろいろあるのだから単純には比較できないと述べている。第十章でも述べるように、朱載堉は晩年、累黍という方法よりも特定の尺度によって律管を起こすことを推奨するようになるが、少なくとも『律学新説』の段階では、累黍の法を黄鐘律管作成の重要な基礎として認めており、黍を否定し数を重視したと単純にはいえない。

また「同律度量衡」の理念においては、九進法と十進法が重要となる。朱載堉が二つを併記していることについて、馮文慈は「朱載堉は三分損益律を否定するところから出発し、九分を一寸とする説を否定しているが、これは彼の主張する九進法と十進法の二つの数学的思惟の並存説と相互矛盾する」[2]という。しかし、朱載堉が否定したのは九分を一寸とする説そのものではない。九分という長さに、人為的に一分を加え一寸にし、度量衡の基本単位とする方法、すなわち、『漢書』律暦志とそれに依拠した蔡元定の方法である。また、朱載堉の主張する九進法は、三分損益法とは完全に切り離されたものであるから、九進法と十進法の並存は、十二平均律と決して矛盾しない。

また律と度の関係については、馮文慈は朱載堉が「できる限り歴史本来の状態を描くため、律が度量衡を統率していた独尊的な地位を弱めた」[3]と述べ、堀池信夫は朱載堉を「以度起律」の立場であると概括している。[4]このような見解は基本的には正しく、また第十章で述べる通り、朱載堉は晩年、『周礼』考工記に見える嘉量の制を「律の理」というほどに高めた。しかし、朱載堉は「律と度量衡を同貫させる」ことを目標とする以上、理念上は、「以律起度」かつ「以度起律」の立場である。朱載堉は、従来の方法が律を過度に重視したゆえに崩れてしまった、律と度量衡の同時性を回復しようと試みた。

本章では「律と度量衡を同貫させる」という概念が、累黍の法、九進法と十進法の並存、黄鐘律管の作成、量器の形態など、朱載堉の様々な学術理論の中に一貫して見られることを明らかにし、律が先でも度が先でもない、朱載堉の黄鐘論の独自性を明らかにする。

第二節　律と度をめぐる問題

朱載堉が「律と度量衡を同貫させる」ことを主張した背景には、これまで律が過度に重視されてきたことへの批判がある。朱載堉は「近頃、およそ律呂の学をなすものは、みな班固の『漢書』律暦志からその方法を取っている。しかし『漢書』の述べるところは、劉歆の虚言を取り去りきれていない」という(5)。『漢書』律暦志では一方で「度は黄鐘の長さに起こる」と述べ、一方で「黍一粒の長さを一分とし、九十分で黄鐘九寸とする」と述べる。すなわち、前者が「以律起度」の立場であるなら、後者は、黍一粒分の長さが一分と決まっており、それに基づき黄鐘の長さを測っているので「以度起律」の立場となる。このため、第二章で論じた通り、とりわけ宋代では、黄鐘と度量衡の関係、黄鐘と黍を並べることの関係をめぐり様々な論争が起こった。蔡元定はこの論争に対し、律管作成の基準を度や黍を並べることに求めるのではなく、「声気の元」に求めるべきだと考えた。蔡元定は、黍は年や土地によって形状に大きな差が生じるゆえ頼りにはできない、古の文献に記された黍の容量は、別の方法によって得られた黄鐘律管を改めて測量するために用いられたものに過ぎないというのである(6)。

これに対し朱載堉は、気を黄鐘の基準とすることを認めず、候気の法に使用する灰と黍と竹の種を採取させ自ら育て、さらに蔡元定の示す方法に従って実験をし、候気の法の是非を確かめる。

旧説ではおよそ律を造るにあたり、河内の葦の内膜の灰、上党羊頭山の黍、宜陽金門山の竹の三者は一つとして欠けてはならないとするが、この三つはみな簡単に手に入るものである。河内は我が〔懐慶府の〕領内であり、その北方に上党、南方に宜陽があるが、どれも三、四日ほどの道のりである。万暦八年庚辰の年、私は人を遣わし、実が一つの秬、実が二つの秠、節の長い竹の三つを数万以上採取させ、また自らこれらを植え、黍は一頃をなし、竹は林をなし、今では田園で収穫される黍や竹は、みな彼の地の種である。しかし土地が肥えておらず、彼の地で産出されるものには及ばなかった。さらにかつて蔡元定の説に基づき、長さ十寸から少しずつ逓減して五寸まで合計三百八十四〔の管を造り〕、深く並べたり浅く並べたりして、灰が吹き飛ぶかどうかを試してみたが、ついぞ灰を吹き飛ばすといったことはなく、およそこれを信じるものはみな愚人、妄人であることがやっとわかった(7)。

造律にあたり、特定の灰・黍・竹を手に入れ、また大量の律管を造り候気の法を試してみたが、灰を吹き飛ばすことはなかった。朱載堉はこのように、蔡元定式の候気の法を律管の基礎とすることは否定する。ただし、朱載堉は候気の法そのものを批判したわけではない。以下のようにいう。

候気の説には二つある。楽をおこし万物をまねきよせるというのは正しい説であり、でたらめと見なしてはならない。管を埋め灰を吹き飛ばすというのは、誤った説であり、でたらめである(8)。

すなわち朱載堉は、蔡元定のような埋管飛灰式の候気は誤りだと考え、ほかに正しい候気のやり方があると考える。朱載堉は候気について、「人がこの律管を吹き、天地の気を整えることであり、律管自体が灰を吹き飛ばすという話ではない(9)」と述べ、律と気の関係を改めて見直して以下のようにいう。

律をもって気を験すのであり、気をもって律を験すのではない。律をもって気を験すとはどういうことか。正しく算出された黄鐘の律管を得た後、この律管によって気をうかがうのであり、気が応じないというのは、つまりその年の気候が和らいでいるかどうかに関係する。すなわち先に真の律を得て、その律にたのみ、それによって気を験すのである(10)。

つまり気が律の正しさを決める基準になるのではなく、律が気の正しさを確かめる基準となるのであり、候気とは、律を利用して気の正しさを確かめる方法を意味する。埋管飛灰式の候気は否定するが、気と律の感応自体は認めるという態度は、第五章や第六章で論じた明人と共通する。さらに朱載堉にとって候気は、律と暦とを関連させる際に不可欠であり、彼の学術全体の中で重要な役割を担っている。たとえば以下のようにいう。

暦は礼の本である。律は楽の旨である。どうしてこのようにいうのだろうか。そもそも暦の起こりは、天に日影を測り、日影には消長があり、これによって分至を考え、四時を序し、五礼はこれに基づく。律のはじめは、気を地にうかがい、気には深浅があるので、これによって音の高低を弁別し、五音を正し、六楽はこれを宗とする。(11)

朱載堉は暦と礼、律と楽を組み合わせ、暦の起こりである日影の消長が分至・四時の基礎となり、さらに五礼の基礎となる様子と、律のはじめである気の深浅が音の高低を分かち、五音を正す基礎となり、さらに六楽の基礎となる様子を重ね合わせる。「律のはじめは気を地にうかがう」というが、埋管飛灰式の候気が造律の基礎となるという意味ではなく、天がもたらす消長を基礎とする暦との対比の上で、地がもたらす消長と律との関係を強調している。また以下のようにいう。

蔡元定曰く「律は、陽気の動、陽声の始である。必ず声と気が応じその後に天地の心を見ることができる。しかしながら暦数に精しくなければ、節気は正しくならない」と。彼は律と暦はつまるところ互いに用いるべきだとわかっている。律を知らなければ、ともに暦をいうことはできず、暦を知らなければ、またともに律をいうことはできない。気をうかがって律を験したいのならば、必ず日影を測りそれによって暦を正すのが、先後の順である。(12)

律と暦の関係について、ここでは蔡元定の説を肯定的に引用し、律と気を感応させるにはそもそも暦が正しくなければならないと論じる。いずれにせよ朱載堉は、埋管飛灰式の候気は否定した上で、律と気の感応は認め、暦・天・測景と律・地・候気が互いに対応し、律と暦がそれぞれの役割を持ちつつも表裏一体であるということに注目している。(13)

以上のように、朱載堉は、律と気の感応は認めつつも、律の正しさを証明する具体的手段としての埋管飛灰式の候気には批判的である。それでは、黄鐘律管作成という音律計算の最も基礎的な段階において、朱載堉は何に依拠したのだろうか。

第三節　累黍の法による黄鐘律管の作成

朱載堉は気を律の基礎とはせず、律と度の関係を改めて見直し、度を黄鐘の基礎として捉え直す。「律学四物譜序」(14)では著述の動機を説明するにあたり、最初に、以下のように『新唐書』礼楽志を引用する。

音に形状はないが楽には器がある。古の楽の制作者は、器は必ず壊れ、音が言葉では伝えられないことを知っており、器が失われ音が亡ぶことを恐れ、しばしば〔楽を起こす〕方法をこしらえはっきりと示した。ゆえに音を求める者はまず律を用い、律を造る者はまず黍を用いる。黍一粒の幅を積み重ねて分・寸とし、黍一粒の体積を積み重ねて龠・合とし、黍一粒の重さを積み重ねて銖・両とするのは、造律の基本である。そのため長短の法をこしらえて、度としてはっきりと示した。多少の法をこしらえて、量としてはっきりと示した。軽重の法をこしらえて、権衡としてはっきりと示した。この三つもまた、時が来れば崩れ去るから、その方法を尊んで数値としてはっきりと示した。これら分寸・龠合・銖両はみな黄鐘より起こしたものだから、律と度量衡は互いに表裏一体をなし、もし律を得ることができたら度量衡を制作できるし、度量衡に依拠してもまた律を制作できる。不幸にしてみな亡んだら、〔すでに示されている〕方法と数値から類推してこれらを制作できる。その長短・多少・軽重を用いて、互いに参考とするのである。四つが一致した以上は、音は必ず完成し、音が完成すればその後音楽も起こすことができる。そもそも物は形あるものとして用いられるがゆえに必ず崩れ、音は形なきものとして隠れているがゆえに尽きることがない、形ある数値を示した方法によって形なき音を求めれば、物を起こす方法も音を起こす方法も二つとも存在する(15)。

『新唐書』の見るところ、楽の制作者である聖人は、音と器が失われることを危惧し、度量衡の法をなし、数値としてはっきりと示した。律と度量衡は互いに連関する、つまり表裏一体であるから、「以度起律」であろうが「以律起度」であろうが、どちらからでも復元可能である。律管も度量衡の器もどちらも失われているならば、聖人が示したはずの方法と数値に基づけばよい。ゆえに朱載堉にとって、律が先か、度が先かという問題自体が意味を持たなくなる。また、「律学四物譜序」では以下のようにいう。

『通暦』(16)に曰く「少昊度量を用いて楽器をおこす」、『尚書』舜典に曰く「律と度量衡を同貫させる」と。古の人は度をもって量を定め、量をもって権を定め、必ずまじえて互いに得られた後に黄鐘の律を求めることができた。ゆえに律と度量衡は互いに用いるべきものであって、度量衡が律より生じたわけではない。近頃の議論では、律を求めるにあたり頼りにならない元声を用い、管をうかがうのに何の証拠もない灰や気を用い、度量衡を瑣末な作業と見なして、その是非を比較する暇もない。…（中略）…度量衡が律と互いに始終・経緯・表裏をなすことをまったく考えていない。(17)

朱載堉は度量衡が律から生まれたのではなく、律と度は表裏一体であると考え、度量衡を軽視して、よりどころのない候気を造律の手段とすることを批判した。注意すべきは、朱載堉は、律を過度に重視したことによる弊害（候気の法を律管作成の基礎とすること）を是正し、律と度量衡が表裏一体であることを強調しているのであり、「律が先か」「度が先か」を論じているのではない。それゆえ、ここでは「度量衡が定まったのちに黄鐘の律を求めることができる」としているが、後述するように、『漢書』律暦志を批判して「制律の初めにまだ度はない」とも述べている。

朱載堉は、律と度が表裏一体である以上、律から度を起こしても、度から律を起こしてもよいと考えるが、今、律が滅んでしまった以上、度を用いるよりほかはない。それではいかにして度を知るのか。その具体的な手段が累黍、つまり黍を並べて長さを測り取る方法である。第十章で論じる通り、朱載堉が度の基準として何を重んじるかは、『楽律全書』成立後に、やや変化している。しかし朱載堉は少なくとも、気を基準とするよりは、累黍を基準とする方がよいと考えていたのは確かである。朱載堉は有力な解釈として司馬光の説を引用する。

そもそも律とは果たして何か。もし古の律が残存しているなら、その律管を吹けば音がわかり、その長さを測れば度がわかり、その容積をしらべれば量がわかり、その軽重を比べれば権衡がわかる。今、古律がすでに亡びたならば、黍のほかに度を見る手段はなく、度のほかに律を見る手段はない。律が度と黍から生じたのではないならば、どこから生じたのか。そもそも度量衡は、律をたすけ法を留めるものである。…（中略）…黍は自然の物であり、恒常的で不変のものであるから、ここに法をやどしたのである。(18)

司馬光によれば、古の律が残っていたならば、音・度・量・権衡の四者はたちまちわかる。しかし古律がほろんだ以上、度に頼るしかなく、また自然に産出される黍は度にとって不変の基準となる。つまり、黍がなければ度を測り得ず、度がなければ律を測り得ない。朱載堉は司馬光の考えをふまえて累黍の有用性を唱え、黍の正しい選び方と並べ方を以下のように述べる。

〔累黍の法が存在するのは〕百世後の者に、累黍で律を知ることができるようにしたいがためである。〔黍には〕「年によって凶作・豊作があり、地によって肥えているもの・痩せているものがあり、種に長短・大小・円か楕円かの差がある」(19)としても、人が「中」なるものを選べばよい。宋の蔡元定はこの理に達せず、『漢書』律暦志の、黍の横幅を九十粒並べて黄鐘とする誤った説に依拠したため、その管口の円周・直径・容積は、互いに考えあわせても整合せず、どっちつかずの説を繰り出して「多く管を裁断し、仮の黄鐘を作るのに越したことはない」「ただ候気や人声にたのんで証拠とし、必ずしも累黍によらなくとも〔律を〕得ることができる」という。そもそも候気は荒唐無稽であり、人の聴力は拠るべき中声を持たず、累黍を捨ててしまっては一定の法度がない。ああ、蔡氏のこの説は、その書中で最も根拠のないでたらめなものである。(20)

「形状が一定しない黍を黄鐘の基準とすることはできない」と判断した蔡元定に対し、朱載堉は人の手で「中」である黍を選べばよいという。蔡元定の『律呂新書』では造律の基準として埋管飛灰式の候気を挙げると同時に、擬似的な黄鐘律管を造り吹き比べてみるという二つの方法を挙げているが、朱載堉はそのどちらも否定し、累黍が一定の基準となり得るとして重視する。そして「律学は窮理を先にし、理が明らかになってのち数が定まり、数が定まってのちに制度が完成し、制度が完成したのちに音が調和し、音が調和したのちに気が応じる。候気によって楽律を定めることを造律の根本とするのは、事情に疎い愚か者の理論である」(21)と述べるように、気は律管作成の最初に基礎とするものではなくて、律管が完成した後に、最後に応じるものであるとする。

黍の具体的な選択方法として、『漢書』以来「中」という基準が重視されてきた。朱載堉は、『漢書』の「秬黍の中なるもの」という表現は、中くらいの黍を意味するのではなく、用いるのにふさわしい黍を指し、それはよく育った大きな黍を意味すると考えた。黄鐘は最も低い音高であるから、大きい黍を選び、それに基づき律管を造れば、その律管は必然的に低い音高を発するようになる(22)。黍の産地については、古くから羊頭山という場所が知られている。朱載堉は、『律学新説』の中で、必ずしも羊頭山に拘る必要はないと述べ、重要なのは黍の質の良さであり、たとえ産地が有名であっても質の良い黍を選ばなければ意味はないと論じた(23)。

以上のように、朱載堉は、気を黄鐘律管作成の基礎とした蔡元定を批判し、律と度の関係を見直そうとした。古の人は楽を制作する際、律と度量衡が互いに連関するように定めた。どちらからでも復元可能ならば、律が失われた今、頼るべきは度であり、朱載堉はその具体的手段として累黍に注目した。そして彼は、黍をどう並べるかによって、古の文献に見える黄鐘律管に関する様々な記述を整合的に解釈しようとしたのである。第五節で改めて論じる。

第四節 『尚書』舜典と『周礼』考工記

前述したように、朱載堉は『尚書』舜典の「協時月正日、同律度量衡」という記述を根拠にし、「律と度は互いに用いるべき」と考え、「度量衡と律は互いに始終・経緯・表裏をなす」と考えた。つまり「同律度量衡」を「律と度量衡を同貫させる」と解釈しているのである。ただしこの解釈はそれほど一般的ではない。「同律度量衡」について、孔安国や馬融は律を「法制」「法」と解釈し、鄭玄は同を陰律、律を陽律と解釈する。[24]「律」を律呂と解釈するにせよ、あるいは法と解釈するにせよ、諸侯が国でそれぞれ用いている「律」と度量衡が不揃いである状態を正し、統一するというのが彼らの解釈であり、朱熹も該当箇所の経文に対して同様の解釈をする。朱熹はさらに、黄鐘が万事の根本であり、度量衡の基本となることに言及するが、律と度の前後関係を強調する点では朱載堉と異なっている。[25]

これに対し朱載堉は「同」を、不統一であった諸侯の律及び度量衡を、それぞれ全国的に「統一する」のではなく、律と度量衡という二つの体系それ自体を「同貫させる」と捉え、経文に両者が表裏一体であることを読み込む。さらに、この一体性は一つの量器によって具現化される。朱載堉は『周礼』考工記に見える量器の鬴[26]（第三章図3－1を参照）を解釈して以下のようにいう。

そもそも聖人は「律度量衡を同貫させる」ことを大事とし、それゆえこの器を制作した。つまり律度量衡の法をみなその器の中に寓そうとしたのであり、ぞんざいに扱ってよいものか。腹部〔の円に内接する正方形の〕四方は一尺、深さ一尺、臀部の円の直径もまた一尺、深さは一寸であり、これらによって度を示している。容積は八斗、およそ二十豆、計千六百龠であり、臀部の容積は四升、およそ八十龠で、これらによって量を示している。重さは三十斤、これによって権を示している。音は黄鐘の宮にあたり、これによって律を示している。[27]

「音は黄鐘の宮にあたる」というが、鬴がそのまま音を発するという意味ではなく、「深さ十寸をこれ〔鬴の面冪〕に乗じ、千五百七十一寸を得、これが鬴の積実であり、八斗の容積なので、千六百龠である。千六百龠で鬴の積実を除すると、九百八十二分を得るが、これは黄鐘一龠の積実である」[28]というように、鬴の寸法から、黄鐘律管と等しい一龠の容積を計算できるという意味である。『周礼』考工記の量器（嘉量）と黄鐘の関係については第十章で再び論じる。

このように『周礼』に載せる量器が「同律度量衡」を体現していると解釈するほか、朱載堉はさらに律と度量衡の統合を『周礼』春官、典同の職名にも読み込む。

「典」は掌ることである。「同」は「同律度量衡」の同である。もっぱらこのことを掌るので職名としたのである。「典同」について旧説では「同」が「六律六同」の同であるとするが、正しくない。[29]

『尚書』にせよ、『周礼』にせよ、朱載堉はこれらが律と度量衡が表裏一体であることを示す有力な根拠と見なす。それでは、そもそも朱載堉は『尚書』舜典や『周礼』考工記にいかなる位置付けを与えたのだろうか。また、古文献に楽を論じる所は複数あるが、これらについてはどう考えるのだろうか。

『律呂質疑弁惑』には友人王所用の序があり、「宋以降、律学を論じるものの多くは蔡元定を宗とする」とし、蔡元定の唱えた三分損益や隔八相生[30]の理論的根拠である『管子』『呂氏春秋』について、「伯勤曰く」として朱載堉の見解を記述する。

管仲や呂不韋は、春秋戦国時代にその書が出たのであって、古書ではない。推して遡ってみると考工記がある。そもそも周公は聖人であり、聖人の言を経とし、賢人の言を伝とするのであり、『管子』等の書は伝に過ぎない。[31]

また「蔡元定の著書は先秦を宗とせず、前漢の説を取るに過ぎないので、これを謗る[32]」と述べる。すなわち、三分損益法を唱えた儒者たちが依拠した書物は、聖人の言を留める経ではなく伝に過ぎず、せいぜい春秋戦国時代に遡れるだけである。朱載堉にとって、真に古の聖人の言を留め、楽の度数を記したものは『周礼』考工記なのである。後述するように、朱載堉は晩年、とりわけ考工記の嘉量の制に注目していく。

王所用の序では続けて「私は伯勤の言を聞き、道理に目覚めた[33]」とし、「黄帝が律を造り、虞舜が律を同じくして以来、律学の来歴は久しいが、両者とも律の度数をいわなかった。度数をいうのは、周の嘉量より始まる。嘉量の経文は、度数が詳しく明らかであり、これを古今の律の祖であるといってもよい[34]」と述べ、黄帝の律と舜の律(同律度量衡)に言及すると同時に、具体的に度数を載せる書として『周礼』考工記を評価している。

朱載堉自身も『律呂正論』の中で、宋の欧陽之秀『律通』序を引用し、「律呂の説は古くよりある。そのあらましは、経においては、虞書の『律・度量衡を同じくす』『律によって声を調和させる』『私は六律と五声を聞いて天下が治まっているかを見る』など数言のみで、律呂の名称や意味を聞くことはできない[35]」とした上で、次のように述べる。[36]

『周礼』大司楽・『春秋左氏伝』・『国語』の類は、律呂の名称や意味は載せるが、律呂の度数はいわない。もしかして冬官の篇に備わっていたのではないか。たとえば考工記の梟氏が鐘を作り、磬氏が磬を作るといった類は、そのあらましである。しかし冬官がすでに亡んだ以上、その度数の詳細を考究する方法はないので、経を解くものはかえって『漢書』律暦志を拠りどころとした。つまり発端は『管子』と『呂氏春秋』であり、広がって『淮南子』と『史記』、そして京房と劉歆の学に及んだ。『漢書』律暦志は、つまるところ劉歆由来であり、『後漢書』律暦志は、つまるところ京房由来である。後世、律を整えることを掌った者は、おおむねみな〔京房と劉歆の法に〕固執し定法と見なし、歴代、大楽を合奏する際に人材がなかったわけではないが、ついぞ天地陰陽の整った音を得られず、古の盛んな楽を復興できなかったのは、おおよそ三分損益法に拘ったがためである。(37)

『尚書』舜典で楽律に言及する箇所については朱載堉自身も『律学新説』序において「王政の重要な端緒であり、律呂の本原である」と述べ、(38)『周礼』大司楽については『楽学新説』を記し注釈をほどこすなど、彼の律学にとって重要な経学的根拠となっているが、古の律呂の具体的様相を知るのには、確かに不十分である。それゆえ先儒の多くは『漢書』律暦志に載せる数値を拠りどころとし、三分損益法に固執するようになったというのが欧陽之秀の考えであるが、朱載堉の三分損益法批判も、こういった態度を踏襲するものである。

また、ここでは『周礼』考工記に度数のあらましが残っているとされ、梟氏・磬氏が例として挙げられているが、朱載堉にとっては、前述した考工記の㮚氏が掌る嘉量も重要なヒントとなる。朱載堉は嘉量が度・量・権衡・律呂の法を同時に示すものと捉え、「この一器に礼楽典制が備わっており、律度量衡も具わっている。規矩準縄はみなその中にある」(39)と述べる。嘉量は律度量衡の一体性を表現するものであり、同時に黄鐘九寸の説の絶対性と三分損益法を否定する根拠ともなる。朱載堉は『律呂質疑弁惑』において、「経文に黄鐘九寸、三分損益をいわないのはなぜだろうか」という質問に答える形式で、以下のように述べる。

律は音によって製作し、度から出るのではない。律を製作する初めには度はまだないのである。度がまだないのに、どうして黄鐘が九寸だとわかろうか。『漢書』律暦志で「度は黄鐘の長さより起こる」、つまり黄鐘の長さは〔度の基準である〕一尺であるということだが、〔黄鐘九寸に対し〕外から一寸を加え、一尺を成すならば、度がもともと黄鐘の長さより起こるとはいえない。算術家の便宜的な方法でかりに九寸を黄鐘としているのであって、その実、黄鐘の長さは一尺なのである。ゆえに経文に「深尺内方尺〔深さ一尺、円に内接する四角形の一辺の長さも一尺〕」とあり、この五字は黄鐘を指していったのである。(40)

朱載堉は㮚氏の経文「深尺内方尺」に、「黄鐘九寸」とは限らない根拠を見出し、『漢書』律暦志が、黄鐘九寸をあたかも絶対的条件と見なし、三分損益法を採用したと批判する。そして、今、実際に律を求めるためには、律度量衡の同時性が具現化された嘉量を用いることとなる。嘉量について以下のようにいう。

後世、好古の士で、この器をなさんと欲すものは、八法の義を必ず知らなければならない。そもそも八法というのは、律・度・量・衡・規・矩・準・縄である。嘉量の円形部は規に応じ、四角い部分は矩に応じ、直線部分は縄に応じ、平面部分は準に応じ、深さと広さは度に応じ、容積は量に応じ、軽重は衡に応じ、声音は律に応じ、八法が具われば、これを嘉量とする。ある者が批難して曰く「『呂氏春秋』によれば、黄帝が伶倫に黄鐘の律を作らせ、律によって量をなしたというが、これは量が律より生じるということだ。今、律を量に求めるのはどうしてか」と。答えて曰く、周公は量を製作するとき、その音を黄鐘の宮とした。そもそも量とは多寡を量る方法であるから、その音をどうやって用いるというのだろうか。量器の寸法によって律を求める方法を示しているのである。新法は密律を用いてかけたり割ったりするので、律と量は一致し、少しの間違いもない、と。(41)

つまり、朱載堉は周公の製作した嘉量を八法が具わるものとして信頼し、それを基準として律管を復元しようとしたのである。嘉量そのものが「同律度量衡」を体現しているため、「律が先か」「度が先か」を問うまでもない。また『漢書』を参照するまでもなく、経書に具体的な数値を見出すこともできる。

以上のように朱載堉は、『尚書』舜典の「同律度量衡」を中心的な理念として据え、具体的な度数については、『周礼』考工記に記される嘉量の寸法を参照する。後者は、前者の理念が貫かれ具現化された器として、信頼に足るものであり、朱載堉にとっては、これまでの楽律論を批判する重要な根拠となる。第十章で論じるように、嘉量は晩年の朱載堉にとって「律の理」という地位にまで高められた。『漢書』やそれに依拠した蔡元定は、まず律と度量衡の関係を見誤っており、彼らの理論では、律と度量衡が完全に同貫して表裏一体とはなっていない。同時に、黄鐘作成という最も基礎的な段階で、蔡元定などがもっぱら『呂氏春秋』や『管子』など、経書ではない書に依拠したことも批判の一つである。朱載堉は、『尚書』や『周礼』を中心に据えることで、自らが位置付け直した律と度の関係の説得力を増した。三分損益法によって生じる「往きて返らず」の問題を批判するより前に、もっと基礎的な段階で、『漢書』や蔡元定の理論を覆す根拠を提示したのである。そして自らの黄鐘を経書と深く結び付けることで、これから論じようとする楽律や雅楽に関する理論が、まさに「経学としての楽」であることを示そうとした。

第五節　「黄鐘九寸」と「黄鐘十寸」

朱載堉は「黍をどう並べるか」という問題においても、「律と度量衡を同貫させる」思想を読み込もうとする。その際、重要となるのが、黄鐘律管の長さを具体的にはどう測り取るのかという問題である。第二節ですでに述べたように、『漢書』や『淮南子』以降、「黄鐘九寸」が定説であるかのように見なされていたが、朱載堉はまず「黄鐘九寸」が絶対ではないことに言及する。

律は音によって定め、度から出るものではない。制律の初めには、度はなかったのである。[42] 度がまだ存在しないのだから、黄鐘が九寸であるとわかるはずもない。黄鐘を九寸とするのは、漢尺での九寸に過ぎず、周尺も商尺も虞夏の尺もみなそうではなく、黄帝の尺もまたそうではなかった。

先儒曰く「夏の禹王は十寸を一尺とし、殷の湯王は十二寸を一尺とし、周の武王は八寸を一尺とした」（鄭樵『通志』）と。三代の尺は同じではない。しかし尺は同じでなくても、黄鐘はみな同じである。黄鐘とは何かを解釈するにあたり、九寸の説にこじつけたのは漢儒より始まる。漢儒以前、『周礼』『春秋左氏伝』『国語』『管子』『呂氏春秋』の類はみな、黄鐘の長さを九寸とはしていない。[43]

あたかも定説であるかのような「黄鐘九寸」は、漢代の文献から始まったものに過ぎず、それ以前の黄鐘は必ずしも九寸ではない。黄鐘そのものは不変であり、その律管の構造も変わらないが、歴代の王朝が採用してきた度量衡の換算法が異なるだけである。『通志』の記述と朱載堉の主張に沿って考えれば、夏では「黄鐘十寸」、殷では「黄鐘十二寸」、周では「黄鐘八寸」ということになるだろう。そしてこれらは表面上異なるように見えても、実際にはすべて同じ黄鐘律管である。

朱載堉は、黄鐘の長さを十寸、すなわち一尺とし、その倍つまり二尺から平均律の計算を始めるが、黄鐘を九寸とし、九進法を用いた場合の演算も記している。「黄鐘九寸」を絶対と見なし三分損益法を採用した論者を批判しながら、なぜ「黄鐘九寸」に基づく演算を併記したのだろうか。

朱載堉は河図・洛書を重んじ、洛書の数九を基本の単位とした律本（黍の縦幅を基本単位として八十一粒並べた長さ）と、河図の数十を基本の単位とした度母（黍の横幅を基本単位とし百粒並べた長さ）という二つの概念を導入する。[44]

黄鐘の管長は九寸、九寸は黍の縦幅を一分とした九寸である。一寸はみな九分、あわせて八十一分である。洛書の奇数九を自乗した数であり、律本となる。黄鐘の尺長は十寸、十寸は黍の横幅を一分とした十寸である。一寸はみな十分、あわせて百分である。河図の偶数十を自乗した数であり、度母となる。黍の縦幅の律と横幅の度は、それらの長短・分寸は互いに契合し、造化の妙というべきだが、千年ものあいだ誰一人として気づかなかったのは、まことに嘆かわしいことである。先臣何塘曰く「『漢書』律暦志に『黄鐘の律九寸に一寸を加え一尺とする』という。そもそも度量権衡が黄鐘を基準とする理由は、つまるところそれが天地の気と相応じることを貴ぶがためである。もし一寸を加えて一尺とすれば、黄鐘を基準としたことにはならない。黄鐘の長さに、人為は本来介入できないということをまったくわかっていない。一寸を九倍して律の基本とし、一寸を十倍して尺の基本とするなどは、人間がなしたことである。『漢書』律暦志は、人為だと気付かず、黄鐘に一寸を加え一尺としているが、これは誤りである」と。今、『漢書』律暦志を按ずるに、「度はもともと黄鐘の長さより起こる」というのだから、黄鐘の長さはすなわち〔度の基準である〕一尺であるはずだ。いわゆる「〔黄鐘の〕長さ九寸」や「八寸と十分の一」といった類は、つまるところ算術家が計算する際の方便に過ぎない。何瑭の理論は千年の秘密を解き明かし、万古の惑いを破った。律学の最重要点はここにあるのだ。これは唐宋諸儒の解明しなかったことである(45)。

何瑭と朱載堉によれば、「黄鐘九寸」に一寸を加え一尺とし、度の基準とするのは、人為であり、律と度量衡が表裏一体であるとはいえない。天地の気と応じる黄鐘に人為を持ち込んではならないのである。律本という観点で見ると黄鐘は九寸であり、度母という観点で見ると黄鐘は十寸であるが、両方とも結局は同じものであり、決して律本に一寸を加えたものが度母になるのではない、と彼らは考えたのである。

律本と度母という思想や、二つの数字の使い分けについて、朱載堉は、朱熹の思想に依拠して河図・洛書の数を用いたという。朱熹の「律数を説くがごときはつまり自然の理であり、先天図と一様であり、ほかに方策はない(46)」という記述に対し、朱載堉は熟慮したあと、以下のように解釈する。

朱熹は「先天図と一様」といったが、そもそも先天図は河図・洛書より出たものである。洛書の数は九、ゆえに黄鐘の律長は九寸である。九をかけあわせて八十一分を得れば、黍の縦幅の長さを並べたものと合致する。河図の数十、ゆえに黄鐘の度長は十寸である。十をかけあわせて百分を得れば、黍の横幅の広さを並べたものと合致する。つまり河図の奇数・洛書の偶数が互いに入り混じって、律度二数が並び備わるのである。これは天地自然の妙であり、人為的な力が按排できるものではない(47)。

そして「不幸なことに劉歆・班固によって乱され、漢から今に至るまで、千数百年の間、律を造っても完成しなかったのは、つまるところ律と度の二尺、縦横の二種の黍の並べ方を区別しなかったからである[48]」と嘆く。黄鐘律管の作成という最も基礎的な部分に、九と十という、河図・洛書の二つの数の使い分けが関わっている。朱載堉はこの使い分けについて、朱熹の文言から着想を得たとしている以上、少なくとも朱載堉自身にとっては、自らの理論の根本に、彼の理解する「朱熹の思想」が存在すると認識していることになる。ちなみに、河図を九、洛書を十とする説は、朱熹というよりも、邵雍以来の北宋象数易学の流れを受けた、蔡元定の説である[49]。

以上のように朱載堉は黍の配列方法の違いに、九進法と十進法を投影し、古文献に見える九寸・十寸という二種の記述が同一であることを説明しようとした。『漢書』や蔡元定『律呂新書』は、黍の横幅を九十粒並べた長さを九寸とするが、朱載堉の考えによれば、黍の横幅、つまり短い方の幅を九十粒並べた長さを九寸とする以上、「黄鐘十寸」を説明できなくなる。つまり、劉歆・蔡元定の方法では、古文献に見える長さに関する不統一な記述を、九進法と十進法の違いを利用して、説明できなくなってしまう[50]。これに対し、朱載堉の黄鐘は、九寸として九進法を用いても、十寸として十進法を用いても、人為的に一寸を加えることなく、完全に度量衡と一体となれる。つまり黄鐘律管の長さがそのまま尺となり、容積がそのまま量となり、黄鐘の重さがそのまま権となるのである[51]。

『律呂精義』は黍の排列方法に関する図を載せる（図7－1）。この図では、縦黍尺・斜黍尺・横黍尺の三種の尺を想定する。縦黍尺とは黄帝の尺、横黍尺とは夏の尺であるが、斜黍尺とは、朱載堉の考える「正しい」漢尺であり、「黍を斜めに九十粒並べる方法」である。つまり、一寸あたり黍は十粒だが、一尺は九寸から成るという、十進法と九進法を折衷させた方法である。こう考えれば、九寸に一寸を足して一尺にする必要がない。すなわち、「縦黍九粒×九＝斜黍十粒×九＝横黍十粒×十＝一尺」ということである。ただし、いずれの場合も結局は、九と十という二つの数の組み合わせである。

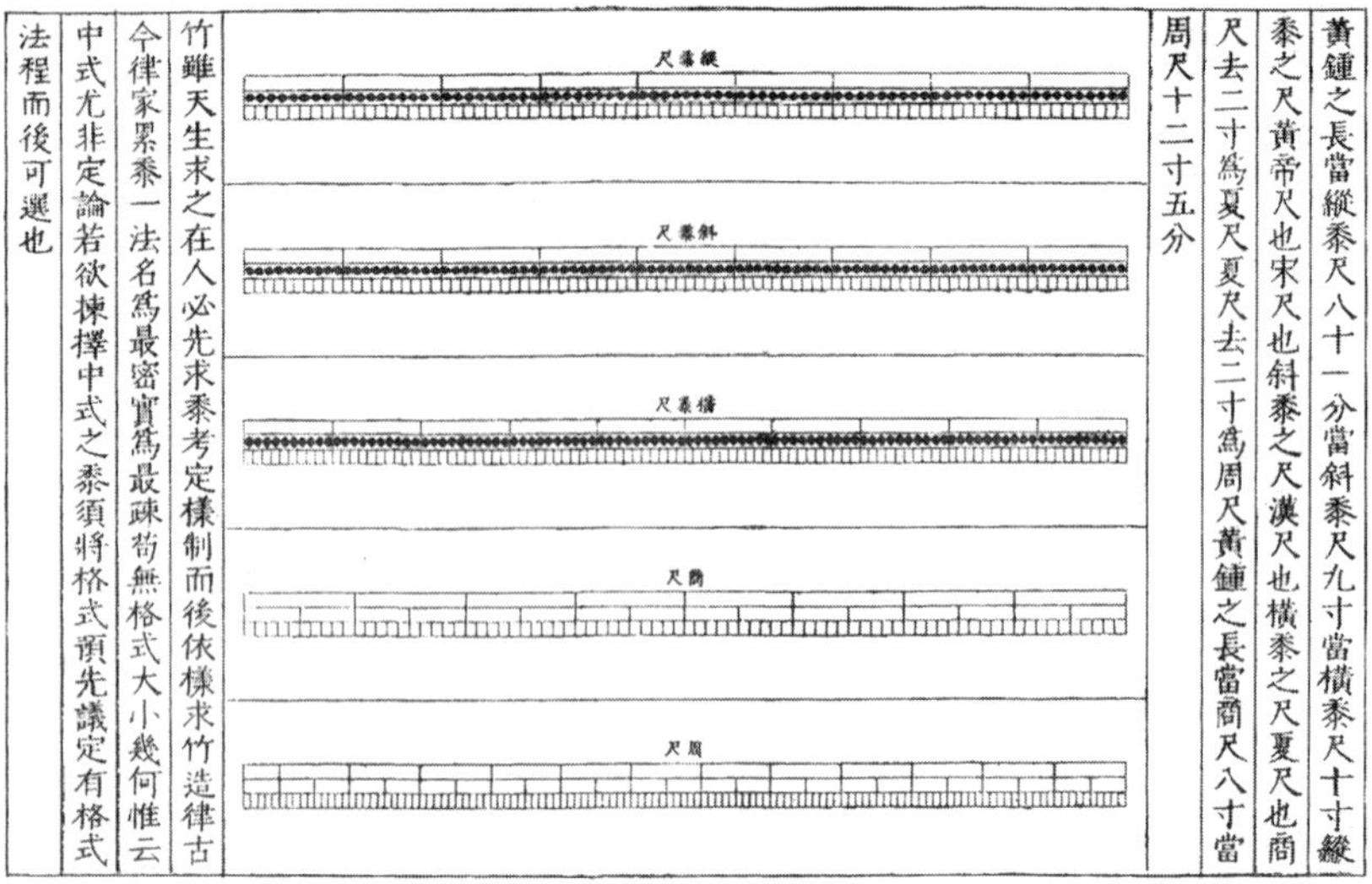
黄鍾之長當縦黍尺八十一分當斜黍尺九寸當横黍尺十寸縦
黍之尺黄帝尺也宋尺也斜黍之尺漢尺也横黍之尺夏尺也商
尺去二寸爲夏尺夏尺去二寸爲周尺黄鍾之長當商尺八寸當
周尺十二寸五分

竹雖天生求之在人必先求黍考定樣制而後依樣求竹造律古
今律家累黍一法名爲最密實爲最疎苟無格式大小幾何惟云
中式尤非定論若欲揀擇中式之黍須将格式預先議定有格式
法程而後可選也

図 7-1 黍の配列法（上から縦黍尺，斜黍尺，横黍尺）（馮文慈点注，前掲『律呂精義』，791 頁より転載）

朱載堉は『律学新説』巻一、密率律度相求第三において、黄鐘を十寸とし、十進法（横黍）を利用した新法密率による演算を明記した上に、さらに黄鐘を九寸とし、九進法（縦黍）で演算した結果も記している。その理由は何だろうか。

十寸は一尺である。『史記』（律書）のいう「子一分」、『漢書』律暦志のいう「象黄鐘之一」がこれである。十寸を位に置いて、九を用いてかけること一遍、位を退き定めて九寸とし〔十進法から九進法に換算する過程を記述している〕、縦黍八十一分、これが律本である。古にいう「黄鐘九寸、かけてこれを九倍し、九九八十一、ゆえに黄鐘の数立つ」（『国語』周語下、韋昭注）とは、これをいったのである。そもそも三分損益の法が誤りである以上、九分を寸とする説もまた誤りである。今その術を再び著したのはどうしてだろうか。縦黍の律を求めたいがためである。しかし、ただ横黍の度を用いれば事は足るので、横黍の度を先に記し

ているのである。(52)

朱載堉は、黄鐘と同様に大呂以下十一律についても、横黍律・縦黍律ともに長さを明記した。前述したように、三分損益法を採用しない以上、計算の方便のために九進法を用いる必要はない。九進法を用いた平均律の演算も併記する理由について、朱載堉は洛書の数九に基づいた「縦黍の律」を求めるためであり、「みな法を縦黍の陽数に取るのは、古人造律の初意である。ゆえに三分損益の法は廃すべきであるが、九分を一寸とする法は廃してはならない」(53)と述べる。「古人造律の初意」とはいかなる意味だろうか。以下のように述べる。

歴代尺法はみなこの黄鐘に基づくが、時代によって移り変わり同じではない。『論語』にいう「三代みな損益するところあり」とは、思うに度量衡の様々な器を指していったものである。律は天地の正しい気、人の中声であるから、時代によって変わり得ない。律は移り変わらないが尺は移り変わり、そのために黄鐘の尺寸も異なるのである。

黄鐘の長さを均しく九寸とし寸がみな九分であるものは、黄帝が伶倫に命じて初めて造らせた律の尺であり、これを古律尺と名付け、また縦黍尺と名付けた。ふさわしい大きさの秬黍を選び、黍の横幅一粒あたり一分と決め、九分を一寸とし、九寸で合計八十一分、これを一尺とした。…（中略）…

黄鐘の長さを均しく十寸とし寸がみな十分であるものは、舜の「律度量衡を同貫させる」尺である。夏后氏に至ってもまだ改変しなかったので、夏尺という。「夏禹十寸を尺とす」（鄭樵『通志』）と伝えられているのは、この尺を指すのである。また古度尺と名付け、横黍尺と名付ける。ふさわしい大きさの秬黍を選び、黍の横幅一粒あたり一分と決め、十分を一寸として、十寸で合計百分、これを一尺とする。(54)

朱載堉によれば、度量衡には損益があるが、律に損益はない。「黄鐘九寸」といったり、「黄鐘十寸」といったりするが、実際には同じ長さである。九寸は黄帝の律、すなわち『淮南子』などに見られる、伶倫に命じて初めて律を作ったときの尺（古律尺）である。この九寸の黄鐘は三分損益法とは関係がない。また、十寸は舜の律であり、度量衡と表裏一体となる尺（古度尺）である。朱載堉は、『論語』の「三代みな損益するところあり」が述べるのは、律ではなく度の可変性であると見なし、黄鐘の尺寸に関する複数の説を、矛盾なく説明しようとした。また自らの黄鐘は、九寸として計算しても、あるいは十寸として計算しても、そのまま一尺と等しくなれる。つまり、黄鐘の長さを、度の基準と直結させることによって、改めて「律度量衡を同貫させる」思想を主張したのである。

小結

朱載堉は、蔡元定などが過度に律を重んじ、度を軽視したと考えた。その結果、候気という信憑性のない方法を造律の基礎としてしまったと批判し、改めて累黍の重要性を指摘し、度を軽んじてはいけないと訴えた。『尚書』の「同律度量衡」を、「律と度量衡を同貫させる」と読み、両者が表裏一体であるとする以上、「以律起度」も「以度起律」も可能だということになる。また「律と度量衡を同貫させる」思想が、『周礼』考工記に見える量器に具現化されていると考え、その量器の度数に依拠することで、自らの黄鐘律管を経書に結び付けた。つまり、『尚書』の理念を『周礼』の具体的数度に見出し、律と度量衡を表裏一体のものとして統合しようと努めたのである。また、これらは同時に、「黄鐘九寸」を絶対視し、「一寸」を加えるという人為を介入させ、律と度量衡の「正しい」関係を損ねた『漢書』律暦志や蔡元定を批判する根拠ともなった。さらに朱載堉は、古文献に見える、黄鐘の長さに関する不統一な記述を説明する際にも、累黍の法を利用し、「律と度量衡を同貫させる」思想と関連付けながら説明した。黍を排列する際、黍の縦幅と横幅を使い分け、「黄鐘九寸」を九進法で表した長さ、「黄鐘十寸」を十進法で表した長さと解釈することで、二つが同じ黄鐘律管であると説明し、そしてその律管が人為を加えることなく、そのまま度量衡の基準となれるとしたのである。第三章で論じたように、『律呂新書』もまた度量衡史の考証を行なっており、決して度を軽視していたわけではない。しかし、律と度とが表裏一体であると考える朱載堉にとっては、あくまで律を優先させる『律呂新書』は度を軽視しているように見えるだろう。

本章で論じたのは、朱載堉が、音階計算以前の最も基礎的な段階で、自らの理論を経書と結び付けることにより、『漢書』律暦志や蔡元定の理論を、いかに克服しようとしたかという過程である。天地の気と応じるべき黄鐘に、人為を介入させた劉歆・蔡元定らの理論は、律と度の連関を断ち切ってしまった、つまり『尚書』「同律度量衡」の理念に反したと考えたのである。朱載堉にとって、律と度の「正しい」関係を維持できる自らの黄鐘論こそが、『尚書』や『周礼』の理念に合致する「経学としての楽」であった。朱載堉は黄鐘という最も基礎的な段階において、自らの楽が「経学としての楽」であるとし、これまでの楽律論との差異化をはかったのである。

朱載堉は朱熹の楽律学に大きく貢献した蔡元定を批判したため、表面上「朱子学的楽律論」とは対立する。また、度の地位を押し上げたという点では、司馬光の楽律論の影響も強く受けている。しかし、楽律学の根幹である黄鐘律管の製作において、朱載堉が慎重に論じた、九と十という二つの数字の使い分けは、朱熹や蔡元定の重視した河図・洛書と数の思想を発展させたものである。つまり、蔡元定の楽律学が朱熹の学術として組み込まれ、朱子学の一部となったのなら、朱載堉はある程度体系化された朱子学の理論から、自らが必要とする理論を選択し、そこから新しい「朱子学的楽律理論」を形成したといえる。

また朱載堉は、『漢書』律暦志をたびたび批判するが、律と度量衡、さらには暦をも同貫させようとする世界観は、劉歆の律暦合一思想と同じ枠組である。律・暦・度量衡が、理によって同貫される世界観は、筆者の見るところ、平均律も含めた朱載堉のあらゆる理論を支える根本的な世界観である。次章では続けて、朱載堉の律暦合一思想について分析する。

(1)「律学新説及其作者──紀念朱載堉誕生四五〇年」、一九八五年、馮文慈点注『律学新説』、人民音楽出版社、一九八六年、九頁。
(2) 同上、二二頁、脚注[5]。
(3) 同上、八頁。馮文慈の述べる「歴史本来の状態」とは「商品交換の歴史は奴隷制国家の歴史よりもかなり古い」ことである。馮文慈は「度量衡器は、商品交換に伴って生まれ、発展しなければならない…(中略)…礼楽制度の形成によって、律が独尊的な地位に高められ、度量衡器を統率することになるのは、奴隷制国家形態がかなり成熟したのちの出来事であるはずだ」と述べる(七─八頁)。馮文慈の指摘は交換経済と度量衡の発生の関係を的確に捉えているが、朱載堉が、このような認識に基づいて、度の地位を高めたはずはない。
(4) 堀池、前掲「中国音律学の展開と儒教」、一三九頁。
(5)「近代凡爲律呂之學者、蓋皆取法於班志。然班志所述、乃劉歆僞辭刪之未盡者也。」前掲『律学新説』巻四、権衡篇第三、弁漢制権衡之謬、八五頁上。
(6) 前掲『律呂新書』巻二、律呂証弁、造律第一、三頁。
(7)「舊說凡造律、河内葭莩灰、上黨羊頭山黍、宜陽金門山竹、三者不可缺一、然此三者皆易得之物也。所謂河内即敝邑也、北距上黨、南距宜陽、皆約三四日路。萬曆八年庚辰之歲、餘嘗遣人採取三者、單粒之秬、雙粒之秠、長節之竹、不止數萬、亦自種之黍成頃、竹成林、至今田園所收黍竹、皆彼處之種也。然地土不宜、不如彼處所產也。又嘗依蔡元定之說、自長十寸遞減毫釐至於五寸共有三百八十四等、淺深排列、試驗吹灰、竟無吹灰之理、始覺凡信此者皆愚人妄人也。」『律呂正論』巻一、黍竹二山説上第一、中国芸術研究院音楽研究所資料館蔵明万暦刊本影印、続修四庫全書経部第一一四冊、三一一頁下。

(8)「候氣之説有二。作樂致物、此其正説、非不經之談也。埋管飛灰、此其謬説、乃不經之談也。」前掲『律呂精義』内篇巻五、候気弁疑第八、二〇六頁上。

(9)「蓋謂人吹此律以調天地之氣、非謂律自能吹灰也。」同上、二一〇頁下。

(10)「以律驗氣、非以氣驗律也。何謂以律驗氣。吾既得黄鐘眞數之管矣、以之候氣、而尚有不應者、蓋係其歳氣候和否何如耳。則是先得眞律、吾恃夫律、用以驗氣也。」同上、二一一頁上。

(11)「曆者禮之本也。律者樂之旨也。何以言之。夫曆之興也、測景於天、景有消長、因之以考分至、以序四時、而五禮本之。律之始也、候氣於地、氣有深淺、因之以辨清濁、以正五音、而六樂宗之。」前掲『律曆融通』序、九三四頁上。

(12)「蔡元定曰、律者、陽氣之動、陽聲之始。必聲和氣應、然後可以見天地之心。然非精於曆數、則氣節亦未易正也。是知律與曆蓋相須爲用。不知律、不可與言曆、不知曆、亦不可與言律。欲候氣以驗律、必測景以正曆、此先後之序也。」同上、巻三、黄鐘曆議上、律義、九六五頁上。

(13)唐継凱は「中国古代的律暦合一学説」(前掲『律暦融通校注』、二—七頁)において「候気説」を取り上げ、「朱載堉は疑いなく『候気説』の積極的共鳴者であった」とする。ただしこの論文では埋管型の候気を取り上げ、その延長に朱載堉の候気を論じているため、やや不正確である。朱載堉は、蔡元定らが依拠した埋管飛灰式の候気は採用しないが、暦との統合において気は不可欠だと考えている。

(14)前掲『律学新説』、九一頁上―九二頁上。『律学四物譜』は『律学新説』の原本である。朱載堉は『律学四物譜』の自序を捨てるのを惜しみ、『律学新説』の末尾に付したという。

(15)「聲無形而樂有器。古之作樂者、知器之必有敝、而聲不可以言傳、惧器失而聲遂亡也、乃多爲之法以著之。故始求聲者以律、而造律者以黍。自一黍之廣積而爲分寸、一黍之多積而爲龠合、一黍之重積而銖兩、此造律之本也。故爲之長短之法、而著之於度。爲之多少之法、而著之於量。爲之輕重之法、而著之於權衡。是三物者、亦必有時而敝、則又宗其法而著於數。使其分寸・龠合・銖兩皆起於黄鐘、然後律度量衡相用爲表裏、使得律者可以制度量衡、因度量衡亦可以制律。不幸而皆亡、則推其法數而制之。用其長短・多少・輕重、以相參考。四者既同、而聲必至、聲至而後樂可作矣。夫物用於有形而必敝、聲藏於無形而不竭、以有數之法求無形之聲、其法俱存。」「律学四物譜序」、『楽律全書』、九一頁上。前掲『律呂精義』内篇巻十、総論律度量衡四器寓法於黍（三七〇頁下）、『嘉量算経』序（宛委別蔵、江蘇古籍出版社、一九八八年、一頁表―二頁表）にもほぼ同じ文が引用されている。

(16) 朱載堉が『通暦』として引用する文章は、宋・王応麟『玉海』（巻八、律暦、度、少皞氏度量）にほぼ同文がある。

(17)「通曆曰少昊用度量作樂器、舜典曰同律度量衡。古人以度定量、以量定權、必參相得而後黄鐘之律可求。然則律與度量衡相須爲用、非度量衡生於律也。自近世之論起、求律於無憑據之元聲、候管於無證驗之灰氣、其視度量衡以爲末節之務、不暇較其是非。…（中略）…殊不思度量衡實與律相爲始終・經緯・表裏者也。」前掲「律学四物譜序」、九一頁上下。

(18)「夫所謂律者果何如哉。嚮使古之律存、則吹其聲而知聲、度其長而知度、審其容而知量、校其輕重而知權衡。今古律已亡矣、非黍無以見度、非度無以見律。律不生於度與黍、將何從生耶。夫度量衡、所以佐律而存法也。…（中略）…黍者自然之物、有常不變者也、故於此寓法焉。」前掲『律学新説』巻三、五度乃四器之要、七〇頁上。前掲『律呂精義』内篇巻十、総論律度量衡四器寓法於黍（三七〇頁下）にもほぼ同文がある。司馬光説の出典は「答范景仁論養生及楽書」（『温国文正司馬公集』巻六二）である。

(19) 蔡元定『律呂新書』は、秬黍は完全に信頼できるものではなく、あくまで、完成した黄鐘律管を後で測るために用いるものだと位置付けた（第二章注（21）を参照）。

(20)「正欲使百世之下由夫累黍可以見律耳。總然歲有凶豐、地有肥瘠、種有長短小大圓楕之不同、在人擇乎中者可也。宋蔡元定不達此理、蓋因漢志橫累九十黍爲黄鐘所誤、其於圍・徑・積實、參考不協、則又操兩可之說曰莫若且多截管、權擬黄鐘、但憑候氣人聲以爲信驗、勿必之於累黍則得之矣。夫候氣乃荒唐之所造、人聽無憑據之中聲、舍累黍無一定之法度。嗚呼、蔡氏此說、在其書中最爲謬妄者也。」前掲『律学新説』、巻二、証之以累粟、三五頁上下。

(21)「律學當以窮理爲先、理明而後數定、數定而後制成、制成而後音和、音和而後氣應。以候氣審音爲造律之本者、迂愚之論也。」同上、証之以累粟、三五頁下。

(22)「古にいう『秬黍の中なるもの』とは、つまり、用いるのにふさわしい黍を選別することをいったのであって、中号・中等の黍をいったのではない。俗語で、物を選ぶときに、『某物中、某物不中〔何々はぴったりだ、何々はぴったりでない〕』というが、この『中』は、中等を指しているのではない。…（中略）…また『秬』の意味は、巨細の巨である。その名を聞けばその形も推しはかれる。…（中略）…大きい黍を選べば、もっともふさわしい『中』の状態に近いが、中号の黍を選べば小さすぎる。…（中略）…そもそも黄鐘の律は尺に生じ、尺は黍に生じるものである。黍が大きければ尺は長く、それによって黄鐘の音もそのまま低くなる。黍が小さければ尺は短く、これにより黄鐘の音はそのまま高くなる。そもそも黄鐘は宮音であり、最も律長が長く、音高が最も低いものが、〔五声の〕其本となる宮音であるのだから、黍でも最も大きいものこそが真の秬黍である。」同上、証之以黍粟、三三頁下―三四頁上。

(23) たとえば「羊頭山は懐慶府より約二日あれば到着できるが、黍粟を産出する場所とは離れている。しかしこの山に止まらず、およそ山西一省の稼穡はみな旧来の説である羊頭山より優れ、いわゆる『北方の子穀秬黍』というのはこれである…（中略）…智者は山西において、いずれの場所かに拘らず良い黍を選べばよい。愚者は羊頭山の黍に拘り、その可否を選ばず、これは痴人の前で夢の話をして、痴人がそのまま現実の話だとして信じ込んでしまうことと、何の違いがあるだろうか」（同上、証之以黍粟、付録羊頭山新記、三八頁上）という。

(24)『尚書』孔安国伝には「四時の節気・月の大小・日の甲乙を合わせ、斉一にする。律は法制であり、尺や丈〔長さ〕、斛や斗〔容量〕、斤や両〔重さ〕もすべて均等にする」とあり、馬融については「馬云、律、法也」、鄭玄については「鄭云、陰呂、陽律也」と引用する（『尚書正義』巻三、北京大学出版社、十三経注疏整理本、二〇〇〇年、七一頁）。これについて、孔穎達は「律とは候気の管であるが、度量衡の三つの法制がみな律より出ることから、『律は法制』といったのである。度に丈・尺あり、量に斛・斗あり、衡に斤・両あり、みなその法を律に取っているから、孔安国は律を解釈して法制としたのである」として『漢書』律暦志（度者、分寸尺丈引所以度長短也。本起于黄鐘之管、長以子穀秬黍中者以一黍之廣、度之千二百黍爲一分、十分爲寸、十寸爲尺、十尺爲丈、十丈爲引、而五度審矣）を引用する（前掲『尚書正義』巻三、七四頁）。

孔安国が本当に律と度量衡の連関を意識して「法制」と解釈したかは不明であるが、少なくとも孔穎達は『漢書』の律暦思想を念頭に置いているといえよう。

(25) 朱熹は「諸侯の国に異なるところがあれば、整えて合致させる。『同』は審らかにして一つにするという意味である。『律』は十二律を謂う」と解釈したのち、十二律を基礎に楽と度量衡を制定していく過程を述べ、「これは黄鐘が万事の根本となるゆえんであり」「度量衡は律に法を受け、その法は本を先にして末を後にする」「ゆえに（『尚書』は）…（中略）…度量衡より先に律を斉一にするという。言を立てる時の順序はつまりこのようなものである」と述べる（『晦庵先生朱文公文集』巻六五、雑著、尚書、舜典、『朱子全書』二三、上海古籍出版社・安徽教育出版社、二〇〇二年、六三一六五頁）。

(26) 鬴は、最も大きい中心部（腹部）である鬴、側面についている耳、底の臋という三つの部分から成り立つ。『周礼』考工記、㮚氏の「其臋一寸、其実一豆」に対し、朱載堉は「旧注では『これをかぶせると、その底は深さ一寸』という。考証し是正して曰く、臋は底である。その底、内径は一尺、円周が三尺一寸四分二釐六毫九絲六忽八微、面積が七十八寸五十六分七十四釐二十毫、容積が七十八寸五百六十七分四百二十釐、容量は古の四升である」と説明する（前掲『律学新説』巻四、嘉量篇第二、七二頁）。

(27)「夫聖人以同律度量衡爲大事、故製此一器。蓋欲律度量衡之法皆寓於中也、豈草草作爲哉。是故腹㽈四方一尺而深一尺、臋之圓徑亦一尺而深一寸、所以示度也。容受八斗凡二十豆、計一千六百龠、臋容四升凡八十龠、所以示量也。重三十斤所以示權也。聲中黃鐘之宮、所以示律也。」同上、巻四、嘉量篇第二、弁先儒解周鬴之非、七八頁下。

(28)「以深十寸乘之、得一千五百七十一寸、是爲鬴之積實、而容八斗、卽一千六百龠也。以一千六百龠爲法、除鬴之實、得九百八十二分、是爲黃鐘一龠之積實。」同上、序、一頁下—二頁上。

(29)「典猶掌也。同卽同律度量衡之同也。專掌此事是故職名。典同舊說同乃六律六同之同、非是。」『楽学新説』、『楽律全書』、明万暦鄭藩刊本影印、北京図書館古籍珍本叢刊、書目文献出版社、一一三頁下。

(30) 三分損益法に基づいて楽律を算出する時、黄鐘から林鐘を、林鐘から太簇を算出する。十二律の高低の順に沿って考えると、もとの律と算出された律の間は、これら二律を含めて八律となる。これを「隔八相生」と呼ぶ。

(31)「管仲・呂不韋、春秋戰國時其書方出、非古書也。推而上之則有考工記焉。夫周公聖人也、聖人之言爲經、賢人之言爲傳、管子等書不過傳耳。」『律呂質疑弁惑』序、中国芸術研究院音楽研究所資料館蔵明万暦刊本影印、続修四庫全書経部第一一四冊、三七四頁。

(32)「蔡元定所著書不宗先秦、惟取前漢、吾是以譏之耳。」同上。

(33)「余聞伯勤甫言、遂有所悟。」同上。

(34)「自黄帝造律、虞舜同律、律學其來尙矣、然不言其度數。言度數者、周之嘉量始歟。嘉量經文、度數詳明、謂之古今律祖可也。」同上。

(35)「夫律呂之說尙矣。其畧見於經者、則虞書曰同律度量衡、曰律和聲、曰予欲聞六律五聲之數言耳、其名其義不可得而聞也。」前掲『律呂正論』巻一、律管説上第五、三二五頁上。

(36)『律呂正論』巻一、律管説上第五の最後に展開する文言は、大部分が欧陽之秀からの引用で成り立っている（出典は『宋史』律暦志に載る『律通』序）。ところが朱載堉は引用元を明示せずに、いくつか文字の改変を行ない、結果として欧陽之秀の意図とは異なる方向性を持つ文脈となっている。

欧陽之秀・朱載堉ともに、三分損益法が確固とした経学的根拠を持たない方法であり、その絶対性を否定する文脈であることは共通するが、欧陽之秀の場合は、その後の文章で、損益の方法は三分割に限らないことを示し、四分割や二十分割も行なうことで、より微小な音程差を持つ音律を数多く算出し、その中から都合のよい音律を選び出して十二律を形成しようと試みている（欧陽之秀の律学とその意味については、堀池、前掲「中国音律学の展開と儒教」、一三一―一三三頁を参照）。これに対し朱載堉は、ここで具体的な算術に触れることはしない。朱載堉は、欧陽之秀の文章の文字を数ケ所入れ替え、「三分損益法それ自体が理を持たない方法であり、楽を定めるには、理と数と音の三者を、順を追って得ていくべき」という理論にすりかえている。

概括すれば、朱載堉はここで、欧陽之秀の論を利用しつつ、楽に関する経学説を確認し、さらに三分損益に理がないことを確認し、正しい楽を得るためにはどうしたらよいのかを、学問を修める上での態度に結び付けて論じているのである。

たとえば、「もっぱら三分を用いて、損益の法とするのは、音と数が互いに整合しない状態を免れず、天が作った自然の理ではないことがある（至其専用三分、以爲損益之法、則未免乎聲與數之不相合、有非天成自然之理）」（前掲『律呂正論』巻一、律管説上第五、三二五頁下）という文は、欧陽之秀の原文だと「至其專用三分、以爲損益之法則失之、未免乎聲與數之不相合、有非天成之自然耳」（前掲『宋史』巻八一、律暦志一四、一九一三頁）であり、「理」の字は存在しない。また、「音は数をもって伝わり、数は音をもって定まり、両者はみな自然の理を有し、その自然の理を得られなければ数は考究できず、その自然の数を得られなければ音について言及することはできない（聲以數而傳、數以聲而定、二者皆有自然之理、不得其自然之理則數不可得而考、不得其自然之數則聲不可得而言）」（前掲『律呂正論』巻一、律管説上第五、三二六頁上下）とあるが、欧陽之秀の原文では「聲以數而傳、數以聲而定、二者皆有自然之則。…（中略）…故不得其自然之聲則數不可得而考、不得其自然之數則聲不可得而言」（前掲『宋史』巻八一、律暦志一四、一九一四―一九一五頁）となっており、ここでも朱載堉が「理」の字を挿入して、理と数と音という三者の前後関係に意識していることがわかる。朱載堉はこの後、律呂の学の要として、「明理」「善算」「知音」の三つを挙げる。この三つをすべて兼ね備えるのは難しいが、一つに長じるのは可能であり、「翰林国学明理の儒」「霊台欽天善算の官」「太常教坊知音の工」のうち優秀な者を選んで互いに協議させればよいと考える（第十章を参照）。

(37)「至周禮大司樂・左氏・國語之流、雖備載其名義、而不言其度數。疑當具於冬官之篇。如考工記鳧氏爲鐘、磬氏爲磬之類、乃其畧節也。然冬官一篇既亡、則世無以考其度數之詳、而解經者反援漢志以爲據。蓋濫觴於管子・呂氏春秋、流衍於淮南・太史公之書、而波助於京君明・劉子駿之學。前漢律志、蓋劉氏所出也、後漢律志、蓋京氏所出也。後世協律者、類皆執守以爲定法、歴代合樂不爲無人、而終不足以得天地陰陽之和聲、所以不能追還於隆古之盛者、大抵由三分損益之説拘之也。」前掲『律呂正論』巻一、律管説上第五、三二五頁下。

(38)「夫虞書一巻之中致意於律者三焉、此王政之大端、律呂之本原也。」前掲『律学新説』序、一頁上。

(39)「茲一器而禮樂典制備焉、律度量衡具焉。規矩準繩皆在其中矣。」前掲『律呂質疑弁惑』、弁黄鐘非九寸亦非三分損益、三七六頁。

(40)「律由聲製、非由度出。製律之初未有度也。度尚未有、則何以知黄鐘乃九寸哉。前漢志曰度本起於黄鐘之長、黄鐘之長便是一尺、外加一寸、然後成尺、則不可謂度本起於黄鐘之長。算家假如之法權以九寸命爲黄鐘、其實黄鐘長一尺也。故經文云深尺內方尺、此五字指黄鐘而言也。」同上、弁黄鐘非九寸亦非三分損益、三七八頁。

(41)「後世好古之士、欲爲此器者、八法之義不可不知。夫八法者、律・度・量・衡・規・矩・準・繩是也。此器體圓應規、函方應矩、端直應繩、平正應準、深廣應度、容受應量、輕重應衡、聲音應律、八法具焉、是爲嘉量矣。或難曰、按呂氏春秋云、黄帝使伶倫作黄鐘之律、因律以爲量、是量生於律也。今乃求律於量、何也。答曰、周公制量、而令聲中黄鐘之宮。夫量所以量多寡、其聲安用。豈非示人以求律於量之道耶。新法用密律算出積分、則律與量若合符節、而無一毫錯謬。」前掲『律学新説』巻四、嘉量篇第二、七一頁上下。

(42)「律は音によって定め、度から出るものではない」という言説と、楽律の基礎として、度や累黍を積極的に導入する態度は矛盾するように見える。しかし、ここで朱載堉が批判しているのは、「九寸」という、すでに制度化された特定の時代の度量衡の基準に縛られるあまり、何が何でも「九寸」にひきつけて黄鐘律管を作成しようとし、結果として黄鐘の不変性という大原則を疎かにした先儒である。

(43)「律由聲制、非由度出。制律之初、未有度也。度尚未有、則何以知黄鐘乃九寸哉。以黄鐘爲九寸、不過漢尺之九寸耳、周尺則不然也、商尺又不然也、虞夏之尺皆不然也、黄帝之尺亦不然也。先儒謂、夏禹十寸爲尺、成湯十二寸爲尺、武王八寸爲尺。三代之尺不同、尺雖不同、而黄鐘則無不同也。解釋黄鐘之義、遷就九寸之説自漢儒爲始耳。漢儒以前、周禮・左傳・國語・管子・呂覽之類、皆未嘗以黄鐘之長爲九寸也。」前掲『律呂精義』内篇巻一、不宗黄鐘九寸第二、一五一頁上下。

(44)洛書の数を九、河図の数を十とするのは、第三章第二節で述べた通り、蔡元定の説である。

(45)「黄鐘之管長九寸、九寸者縱黍爲分之九寸也。寸皆九分、凡八十一分。洛書之奇自相乘之數也、是爲律本。黄鐘之尺長十寸、十寸者橫黍爲分之十寸也。寸皆十分、凡百分。河圖之偶自相乘之數也、是爲度母。縱黍之律橫黍之度、長短分齊、交相契合、此其造化之妙、而千載以來無一人識者、殊可歎也。先臣何瑭曰、漢志謂、黄鐘之律九寸、加一寸爲一尺。夫度量權衡所以取法於黄鐘者、蓋貴其與天地之氣相應也。若加一寸以爲尺、則又何取於黄鐘。殊不知黄鐘之長、固非人所能爲。至於九其寸而爲律、十其寸而爲尺、則人之所爲也。漢志不知出此、乃慾加黃鐘一寸爲尺、謬矣。今按漢志度本起於黃鐘之長、則黃鐘之長卽是一尺。所謂長九寸・長八寸十分一之類、蓋算家立率耳。何氏此論發千載之祕、破萬古之惑。律學第一要緊處其在斯歟。此則唐宋諸儒之所未發者也。」前掲『律学新説』巻一、律呂本源第一、三頁上下。

(46) 朱載堉が朱熹の言として引くのは「律呂、漢書所載甚詳、然不得其要。史記所載甚畧、卻是要緊處。如說律數、蓋自然之理、與先天圖一般、更無安排」(前掲『律呂精義』内篇巻十、審度第十一、三五九頁下)であるが、『朱子語類』(前掲、巻九二、二三四九頁)には「通典自說得分曉。史記律書說律數亦好。此蓋自然之理、與先天圖一般、更無安排。但數到窮處、又須變而生之、卻生變律」とある。前者は、「詳しいが要点をつかめていない」『漢書』よりも「簡略だが要点をつかめている」『史記』を高く評価するようにも見える。後者は、『史記』などで展開される律数を「自然の理」「先天図と一様」として評価し、「他に方策はない」のだが、「数が窮った」場合の対策として、変律に言及している。

(47) 「朱熹所謂與先天圖一般者、夫先天圖出於河圖・洛書者也。洛書之數九、故黃鐘之律長九寸。因而九之、得八十一分、與縱黍之長相合。河圖之數十、故黃鐘之度長十寸。因而十之得百分、與橫黍之廣相合。蓋河圖之奇・洛書之偶參伍錯綜、而律度二數方備。此乃天地自然之妙、非由人力安排者也。」前掲『律呂精義』内篇巻十、審度第十一、三六〇頁上。

(48) 「不幸爲劉歆・班固所亂、自漢至今、千數百年造律不成、蓋由律度二尺、縱橫二黍無分別耳。」前掲『律呂精義』内篇巻十、審度第十一、三六〇頁上。

(49) 朱伯崑、前掲『易学哲学史』、四二八—四四六頁を参照。

(50) 「黄鐘九寸は毎寸九分、すなわち黍の縦幅を用いた八十一分の長さであり、黍の横幅を九十粒並べたとするのは誤りである。」前掲『律学新説』巻一、約率律度相求第二、四頁上。第十章で再度論じる。

(51) 「黄鐘の長さがすなわち度、その容積がすなわち量、その重さがすなわち権である、どうして明明白白でないことがあろうか。」同上、巻四、嘉量篇第二、七六頁上。

(52) 「十寸者一尺也。史記所謂子一分、漢志所謂象黃鐘之一是也。置十寸在位、用九因一遍、退位定作九寸、卽縱黍八十一分也、是爲律本。古云黃鐘九寸、因而九之、九九八十一、故黃鐘之數立焉、此之謂也。大三分損益之法既非、卽九分爲寸之說亦誤。今復著其術者何也。爲求縱黍之律故也。雖然、只用横黍之度亦足矣、是故先之。」同上、巻一、密率律度相求第三、五頁上下。

(53)「皆取法於縱黍陽數、古人造律之初意也。故三分損益之法可廢、而九分爲寸之法不可廢也。」前掲『律呂精義』内篇巻十、審度第十一、三六四頁下。

(54)「歴代尺法皆本諸黄鐘、而損益不同。論語言三代皆有所損益、蓋指度量衡諸物而言耳。律乃天地正氣、人之中聲、不可以損益也。律無損益而尺有損益焉、是故黄鐘尺寸不同。有以黄鐘之長均作九寸而寸皆九分者、此黄帝命伶倫始造律之尺也、是名古律尺、又名縱黍尺。選中式之秬黍、一黍之縱長命爲一分、九分爲一寸、九寸共計八十一分、是爲一尺。…(中略)…有以黄鐘之長均作十寸而寸皆十分者、此舜同律度量衡之尺。至夏后氏而未嘗改、故名夏尺。傳曰夏禹十寸爲尺、蓋指此尺也、又名古度尺、又名横黍尺。選中式之秬黍、一黍之横廣命爲一分、十分爲一寸、十寸共計百分、是爲一尺。」同上、内篇巻十、審度第十一、三五九頁上。

第八章　律暦合一思想の展開

序

朱載堉は、楽律、度量衡、暦法が河図・洛書を根源とする数によって同貫され、互いに連関する世界を理想とした。律と度量衡については第七章で論じたが、律と暦はどのような数によって相互に関連付けられるのだろうか。朱載堉の暦学の業績については以下の通りである。まず、明朝の『大統暦』の誤差を指摘し、『律暦融通』(四巻)や『聖寿万年暦』(二巻)、『万年暦備考』(三巻)を記した。[1] また、回帰年の長さの計算においてより正確な数値を導出した。さらに、天文緯度を測量する新しい方法を提唱し、朱載堉の暮らした河南沁陽の地磁気の偏角を高い精度で計算した。[2]

本章で扱うのは、彼の楽律学と暦学の関係である。たとえば、朱載堉と交流のあった明の邢雲路や、時代は遅れるが、清の梅文鼎《ばいぶんてい》(一六三三―一七二一)などは、楽律と天文暦法とが、それぞれ別の理論体系であることを指摘する。当時の暦学をリードした二人がそろって律暦の分離を説いたことを思えば、朱載堉の『律暦融通』という著作は異質である。律暦合一という思想は、前漢の劉歆や京房以降、彼らの体系が反復されるだけで、それほど徹底して追究されていなかった。第五章で論じたように、明人は律暦の合一に目を向けてはいるが、漢代ほどの体系を作り上げることはなかった。そのような中、朱載堉は、漢代律暦思想を大きな軸としながらも、宋代に展開した象数易学をその中に組み込み、新しいかたちへと展開させたのである。

第一節　律暦合一総論

朱載堉は、黄鐘暦（『律暦融通』に記される暦法。一五八一年以前に完成）と、聖寿万年暦（『聖寿万年暦』『万年暦備考』に記される暦法。一五九五年の数年前に完成）という二つの暦を作製した。両者は暦法の起点である暦元が異なるため、天文定数がいくつか異なるが、そのほかに大きな差異はない[3]。本章では、朱載堉の律暦合一思想が明確に現れた『律暦融通』（黄鐘暦）を取り上げる。

『律暦融通』は暦書の典型的な構成を取り、用いる天文定数の説明と、太陽や月の運動の推算を主とする「暦法」、その定数を採用した理由や推算の説明を行なう「暦議」に分かれる。採用する天文定数を楽律学に関連させながら説明し、十二律と節気の関係を述べ、そして太陽と月の運動とその影響、惑星の運動を計算、説明する。

朱載堉は、律暦を合わせ論じることを、従来の暦法と異なる特徴と捉え[4]、自らの暦法を記す書も『律暦融通』と名付けた。彼は、基準音の名称であり、暦法の名称でもある黄鐘を、周流してやまない気の根元（声気の元）として位置付け、律と暦で用いる数は矛盾することなく一致し、両者は互いに根本となるという[5]。そもそも彼は、律と暦とを思想的にどう位置付けたのだろうか。

『易経』繋辞上伝に曰く「河は図を出だし、洛は書を出だし、聖人はこれに則る」と。「これに則る」というのは、画卦と九疇を起こしたことの二事だけではない。律暦・礼楽に至るまでも、河図・洛書に則っているのだ。というのは、天地万物はすべて陰陽であり、河図・洛書の二つには、陰陽の精妙さが尽くされているからである。「六経の道は一つであり、礼楽の働きは極めて重要である」〔『漢書』礼楽志〕。そして暦は礼の、律は楽の根本である。どうしてこのようにいえるのか。暦の興りは、天に景を測り、景に消長があるので、それによって分至を考え、四時を序し、五礼はこれに基づく。律の始まりは、気を地にうかがい、気には深浅があるので、それによって律の高低を分別し、五音を正して、六楽はこれを根本とする。聖人は楽を起こし天に応じ、礼を制して地に配した。それゆえ「律は陰に居り陽を治め、暦は陽に居り陰を治める。律暦は互いに治めあい、その間にわずかなものも入り込む余地はなく、縦横にまじりあっている」〔『大戴礼記』曾子天円の語に朱載堉が補う〕という。(6)

朱載堉は、河図・洛書に陰陽の精妙さがすべて尽くされており、礼楽もそこから派生したものと見なした。礼の根本は暦、楽の根本は律であり、前者が日影を計測することを基礎にするのに対し、後者は気を地にうかがうことを基礎にするという。朱載堉はさらに、河図を暦、洛書を律に対応させた上で、洛書の数九を「黄鐘九寸」、河図の数十を「黄鐘十寸」に当てはめた。第三章・第七章で論じたように、河図を十の数に、洛書を九の数に代表させる思想は、蔡元定『易学啓蒙』に由来する。

河図は、暦であるから、四時が循環運行する象を持つ。洛書は、律であるから、三分損益の象を持つ。このために黄鐘の管九寸は、洛書に則り律元となる。黄鐘の尺百分は、河図に則り度母となる。縦黍の律と横黍の度は、長短の分は斉しく、互いにぴったりと合い、これこそ造化の精妙さであるから、これを名付けて「黄鐘暦法」というのは、つまり数に依拠してそこから名前を取ったのである(7)。

第七章で論じたように、朱載堉の楽律学では九寸と十寸の黄鐘は同じ長さを指していた。続けて朱載堉は、「河図・洛書は、象数のみなもと」「律暦の学を明らかにしたいなら、必ず象数を先にしなければならない」とし、河図・洛書の数が律暦にどのように関連しているかを述べている。まず、河図の一・六の数が北方七宿、二・七の数が南方七宿、三・八の東方七宿、四・九が西方七宿に配当され、また五声が次々に生じることで河図を象《かたど》る。また、六律（黄鐘・仲呂・無射・夾鐘・夷則・林鐘）が次々に生じることで洛書を象る。そのほかの六律は、黄鐘とともに七政に配当され（黄鐘は塡星、太蔟は太白、姑洗は歳星、林鐘は熒惑、南呂は辰星、蕤賓は太陽、応鐘は月）、このうち蕤賓は洛書の九の数に、応鐘は六の数に配当される。さらに、暦の五緯・七政が律の五声・七始に重ねあわされる。これらの理由から、朱載堉は、律暦は道を同じくし、陰陽、五行、そして気そのものであると述べる(8)。

楽律と洛書の結合や、楽律と天体の結合、また十二という数字を共通項とした律暦合一思想は、第五章で論じたように、朱載堉に先立つ明代の論者の中にも見られた。朱載堉はこのような思想をふまえた上で、律・暦の統合をはかった。その重要な媒介となるのが河図・洛書の数と、気の理論である。第二節では天文計算における数を、第三節では気の理論を取り上げ、朱載堉の律暦合一の試みを分析する。

第二節　天文計算における律暦合一

(一) 天文学の基本定数に組み込まれる律

朱載堉は天文計算に用いる定数として、律元・律母・律限・律総・律数・律率を挙げる。これらの定数はどのような理由で採用され、計算のどこに使われるのか。まず、律元の九である。

黄鐘の管は長さ九寸、縦黍一粒を一分として測った九寸である。一寸は九分で、合わせて八十一分となる。洛書の奇数を自乗した数であり、これを暦本とする。ゆえに万暦九年を元とし、その義はここに由来する。上は過去を考え、下は未来を推しはかるにあたり、みな律元からどのくらい離れているかを計算する。(9)

洛書の数九に基づき、九寸の黄鐘律管、そして律元あるいは暦元として万暦九（一五八一）年を定め（ただし、実際はその三百年前の一二八一年を暦元とする）、暦計算の起点とする。万暦九年辛巳を暦元とする理由は、まず、伏義元年も神農元年も辛巳だったためである。さらに、明朝では、太祖が皇帝となったとき、『授時暦』を完全に改定する必要はなかったが、今では天文度数にずれが生じるようになったためである。また、王朝成立以来、元号に初めて万「暦」の名を用いているからである。続いて、律母の百である。

黄鐘の尺は長さ十寸、横黍一粒を一分として測った十寸である。一寸は十分で、合わせて百分となる。河図の偶数を自乗した数であり、これを基本的な除数とする。秒が除数を満たせば分、分が満たせば刻、刻が満たせば日となる。〔時だけでなく〕度の下の単位である分・秒もこれにならい、秒に満たないものは忽とする。(10)

河図の数十は、十寸の黄鐘律管、そして百刻という、時を分かつ基準と通じる。律元でいう九寸の黄鐘と、律母でいう十寸の黄鐘は「名は異なるが実は同じ」(11)という。ちなみに第七章で論じたように、律元・律母は、『律呂精義』『律学新説』では律本・度母と言い換えられ、こちらでは二つの数によって律と度量衡の同貫が試みられている。

このほか朱載堉は、律限を三百、律総を六十、律数を十二、律率を三十と定めた。これらは『国語』周語下の「紀之以三、平之以六、成於十二、天之道也」に基づく。律限三百は律母百を三倍したもので、暦元からの累積年数を計算する際に用いる。律総六十は、五声を十二律に乗じて得られる数である。律数十二は、律暦が十二という数を軸に循環してやまない状態を強調するのに用いる。律率三十は、一月の概算日数である。朱載堉は、ある中気あるいは節気から、次の中気あるいは節気までの日数に、三十を引いたものを日余$\frac{699}{1600}$とする。律率は、暦元からの累積日数を計算する際に用いる。

(二) 暦法計算に見える律暦合一——歳定積を求める(12)

上述の数値は暦法計算のどのような過程に組み込まれるのか。朱載堉は、実際の暦元から求めるべき年までの累積日数を、歳定積と呼んだ。歳定積を求める際、一年の日数が重要になるが、朱載堉の場合、消長法を考慮した。消長法とは、回帰年長のような基本的天文定数が、年と共に徐々に変わる、という考え方である。中国では、南宋の『統天暦』（一一九四年施行）が、一年の長さが年とともに変化するのを初めて指摘し、『授時暦』（一二八二年施行）に踏襲された。朱載堉の用いた回帰年長の公式は、『統天暦』『授時暦』よりも、現行の公式の理論値（S・ニューカムによる）に、より近づいているという[13]。

朱載堉はまず、消長値を百年ごとに加える授時暦を批判する。『春秋』隠公三年の冬至と、その翌年の冬至の間の日数を、授時暦の方法で計算すると、$365\frac{4}{9}$日となり、四分暦の$365\frac{1}{4}$日と比べると大きくずれる[14]。それゆえ、彼は消長値を一年ごとに加えた。

定距を自乗し、七をかけ八で割り、律母でこれを約して分とし、「歳差」と名付ける。七は洛書の西にあって坎となり、八は河図の東にあって離となり、坎と離は日月の必ず通る道であり、暦家はそこを基準として「歳差」を定めた[15]。

朱載堉の用いる「歳差」という語は、一般的な用法とは異なり、消長値を指す。彼はここでは七を洛書に、八を河図に結び付け、消長値を$\frac{7n^2}{8\times10^2}$分（n＝定距）とした。

朱載堉はどのようにして歳定積を求めたのだろうか。上述した数式に見える定距とは、求めるべき年と一二八一年の間の累積年数を指す。まずは定距の計算である。

律元と、求めるべき離れた年の累積年数を汎距とし、律限三百を加えるか減らすかして定距とする。もし汎距が律限三百以下で減らすに及ばない場合は、むしろそこから律限を引いて定距とする[16]。

汎距とは、求めるべき年が、暦元の万暦九（一五八一）年から何年離れているかを単純に数えたものである。朱載堉は『授時暦』と同じく、一二八一年時点での回帰年長を利用するため、汎距から律限三百を増減し定距を出す。定距＝n、汎距＝mとすると、

求めるべき年が1581年より前ならば、$n = m - 300$……A

1581年より後ならば、$n = m + 300$……B

ただし、Aの時、mが律限三百に満たない場合（求めるべき年が一二八一年から一五八一年の間にある時）は、$n = 300 - m$となる。続いて、求めるべき年の冬至が、実際の暦元の冬至と、何日離れているかを計算し、歳定積を出す。

求めるべき年の定距に律数十二を乗じて累積月数とし、累積月数に日率三十を乗じて累積日数とし、累積月数に日余〔千六百分の六百九十九〕を乗じて積余とし、積余は小数以下の単位が繰り上がればそれを累積日数に入れ、これを歳汎積とする。

定距の自乗を、七倍し、八分の一にし、その計算結果が律母百を満たせば分とし、満たさなければ繰り上げずに秒・忽とし、これを求めるべき「歳差」と名付け、歳汎積に加減して歳定積とする。[17]

求めるべき年の冬至の日が、一二八一年から何日離れているか、消長値を考慮せずに算出したものを歳汎積とする。その算出方法は、まず、定距に、律数十二を乗じて累積月数を出し、さらに日率三十を乗じて、累積日数を出す。また累積月数に日余$\frac{699}{1600}$（一朔望月から整数部分を引いたもの）を乗じたものを積余とする。累積日数に積余を足したものが歳汎積である。歳汎積に、消長値を加減して歳定積とする。歳汎積＝C、消長値＝D、歳定積＝Aとすると、

$C = n \times 12 \times 30 + n \times 12 \times \frac{699}{1600} = 365.2425n$, $D = \frac{7n^2}{8 \times 10^2}$分$= \frac{7n^2}{8 \times 10^6}$日

求めるべき年が実際の暦元より前ならば、$A = C - D$

　　　実際の暦元より後ならば、$A = C + D$

ゆえに歳定積は、$365.2425n \pm \frac{7n^2}{8 \times 10^6}$日となる。

ここまでの計算を、律暦合一という観点から振りかえる。第一に、消長値のうち、七と八という数字を、律暦合一の重要な根拠である河図・洛書に根拠付けた。実際には、『授時暦』の値を古の冬至の記録に合うよう改善した数値と考えられる。第二に、この消長値を利用した歳定積の計算では、万暦九年から、律の名を冠した律限三百を加減した。これは実際の暦元を一二八一年に移動させるための操作である。第三に、「律数を乗じる」という過程を組み込んだ。実際には、一年の月数十二を乗じ、累積月数を出すための操作である。第四に、一月あたりの概算日数三十日を律率と呼んだ。これらはいずれも、天文定数に律の名を冠したに過ぎず、また計算過程をかえって複雑にしたともいえる。しかし、あえて計算を複雑にしてまでも、暦法計算のあらゆる段階に、非常に細かいレベルで暦と律を関連付けようとした点に、朱載堉の律暦合一に対する強い意志を読み取れるだろう。

第三節　律暦合一の手段としての気

（一）朱載堉の候気解釈

続いて、気を媒介とする律暦合一を分析する。第七章で論じたように、朱載堉は気と律の感応自体を否定してい

るわけではない[18]。たとえば、『律呂精義』では、候気を「楽をおこし物をまねきよせる」説と「管を埋めて灰を飛ばす」説に分け、前者を肯定し後者を否定する。前者は、「律によって気を験す」試みとする。つまり朱載堉は、正しい数値に基づいた律管を用い、気をうかがうという行為自体は肯定している。後者は「気によって律を験す」試みと見なし、灰が飛ぶかどうかで律管の真偽は定められないとする。そもそも暦が正しくなければ、それによって観測される気も乱れているはずで、そのような気を基準に律を判別しては本末転倒だと考えた[20]。ちなみに朱載堉は『律呂正論』で候気の法を試し、灰が動かないことを確認している[19]。

また、初期の著作である『律暦融通』では、前述の通り、序文にて日影を測ることを暦法の基礎とし、それに対応して、候気を楽律学の基礎と位置付けていた。『律暦融通』巻三、黄鐘暦議上、律紀でも、冬至と正旦を定める際、日影の測定と並び、気をうかがうことを重視し、『続漢書』律暦志（京房の説）を引用する。『続漢書』によれば、古の天子は、冬至・夏至には八音を並べ、楽律を聴き、日影を計測し、鐘律をうかがい、律管に詰めた土と灰をはかるという。たとえば冬至は、陽気が応じ、日影は最も長く、黄鐘の律にあたり、土と灰は軽い。これに対し、夏至では土と灰は重い。その理由は、『淮南子』の説に依拠し、夏至では五行のうち水が勝つため、湿気が多く灰は重くなり、冬至では火が勝つため、乾燥し灰は軽くなるからだという。つまり朱載堉も、灰の状態が、陰陽の移り変わりを反映するという認識は共有している。また朱載堉は、何瑭の回答を参考にし、候気の説を論じる。

何瑭は「ある人が孟子に『何を浩然の気というのか』と聞いた。孟子は『説明するのは難しい。その気というのは、至大至剛で、真っ直ぐに養って害《そこな》うことがなければ、天地の間に充満する。その気というのは、義と道に連れ添って存在し、義と道がなければしぼんでしまう。これは義が集まって内から生じるもので、外から無理矢理取り入れられるものではない。行ないのうち、心にやましいことがあれば、しぼんでしまうのだ』

と答えた」〔『孟子』公孫丑上〕といった。律とは、候気の謂いなのだろうか。公孫弘は「心が和めば気も和み、気が和めば形も和み、形が和めば音も和み、音が和めば天地の和も応じる」〔『漢書』公孫弘伝〕という。つまり律は形而下のものであり、気は形而上のものである。形而上を道といい、形而下を器といい、これを道に求めずに器に求めるなど、あったためしがない。…（中略）…古の人は律管によって政事の得失を占い、今の人は暦によって律管の真偽を論じるが、その本旨を失っている[21]。

朱載堉は、『孟子』を引用した何塘と公孫弘の言をもとに、心と気の因果関係を述べ、両者がともに形而上に属すると考えた。人間の心次第で気がどう養われるのかが決まるなら、気も形而上に属す。それゆえ、形而下に属する律管に、形而上の問題を求めるのは間違いであり、律によって人心の問題が関わる政事を占うことも、また候気によって律管の是非を判断することも、形而上と形而下の問題を混在させることになる、というのだ。『律呂精義』と『律暦融通』両方に共通する朱載堉の主張の要点は、候気から、占いや律管の真偽を定めるといった目的を排除することにあり、陰陽の変化を読み取る手段としての候気、純粋に気をうかがう手段としての候気には、意味を認めていたといえよう。

（二）卦爻配日と楽律

日々刻々と移り変わる陰陽の変化を読み取るためには、陰陽のパターンが集約された易の六十四卦、そして十二律を、一年の節気に対してどう配当するのか（卦爻配日《かこうはいじつ》）は重要な問題となる。朱載堉は暦法計算において『授時暦』を参照した。山田慶児によれば、『授時暦』は、暦と易・律の結合を意識的に排除したという[22]。しかし朱載堉は「ただ許衡の『授時暦』だけは、卦爻配日を斥けて用いず、今に至るまでそれに従っている。私の新しい方法では卦爻配日を用いるが、旧来の方法とは大いに異なる」(23)と述べ、あえて卦爻配日を取り上げ詳細に説明したのである。

朱載堉はまず、京房の卦爻配日を批判する。京房は、三分損益を繰り返し、六十律まで展開した。そして、六十律・六十四卦を一年に割り当て、候気を行ない灰の飛び方を見て気の到来をうかがった(24)。律管の配当については、「六日七分之術」を採る。六十本の律管で$365\frac{1}{4}$日を等分すると、一律あたり$6\frac{7}{80}$日となる。また、卦の配当については、唐の一行『大衍暦議』(『新唐書』暦志)に依拠し説明すると、京房は六十四卦三百六十四爻を一年の日数に配当した。すなわち、四時に配当される坎・離・震・兌は、その初爻が$\frac{73}{80}$日に配当され、頤・晋・升・大畜の卦が$5\frac{14}{80}$日、残りの卦は$6\frac{7}{80}$日に配当される。それゆえ一行は、京房の方法では一卦・一爻あたりの日数が統一されていないと批判する(25)。朱載堉も一行の批判をふまえ、京房の方法は「災難を占い、吉凶を験すに過ぎず(26)、陰陽の変化について見てみると、混乱して明らかではない(27)」という。それでは、朱載堉はどのように卦と楽律を配当するのだろうか。朱載堉は、何瑭が先天図に基づき作成した八卦縦図(第六章図6-2)、そして自らが描いた横図(第六章図6-4)、六十四卦方図(第六章図6-5)に依拠し、以下のように述べる。

> 震・巽・恒・益はまことに中央にあり、この四卦は内卦・外卦ともに木に属し、伏羲の尚《とうと》ぶものである。それゆえ諸々の卦の根本であり、四時を統べ、陽剛・陰柔をもって春・秋・冬・夏に分配する。震は春分、巽は秋分である。風雷をその証拠とすると、益は、雷が内、風が外であり、恒は、風が内、雷が外であって、冬至・夏至の象である。この四卦を除けば、残りの六十卦は冬至の日を復の初九とし、頤・屯・既済・家人がそれに続いて、この五卦は子位にあり、黄鐘の後段及び大呂の前段に応じる。……(中略)……卦爻が分かれていく

様子は、五声が分かれていく様子と同じで、黄鐘の後段・初均である宮声が、復卦の初九であり、爻象は商・角・徴・羽を積み重ね、復卦の六二を得て、上六に至り、その後は頤卦の初九が続く。このように、六十卦三百六十爻を一年の日数に配当する際、ただ盈・没だけを閏日とし、爻象がないのは、閏月に中気がないようなものである。その術は律呂の術と同じであることから、暦経はこれを付記する。[28]

まず卦の配当である。朱載堉は六十四卦のうち、六十卦三百六十爻を一年の日数に配当し、気盈・朔虚[29]には爻象がないとした。震・巽・恒・益はもろもろの卦の根本として四時を統べ、そのほか六十卦は、冬至を復の初九とし、続けて頤・屯・既済・家人以下、一爻一日、一卦六日、五卦一月と配当していった。確かに卦・爻それぞれに配される日数は等しくなる。

続いて、十二律にはどう配当するのだろうか。先の引用文では、復・頤・屯・既済・家人が黄鐘の後段・大呂の前段に配当されるというが、これはどういうことだろうか。『律暦融通』巻三、黄鐘暦議上、律紀によれば[30]、以下のように配当される。一年三百六十五・二四二五日を十二律で割ると、一律あたり三十日四十三刻有余となる。その律の半律（正律より一オクターブ高い律）を前段、正律を後段とする。さらにそれぞれ、初・中・末の三均に分かれ、一均あたり五日七刻有余を掌る。一均はさらに五声に分かれ、一声あたり一日一刻有余を掌る。平均律であるため、となりあう律・均・声の関係はすべて等比となり、整数にはならないが、すべて同じ日数を掌る。つまり、一年の日数をすべて十二律と五声でまかなえるので、京房のように十二律以上を設定する必要はない。これは、平均律が、どこまでも同じ律長比で分割可能であることを生かした配日法であるといえる（朱載堉の節気・卦・楽律の配当は第六章第五節（二）を参照）。

筆者が注目したいのは、配日の技術自体の優劣ではなく、『授時暦』がすでに放棄した漢代以来の卦爻配日を、朱載堉があえて継承し、特に一日一日の陰陽の変化に気を配りながら、十二平均律の特性を生かして新しい説を提出した点である。前述した候気と並び、卦爻配日は明代では否定される傾向がある中、朱載堉はあえて両者を採用し、気の理論による律暦合一を試みたのである。

第四節　定数と常理

続いて、朱載堉が数や理といった概念をどう捉えたのか分析し、律暦合一を唱えた理由を考察する。朱載堉は「日月が食するかどうかは、月の運行の表裏・交点からの遠近を見るべきで、みな計算することで推察できる」とし、泥球を作り月に見立て、太陽に見立てた光を各方向からあてる実験を行ない、「日食の象」（泥球の後方からまっすぐに光をあて、光が泥球に覆われる状態）と「月食の象」(31)を説明した。そして以下のようにいう。

そもそも理があって後に象があり、象があって後に数があり、理は象によって顕れ、数は理から出て、理と数は連動しており食い違うはずはない。およそ天地の造化はその数を逃れることはできない。(32)

日月食には理があり、それに応じた象があり、その象を説明できる数があると考える朱載堉にとって、日月食は決して災異ではない。彼は数を強く信頼すると同時に、人間はその数を必ず捉えられるとし、「太陽と月の運行には一定の数があり、交を過ぎれば食すのは、理の常である(33)」と考えた。

日月食は、計算によって推し測れる。これは数が自然とそのようになるのである。…（中略）…太陽と月の交食はもとよりみな常理であり、決して災異ではない。…（中略）…しかし太陽と月は生き生きと運動するので、一度定めたきり変更もしない方法で計算して確定し、数値を間違わないでいるのは、また難しい。そのため暦法を確かめる者は、一分一刻の差を親とし、二分二刻を次親とし、三分三刻を疎とし、四分四刻を疎遠として、そもそも百発百中であるとしたことはない。もし食に定数がないというのなら、ほとんど偽りである。(34)

日月食が起こるのは常理だが、朱載堉は完璧に推算することの難しさも十分認識している。ただ彼は、推算が百発百中でないからといって、定数がないとは見なさない。計算法の改善に努力を惜しまずに励み、日月の生き生きとした動きを精確に捉え、暦法の精度を上げることで、常理は必ず捉えられると信じるのである。(35)日月食が災異でないならば、「災異を予見する手段」としての暦法の存在意義は、限りなく失われる。それでは朱載堉は、そもそも何のために暦法を追究するのか。

天の運行には始まりも終わりもなく、ただ数だけがその萌しを推測することができる。天道は非常に奥深いが、数によってその神妙な様子を見ることができる。理は数によって顕れ、数は理によって出で、理と数は互いに頼り合っていて、食い違うはずはないのは、古の道である。…（中略）…暦は規則性のある数であり、一日としてずれてはならない。わずかなずれが天と人の秩序を乱し、あらゆる事象の時間を食い違わせる。まことに国家を保つ者の重んじるところである。(36)

朱載堉は、暦法のわずかなずれが、天と人の秩序を乱すと考えた。政治の乱れへの警告が天文上の異常となって現れるのではなく、天文推算の不正確さに起因する暦法の乱れが、天の運行と、人間世界の進行のずれを導き、その結果政治の乱れをもたらすのである。

朱載堉にとって、易・律・暦は、陰陽の精妙さが尽くされた河図・洛書から生じたものである。それゆえ暦法の定数、その背後にある常理は、易・律にも通じる。そして、この常理を捉えられなければ、我々人間の世界は、天の運行・陰陽の変化と合わなくなるのだ。つまり、朱載堉の律暦合一思想の背後にあるものは、律暦を動かしている数と、その背後にある理を捉えることで、人間世界にも同貫する理を把握し、自然秩序と完全に通じた世界を模索する試みなのではないだろうか。

小結

本章では、朱載堉が律と暦をどう捉え、またどのような方法で律暦合一をはかってきたか、特に数や気を媒介にしてつながる律暦の姿を論じた。まず、朱載堉の律暦合一思想の特徴を簡単にまとめる。第一に、天文学の基本定数に、楽律学においても重要な意味を持つ数値を組み込んだ。第二に、その定数を基礎にし暦計算を行なうことで、暦法全体に楽律が織り込まれていくような様相を呈した。第三に、候気術や卦爻配日に依拠しつつも占いの要素を取り除き、陰陽の変化を見るという目的に絞って、易による律暦の合一を試みた。

続いて、律暦合一思想の系譜における朱載堉の意味を考察する。朱載堉の律暦合一思想の枠組自体は、第一章で論じた、漢代の劉歆や京房を受け継いだものである。注意すべきは、劉歆が律暦合一思想を展開する中で、律暦と経学、特に易学との結合をはかった後、ずいぶんと長い間、律暦合一という点に関していえば、新しい経学との結合は試みられていなかった点である。そもそも三分損益法に依拠する限り、十二律は完全には循環しないため、この楽律体系において暦との結合をはかること自体にやや無理がある(37)。朱載堉は十二平均律を発明し、十二律の循環性を獲得できたからこそ、新しい律暦合一のかたちを模索することができた。そして朱載堉は、蔡元定の唱えた河十洛九説を、楽律の基礎となる黄鐘律管の寸法と、暦法の基礎となる天文定数とに組み込んだ。また、邵雍の先天易学を、何瑭の理解を通して応用し、新しい卦爻・楽律配日法を記述した。これらは両方とも、宋代における象数易を、律暦合一思想の中に展開させたものだといえる。

それでは、朱載堉にとって律暦合一思想はいかなる意味を持つのか。たとえば蔡元定が、暦書も記したとしても、自らの易学を組み込み、律暦合一を論じることはなかっただろう。それは朱熹が、律と易のみならず、律と暦の数理体系の安易な統合に対しても、非常に警戒していたからである。そして『授時暦』も同様に、天文学以外の要素を排除した。彼らは確かに、万物に通じる普遍的な理を想定してはいるが、個別の学術に取り組む際は、あくまで個々の事物に備わる理を地道に認識することに力を傾け、普遍的な理へと安易に飛躍させなかったのである。彼らは複数の学術を数理的に結合しようとすれば、当然矛盾が生じることを、十分認識していた(38)。ところが朱載堉は、こういった流れに逆行する。彼は楽律学・暦法・度量衡など、様々な学術を相互に関連付け、それらに通じる象数学的原理を重視した。このため、朱載堉の楽律論は、朱熹・蔡元定と比較すると、象数学的側面が非常に強く突出している。

また、本章で論じた範囲において、朱載堉の理とは、もっぱら自然秩序の中に求められるものであった。彼は、陰陽二気の精妙さが尽くされた河図・洛書、そこから生じた律暦が形作る象を、数によって認識することで、気の背後にある理を捉えられると考えた。こういった態度は、対象に備わる理だけでなく、人間の心に備わる理も非常に重視した朱熹とは明らかな差があり、むしろ『授時暦』の理気観に通じる。朱載堉の理からは、心性論と結び付く要素がほとんど消えて、普遍的・客観的側面のみが強調されている。

しかし、朱載堉が把握しようとした理は、確かに自然秩序の中にあるが、彼の目指す理は、個々の事物に備わる理ではなく、大胆にも、すべての学術を貫く普遍的な理である。そして、この理を読み取れなければ、人間世界は自然世界とずれてゆき、最終的には生活も政治も乱れる。結局人間も、同じ理によって秩序立てられる自然世界の中に、完全に組み込まれているのだ。人間を含めたすべての現象に共通する理を、数を捉えることで認識できるのならば、朱載堉にとって、理の探し場所をどこに取るか——人間の内で探すか、外で探すか——は、最終的にはもはや問題とならない。このような思想は一見、古めかしい天人合一思想にも見えるし、人間が自然に従属しているような印象も受ける。しかし、天文現象を数によって説明し、背後にある理をつかむことができるのは、やはり人間なのである。人間は、一日一日の陰陽の変化を敏感に察知し、百パーセント精確な暦法を求め、ひたすら努力を重ねなければならない。『律暦融通』、そして律・暦・数・度量衡などを幅広く論じた『楽律全書』は、こうした自然を捉えんとする人間の取り組みを大胆に記述した書であるといえるのではないか。

（1）太陽が黄道上で春分点から一周して再び春分点に戻るまでの時間。
（2）前掲『天潢真人　朱載堉』、第八章第二節「黄鐘暦和聖寿万年暦」、二三一頁（陳美東執筆）。
（3）同上。
（4）「夫黄鐘乃律暦之本原、而舊暦罕言之。新法則以歩律呂・爻象爲首、此與舊暦不同一也。」「進暦書奏疏」、『楽律全書』、明万暦鄭藩刊本影印、北京図書館古籍珍本叢刊、書目文献出版社、八七〇頁上。「進暦書奏疏」は、一五九五年に、『律暦融通』『聖寿万年暦』『万年暦備考』の三書を上進したときに付したもので、『聖寿万年暦』の冒頭に付されている。
（5）前掲、『律暦融通』序、九三五頁下。

（6）「易大傳曰、河出圖、洛出書、聖人則之。所謂則之者、非止畫卦敍疇二事而已。至若律暦禮樂、莫不皆然。蓋天地萬物無非陰陽、而圖書二者、陰陽之妙盡矣。夫六經之道同歸、禮樂之用爲急。然而暦者、禮之本也。律者、樂之宗也。何以言之。夫暦之興也、測景於天、景有消長、因之以考分至、以序四時、而五禮本之。律之始也、候氣於地、氣有深淺、因之以辨清濁、以正五音、而六樂宗之。聖人作樂以應天、制禮以配地。故曰律居陰而治陽、暦居陽而治陰。律暦迭相治也、其閒不容髮而相錯綜也。」同上、序、九三四頁上。

（7）「河圖、暦也、故有四時迭運之象。洛書、律也、故有三分損益之象。是以黄鐘之管九寸、則洛書而爲律元。黄鐘之尺百分、則河圖而爲度母。從黍之律・横黍之度、長短分齊、交相契合、斯乃造化之妙、故名之曰黄鐘暦法、蓋言倚數取諸此也。」同上、序、九三四頁下。

（8）同上、序、九三五頁下。

（9）「黄鐘之管長九寸、從黍爲分之九寸也。寸皆九分、凡八十一分。洛書之奇自相乘之數也、是爲暦本。故以萬暦九年爲元、義取諸此。上考往古、下推來今、皆距律元爲筭。」同上、巻一、黄鐘暦法上、歩律呂第一、律元九、九三六頁上。

（10）「黄鐘之尺長十寸、横黍爲分之十寸也。寸皆十分、凡百分。河圖之偶自相乘之數也、是爲母法。秒滿法從分、分滿法從刻、刻滿法從日。度下分秒放此、不滿秒者爲忽。」同上、巻一、黄鐘暦法上、歩律呂第一、律母百、九三六頁上。

（11）同上、巻三、黄鐘暦議上、律母、九六三頁上。

（12）本節（二）における計算については、戴念祖、前掲『天潢真人　朱載堉』、第八章第二節「黄鐘暦和聖寿万年暦」、二三五—二四一頁（陳美東執筆）を参照した。

（13）消長法については、同上、二三五—二四一頁のほか、中山茂「消長法の研究（Ⅰ）——東西観測技術の比較」（『科学史研究』第二期六六、一九六三年、六八—八四頁）、「消長法の研究（Ⅱ）」（同第二期六七、一九六三年、一二八—一三〇頁）、藪内清『中国の天文暦法』（平凡社、一九六九年、二八七—二八九頁）を参照した。

（14）前掲『律暦融通』巻四、黄鐘暦議下、歳余、九八〇頁上下。

（15）「置定距自相乘、七因八歸、所得律母約之爲分、命曰歳差。七居雒書之西爲坎、八居河圖之東爲離、坎離爲日月門戶、暦家取法、以制歳差。」同上、巻四、黄鐘暦議下、歳余、九八〇頁下。

(16)「置律元所距積年爲汎距、來加往減律限爲定距。若汎距在律限已下不及減者、反減律限爲定距。」同上、巻一、黄鐘暦法上、歩律呂第一、求汎距・定距、九三八頁上。

(17)「置所求定距以律數乘之爲積月、以積月乘日率爲積日、以積月乘日餘爲積餘、積餘滿法併入積日、爲歳汎積。置定距自相乘爲實、七之八而一、所得滿律母爲分、不滿退除爲秒・忽、是名所求歳差、來減往加汎積爲歳定積。」同上、巻一、黄鐘暦法上、歩律呂第一、求汎積・定積、九三八頁下。

(18)朱載堉が気と律の感応を認める以上、候気に肯定的か否定的かだけを指標にして、朱載堉が科学的か呪術的かを論じることには、それほど大きな意味はない。たとえば児玉憲明は「ある論者が候気を否定したのかという、その結論自体は論者を評価する指標とはしない」と述べる(前掲「候気術に見える気の諸観念」、一―二頁)。筆者の立場も基本的には同様である。

(19)蔡元定は律管を埋めて候気を行なっている。

(20)前掲『律呂精義』内篇巻五、候気弁疑第八、二〇六頁上、二一一頁上。

(21)「瑭之言曰或問孟子何謂浩然之氣。曰、難言也。其爲氣也、至大至剛、以直養而無害、則塞于天地之閒。其爲氣也、配義與道、無是餒也。是集義所生者、非義襲而取之也。行有不慊於心、則餒矣。律、候氣之謂歟。公孫弘曰、心和則氣和、氣和則形和、形和則聲和、聲和則天地之和應矣。蓋律者形而下者也、氣者形而上者也。形而上謂之道、形而下謂之器、不求諸道而求諸器、未之有也。…(中略)…古人以律占政事之得失、今人以暦驗律管之眞僞、失其旨矣。」前掲『律暦融通』巻三、黄鐘暦議上、律景、九七七頁下。

(22)「象数易のような天文学以外の要素、あるいは、国家占星術的な要素を一切、『授時暦議』が自覚的に排除している。」(山田慶児『授時暦の道』、みすず書房、一九八〇年、二四四頁)。

(23)「惟許衡授時暦黜之不用、至今從之。新法雖用卦爻配日、然與舊術、則大不同。」前掲『律暦融通』巻四、黄鐘暦議下、爻象、九八二頁下。

(24) 堀池、前掲「京房の六十律」、八五―八六頁を参照。

(25) 京房の易学については、朱伯崑、前掲『易学哲学史』第一冊第三章第一節、二「京房『易伝』」(四) 卦気説、一五四―一六七頁を参照。

(26) 京房の候気と占いの関係について、児玉憲明は京房の候気が「暦計算が予測する季節推移の日時について、その『予測の精確さを検証するための実験』にすぎない」とし、「律管による政治上の異変の予知や君臣の行為の可否の判断といった人事上の関心を排除」したと述べる (前掲「候気術に見える気の諸観念」、七頁)。これをふまえると、朱載堉の「災難を占い、吉凶を験すに過ぎ」ないという京房評価もまた一面的である。

(27) 「止於占災眚、驗吉凶而已、若夫觀陰陽之變化、則錯亂而不明。」前掲『律暦融通』巻四、黄鐘暦議下、爻象、九八二頁上。ほぼ同文が一行『大衍暦議』卦議 (『新唐書』暦志) にある。

(28) 「震・巽・恆・益實居中央、此四卦者貞・悔皆屬木、伏羲所尙也。故爲羣卦之宗、摠統四時、而以陽剛・陰柔分配春・秋・冬・夏。震春分、巽秋分。以風雷爲驗也、益則雷在內風在外、恆則風在內雷在外。冬至・夏至之象。除此四卦、其餘六十以冬至日爲復初九、而次之以頤・屯・既濟・家人、此五卦在子位、以應黃鐘後段及大呂前段也。…(中略)…卦爻之策、與聲策同、黃鐘後段初均宮聲、卽爲復卦初九、爻象累加聲策、得復六二、至於上六、而後繼以頤卦初九。如是、六十卦三百六十爻當朞之日、惟盈・沒爲閏日、無爻象者、亦猶閏月無中氣也。以其術與律呂術同、是故暦經附載。」前掲『律暦融通』巻四、黄鐘暦議下、爻象、九八二―九八三頁。

(29) 四分暦では、気盈は一回帰年を十二ケ月で割り、三十を引いたもの ($365\frac{1}{4}\div12-30$) となり、朔虚は三十から一朔望月を引いたもの ($30-29\frac{499}{940}$) となる。

(30) 劉勇・唐継凱校注、前掲『律暦融通校注』二〇七頁。北京図書館古籍珍本叢刊『楽律全書』本はこの頁が欠落する。

(31) 朱載堉が考えた月食のメカニズムは、現在理解されている月食のメカニズム (太陽・地球・月が一直線上に並び、月が地球の影に覆われて起こる) とは異なる。詳しくは第十一章第一節を参照。

(32) 「夫有理而後有象、有象而後有數、理由象顯、數自理出、理數可相倚而不可相違。凡天地造化莫能逃其數。」前掲『律暦融通』巻四、黄鐘暦法下、交会、九九一頁下。

（33）「日月之行有一定之數、過交則食、理之常也。」同上、定数、九九三頁下。食が起こるメカニズムについて、たとえば魏の景初暦では、朔望時における太陽あるいは月の位置が黄白道の交点から十五度以内にあることを食の起こる条件とした。

（34）「日月之食、於筭可推而知。則是數自當然。…（中略）…日月交食固皆常理、實非災異。…（中略）…雖然日月者活曜也、欲以死法筭定、不失分刻、是亦難矣。故課曆者、以差一分一刻爲親、二分二刻爲次親、三分三刻爲疎、四分四刻爲疎遠、未敢自以爲百發百中也。若謂食非定數、則近誣矣。」同上、定数、九九四頁上。

（35）朱載堉の定数に対する確信は朱熹に通じる。山田慶児は、朱熹の暦法批判を読み解き、朱熹は「天文現象のもつ『常』、すなわち、恒常性ないし規則性にたいする不動の確信がある」と述べる。また、朱熹は、暦法の改善に止まるだけでは、一見不規則に見える天文現象を解明することはできず、何よりも「宇宙の生成と構造」の把握に努める必要があると考えていた（『朱子の自然学』、岩波書店、一九七八年、二八一頁）。このような朱熹と比較した場合、朱載堉が目指すものは、あくまで暦法に留まっているといえよう。

（36）「天運無端、惟數可以測其機。天道至玄、因數可以見其妙。理由數顯、數自理出、理數可相倚而不可相違、古之道也。…（中略）…曆者有常之數也、不可一日而差。差之毫釐則亂天人之序、乖百事之時。誠有國家者之所重。」前掲「進曆書奏疏」、八六六頁下。

（37）ただし、清朝の公式楽律書では、三分損益法においても律暦合一の可能性を模索した。第十二章を参照。

（38）山田慶児は、朱熹が河図・洛書の数、易の卦、暦法が個別の理論体系であり、そこに相通じるものは認めてはいても、「把握しなければならないのは、天体運動に固有の数とパターン」だと考え「ある領域で把握されたパターンを他の領域に安易に適用してはならぬ」と考えていたという（前掲『朱子の自然学』、二七八頁）。

第九章　古今融合の舞踏論

序

第七章・第八章では、朱載堉の理想とした世界、すなわち律・暦・度が象数学的原理によって相互に連関する世界を分析した。彼の理想世界の中心にある理論が十二平均律である。しかし十二平均律だけで楽を成すことはできない。実際に音楽を演奏するにあたって、どのような歌を歌い、どのような楽器を使い、どのような舞を舞えばよいのだろうか。朱載堉の舞譜からは、彼が構想した具体的な楽舞の様子がうかがえる。朱載堉が注目したのは、今楽の演奏技術であった。本章は朱載堉の舞踏論から、彼が今楽についてどのように考え、今楽の技術をどのように導入しようとしたのかを分析する。

朱載堉の舞踏論は、戴念祖がその音楽的価値を高く指摘したのをはじめ[1]、近年盛んに研究されている。また長井尚子が「朱載堉の舞踏譜は舞姿の絵図と舞人配置図をともに備え、音楽の表記を独立させた点で、舞踏譜としての体系化は進んでいると言える[2]」と述べるように、朱載堉の舞踏譜は、振り付け、立ち位置、さらには演奏の何拍目にどの振りが来るのかなど、体系的で大変わかりやすい。

長井尚子は朱載堉の舞踏論の目的を「朱載堉は自らの設計する舞踏の舞踏所作が『礼記』楽記の記述も含め、歴史的な事実や故事と照らして、古舞の正当性を満たす様式であることを第一に主張する必要があったと思われる。(4)ラムによれば理論家たちの提言の究極目標は、音楽・舞踏による完全な宇宙における理想世界の構築であったが、朱載堉もその目標のために、儒教的な価値観に沿って、『転』を五常三綱の概念と結び付けたのであろう(5)」と述べている。本章ではこの指摘をふまえ、朱載堉にとって、いかなる舞が「古舞の正当性を満たす様式」であったのか、そもそも彼が舞に対してどのような意味付けを与え、また、いかなる「儒教的価値観」に基づいたのか、そして今楽の技術とどのように結び付けたのかを、舞踏論から読み解いていく。

第一節　楽と舞の目的

朱載堉の学術全体の中で、楽と舞はどのような位置付けを与えられているのだろうか。朱載堉は舞の目的を、楽と対比させながら以下のようにいう。

そもそも楽とは、耳にあっては音、目にあってはかたちである。音は耳に応じるので聴き取ることができ、かたちは心にしまわれるのでそれを見ることは難しい。ゆえに聖人は干・戚・羽・籥をかりてそのかたちを表現し、猛々しい武舞や恭しい文舞を踊って楽の意図を表し、音とかたちとが選りすぐられて調和すれば大いなる楽が完備する。『詩経』大序に「声を長くのばして歌っても足りなければ、知らず知らずのうちに手が舞いはじめ、足は踏みはじめる」とある。つまり楽しいと思う心が内側に発し、物に感じて動き手足がひとりでに動いてしまうのは、歓喜の極みである。これが舞の起こりなのだ(6)。

朱載堉によれば、楽には音とかたちという二つの要素がある。音は耳で聞けばわかるが、かたちは心の中に収められており、外から見ることは難しい。そのため、聖人は干・戚・羽・籥などの舞具を用いてかたちを表し、武舞の猛々しさや文舞の恭しさで、舞の意味を表した。音とかたちが備わって初めて人楽は完成する。つまり朱載堉は、舞が備わらなければ、楽は完成しないと考えているのである。朱載堉は、楽と舞両方がリズムに合うことを「中和」と呼び、「中和」が実現されることで、天地が正しい所に定まり、万物が育まれるという(7)。このような「中和」の状態を達成するために、朱載堉は自ら舞うことが重要だと考える。

みな自ら舞うのがよく、伶人に舞わせるのはよくない。自ら先王の雅舞を学び、血脈を調和させ、性情を養うことができれば、自分のものとして体得できる。伶人が舞えば、先王の雅舞を汚してしまう。人を雇ったり、賤しい楽工などに任せたりしてしまえば、自分のものとして体得できない(8)。

伶人に舞わせるのでなく、自ら舞い、血脈を調整し、性情を養うことで、体得できる。儒者たちは楽の重要性を認識してはいたが、蔡元定が琴を弾かなかったように、もっぱら理論を考え、実際の演奏は伶人に任せていた。第三章で述べたように、朱熹は儒者が理論ばかりを論じる状況を批判し、実践の重要性を説き、琴の演奏技術を身につけるため毎日練習に励むことを求めていた。文人の嗜みとして重んじられてきた琴ですらこのような状況であれば、儒者が自ら踊ることなど、ほとんどなかったのだろう。

なぜ自ら舞う必要があるのか。朱載堉は以下のように、舞の二つの重要な意義として「己を治める」ことと「人につかえる」ことを挙げる。

古の楽舞にはつまるところ二つの意義がある。一つは、楽舞によって己を治めることである。もう一つは、楽舞によって人につかえることである。楽舞によって己を治めるとは、『尚書』虞書のいう「まっすぐで温和、思いやりがあり荘重、残虐さも傲慢さもなく、〔詩は〕志をいい、〔歌は〕言葉を長くのばし、〔五声は〕長くのばした音に依り、〔十二律は〕五声を和らげ、八音はよく調子がととのい、神と人とは調和する」である。楽舞によって人につかえるとは、虞書のいう「戛《かつ》・撃《げき》・鳴球《めいきゅう》、搏《はく》・拊《ふ》・琴《きん》・瑟《しつ》をもちいて歌い、祖考が到来する」である(9)。

楽舞の意義の一つ、「己を治める」とは、自ら歌い、舞うことによって、最終的には神と調和する状態に至ることであり、もう一つの意義である「人につかえる」とは、祭祀で楽舞を奉じ、祖先に仕えることである。このように舞は、自己修養と祖先祭祀という士大夫にとって欠かせない役割を担っているが、現在では正しく舞える者は少なくなってしまった。

ああ、古の人は天子より庶人に至るまで、みな舞うことができたのは、みな幼き頃より舞を学んでいたからだ。…〔中略〕…隋より後もまだこの気風があったが、近頃はすっかり途絶えてしまった。それはなぜだろうか。思うに漢代の制度では、「卑しい身分の子供は宗廟に酒をすすめる際の楽舞を舞うことはできなかった。二千石から六百石の吏、及び関内侯から五大夫の子を除き、まず嫡子のうち身長七尺以上、年齢が二十から三十まで、顔だちが温和で、身体が整った者を舞人とする。(10)」これは周代の制度とやや異なるが、いまだ国子を用いるという本質を失っておらず、そのため学ぶ者は往往にして舞を学ぶことを美事とした。宋の徽宗の大観四年六月の詔に曰く「近頃、国子生を選んで二舞を教習させ、先聖の祭祀に備えさせたが、それは『周礼』の『国子を教える』制度に基づいたものである。しかし学生たちは太学で学ぶにあたり、楽舞を行なうのを大変恥ずかしく思った。思うに今と古とでは時代が異なり、たとえ古を追究すれば根拠があることでも、それを今の時代にも行なうことは、決して適切ではない。二舞の教習をやめよ(11)」と。徽宗のこの詔を、見識を持つ人々は非難した。(12)

古の人は幼少の時から楽舞を習い、舞うことのできない者はいなかった。(13)天子のような尊い者ですら舞うことができたのに、隋以降そういった気風が途絶えてしまった。漢代では、上級官吏の子から、宗廟の舞人が選抜されていた。「舞人には国子を用いる」という周代の習慣を失わないでいたのである。しかし徽宗は、国子が人前で舞を踊ることを恥らうという理由から、楽舞の教習をやめさせてしまったという。(14)

朱載堉は楽舞の教習順序としては舞を優先し、必ず先に舞を教え、その後に楽を学ぶべきと考える。

周代の制度で「国子を教える」にあたり、楽の徳や楽歌の理論以外にも、舞や琴瑟をともなう歌も重んじていた。そのほかの楽器は、瞽矇《こぼう》〔目の不自由な楽人〕と眡瞭《しりょう》〔瞽矇を補佐する楽人〕を教えるだけである。このため『周礼』の大司楽・楽師・大胥・小胥・籥師の五条ではすべて「舞を教える」といい、国子・学士といった文字がある。そのほか各条には「吹き方を教える」「撃ち方を教える」とあって、そこには国子・学士といった文字はない。ここから舞が八音よりも貴いのは明白である。つまり舞を学ぶことは、国子や学士の仕事であり、八音は楽官の仕事であって、国子に教えるものではない。『礼記』の王制・文王世子の二篇も同じである(15)。

朱載堉は、舞は八音より貴く、楽官ではなく国子が学ぶべきものとする。ただし、楽を学ぶことを禁じているのではなく、教習の順番としては、「古人が学ぶ際は、まず舞を学び、それから楽を学び、次に礼を学び、最後に仁を学ぶ(16)」とする。朱載堉にとって舞は、様々な学問の中でも、最も基礎的で重要な教習事項である。

しかし先に引用した徽宗の詔に見られるように、理想としては学生たちが学ぶべきではあっても、実際にそれを行なうことにはかなりの心理的負担があったようだ。それでは朱載堉は、国子たちが舞を学ぶ際の心理的負担をいかに解決するのか。朱載堉は必ずしも、学生たちを無理やり踊らせようとはしない。彼もまた、地位の高い者が舞を学ぶ際の心理的負担を考慮している。まず、舞を学ぶ場所について工夫する。朱載堉は、静かで清らかな場所ならどこでもよいとし、太学でも家塾でもかまわないとした。その上で、以下のように提起する。

> 俗世間から隔絶し、〔外の人が〕驚いて覗き見たり聴いたりすることのないようにするべきである。物事を理解しない人がみだりに謗り笑うのを恐れるからである。思うに初学の人は、志がまだしっかりせず大いに恥らって婦人のようである。ひとたび人が謗り笑うのを聞けば、その心はたちまち圧し折れてしまって舞を学びたくなくなるだろう。古代の辟雍《へきよう》や泮宮《はんきゅう》が水の中に建てられ、外から見えないようになっていたのは、このためなのだ(17)。

舞は学生が必ず学ばなければならないものであるが、それを理解しない者が嘲笑うこともある。学び始めたばかりの人が、踊っているところを人に見られ、笑われでもすれば、当然やる気を失ってしまう。辟雍・泮宮が水に阻まれて見えなくなっていたように、踊っている様子が外から見えないように工夫しなければならない。

ただし朱載堉は、舞を学ぶ人材を選ぶにあたり、必ずしも国子であることに拘わってはいない。「舞を貴い者の仕事とする」ことと矛盾するようであるが、この点もまた、古の制度を今にうまく適用させようとする試みであるといえよう。彼は「何かを知っている者は、それを好む者には及ばず、それを好む者は、それを楽しむ者に及ばない」[18]として、布衣の士であっても、舞を好み志を同じくする者であれば問題ないと述べる。士農工商という身分は問わないが、徳行に優れ、人に敬愛される者でなければならない。「人はみな尭舜になれる」のだから、舞人を選ぶのに貴賤の区別はない。つまり、志さえあれば誰でも、楽舞を習得することで、性情も整い、聖人にも近づけるのである[19]。

それでは、具体的にはどのようにして楽舞を練習するのか。

昔は、十三歳で楽を学び、詩を朗読し、「勺」を舞い、十五歳以上になったら「象」を舞い、二十歳で「大夏」を舞い、四十歳で初めて出仕していた〔『礼記』内則〕。そうすると楽を学び舞を習うのはすべてまだ出仕していない時である。…（中略）…今この舞譜が二佾だけを用いているのは、初学の士にひとえに士礼を原則とさせ、上は下を兼ねることができても、下は上の領分を犯すことはできず、分を越えることがないように願うからである。ましてや四佾以上は、人数が違うとはいえ、踊りの進退や立ち居振る舞いは同じである。もし二佾から推していけば、一を聞いて十を知ることができ、難しいことはない。かつて、今の人が雅舞を学ぼうと思うなら、今の雅舞を学ぶのではなく、古の雅舞を学ぶべきであるという者があったが、それはかまわない。しかし、古の雅舞といえば、たとえば「大武」「大夏」の類は、天子の舞であるから、どうして上の領分を犯さないでいられようか。郷楽の中から一つ、二つを選んで舞えばよいのだ。郷楽とは「二南」〔『詩経』国風の周南・召南〕である。郷人に用いるので、郷楽と名付けられた。二佾の舞は、一佾に二人なので、合計四人となり、士の制度であるから、生員が舞うのがよい。四佾の舞は、一佾に四人なので、合計十六人となり、大夫の制度であるから、官員が舞うのがよい。六佾の舞は、一佾に六人なので、合計三十六人となり、諸侯の制度であるから、宗藩が舞うのがよい。…（中略）…武舞は「周南」の「兔罝」篇を歌うのがよい。舞のかたちは「要地を防衛する」様子を象り、威勢を輝き表し猛々しく踏み鳴らす様子も兼ね、名付けて「兔罝」の舞という。文舞は「召南」の「羔羊」篇を歌うのがよく、舞のかたちは「退朝してゆったりと落ち着く」様子を象り、恭しくへりくだる状態も兼ね、名付けて「羔羊」の舞という。[20]

朱載堉は『礼記』内則の経文から、舞を習うのは、まだ出仕していない時期だということを読み解いた。それゆえ、初心者は最高でも士礼しか取り得ず、僭越とならないよう、郷楽として「二南」を二佾で舞う。[21]間違っても天子の楽舞を最初に学ぼうとしてはならない。将来官位が上がり、四佾や八佾を踊ることになっても、人数の違いがあるだけで、踊りの方法には極端な差はないので、二佾によって基礎を固めておくことを推奨する。武舞は「兔罝」（周南）、文舞は「羔羊」（召南）を歌う。[22]

また、先行研究がすでに指摘するように、朱載堉が楽舞において最も重視するのは、「進退屈伸」「離合変態」である。

楽舞の神妙な点は、前へ進んだり後ろに下がったり体を屈めたり伸ばしたり、舞人同士が離れたりくっついたり立ち位置を変えたりすることにある。もし立ち位置が変わらなければ、舞っても神妙ではなく、神妙でな

ければ鬼神を感応させ動かそうとしても、難しい。このために宋代の制度では文武二舞に、それぞれ三変があったのだ。(23)

朱載堉は、もし手や足をわずかに振るだけで、立ち位置の変化もなければ、神妙な効果は得られず、祖先を祀り奉ることはできないという。後述する舞譜のように、朱載堉の振り付けは、文舞・武舞ともに手足に動きがあり、体は大きく伸びたり屈んだりし、また舞人たちは、踊る過程で位置を何度も変え、舞の構成を変えていき、非常に生き生きとした動きを見せている。以下、舞の手順を具体的に見ていこう。

第二節　「学習」を重視した舞踏論

朱載堉の構想は以下の通りである。まず、『六代小舞譜』で、大まかな振り付け（体や顔の向き、手足の動きなど）を学ぶ（図9-1）。この舞譜はさらに、踊る際に手に持つ舞具も描いている。次に『二佾綴兆図』で足の位置を学ぶ（図9-2）。この図では、二足の靴が足の位置を示している。「離合変態」を重視する朱載堉にとって、足の位置は非常に重要である。最後に、舞踏の際に演奏する楽についても学びたい者は、『小舞郷楽譜』を用いる。(24)

「六代小舞」とはいかなる舞なのだろうか。『周礼』大司楽には六舞（「雲門」「咸池」「簫韶」「大夏」「大護」「大武」）が見えるが、これらは郊祀など国家祭祀の際に上演する大規模な楽舞である。この六舞の「子供版」が「六代小舞」であり、『周礼』楽師「以教国子小舞」条のいう「小舞」（「帗舞」「羽舞」「皇舞」「旄舞」「干舞」「人舞」）(25)に該当すると朱載堉は考えた。(26)つまり彼は、「雲門」が帗舞、「咸池」が人舞、「簫韶」が皇舞、「大夏」が羽舞、「大護」

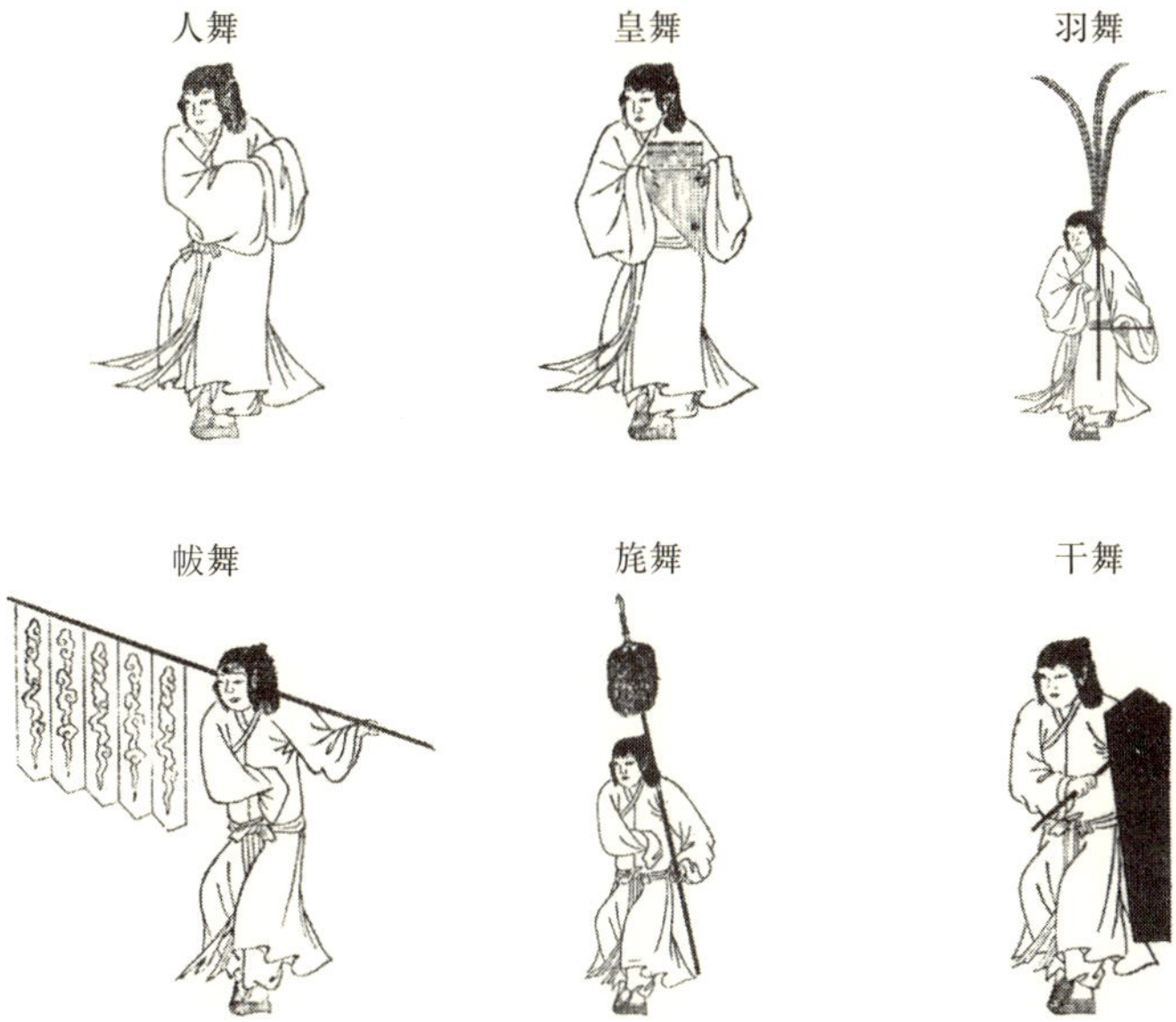

図 9-1　六代小舞（前掲『六代小舞譜』，676-677 頁より転載）

が旄舞、「大武」が干舞に該当するとしたのである。六舞と小舞には内容面では差がなく、ただ規模が異なるだけである。

この条〔『周礼』楽師「以教国子小舞」条〕及び地官の舞師でいう小舞と野舞は、どうして大舞と異なろうか。佾を構成せず一人だけで舞うという違いがあるだけだ。十三歳以上に小舞を教え、二十歳になったら「大夏」などの大舞を教えるという者もいる。大舞から派生した舞に別に名前をつけ、年少者に教えるものが小舞である。(27)

大舞と比較し、小舞は舞人の人数が少ないだけで、振り付けなど内容面で大きな区別はない。幼少時に楽舞を学習する際に用いるものが小舞であり、成人してから大舞を舞うことになる。

具体的に、どのように舞うのか。小舞は子供用の練習舞であり、士礼を採るので、二佾（四人）で踊る。最初に三つの文舞（三成）を、次に三つの武舞（三成）

『六代小舞譜』（全体的な振りつけ）
（前掲『楽律全書』，679-681 頁）

『二佾綴兆図』（足の位置）
（前掲『楽律全書』，748-751 頁）

上転転初勢

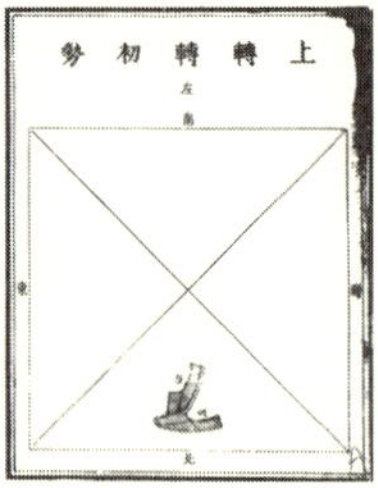

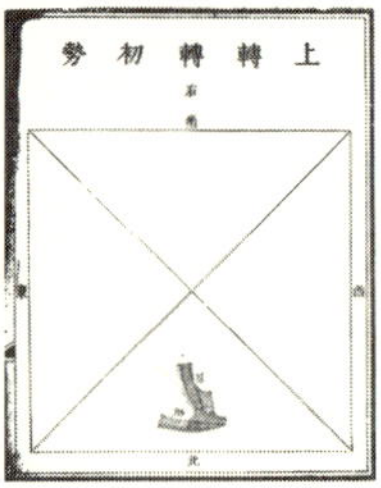

上転転半勢

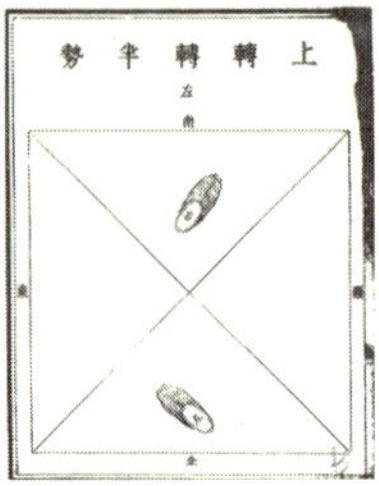

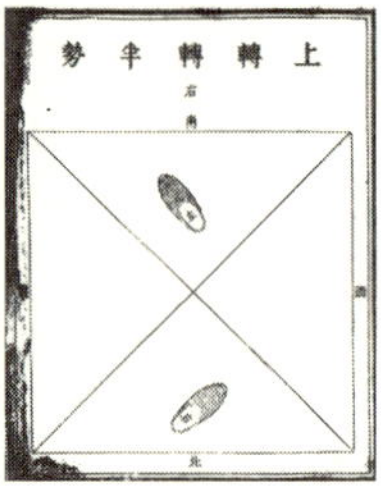

上転転周勢

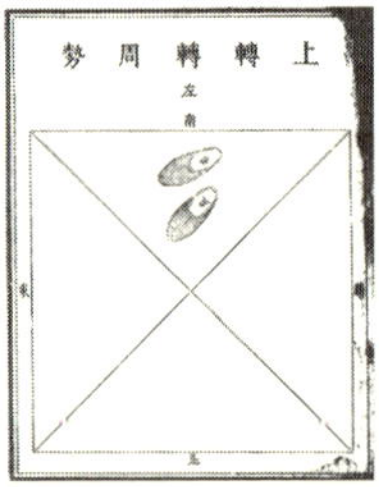

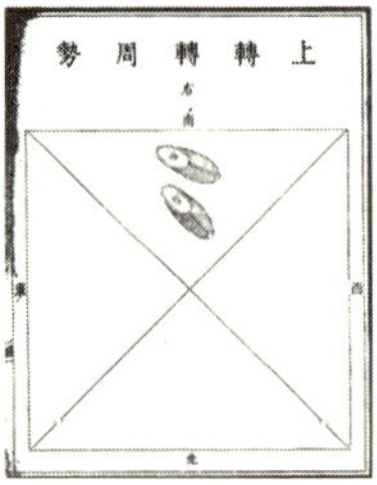

上転転過勢

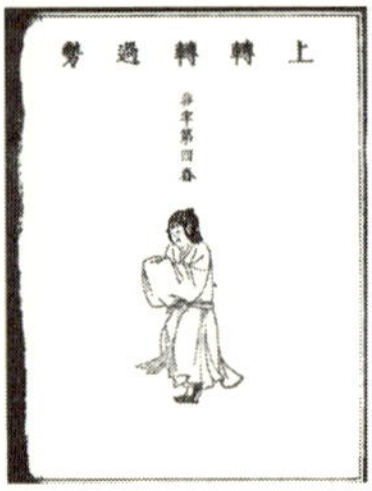

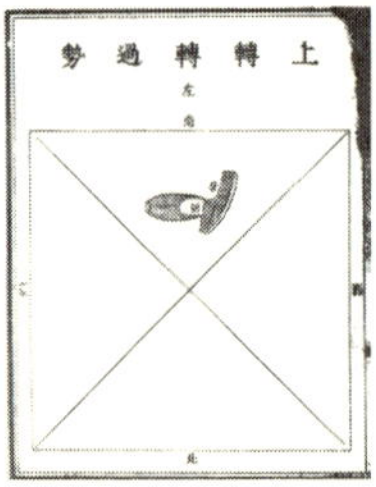

冒頭の進行

『六代小舞譜』（全体的な振りつけ）　　『二佾綴兆図』（足の位置）

上転転留勢

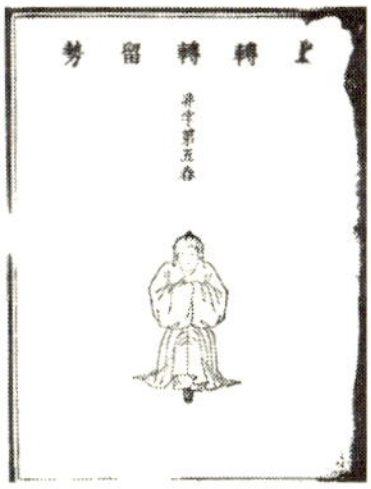

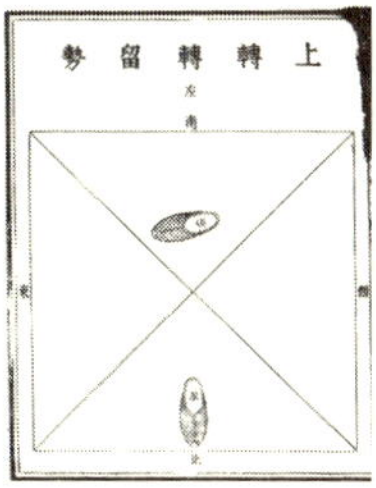

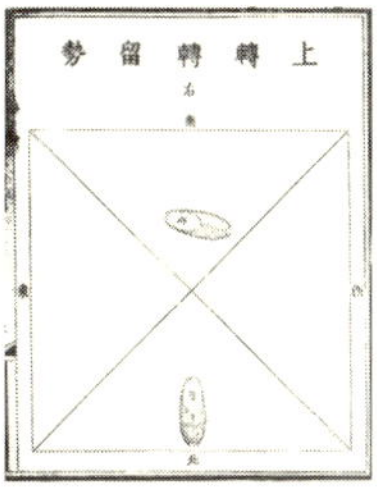

上転伏覩勢

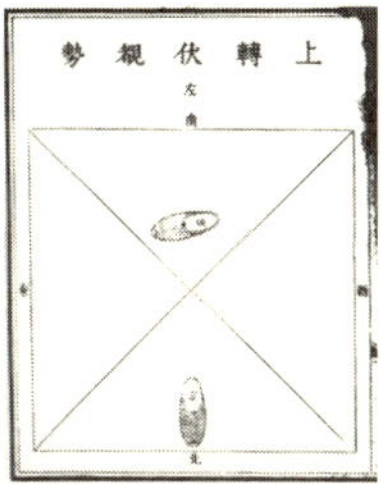

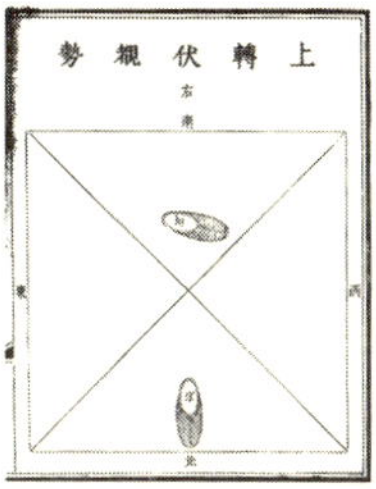

上転仰瞻勢

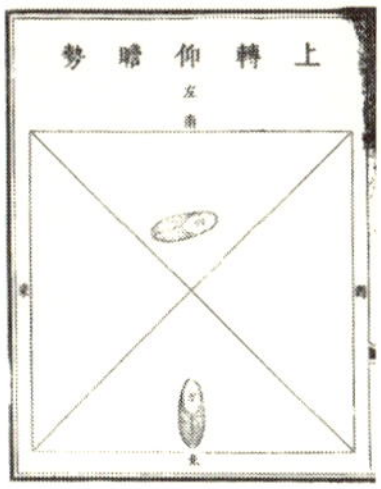

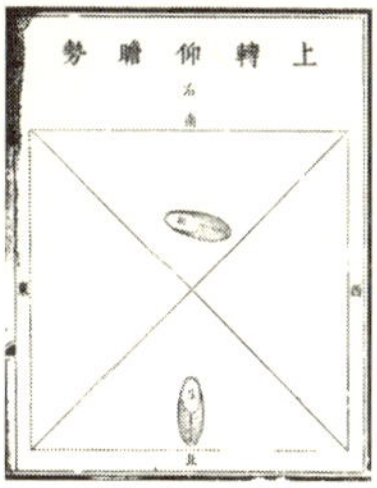

上転回顧勢

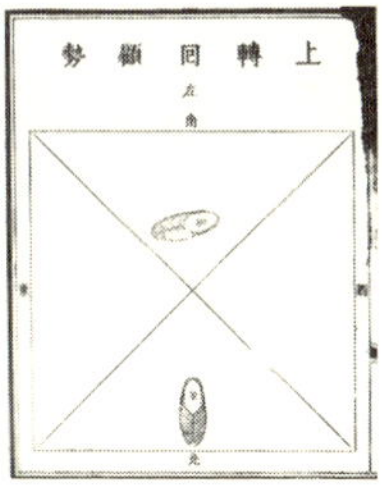

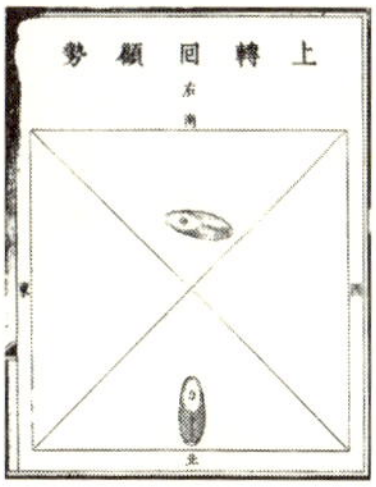

図 9-2　人舞

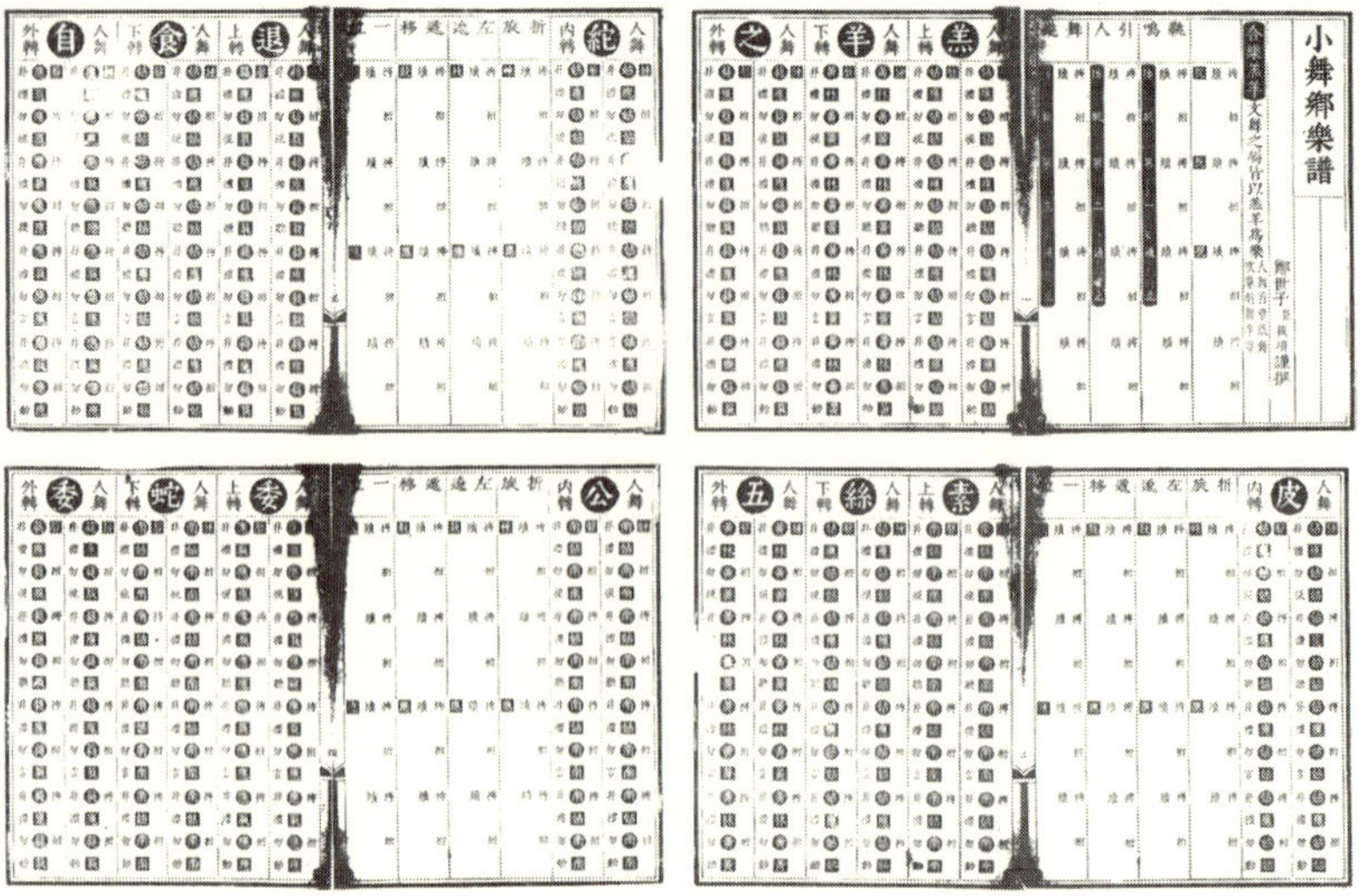

図 9-3　『小舞郷楽譜』（「六代小舞」で演奏する楽譜）（前掲『楽律全書』，730-731 頁）

を踊る。踊りの過程を詳細に述べれば、人舞（文）→皇舞（文）→羽舞（文）→帗舞（武）→旄舞（武）→干舞（武）という順番となる。図9‐1のように、それぞれ手に持つ舞具が異なる。

舞にはそれぞれ、四つの立ち位置「四勢」（上転勢、下転勢、外転勢、内転勢。この四勢は四端を象るという）があり、各位置で八つのポーズ（転初勢、転半勢、転周勢、転過勢、転留勢、伏覩勢、仰瞻勢、回顧勢。この八勢は五常三綱を象るという）があり、位置を三回変える（三変）。

六代楽舞で用いる歌詞は滅んでいるので、朱載堉は「二南」の歌詞を用いるべきだと主張する。人舞などの文舞では「召南」の「羔羊」を、帗舞などの武舞では「周南」の「兎罝」を歌う。人舞の冒頭は、具体的には図9‐2のように進行し、図9‐3の楽譜で演奏する。

以上のように、朱載堉が図示し説明したのは、「六代楽舞」ではなく「六代小舞」であった。この点は大変興味深い。すなわち、彼の舞踏論の目的は、『周礼』に描かれる音楽制度そのものを直接復興するためではない。また、聖人の楽である六代楽舞そのものを、ひとつの理想型として描くためでもない。彼の目的はあくまで、子供が楽舞を学ぶことであり、学習のために有用な舞譜を作ることであった。『明集礼』の描く舞人は明らかに成人男性だが、朱載堉の描く舞人は子供である。そして彼の舞譜は、初心者が練習するために、大変詳しくわかりやすい構成となっている。

前述したように、「人舞」「皇舞」などを六代楽舞の別名とし、教習に用いる小舞と見なすことは、基本的には鄭玄など古注の解釈に沿っており、目新しいものではない。重要なのは、六代楽舞を、ひとつひとつ文舞と武舞に分け、舞踏の過程をわかりやすく示したことである。振り付けを描いた舞譜・足の位置を示した綴兆図・伴奏の音楽の楽譜など、複数の方法を用い、多角的に舞踏法を記したのもすべて、初心者が学びやすいように配慮した結果である。

このほか、六代楽舞の歌詞が滅んだことを受け入れ、「大夏」「大武」などの詩に拘らず、郷楽である「二南」の詩を積極的に利用したことや、小舞において二佾や、佾という形式を取らない一人舞などを採用したことも重要である。つまり、元服する前の無官の状態で踊っても、僭越にはならない方法を確立したのである。朱載堉はこのように、舞を実践するにあたっての様々な憂いを取り払い、何の心配もなく踊れる状況を生み出そうとした。

第三節　今楽と古楽の融合

次に取り上げる『霊星小舞譜』が扱うのも小舞であり、霊星祀もまた、国家祭祀の一つである。『霊星小舞譜』の冒頭で朱載堉は、楽律は聖人が音を識別するために残した記号に過ぎず、今の工尺譜と同じで、それ自体にもともと深奥な理屈があるわけではないと考えた。彼が批判するのは、多くの人が楽律に固執した結果、いったん楽律が失われると、あたかも音楽のすべてが失われたかのように考える風潮である。このような風潮は間違っており、楽律は単なる記号に過ぎず、姓名や族譜と同じようなものであり、姓名から人の賢愚を判断できないように、また族譜が失われたからといって、その子孫までも失われることなどあり得ないように、たとえ楽律が失われたとしても、音楽を作りだした人の性情が滅んでいない以上、音楽の調べも今楽の中に残存していると考えた(28)。

『霊星小舞譜』は工尺譜を用い、今楽の技術、すなわち当時の俗楽の旋律や楽器を中心に用いる。朱載堉は、古楽が今楽の中に残っているのは当然であると考え、そこから理想の音楽を考察しようとした。それでは、霊星小舞とは具体的にはどのような舞なのか。

『続漢書』祭祀志に「高帝は天下に命じて霊星祠を作らせ、后稷を祀り、これを霊星といった」とあるのは、后稷〔周王朝の始祖とされ、舜に仕え農事を掌った〕を天田〔中国古代の星の名〕に配享したのである。舞人には男児十六人を用い、舞は耕作を学ぶ様子を象り、最初は除草し、次に種を植え、畑を耕し小鳥を追いやり、刈り取って米を杵でつくという動作を行なうのは、耕作の功労を象るのである。謹しんで按ずるに、これは古人のいう傾奏の舞〔演奏が複雑な舞〕である。傾奏の舞とは、古からの伝承によると「黄鐘・大呂〔などの楽律〕には依拠すべきではない」〔『列子』楊朱篇〕。傾奏の舞はどうして楽がそんなに大ざっぱなのだろうか。思うに昔は歌うことで功徳を称揚し、舞うことで物事を象った。士農工商が行なう仕事は同じではない。「朝廷から家に戻り悠然とする」ことや、「恭しく相まみえる」ことは、士の所作である。「除草し種を植える」ことや、「畑を耕し刈り取って収穫する」ことは、農民の所作である。楽のリズムや舞のかたちもそれに従って異なる。世の人はそれを理解せず傾奏の舞を俗楽だというのは誤りである。思うに「古なくして今は成らず」〔『増広賢文』〕、「今の楽は古の楽のようなもの」〔『孟子』梁恵王下〕である。ゆえに古の歌詞と、今の音とリズムを採用し、古今を融合貫通させ、人々にわかりやすく示す。楽学に少しでも貢献できることを願う。[29]

霊星祀は、后稷を天田星に配享して祭る祭祀であり、そこで踊る舞は農耕を象る舞、「煩奏の舞」である。舞は「象事」であり、どのような所作を象るかによって、当然舞の様子は変化する。「朝廷から家に戻り悠然とする」ことや、「恭しく相まみえる」ことが士の所作であるなら、「除草し種を植える」ことや、「畑を耕し刈り取って収穫する」ことは農民の所作であるから、それを象った音楽のリズムや舞の様子は自ずと異なる。農業を象るからといって、それを俗楽と見なすのは間違いである。つまり、六代楽舞が天子の祭祀で踊る楽舞で、士の所作を象ったものであるならば、霊星楽舞は農耕の神のために農民の所作を象ったもので、両者は見た目は異なるが、両方とも雅楽である。このように考えた上で朱載堉は『孟子』の今楽論を引用し、古の歌詞に今の音とリズムを組み合わせることで、霊星楽舞を構想した。以上のように、朱載堉にとって霊星楽舞は伝統ある楽舞であった。彼は霊星楽舞と周代の帗舞を同一のものと見なしている。帗舞が『周礼』に見える楽舞であることに注目し、また鄭玄の注釈に依拠し、霊星楽舞の舞人は五色の帗を持って舞うことから、霊星祠で演奏される楽舞の起源は周代の里社（土地神を祀る場所）で行なわれていた帗舞であると考えた。[30]

朱載堉は『霊星小舞譜』を定めるにあたり、歌詞は『詩経』周頌の清廟之什などを用いるが、旋律は今楽の「豆葉黄」を用い、十二律・五声ではなく、工尺譜によって、音楽の流れを示している。朱載堉にとって、今楽の演奏技術は古楽を再現する際の重要な資料であった。

舞では必ず古人の歌詞を使うのはなぜだろうか。「述べて作らず、信じて古を好む」（『論語』述而）からである。音曲では今人が簡単に理解できるものを使うのはなぜだろうか。今の楽は古の楽から来たものだからである。『礼記』〔楽記〕に「およそ音の起こりは、人の心から生じたのである」という。人の心は古今異なることはない。それならば音もどうして古今異なることがあろうか。古の歌詞を用い、今の音曲をあてて、人々にわかりやすく示し、音楽の持つ理を悟らせることは、かくのごとく絶妙である。[31]

朱載堉が、今楽が古楽に通じると捉える根拠は、『礼記』楽記である。音が人の心から生じるのであれば、人の心が古今異なることはない以上、音も異なることはなく、理解しにくい古楽を用いる必要はない。古の歌詞に、今のメロディーを重ねれば、楽の理を容易に理解することができると考えたのだ。霊星小舞に用いる楽器についても、朱載堉は今の時代に合った楽器を適切に用いようとする。

豳籥《ひんやく》は葦をすぼめ、すぼめた二つの管を並べて吹くもので、今の民間音楽の中にもある。土鼓だけは見たことがないが、『農書』が描く図によれば、南人の、稲の苗を挟んだ鼓のようだ。『詩経』〔小雅、甫田之什〕に「琴瑟を奏で鼓を撃ち、それによって神農氏を迎え、恵みの雨を祈り、私の穀物を育てる」という。ならば古の人は、鼓を撃つとはいうが、それらがすべて土鼓であるというわけではない。土鼓がなければ拘らずにどんな鼓でもかまわない。葦の籥もなければ拘らずにどんな笛でもあるいは笙でも管でも何でもかまわない。しかしリズムだけは崩してはいけない。琴瑟がなければ、これもまた使わなくてもよいのだ。[32]

朱載堉は、『周礼』やその注釈に出てくる古の楽器を、無理して揃える必要はないと考えている。豳籥は葦をすぼめ二つ並べて吹く楽器とし、これは民間にあるので、それを用いればよいが、もしなければ笛でも笙でも管でも良い。また土鼓もなければ、どんな鼓でもよく、琴瑟がなければ用いなくてよいともいう。楽器はどんなものであれ、リズムが崩れなければそれでよい。朱載堉は霊星小舞で用いる楽器を図示し、「以上の楽器は民間に多く存在している。この書ではつまり雅と俗とを融合貫通させたく、そのため楽器の多くは俗に従った方が都合がよいのだ」(33)という。

それでは具体的に舞の手順を見てみよう（図9－4）。霊星小舞も、やはり男児が舞う。男児十六人が、二人ずつ農具を持って向かいあって舞う（鎌、钁、鍬、鋤、竿、杈、耞、杴を持つ八対）。それぞれ、四つの立ち位置（上転勢、下転勢、外転勢、内転勢）を持ち、各位置で八つのポーズ（転初勢、転半勢、転周勢、転過勢、転留勢、伏覩勢、仰瞻勢、回顧勢）がある。つまり合計三十二種の動きを連続して行なう。歌詞は「立我蒸民（『詩経』周頌、清廟之什、思文譜章」を歌い、「豆葉黄」の旋律をつける。「豆葉黄」は全部で三十二拍で構成されており、上述の三十二種の動きに対応している。舞位を囲むように、十六人が待機し、一対ごとに踊っていく。「引舞持帗者」が、一曲終わるごとに舞者を舞位に先導し、開始と終了の合図を出す。「豆葉黄」を八回繰り返した後、「思文后稷譜章」を「金字経」の旋律で歌いながら十六人が右めぐりで一周する。

その後、字舞を踊る（『霊星小舞譜』には「字舞譜」も収録する）。字舞も、やはり十六人の舞だが、農具は持たないで踊る。十六人が舞位に並び立ち、それぞれ、四つの立ち位置（上転勢、下転勢、外転勢、内転勢）を持ち、各位置で八つのポーズ（転初勢、転半勢、転周勢、転過勢、転留勢、伏覩勢、仰瞻勢、回顧勢）がある。つまり合計三十二種の動きを連続して行なう。歌詞は「古南風歌譜章」(34)を「鼓孤桐」のメロディーで歌う。四十二拍で構成されており、上述の三十二種の動きと、文字を形成する動きに対応している。三十二拍踊ったのち、三十三拍から四十二拍で「天」の字を形成する。やはり「引舞持帗者」が合図を出し、「天」の字舞が終わると、また「鼓孤桐」の一拍目に戻り、同じ方法で「下」「太」「平」の字舞を行う。そして最後に「古秋風辞譜章」を、「青天歌」の旋律で歌いながら退場する。

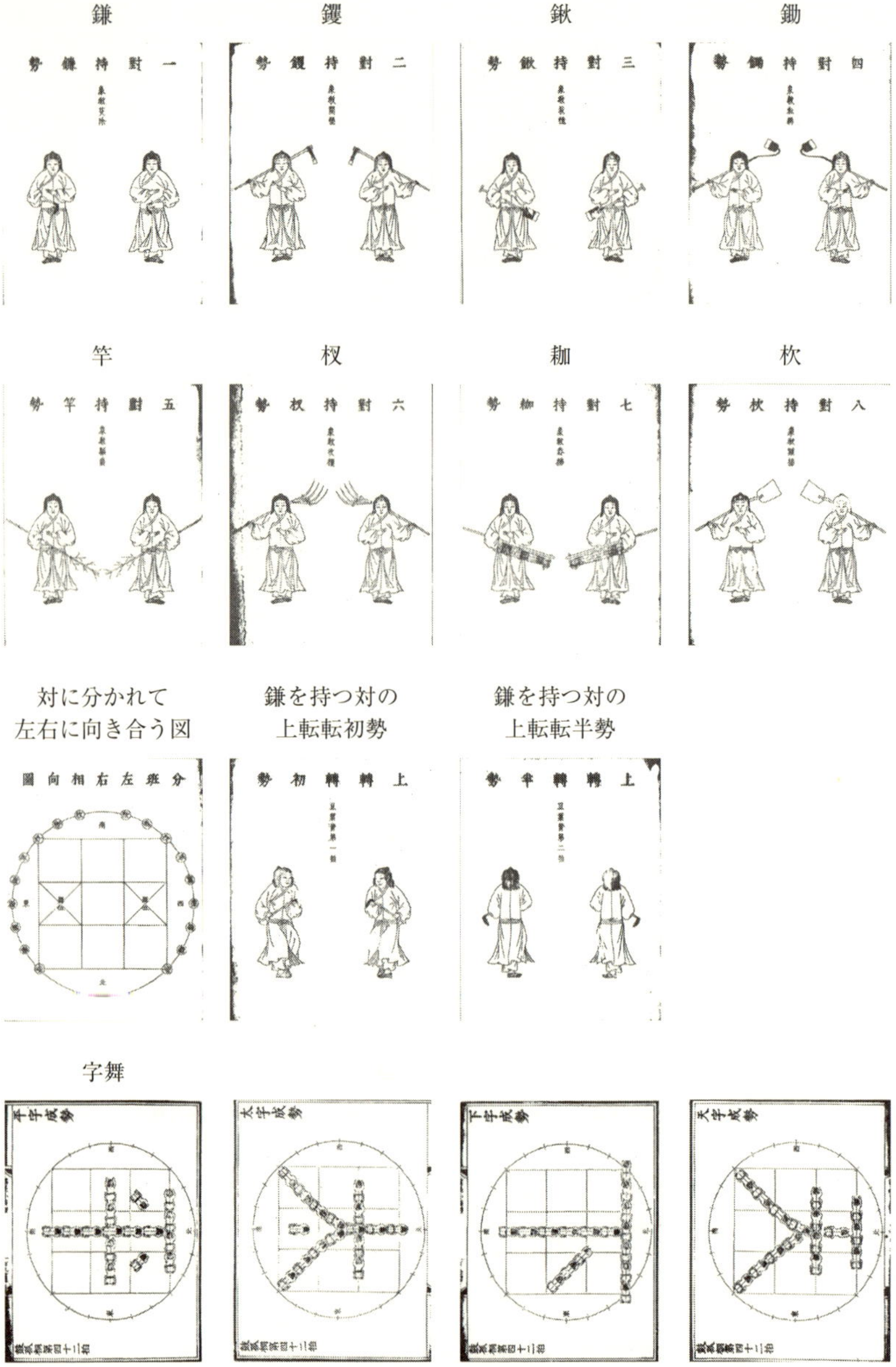

図 9-4　霊星小舞（前掲『霊星小舞譜』，773-775 頁，855-864 頁より転載）

朱載堉が記したのは、霊星「小」舞譜であり、やはり児童が学ぶことを想定している。朱載堉はまず、霊星祀で用いる農事を象る楽舞が一見俗楽のように見えるが、あくまで雅楽であることを確認した。そして、霊星小舞に『詩経』周頌、清廟之什の詩、今楽の「豆葉黄」の旋律を採用し、十二律・五声で示すのではなく、民間で用いられる工尺譜を採用した。また、経書に描かれる古楽器よりも、今楽の楽器を用いる方が都合がよいと考えた。つまり彼は、雅楽である霊星祀の楽舞を再現するのに、儒者の音楽理論において正統と見なされてきたような方法ではなく、民間に伝承し、人々になじみやすい旋律と楽器をあえて選んだのである。その理由は、今楽の技術を用い、古今を融合させることで、人々により楽の理を理解させられるからであった。

小結

朱載堉は、舞を学習の最も基礎的な段階に位置付けた。舞は、直接人の性情を養い、儒者には自ら舞うことを期待し、卑しい者が関与できる仕事ではないとした。朱載堉は国子たちがためらいなく舞うことを期待するが、「人は皆、尭舜になれる」のだから、身分の貴賤に関係なく、高い志を持ち地道に学んでいけば、舞を習得できると考えた。

朱載堉が重視するのは、子供の時から舞を学ぶ過程そのものである。それゆえ、彼の舞踏論は、聖人製作の楽舞そのものを論じるというより、「いかに楽舞を学びやすい環境を作るか」、また「いかに簡潔にわかりやすく、舞の手順を明らかにするか」という側面が強い。彼が描いた舞譜の大部分が、小舞、つまり子供が踊りを学ぶための楽舞であり、決して国家祭祀でそのまま用いるような楽舞（六代楽舞や霊星楽舞など）ではないことが、それを物語っている。舞人の一挙一動を綿密に描いたその情熱は、すべて初学者に舞を学んでもらうための工夫であり、彼の舞譜は、舞を積極的に学んでもらうための実践的なマニュアルとなっている。

そのような、わかりやすく実践的な楽舞を作り上げる際、朱載堉にとって大きな助けとなったのが今楽の技術であった。朱載堉のコンセプトは「古今融合」である。本書で繰り返し述べてきたように、今楽の技術を古楽復興の補助とすることは、朱載堉以前にもしばしば見られる現象である。ただし、朱載堉の舞踏論においては、今楽はもはや単なる古楽復興の補助資料ではない。「音の起こりは、人の心から生まれたものである」ゆえ、人の心が変わらない以上、楽も変わらない。現在人々が心から楽しんで歌い踊れる楽舞こそ、古の聖人たちの理念を反映した楽舞なのである。古の歌詞は、今楽の技術と組み合わされることによって初めて、人々が積極的に実践し、生き生きと踊れる楽舞として蘇る。朱載堉は今楽の技術に対し、これまでよりも積極的な役割を付与したといえるだろう。

しかし朱載堉が、霊星小舞は俗楽ではなく雅楽であるとはっきり論じたように、彼が詳細に論じるのは、あくまでも雅楽である。また楽舞を習う人材として、身分は問わなくても徳を兼ね備えた人物を期待するように、朱載堉は楽を、人を導くための儒者の学問として、経学として、説いている。確かに今楽は、もはや古楽復元の「補助」とは言い難いくらいの大きな役割を与えられてはいるが、あくまで朱載堉の理論によって改造され、「古今融合」されなければならない。つまり朱載堉は、今楽そのものあるいは俗楽そのものに、雅楽や古楽を超えるような価値を付与したわけではないのである。今楽の技術に信頼を置きながらも、今楽の技術自体が、朱載堉の理論を覆したり、彼の音楽観自体を突き崩したりすることはないのではないか――このような問題意識に基づき、第十章、第十一章では続けて、朱載堉にとって「今の技術」とは何かを考えてみたい。

（1）序章第三節で紹介したように、朱載堉を舞踏史の角度から分析した研究については、王克芬、前掲『中国舞踏発展史』及び『中国舞踏通史』、李石根、前掲「敍朱載堉霊星小舞譜」、蔡麗紅、前掲「論朱載堉的『舞学』理論」、徐艶、前掲「論朱載堉的『舞学』体系」、王暁茹、前掲「朱載堉『楽律全書』中舞譜与合楽譜的研究」、呉志強、前掲「朱載堉舞踏思想的現実意義」がある。これらの研究は、今楽に目を向けた朱載堉の舞踏論や、舞譜の体系性を高く評価する一方で、舞踏論に経学的要素が入り込むことをやや否定的に論じる。たとえば、王克芬は「〔朱載堉の舞踏の〕テーマの多くは封建的倫理道徳観を宣揚するものであり、いくつかの封建的な礼教の準則を、いくつかの舞踏の動作に関連付けている。しかし、その中には、中華民族の優秀な美徳に対する讃頌と宣揚も少なくなく、これは作者本人が置かれた時代と階級の限界が必然的に生んだ結果である」（前掲『中国舞踏通史』、一五四頁）といい、徐艶は「〔朱載堉の〕舞学思想は封建的倫理的政治の束縛から脱することができなかった」（前掲「論朱載堉的『舞学』体系」、六二頁）という。朱載堉の音楽理論は、そもそも儒者の学問であり、「経学としての楽」であるため、いわゆる「封建的側面」はわざわざ論ずるまでもない。

（2）戴念祖、前掲『天潢真人　朱載堉』、二一五頁。

（3）長井、前掲「朱載堉舞踏譜小考」、八八頁。

（4）Lam, op. cit., *State sacrifices and music in Ming China.*

（5）長井、前掲「朱載堉舞踏譜小考」、八七頁。

（6）「夫樂之在耳曰聲、在目曰容。聲應乎耳可以聽知、容藏於心難以貌覩。故聖人假干戚羽籥以表其容、蹈厲揖讓以見其意、聲容選和則大樂備矣。詩序曰、詠歌之不足、不知手之舞之、足之蹈之。蓋樂心内發、感物而動、不覺手足自運、歡之至也。此舞之所由起也。」前掲『律呂精義』外篇巻九、古今楽律雑説幷附録、論舞学不可廢第八之上、四五九頁上。

（7）同上、四五九頁上下。

（8）「皆自舞之則可也、伶人舞之則不可也。能自肄習先王雅舞、和其血脈、養其性情、斯爲得矣。伶人舞、則褻先王雅舞。付諸庸夫賤工、斯爲失矣。」同上、舞佾、四六四頁上。

（9）「古之樂舞蓋有二義。一者以之治己、一者以之事人。以之治己者、虞書所謂直溫寬栗、無虐無傲、言志永言、依永和聲、八音克諧、神人以和、是也。以之事人者、虞書所謂戛擊鳴球、搏拊琴瑟以咏、祖考來格、是也。」同上、舞人、四六一頁下。

(10)『周礼』春官、大胥の注に引用される漢太楽律。「漢大樂律曰、卑者之子不得舞宗廟之酎。除吏二千石到六百石及到五大夫子、先取適子高七尺已上、年十二到年三十年、顏色和順、身體脩治者、以爲舞人、與古用卿大夫子同義。」関内侯・五大夫は秦より始まった爵名で、漢もこれに因った。二十級中、関内侯は下から第十九級、五大夫は第九級（前掲『漢書』巻十九上、百官公卿表第七上、七三九頁）。

(11)『宋史』巻一二九、楽志四、三〇〇三頁。

(12)「噫、古人自天子至於庶人、無有不能舞者、以其從幼習之也。…（中略）…自隋以往尚有此風、近世以來此風絶矣。其故何哉。蓋漢制、卑者之子不得舞宗廟之酎。除吏二千石到六百石及關內侯到五大夫子、先取適子高七尺已上、年二十到年三十、顏色和順、身體修治者、以爲舞人。此雖與周制小異、亦未失用國子之實。然士子肄業上庠、頗聞恥於樂舞。蓋今古異時、攷於古雖有其曰、近選國子生教習二舞、以備祠祀先聖、本周官教國子之制。然士子肄業上庠、頗聞恥於樂舞。蓋今古異時、攷於古雖有其迹、施於今未適其宜。其罷習二舞。徽宗此詔、識者非之。」前掲『律呂精義』外篇巻九、古今楽律雑説并附録、論舞学不可廃第八之上、四六〇頁上。

(13)朱載堉は例として、臣が君のために舞い（『周礼』大司楽）、君が臣のために舞い（『礼記』賓牟賈）、子孫が祖先のために舞い（『礼記』祭統）、子が父のために舞い（『初学記』孝子伝）、弟子が師のために舞い（『荘子』譲王）、旧友がともに舞い（『漢書』高帝紀）、夫婦がともに舞い（『史記』留侯世家）、兄弟がともに舞い（『漢書』長沙定王発列伝注）、主人と客がともに舞う（『史記』灌夫列伝）ことを挙げている（同上）。

(14)これに対し朱載堉は、明の太祖が国士監で学ぶ学生、及び文職大臣の子弟から、釈奠の楽舞生を選んだことを評価する（「大明會典載、洪武四年更定孔子釋奠樂舞生、擇監生及文職大臣子弟、預教習之。我太祖聖意、蓋欲矯宋徽之弊也。凡在臣民、幸逢文化、敢不勉力爲之、以復古人之意也哉。」同上）。

(15)「周制教國子者、除樂德樂語外、所重在舞及弦歌耳。其餘樂器、則不過教瞽矇眡瞭而已。是故大司樂・樂師・大胥・小胥・籥師此五條皆言教舞、則有國子、學士字様。其餘各條言教吹、教擊者、則無國子、學士字様。是知舞貴於八音也明矣。

蓋學舞者、乃國子學士之職分、而八音則係樂官之職矣、非所以敎國子者也。王制・文王世子二篇亦然。」前掲『楽学新説』、一〇三頁下。

(16)「古人爲學、必先自學舞始、而學樂次之、學禮又次之、而終之以仁焉。」同上、一〇三頁下—一〇四頁上。

(17)「須隔遠塵俗、勿駭觀聽。恐無知者妄生謗笑。蓋初學之人、立志未固而多羞慙若妾婦焉。一聞人之謗笑、心便退屈而不欲學舞矣。古之辟雍・泮宮建在水中以阻觀者、卽此意也。」前掲『律呂精義』外篇巻九、古今楽律雑説幷附録、論舞学不可廃第八之上、舞学、四六一頁上。

(18)「知之者不如好之者、好之者不如樂之者。」『論語』雍也。

(19)前掲『律呂精義』外篇巻九、古今楽律雑説幷附録、論舞学不可廃第八之上、舞人、四六二頁上。

(20)「古者十有三年學樂、誦詩、舞勺、成童舞象、二十舞大夏、四十始仕。然則學樂習舞皆在未仕之時。……(中略)……今此舞譜獨用二佾者、使初學之士壹以士禮爲則、上可兼下、下不可以僭上、庶不至於越分而已。況四佾以上、人數多寡雖殊、而其進退容儀不外乎此。苟由是而推之、聞一可以知十、亦無所難矣。嘗謂今人欲學雅舞、既不敢學今之雅舞、宜學古之雅舞可也。然古之雅舞、若大武大夏之類、亦係天子之舞、豈可僭哉。於鄉樂中取其一二舞之可也。鄉樂者二南也。用之鄉人、故名鄉樂。二佾、佾二人、共四人、士制也、生員宜舞之。四佾、佾四人、共十六人、大夫制也、品官宜舞之。六佾、佾六人、共三十六人、諸侯制也、宗藩宜舞之。……(中略)……武舞宜歌周南之兔罝篇。其容則象干城腹心、兼以發揚蹈厲之狀、而名之曰兔罝之舞。文舞宜歌召南之羔羊篇、其容則象退食委蛇、兼以謙恭揖讓之形、而名之曰羔羊之舞。」同上、舞佾、四六三—四六四頁。

(21)「佾」は楽舞を行なう際の舞人の列。身分によって採用すべき列数が異なる。士は二佾、大夫は四佾、諸侯は六佾、天子は八佾とされた。『春秋左氏伝』隠公伝五年「九月、考仲子之宮將萬焉。公問羽數於衆仲。對曰、天子用八、諸侯用六、大夫四、士二。夫舞所以節八音、而行八風。故自八以下。公從之。於是初獻六羽、始用六佾也。」佾がどのように並び、何人になるのかという問題には二通りの解釈があり、一つは「二佾は二×二＝四人」というように乗数で解釈するもの(班固、杜預、何休など)、もう一つは「八人×佾数」(二佾なら十六人)と解釈するもの(服虔)である(天子の「八佾」が六十四人だということでは両者は一致する)。朱載堉は「二佾の舞は、一佾に二人なので、合計四人」と述べているので、前者の解釈を取っている。中国芸術研究院音楽研究所編『中国音楽詞典』、「佾」、人民音楽出版社、一九八五年、四六三頁を参照。
(22)前掲『律呂精義』外篇巻九、古今楽律雑説幷附録、論舞学不可廃第八之上、舞声、四六五頁上。
(23)「樂舞之妙、在乎進退屈伸、離合變態。若非變態、則舞不神、不神而欲感動鬼神、難矣。是故宋制文武二舞、各有三變。」同上、舞容、四六六頁下。
(24)『小舞郷楽譜』序、総論学楽舞孰先、『楽律全書』、明万暦鄭藩刊本影印、北京図書館古籍珍本叢刊、書目文献出版社、七二八頁下。
(25)「樂師掌國學之政。以教國子小舞。凡舞、有帗舞、有羽舞、有皇舞、有旄舞、有干舞、有人舞。」『周礼』楽師。
(26)朱載堉は鄭玄に依拠し「小舞」を元服する前に練習する舞だと解釈した。鄭玄は『周礼』の「小舞」を、『礼記』内則（「十有三年、學樂誦詩、舞勺。成童、舞象、學射御。二十而冠、始學禮、可以衣裘帛、舞大夏」）に依拠して解釈し、幼少時に習う舞、すなわち十三歳で舞う「勺」と十五歳になって舞う「象」だと述べている（『周礼』楽師「掌國學之政、以教國子小舞。」鄭玄注「謂以年幼少時教之舞、内則曰十三舞勺、成童舞象、二十舞大夏。」）。『六代小舞譜』、六代小舞別名、『楽律全書』、明万暦鄭藩刊本影印、北京図書館古籍珍本叢刊、書目文献出版社、六七六頁上。
(27)「此條及地官舞師所謂小舞・野舞者、豈異於大舞哉。以其無佾數獨一人舞耳。或云年幼十三已上敎之、至二十然後敎以大夏等大舞。大舞支派別立名號、以教年少者爲小舞。」前掲『楽学新説』、『周礼』楽師「以教国子小舞」条、一〇四頁下。
(28)『霊星小舞譜』、『楽律全書』、明万暦鄭藩刊本影印、北京図書館古籍珍本叢刊、書目文献出版社、七六六頁下。
(29)「後漢祭祀志曰高帝令天下立靈星祠、祠后稷、謂之靈星者、以后稷配食天田星也。舞者用童男十六人、舞象敎田、初爲芟除、次耕種、芸耨驅爵、及穫刈舂簸之形、象其功也。謹按、此乃古人所謂頌奏之舞、是也。頌奏之舞、自古有之傳曰黃鐘大呂不可從。頌奏之舞何則其音疏也。蓋古者歌以頌德、舞以象事。士農工商所爲不同。退食委蛇、謙恭揖讓、此士之所爲也。芟除耕種、耘耨穫刈、此農之所爲也。樂節舞態亦從而異。世人不達指爲俗樂誤矣。蓋無古不成今、今之樂猶古之樂也。故取古之詞章、今之音節、今古融通、使人易曉。或於樂學庶幾有小補焉。」前掲『霊星小舞譜』、七六七頁上。
(30)同上、七六七頁上。

（31）「凡舞必借古人詞章何也。述而不作、信而好古之意也。凡腔調或借今人所易知者何也。今之樂由古之樂也。記曰凡音之起、由人心生也。人心無古今之異。而音豈有古今之異哉。用古之詞章、配今之腔調、使人易曉、而悟樂之理、如此其妙也。」同上、八六五頁上。

（32）「豳籥以葦爲哨、竝兩管而吹之、今世俗亦有焉。但土鼓未見、而農書所繪圖式、殆似南人挿稻秧之鼓耳。詩云、琴瑟擊鼓、以御田祖、以祈甘雨、以介我稷黍。然則古人、雖言擊鼓、未必皆土鼓。如無則不拘何鼓皆可也。其葦籥如無、則不拘何笛或笙或管皆可。但節奏不差而已。琴瑟如無、或不用亦可。」同上、七六七頁上。

（33）「已上樂器俗多有之。此書蓋欲圓融雅俗、是以樂器多從俗便。」同上、七六九頁上。

（34）「南風」は、舜が作ったとされるが（『礼記』楽記）、失われた。朱載堉は後述の「古秋風辞」も含め、郭茂倩本『楽府詩集』を参考にし、歌詞を定めたようだ（「謹案樂府詩集云、古南風歌、舜所作也。古秋風辭、漢武帝所作也。二者幷見南監舊板樂府詩集、即郭茂倩氏手編古本也。」前掲『霊星小舞譜』、八六五頁下）。

第十章　理としての『周礼』嘉量の制

序

第四章で言及したように、『楽律全書』完成後の朱載堉の著作には数学書が多い[1]。また、同時期に著された楽律書『律呂正論』『律呂質疑弁惑』にも、それらの数学書に共通した内容がある。これらの著作を『楽律全書』と比較すると、楽律論・数学論ともに理論面で大きな変化はない。それならばなぜ朱載堉は、『楽律全書』以降も積極的に数学書を著述したのだろうか。晩年の朱載堉は、『周礼』考工記、嘉量の制を「律の理」というほどまでに高めた。そして嘉量を復元するために、円周率の計算と句股定理（ピタゴラスの定理）を必要不可欠な方法と位置付け、それらに自らの理念を投影した。その一方で、古代の度量衡制を具体的に復元していく手段として、今尺（朱載堉の同時代に用いられていた尺度）に注目した。本章では自らの律制を支える重要な根拠として、度量衡へ再び注目する朱載堉の態度の中に、どのような傾向が見出せるかを分析する。

第一節　後期の数学書と楽律書

本章では主に『楽律全書』成書後の著作を中心に取り上げるが、比較のために、『楽律全書』所収の数学書についてもあらかじめ紹介しておく。まず『算学新説』（一巻）である。『算学新説』は「初学凡例」において、計算の基礎や、算盤の使い方を述べた後、数学書の先例にならい、問題形式で解説する。第一問から第十二問では、句股定理を用いながら、十二律管の長短について述べる。『算学新説』で論じるのは、律管の長短だけであり、管口の円周・直径・面積・容積などは『律呂精義』（内篇十巻・外篇十巻）及び『楽学新説』（一巻）で詳細に述べる。また、『律学新説』（四巻）にも「密率求方積第四」「密率求円冪第五」「密率求周径第六」（巻一）、「古今量法考正弁疑」「弁先儒解周髀之非」「弁前漢志斛制之謬」「論宋范鎮斛法之非」「論校量器当以水為準概」（巻四）として、管口の寸法に関する議論を載せる。『律学新説』の巻二・巻三は「審度篇」、巻四は「嘉量篇」と「権衡篇」であり、度量衡を論じている。

次に紹介するものは、『楽律全書』より後に成立した書である。本章ではこれらを後期の著作と呼ぶ。『律呂正論』（四巻）は、万暦三十八年清明節（一六一〇年四月四日）に成立する。自序に、「邢雲路の『古今律暦考』を寄贈されたことへの謝意をこめて著す」とあり、書中には邢雲路の理論へのコメントも多い。続修四庫全書本（中国芸術研究院音楽研究所資料館蔵）と四庫全書存目叢書本（北京師範大学図書館蔵）を比較すると、両者とも明万暦刊本の影印であり、同一の版本だと考えられるが、前者にのみ「古今律暦考序」がある。巻一は「黍竹二山説上第一、下第二」「鈔尺説第三」「秬黍説第四」「律管説上第五」、巻二は「律管説下第六」「竹黍同異説第七」「物皆可以為律説第八」、巻三は「簫韶琴律説上第九、下第十」という構成で、律管作成の基礎となる黍・竹・尺についての論述と、十二律管の長さ、そして琴の楽譜が収められている。

『律呂質疑弁惑』（一巻）は、万暦三十八年、『律呂正論』成書後に完成した。この書についている序は、本来『律呂正論』のための序で、誤って置かれたもののようである。「嘉量仰龠図」「嘉量覆龠図」「龠及び両耳面冪の図」から始まり、黄鐘九寸の説と三分損益法を否定する論述、そして、空囲九分の説と積八百十分の説、「龠の容積は六斗四升である」説を否定する論述を収める。

『嘉量算経』（三巻、附「嘉量算経問答」一巻、「目録」一巻）は、万暦三十八年閏三月初十日（一六一〇年五月二日）の序がついている。上巻は、円周・直径・容積を互いに求めあうための計算方法を記す。中巻は、平方根を開いて十二律を計算し、十二律の長さ、管口面積、容積、円周、直径を計算する。下巻は、転調の理論を述べ、琴の演奏について論じる。

『円方句股図解』は、「円方図解」巻と「古周髀算経図解」巻に分かれる。『周髀算経』を周公の遺書として捉え、そこに載せる円方句股の説を解説する。『周髀算経』には、漢趙君卿の図解があるが、朱載堉がさらに図解し、「古人がすでに成した説を採るが、ただ円を求めるという一事だけを詳しく説明する(2)」という。「円方図解」巻の最後に、「万暦庚戌（三十八年、一六一〇年）、七十五歳のとき三月から七月まで自ら筆を取り、この三書を著して一家言を成そうとした。一に曰く『律呂正論』、二に曰く『嘉量算経』、三に曰く『円方図解』、みな楽律書（『楽律全書』）は載せていないものである(3)」とある。

朱載堉の数学書は、あくまでも楽律作成に必要な計算を説明するために書かれているといえよう。十二律管の長さだけではなく、律管の容積や、管口の円周・面積、これらの計算に用いる円周率などが、かなりの紙幅をもって論じられている。朱載堉は先行する儒者の楽律理論を厳しく批判するが、その中でも特に、黄鐘律管の寸法と十二律管の管口(5)については、『楽律全書』成書後も繰り返し批判している。

後期の著作にしばしば登場するのが、『周礼』考工記、㮚氏の嘉量の制である。『周礼』の嘉量「周鬴」については、第三章図3－1を参照してほしい。嘉量は、鬴（釜）・耳・臋の三部分から成る量器である。考工記は「その音程は黄鐘の宮にあたる」とし、何らかのかたちで、楽律の基準である黄鐘と結び付けている。晩年の朱載堉にとって嘉量とはどのような存在であったのだろうか。

第二節　晩年の度量衡論

（一）理としての嘉量

第二章で論じたように、「律が先か」「度が先か」という問題は、儒者の楽律学において重要なテーマであった。北宋の司馬光は度を律より優先させた。南宋の朱熹・蔡元定は、黄鐘律管を起こすにあたり、気の理論を導入し、律から度が生まれることを強調した。第七章で論じたように、朱載堉は司馬光と同じく、実際に律を起こす際には既存の度量衡制にのっとるべきだとした。ただし、朱載堉が書の中で繰り返し強調するのは「律・度量衡を同じくす」という理念であった。朱載堉は、「律が先か」「度が先か」という問題を超えて、律と度量衡が表裏一体となり、相互に関連する世界を目指したのである。律と度量衡が完全に表裏一体であれば、律が失われたので、やむを得ず度量衡を参照するのではなく、「正しい」度量衡からは、当然、「正しい」律が復元できることになる。

それでは「正しい」度量衡を、どのように得たらよいのか。その重要な鍵となるのが、『周礼』考工記の嘉量の制であった。朱載堉は『嘉量算経』序文で、周公が嘉量を作った理由について、前述（第七章第三節）の『新唐書』

礼楽志を引用して、楽器と音が失われることを危惧した聖人が、長さ・容積・重さを測る手段として度量衡（嘉量）を定めたと述べる。そして、律と度量衡が表裏一体である以上、律から度量衡を求めることもできるし、度量衡から律を求めることもできると述べた。(6) ほぼ同じ内容が、初期の著作である「律学四物譜」序にもあり、度量衡の重要性を訴えているが、朱載堉は特に晩年、改めて度量衡の制度、特に『周礼』考工記、嘉量の制に強く関心を持ち、『嘉量算経』を著したのではないだろうか。(7)

本節では朱載堉の後期の著作を取り上げ、度量衡をどのように位置付けているかを確認したい。第七章で言及した通り、『律呂正論』(8) では、欧陽之秀の説をわずかに改変して引用するが、そこでは「則」の字を「理」に言い換えていた。(9) そして朱載堉は、律呂の学において重要なのは、「明理」「善算」「知音」の三つだとし、すべてを理解することは難しいので、一つに長じた者が集まって、検討すべきだという。たとえば、朝廷においては、「翰林国学明理の儒」「霊台欽天善算の官」「太常教坊知音の工」の三者の中から、特に秀でた者に協議させるという。

朱載堉のいう「理」「数（算）」「音」とは具体的には何を指すのだろうか。『嘉量算経』目録では、同書の上巻を「律の理を明らかにする」と位置付ける。上巻の内容を簡単にまとめると、以下の通りである。①嘉量の鬴（第三章図3-1を参照）が八斗であることについて、②鬴の径、③鬴の周、④鬴の面積、⑤鬴の容積、⑥斗の容積、⑦升の容積、⑧合の容積、⑨龠の容積、⑩黄鐘律管の管口面積・円周・直径、⑪黄鐘律管の面積から円周率を使い、円周や直径を求める計算、⑫觳の面積・円周・直径、⑬耳の面積・円周・直径、⑭鬴・区・豆・升の容積、⑮鬴・豆・升から黄鐘の容積を求める計算、⑯鬴・觳・耳の内径・外径・内周・外周・面積・容積の計算、銅で鋳造した場合の容量、⑰嘉量を五つの部分に分けて計算することについて、⑱嘉量各部分の内外周径・面冪・容積を互いに計算する方法、⑲一立方寸に鋳造した銅の重さから、嘉量各部分の重さを比較し計算する方法、⑳量器鋳造にあたり、銅の精錬が肝要であることについて。朱載堉は、『周礼』の嘉量の中心部である鬴の寸法を計算し、鬴に基づき、斗・升・合・龠の容積を計算し、龠と等しい黄鐘律管の寸法を計算する。この過程については後述する。それから、鬴・耳の各部分の内外周径・面積・容積を計算する。最後は、嘉量を銅でどのように鋳造するかを論じる。朱載堉はこのような嘉量に関する諸々の計算を「律の理」と呼んだ。

中巻は「律の数を明らかにする」と位置付ける。中巻の内容は以下の通りである。①平方根の開き方、②『周礼』の嘉量における句股定理の解説、③黄鐘から蕤賓を、南呂から夾鐘の律長を求める計算、④立方根の開き方、⑤応鐘から黄鐘を計算し十二律が循環することについて、⑥応鐘の値$\sqrt[12]{2}$が十二律を計算する際、乗除の母となることについて、⑦十二律管の律長、⑧十二律管の管口面積、⑨十二律管の容積、⑩十二律管の黍の容量、⑪十二律管の管口内周、⑫十二律管の管口内径、⑬十二律管の管口外周、⑭十二律管の管口外径。つまり、嘉量の計算や律管の計算に用いる平方根・立方根の開き方や、句股定理の解説から始まり、平均律の計算、十二律管の律長、管口内外周径・面積・容積に及ぶ。このような具体的な計算方法や、計算によって得られた十二律管の寸法を、朱載堉は「律の数」と呼んでいる。

下巻は「律の音を明らかにする」と位置付ける。朱載堉は凡例で「律の得失は琴によって証明すれば明らかである」と述べ、十二月に十二律を配当し、各月ごとにどのような調性で演奏すべきかを論じる。たとえば、建子月は、黄鐘均を用い、旋宮第一調は、黄鐘の羽である南呂で起調畢曲、旋宮第二調は、黄鐘の徴である林鐘で起調畢曲、旋宮第三調は、黄鐘の角である姑洗で起調畢曲、旋宮第四調は、黄鐘の商である太簇で起調畢曲、旋宮第五調は、黄鐘の宮である黄鐘で起調畢曲するとし（楽譜が載るのは第一調のみ）、建亥月（応鐘均）まで記す。つまり、十二月に応じた様々な調性の楽譜を、朱載堉は「律の音」と呼んでいる。

「律の理」を論じる上巻に戻り、その内容を分析したい。上巻では『周礼』考工記、㮚氏の経文から、鬴を計算し、鬴から黄鐘律管の容量を計算する過程を論じる。以下、その過程を細かく見ていく。

最初に、鬴が八斗であることを論証する。その理由は、明代に編纂された『洪武正韻』が、鍾を解して八斛とし、かつ『春秋左氏伝』が、鬴を十倍したものを鍾とするからである。つまり、鬴は八斛÷十で八斗となる。先儒は鬴を六斗四升と解しているが、間違いである。

二番目に、鬴の直径を計算する。朱載堉は、『周礼』の「鬴深尺、内方尺而圜其外」とは、算家のいう「円の中に方を入れ、方の外に円を求める（圜内容方、方外求圜）」、つまり句股求弦の法を指すという（正方形の一辺から句股定理（ピタゴラスの定理）を使い対角線を計算し、その対角線が正方形に外接する円の直径となる）。円に内接する正方形の一辺十寸を股、自乗した百寸を股冪、もう一辺の十寸を句、自乗した百寸を句冪、合わせた二百寸を弦冪とし、弦冪を実として、平方根を開いて得た弦一尺四寸一分四氂二毫一糸三忽五微六繊が、円の直径であり、鬴の内径である。それを半分にして七寸七氂一毫六忽七微八繊を得、円径密律と名付ける。

三番目に、鬴の円周を計算する。朱載堉の円周率では、円に内接する正方形の一辺の長さが九寸の時、円周は四十寸となる（円周率については第二節（二）を参照）。よって、正方形の一辺の長さが十寸だとすると、その正方形に外接する円は、十に四十をかけ、九で割ることによって求められる。故に鬴の内周は、四尺四寸四分四氂四毫四糸四忽四微四繊である。半分にして二尺二寸二分二氂二毫二糸二忽二微二繊を得、円周密律と名付ける。

四番目に、鬴の周と径を乗じて、鬴の面積を計算する。鬴の半径七寸七氂一毫六忽七微八繊と、鬴の半周二尺二寸二分二氂二毫二糸二忽二微二繊を乗じると、百五十七寸十三分四十八氂四十毫を得、それが鬴の面積である。

五番目に、深さ一尺を面積にかけて、鬴の容積千五百七十一寸三百四十八分四百氂を得る。

六番目に、斗を計算する。一鬴＝八斗なので、千五百七十一寸三百四十八分四百氂÷八＝百九十六寸四百十八分五百五十氂となる。

七番目に、升を計算する。一斗＝十升なので、百九十六寸四百十八分五百五十氂÷十＝十九寸六百四十一分八百五十五釐となる。

八番目に、合を計算する。一升＝十合なので、十九寸六百四十一分八百五十五釐÷十＝一寸九百六十四分百八十五釐五百毫となる。

九番目に、龠を計算する。一合＝二龠なので、一寸九百六十四分百八十五釐五百毫÷二＝九百八十二分百九十二釐七百五十毫となる。一龠は黄鐘律管の容積と等しいので、黄鐘律管の容積を八百十立方分とする説は間違いである。

十番目に、黄鐘律管の容積と管口面積・内周・内径を計算する。黄鐘には三種（縦黍尺・斜黍尺・横黍尺）あるが、計算しやすいので横黍尺（百分＝一尺）で考える。『周礼』の「鬴深尺」を「鬴の深さ一尺」と解せば、黄鐘の長さが一尺であることがわかる。鬴の容積千五百七十一寸三百四十八分四百釐を千六百（一鬴＝千六百龠）で割ると、九百八十二分百九十二釐七百五十毫となり、これが黄鐘律管の容積である。また、鬴の面積百五十七寸十三分四十八釐四十毫を千六百（一鬴＝千六百龠）で割ると、九分八十二釐十九毫二千七糸五十忽となり、これが黄鐘律管の面積である。さらに、鬴の内周四尺四寸四分四釐四毫四糸四忽四微四繊を四十で割ると、一寸一分一釐一毫一糸一忽一微一繊となり、これが黄鐘律管の内周である。そして、鬴の内径一尺四寸一分四釐二毫一糸三忽五微六繊を四十で割ると、三分五釐三毫五糸五忽三微三繊九塵となり、これが黄鐘律管の内径である。

十一番目に、今度は、黄鐘律管の面積から、円周率を使って円周と内径を計算する。

以上の過程をまとめると、まず、鬴が八斗であることを示し、鬴の内径・内周・面積・容積を求める。続いて、斗の容積を鬴の八分の一として計算し、升は斗の十分の一、合は升の十分の一、龠すなわち黄鐘は、合の二分の一と計算して、容積九百八十二・〇一九二七五立方分を算出する。これは鬴の容積を千六百で割ったものと同じである。また、鬴の面積を千六百で割り、黄鐘の管口面積九・八二〇一九二〇〇七五分を算出し、鬴の内周を四十で割り、黄鐘の内周一・一一一一一分を算出、鬴の内径を四十で割り、黄鐘の内径三・五三五五三三九分を算出した。このように、朱載堉が理と位置付けたものは、『周礼』考工記、㮚氏、嘉量の鬴の制から、黄鐘律管の寸法を導き出していく過程であった。

(二)「円は方より生まれる」

『周礼』嘉量の制から黄鐘律管の寸法を導き出す過程[10]では、円周率と句股定理が欠かせない。朱載堉が最晩年に書いた『円方句股図解』は、呉・趙爽の『周髀算経注』に新しい図を加え詳しく解説したものであり、円周率と句股定理を細かく解説する。

『円方句股図解』の朱載堉自序は、『楽学新説』「天円地方自然真数」の図に載る文とほぼ同内容である。『円方句股図解』の目的は、「囲三径一」説（円周三、直径一の説、すなわち$\pi=3$とする説）が間違いであることを示し、朱載堉が実験によって得た密率の正しさを証明することだという。朱載堉は、細長い紙を円形の器に貼りめぐらせ、それを三つに分けたものと円の直径とを比べれば、すぐに合致しないとわかるという。

朱載堉はまず、自らの円周率と句股定理を使い、円周から直径、直径から円周、円周から面積、直径から面積を求める方法を紹介する。『円方句股図解』「方円密率算術・周径冪積相求」[11]では最初に、円周から直径を求める方法を紹介する。円周に九をかけ、四十で割った数を自乗して、それを二倍した数の平方根を開けば直径を求めることができる。円周$=l$、直径$=d$とすると、$d=\sqrt{2\left(\frac{9l}{40}\right)^2}$となる。次に、直径から円周を求める方法を示す。直径を自乗して、それを二で割った数の平方根を開き、それに四十をかけ、九で割れば円周を求めることができる。$l=\frac{40\sqrt{\frac{d^2}{2}}}{9}$となる。同様に、朱載堉は円周から面積を求める方法、直径から面積を求める方法を紹介する。このような計算も、『律呂精義』内篇巻二「新法密率算術周徑冪積相求」とほぼ同内容であり、基本的な数学理論には変化がない。以上の計算で朱載堉が用いた円周率は、$\frac{40}{9\sqrt{2}}$＝3.1426968…である。朱載堉は、これをどのように求めたのか。朱載堉は図10－1のように、「囲三径一」説と「求円於方」（円を方に求める）説の図を並べ、後者こそが正しい円周率だと述べる。

「囲三径一」説は、図のように円を正三角形で分割し、一辺が五寸の正三角形を六つ並べた六角形の外周三十寸を、円周の近似値と見なすものである。つまり、円の直径が十寸の時、円周は三十となるという説である。しかし朱載堉は、その六角形に外接する円の円周が三十寸より長いことは自明であるので、誤りであるという(12)。

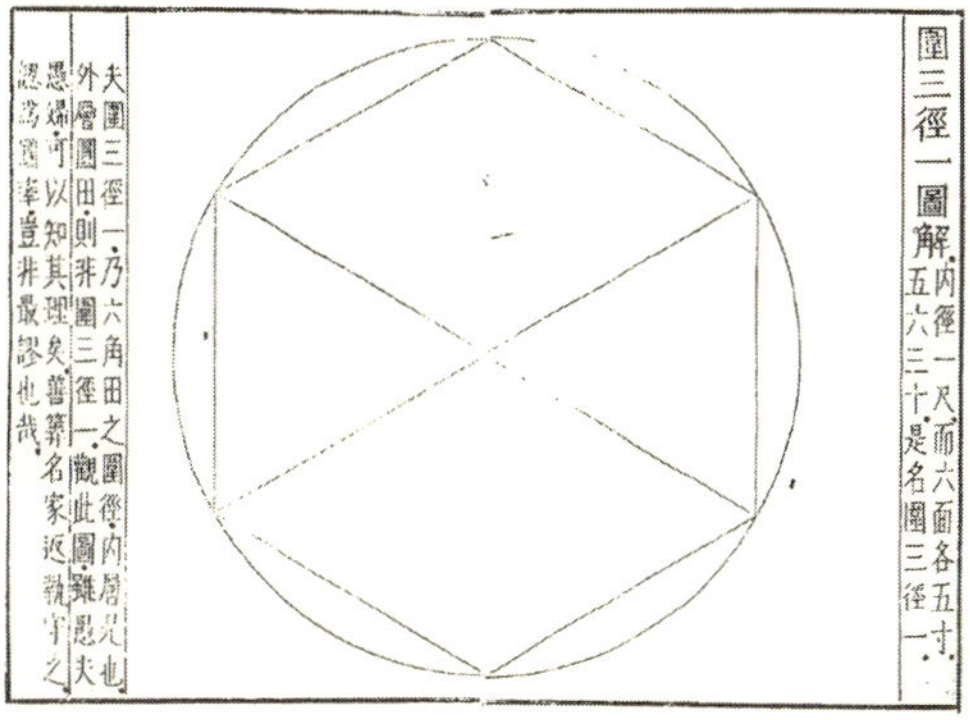

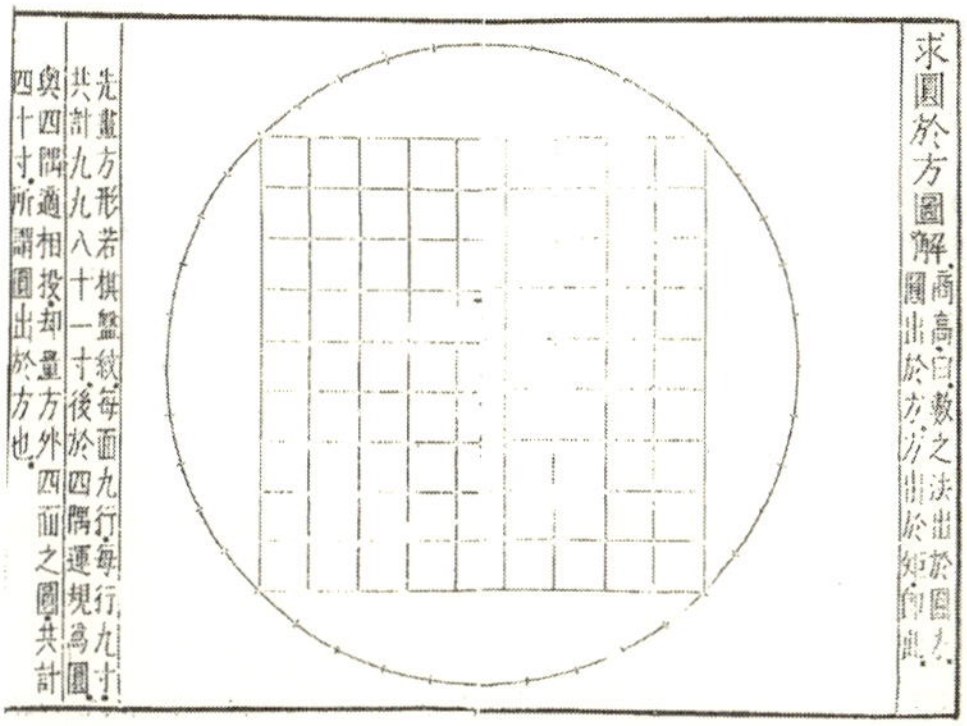

図 10–1　「囲三径一図解」「求円於方図解」（前掲『円方句股図解』，図解凡例，43 頁より転載）

これに対し朱載堉の「円を方に求める」説では、正方形から円周を求める。まず一辺の長さが九寸の正方形を描き、九×九＝八十一の碁盤目状に区切る。そして、その正方形の外接円を描くと、円周は四十寸になることを図示しながら説明した。朱載堉はこの円周率を独自の実験によって証明する。

今、木で円と正方形の型を作る。その形状は円の直径と正方形の対角線が等しく、正方形は定規にぴったりと合い、円はコンパスにぴったりと合い、正方形と円はみな厚さ一寸、正方形は一辺が九寸、一周三十六寸、円は〔正方形で区切られた〕一弧が十寸、一周四十寸である。細長い紙を使って円の一周を測り、正方形の一周を測り、その差が何寸余っているかを見て、もし四寸余っているならば、計算と合致する。これが周公が作った密率の源流である(13)。

このように朱載堉は、一辺九寸・一周三十六寸の正方形に外接する円の一周を細長い紙を使って計測し、四十寸だとした。つまり、円に内接する正方形の一辺の長さを$\frac{40}{9}$倍したものを円周としたのである。句股定理を使い、最終的に円周率$\frac{40}{9\sqrt{2}}$が導き出される。

「囲三径一」説も含め、歴代の論者が円を多角形で分割する割円術によって円周率を求めたのに対し、朱載堉はこのようなまったく異なる方法を取った。朱載堉の円周率の背景にあるのは、「円を多角形で割る」のではなく、「円は方より生まれる」という理念である。その根拠は『周髀算経』首章にある。『周髀算経』は、周公と商高の問答で始まる。朱載堉は、「商高曰く、数の法は、円と方から出てきたものである。円は方より出て、方は矩より出て、矩は九九八十一より出る(14)」を引用し、これに対する趙爽の注と図（「円方図」「方円図」）を引用した。そして朱載堉は、「一辺が一尺の方池を、その正方形に外接するかたちで、円池にするにはどうしたらよいか」という問題を図解して説明する。つまり、「円は方より生まれる」ことを、正方形の一辺とその外接円の円周の関係を用いながら、具体的な問題（方池を円池にするにはどうしたらよいか）を解説することで強調したのである(15)。朱載堉は最初に解答を示し、池の円周は四尺四寸四分四釐四毫四糸四忽四微四繊、直径は一尺四寸一分四釐二毫一糸三忽五微六繊となるという。どのように求めるのか。円周は$1\times\frac{40}{9}$によって四・四四四四四四…尺を得、直径は句股定理を用い$1\times\sqrt{2}\div1$によって一・四一四二一三五六を得るという。そして同様の方法で方池の一辺が二尺、三尺、四尺、五尺、六尺、七尺、八尺、九尺の場合、円池に直すにはどうしたらよいかを計算する。朱載堉はこのように、ひたすら、円に内接する正方形の一辺の長さから、円周（円周率を使う）と円の直径（句股定理を使う）を計算する。『円方句股図解』において朱載堉が繰り返し図示するのは、「円は方より生まれる」ことであった。

（三）累黍から鈔尺へ

以上見てきたように、朱載堉は自らの律制を裏付ける存在として『周礼』考工記、嘉量の制を考証し、具体的な寸法を数値で示した。嘉量を計算するにあたっては、実験によって得た円周率を用いた。その円周率には、『周髀算経』と趙爽注の「円は方より生まれる」理念を投影したのである。

しかし、これだけでは黄鐘律管を作成できない。律管の寸法が明示されたとしても、それでは具体的に、どのような長さを一寸とするのかがわからない限り、律管を作成できない。これまで多く用いられてきたのは、累黍すなわち黍を並べることによって律管の長さを測り取り、竹によって製作するという方法だった。前述したように、朱載堉は累黍を軽視するわけではないが、黍よりも特定の尺に依拠する方法を選んだ。

尺は場所によって長さが異なるが、鈔だけは洪武初年に造られた後、造り直されることがなかった。工部営造尺というのは、俗にいう鈔尺である。国初に制定され、最も信頼できるものである。私の家には鈔が数百万貫あり、確かな方法で収蔵していたので、今でもまだ新しい。鈔尺には三種あり、紙幣の上下とぴったり等しいのが一つ、紙幣の上下の黒枠とぴったり等しいのが一つである。今、黒枠と等しいもので説明する。(16)

朱載堉が依拠したのは鈔尺（工部営造尺、建築に用いる尺）であった。鈔尺は、洪武初年に造られた鈔、すなわち紙幣に基づき造られた尺である。鈔はその後造り直されることなく、しかも朱載堉は自分の家に新しいものをたくさん所蔵しているという。鈔尺には三種あるが、朱載堉は鈔の黒枠間（鈔には端から少し離れた位置に黒枠が描かれている。図10－2を参照）の長さを取った尺を基準とするという。鈔尺は、『嘉量算経』において、最も重要な事項の一つとして、凡例に挙げられている。朱載堉は以下のようにいう。

私は累黍は頼りにならないと心配している。鈔尺に依拠することを主とすれば、少しも間違いがないだろう。そもそも鈔尺は、もともと工部営繕司営造尺といい、つまり今の木工の曲尺がそれである。魯般が造ったと伝えられている。ただこの尺だけが、天下みな同じである。(17)

朱載堉は、鈔尺を今の木工の曲尺と同じだとし、古代の工匠である魯般が造ったと考えている。そして大明宝鈔を賛頌し、「以上の凡例はこの書で最も重要である」という。朱載堉は『律学新説』（巻二、証之以銭鈔）の時点ですでに鈔尺に注目していた。『律学新説』では、大明宝鈔に基づいて造られた官尺を、鈔尺裁衣尺・曲尺営造尺・銅尺量地尺に分けていた。

『明会典』に「洪武八年、中書省に大明宝鈔を造るよう詔があった。桑穰を鈔の材料とし、その寸法は長さ一尺・幅六寸余の長方形である」という。

『明会典』にまた「凡そ織造の段疋は、幅二尺・長さ三丈五尺」という。

臣謹んで按ずるに、いま常用する官尺には三種あり、すべて国初に定めたもので、今尺に古法を寓したものである。世の人はこれを今尺と見なすだけで、古法を寓しているなど思いもしないのではないか。詳しく述べたい。第一に鈔尺、すなわち裁衣尺であり、前にいう「織造段疋尺」である。この尺と宝鈔紙幣の端から端までの長さは等しく、衣尺とし、また鈔尺と名付けた。第二に曲尺、すなわち営造尺であり、前にいう「長方形で長さが一尺」の尺である。この尺と宝鈔紙幣の黒枠の端から端までの長さは等しく、今尺とし、また曲尺と名付けた。第三に宝源局銅五尺、すなわち前条〔「証之以尺歩」条〕で述べた土地を計量するための五尺である。この尺は宝鈔の黒枠より長く、宝鈔の端より短く、衣尺の九寸六分にあたる。私の家は宝鈔を数万貫所蔵しており、多くはほぼ同じ形状で異なるものは少ない。形状が同じものをとって尺が正しいか確かめ、異なるものは用いてはいけない。尺を検査する方法にも細長い紙を用い、宝鈔紙幣の端と等しくなるように、刀で裁断して一尺とし、等分して十寸とし、一寸をさらに等分して十分とし、衣尺と名付ける。別に細長い紙を取り、宝鈔の端近くの黒枠の外側と等しくなるように、裁断して一尺とし、等分して十寸とし、一寸をさらに等分して十分とし、営造尺と名付ける。営造尺の八寸、裁衣尺の七寸五分は〔古の尺度の一尺なので、そこから〕古の尺度を推察できる。古尺を求めるための手っ取り早い方法は、宝鈔の端から端までを四つ折りにし、四分の三をとれば一尺である。あるいは、宝鈔の黒枠の間の部分を五つ折りにし、五分の四をとっても、一尺を得られる。この簡便な方法が尺を確かめる際に一番便利だということを知るべきである[18]。

朱載堉は、鈔尺が国初に定められた今尺であるとはいえ、古法を留めていると考えた。朱載堉によれば、大明宝鈔に基づいて、営造尺〔曲尺・今尺。鈔の黒枠の端から端までの長さを採用〕・裁衣尺〔織造段疋尺・衣尺・鈔尺。鈔の端から端までの長さを採用〕・量地尺〔宝源局銅五尺。両端を紙幣の端と黒枠の間に取る。裁衣尺の九寸六分に等しい〕の三種の尺

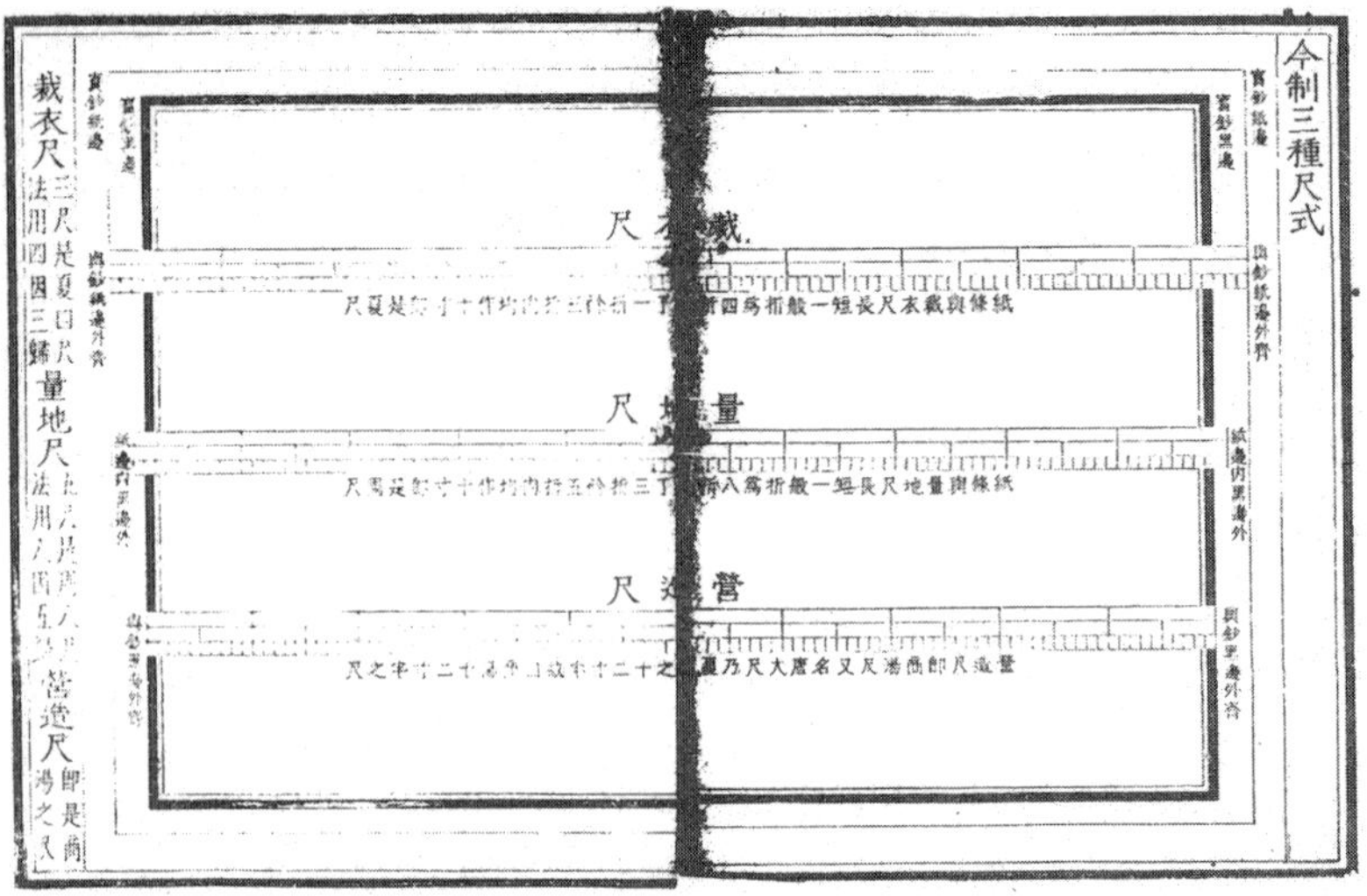

図 10-2　裁衣尺・量地尺・営造尺（前掲『律学新説』巻二，審度篇第一之上，29 頁下より転載）

（図10－2）が作られたという。

これら三種の尺は、それぞれ古尺に次のように一致する（図10－3）。裁衣尺の三尺は夏禹尺の四尺と等しい、つまり裁衣尺一尺の四分の三の長さが夏禹尺一尺と一致する。営造尺は商湯尺と等しい、つまり営造尺一尺の五分の四の長さが夏禹尺一尺と一致する。量地尺の五尺は周武王尺の八尺と等しい、つまり量地尺一尺の八分の五の長さが周武王尺一尺と一致する。また、夏禹尺を基準に、古尺三種を比較すると、商湯尺一尺は夏禹尺の十二寸半に一致し、周武王尺一尺は夏禹尺の八寸に一致するという。

そして、朱載堉は、夏禹尺一尺が黄鐘律管の長さと一致するという。ちなみに、この黄鐘一尺は、前述した縦黍尺・斜黍尺・横黍尺のどれを取るかで数値が異なる（図10－4）。

以上のように朱載堉は鈔尺を古尺と結び付けた。簡単にまとめると、明初に製造された鈔を基準にした営造尺一尺のうち、五分の一（二寸、両端の一寸）を裁断すれば、黄鐘律管の長さが得られることになる。今尺が古法を留

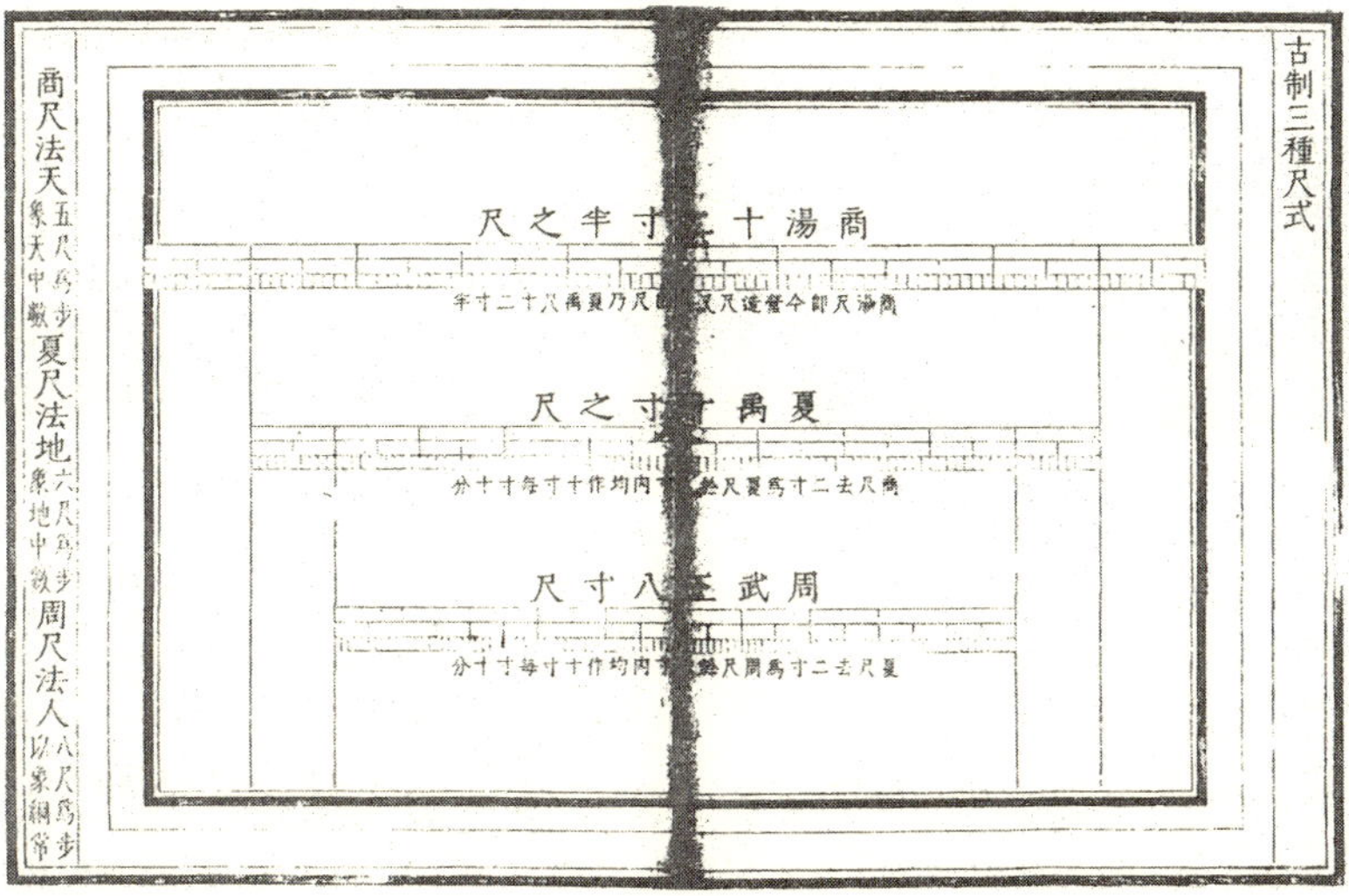

図 10-3　商湯尺・夏禹尺・周武王尺（前掲『律学新説』巻二，審度篇第一之上，30 頁上より転載）

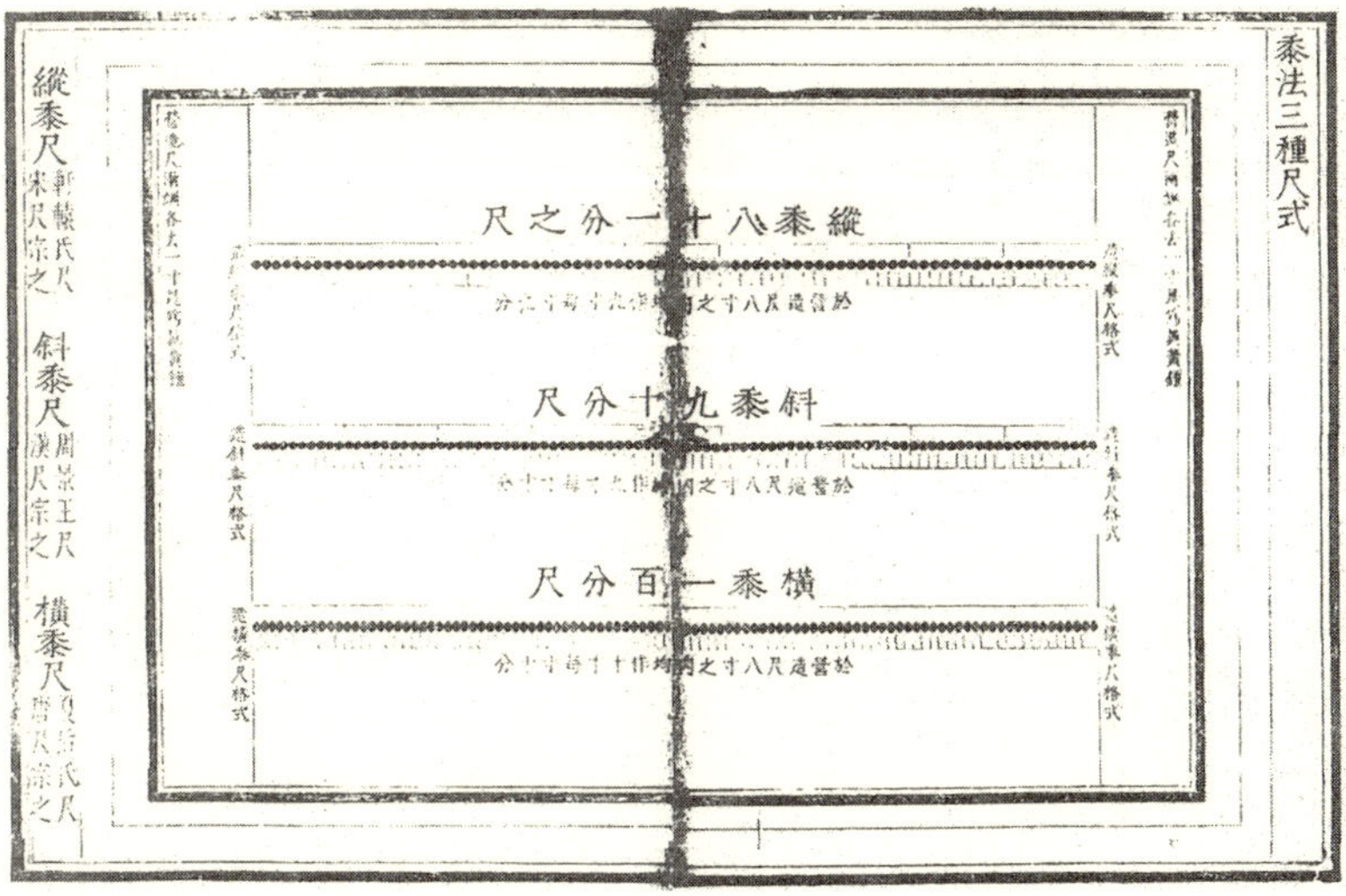

図 10-4　縦黍尺・斜黍尺・横黍尺（前掲『律学新説』巻二，審度篇第一之上，30 頁下より転載）

め、そこから黄鐘律管を測り取れるのであれば、黍を並べる意味はほとんどなくなってしまう。『律学新説』の時点でも、黍は「規格・法則を定めた後に選ぶべき[19]」とあるが、朱載堉は累黍について以下のようにも論じている。

古は律によって黍を並べることで尺を生んだが、今は黍によって尺を並べることで律を求める。そのためある人はそれを大いに笑って、流れに逆らって源を探るようだという。ああ、流れに逆らって源を探れば、身近な所で方法を見つけることになり、むしろ流れを捨て、ただ自分の考えでその源を憶測するよりよくはないだろうか。そもそも土や木のありのままの形状は、もともと方や円ではなく、工匠が規と矩で形作って方や円が定まる。人の声も、もともとは中和しておらず、聖人が整えて中声が出るのだ。律呂は、中声を整える道具である。累黍は、律呂を比べ定めるための基準である。このため古には累黍の法があった、どうしてその一時だけ秤・尺・斗・斛を造り設けるために定められたものであろうか。百世後の者に、累黍で律を知ることができるようにしたいがためである。たとえ「年によって凶作・豊作があり、地によって肥えているもの・痩せているものがあり、種に長短・大小・円か楕円かの差がある」（『律呂新書[20]』）としても、人の手でふさわしいものを選べばよいのだ[21]。

ここでは朱載堉が、「黍を並べ尺をなし、律を求める」という手段を取っていることがわかる。つまり、第七章で論じたように、『律学新説』を著した当時の朱載堉は、累黍を、ある程度信頼していたのである。ところが、『律呂正論』では以下のようにいう。

鈔に依拠して営造尺を製造する。この尺の両端をそれぞれ一寸裁断し、間の八寸だけを用いる。間の八寸を用いるのはなぜか。旧説では「豊作の年と凶作の年があり、肥えた土地と痩せた土地があり、大きい黍、小さい黍と様々で、なかなか中くらいの黍を得られない[22]」という。この言葉はまさにその通りである。私はかつて羊頭山の最も大きい秬黍を八十一粒、糊や膠で尺の上に貼り付け、黍を縦に並べて尺を成し、ちょうど八寸だった。またある年、八十二、三粒並べたが、八寸に満たなかった。またある年、七十八、九粒を並べたら、もう八寸になってしまった。これが大略である。大きすぎれば八寸を過ぎるものがあったり、小さすぎれば八寸に及ばないものがあったりするので、八寸という尺度に依拠して中黍という一定の方式を定める。…（中略）…もし中式の黍を選ぼうと思うのなら、一定の方式をあらかじめ議論し決めておくべきだ。一定の方式があって、その後選ぶことができる。上党の秬黍のうち質のよいものを、縦に八十一粒、斜めに九十粒、横に百粒並べたものは、みな営造尺の八寸と合致する。…（中略）…もし営造尺の八寸に満たなければ、決して誤って用いてはならない。歴代、律を造っても音楽の音がせかせかと高くなってしまった原因は、黍がよくなかったことによるのだ。…（中略）…この三県が産出する黍は、みな羊頭山の黍と名付けられている〔黍の名産地である上党の羊頭山は長治県・長子県・高平県の三県に広がる〕。つまり、山からの距離を問わず、ただ通常より大きい黍を選べば何でもよいのだ。あるいはもし縦に並べて八十一粒、横に並べて百粒であっても、営造尺の八寸に及ばないものは、羊頭山産であっても、誤って用いてはならない[23]。

朱載堉の理論によれば、営造尺一尺の両端一寸を裁断した長さ、つまり営造尺の八寸が、黄鐘律管の長さである。この律管に依拠して、適切な方式で並べ、ぴったりおさまった黍を「中式」とする。上党羊頭山のよい黍を、決まった方式で並べれば（縦黍なら八十一粒、斜黍なら九十粒、横黍なら百粒を並べる）、ぴったりおさまるという。しかし、もし決まった方式で並べても、ぴったりとおさまらなければ、羊頭山産でも用いてはいけないとした。つまり朱載のである。

堉は、黄鐘律管を定める手段として、累黍よりも、鈔から得た営造尺を、最も優先的な基準として位置付けている

さらに後期の著作である『嘉量算経』では、完成した律管の容積を確認する手段としても、黍を使っていない。たとえば、「律管の容積が正しいかどうかを確かめるのに、古の人は黍を用い、それを改めて水にしたが、今さらに水銀に改めたのはなぜか」という問いに対し、朱載堉は「水は黍よりも密であり、水銀は水よりも密だから」と答える。(24) また、朱載堉は律管に用いる竹を選ぶ際、「私の新法では、先に外周・外径を決めておいて、斧を持って入林し、必ず細長い紙を携帯して、竹を囲って長さを測り、その外周・外径・節の長さがどの律に合うかを考え、『〇〇律』と名前を書いておいて、竹の間の一節を切り取る」と述べる。(25) つまり、朱載堉は明らかに、あらかじめ決めておいた尺度に基づき、竹を裁断しているのである。

朱載堉の造律方法は、これまでの議論と大きく異なる。これまでの儒者たちは、楽律の基準となる黄鐘の起源を、黍や気や人声といった、少なくとも自然に存在する（ように見える）ものの中に求めてきた。それに対し朱載堉は、明らかに人間が作った尺度、それも古いものではなく、明初に製造され朱載堉と同時代に数多く存在していた鈔に依拠したのである。朱載堉が指摘するように、鈔尺は同一の基準として天下に行きわたっている尺度であり、かつ、彼自身がほぼ同じ形状の鈔を大量に所持していた。つまり彼にとって鈔尺は、容易に入手でき、律を復元するための尺度として、いつでもどこでも同一の基準を保てる存在であったのだろう。鈔尺（工部営造尺）は、当時の建築職人たちの曲尺として用いられたものでもある。このように考えると、朱載堉は、同一規格で大量生産された紙幣の製造技術や建築職人が用いた度量衡の技術に信頼を寄せていたといえるのではないか。

小結

朱載堉は、『楽律全書』成書後も、黄鐘律管の寸法と十二律管の管径逓減について繰り返し先儒を批判するが、朱載堉の理論自体は、『楽律全書』成書前と変化はない。それにもかかわらず、彼が晩年に至るまで楽律書・数学書を執筆し続けたのはなぜだろうか。筆者の見るところ、朱載堉は、自らの律制の思想的支えとして、『周礼』考工記の嘉量の制に、より強く依拠しようとしたのではないか。

朱載堉は「律・度量衡を同じくす」という理念に基づき、律と度量衡が表裏一体となり、相互に関連する世界を目指した。律と度量衡が表裏一体である以上、律が残っていないので、やむを得ず度量衡から律を復元するのではなく、「正しい」度量衡は当然、「正しい」律を復元できる。朱載堉のこのような考え方は、時期にかかわらず一貫している。しかし、特に晩年の朱載堉は、『周礼』考工記に見える嘉量の制に、黄鐘律管を復元するためのあらゆる方法が凝縮されていると考え、度量衡という技術への信頼を深めていく。朱載堉は、嘉量の鬴から龠を求め、黄鐘律管の容積や律管の寸法を計算し、この計算過程そのものを「律の理」と見なした。この計算過程では円周率と句股定理を用いる。朱載堉は最晩年の著作で、円周率を解説する際、「円は方より生まれる」という理念を繰り返し強調した。すなわち、朱載堉は自らの律制の根拠として、『周礼』考工記の度量衡制を中心に据え、「円は方より生まれる」理念に基づいた円周率を用いたのである。

度量衡を実際に起こすにあたり、朱載堉が注目したのは、明初に製造され数多く存在していた鈔に基づく今尺であった。彼が鈔に依拠したのは、鈔が同一規格で大量生産され、また鈔尺が当時においても職人たちの間で幅広く用いられた尺度であり、少なくとも朱載堉にとってはいつでもどこでも容易に入手できる同一の基準として有効であったからである。鈔尺への信頼は『律学新説』の時点ですでに見られる態度だが、特に晩年、朱載堉は度量衡という技術そのものへの信頼を深めると同時に、累黍という伝統的な方法よりも、当時の紙幣の製造技術や職人の技術自体への信頼を深めていったのではないか。ただし朱載堉自身が、誰もが「今尺と見なすだけで、古法を寓しているなんて、思いもしない」と述べたように、鈔尺は古尺と関連付けられなければならなかった。朱載堉は鈔尺が禹王・湯王・武王の尺と一致することを考証し、今尺を用いることを正当化したのである。今楽と同様に、朱載堉は今尺という当時の技術それ自体に価値を認めたわけではない。あくまでも「古とつながる」手段として有効であるからこそ、当時の技術を重視するのである。

(1) 朱載堉の数学史上の功績について、戴念祖は、円周率の計算、珠算による平方根・立方根の計算、九進法と十進法の小数換算、四項から成る等比数列の解法、度量衡史の考証などを挙げる。前掲『天潢真人　朱載堉』、二六四―二八六頁。
(2)「雖採古人成説、而獨詳於求圓一事。」『円方句股図解』、北京師範大学図書館蔵明刊本影印本、続修四庫全書子部第一〇三一冊、四一頁。
(3)「萬曆庚戌余年七十五、自三月至七月、信手握筆、著此三書、以成一家之言。其一律呂正論、其二曰嘉量筭經、其三圓方圖解、皆樂律書所未載者。」同上、五一頁。
(4) 黄鐘律管について、朱載堉は劉歆を繰り返し批判する。批判の内容をおおまかにまとめると以下の通りである。黄鐘律管の長さは、横黍九十分は間違いで、縦黍八十一分（＝一尺）が正しい。律管の管口面積は、九平方分は間違いで、九・八一平方分が正しい。律管の容積は、八百十立方分は間違いで、九百八十一立方分が正しい。以上の内容を『律呂正論』では詳細に検討しているが、ほぼ同じ内容が『律呂精義』（内篇巻四、新旧法参校第六）にも見られる。
(5) 朱載堉によれば、「十二律管の内周と直径はみな等しい」という説は、『礼記』月令の鄭玄注や、蔡邕の『月令章句』に由来があり、多くの儒者が惑わされてきたものである。北宋の胡瑗は、理論的根拠はなかったが、管口の直径に差をつけた律制を考案した。しかし蔡元定は胡瑗を誹った。朱載堉は「十二律管の内周と直径はみな等しい」という説こそが、「律学絶伝」の原因だと考えた。

　朱載堉は、具体的には以下のような手順で、黄鐘正律の管口の内周・内径・外周・外径を求めた（この計算は第四章で述べた管径計算と同一である）。黄鐘正律の律長が縦黍八十一分のとき「空囲九分」になる、つまり内周が九分であるから、黄鐘正律の律長対黄鐘正律の内周は、$81:9=9:1$となる。ゆえに、「l＝黄鐘正律の律長」とすれば、$\frac{1}{9}l$ が黄鐘正律の内周となる。黄鐘正律九寸を一尺と考えれば、一尺÷九＝一寸一分一釐一毫…、これが正律内周となる。自乗して二倍し実とし、開平方の法を行なって、一寸五分七釐一毫…を得て、正律外周とする。また、黄鐘一尺を二十で割って五分を得れば、正律外径となる。外径を自乗して半分にしたものの平方根を開けば、三分五釐三毫…を得て正律内径とする。ほかの律はそれぞれ、隣接二律間の律長比が$1:\sqrt[12]{2}$、内周・内径・外周・外径比が$1:\sqrt[24]{2}$となるよう計算する。管径逓減についても、『律呂正論』と『律呂質疑弁惑』のほか、『律呂精義』（内篇巻二、不取囲径皆同第五之上）にほぼ同じ内容がある。

（6）前掲『嘉量算経』序、一頁表—二頁表。

（7）「律学四物譜」序は、『嘉量算経』序とほぼ同じ内容を載せるが、『周礼』考工記の嘉量の制に特に言及しない。しかし、「律学四物譜」が付された『律学新説』では、嘉量の制を詳細に論じている。また、嘉量の具体的な数値についての朱載堉の考証も、前期・後期の著作を通じて特に変化はない。筆者が注目するのは、朱載堉が嘉量の制に対し、自らの理論の中でどのような位置付けを与えているかである。特に後期の著作において朱載堉は、自らの律制の根幹を支える存在として嘉量に注目したのではないか。

（8）巻一、律管説上、三二五—三二六頁。

（9）「律は、損益の説を捨てられないが、三分だけを使って損益の法とするのは、音と数の不一致を免れ得ず、天然自然の理ではない」「音は数によって伝わり、数は音によって定まる。この二つにはみな、自然の理があり、その自然の理を得られなければ、数は考究できず、その自然の数を得られなければ音は得られない」。

(10)『周髀算経』は紀元前百年前後、あるいはそれよりやや遅れた時期に完成した。現存する『周髀算経』には趙君卿の注がついている。君卿は趙爽の別号であり、三国呉の人だと考えられる。趙爽は『周髀算経』首章の注釈の中に「句股円方図」を付け加え、句股定理に厳格な証明を与えた。銭宝琮編・川原秀城訳『中国数学史』、みすず書房、一九九〇年、「周髀」（三二頁）及び「趙爽の句股図説」（六二—六五頁）を参照。

(11)前掲『円方句股図解』、四二頁。

(12)中国では円周率は古くから様々に計算された。前漢劉歆の場合、漢斛の銘文に「律嘉量斛、方尺而圜其外、庣旁九釐五毫、冪百六十二寸、深尺、積千六百二十寸、容十斗」とあり、円の直径（$1.4142+2\times0.0095=1.4332$尺）と面積（1.62平方尺）から、円周率は$4\times1.62\div1.4332^2=3.1547\dots$と算出できる。後漢初年に編纂された『九章算術』は、古法の「径一周三」（$\pi=3$）に従う。ただし、これらの円周率は理論的根拠を明示してはいない。劉徽『九章算術注』（魏末晋初）は初めて割円術を使って円周率を計算した。すなわち、円に内接する正多角形の面積は、円の面積より小さい。正多角形の辺数が増えれば増えるほど、正多角形の面積は円に接近する。劉徽は、円に内接する正三千七十二角形の面積を求め、円周率$\frac{3927}{1250}=3.1416$を実証した。祖沖之（四二九—五〇〇、南朝宋の人）は劉徽の割円術に基づき、小数第八位まで求め、$3.1415926<\pi<3.1415927$とした。このような、割円術を用いた円周率の計算に対し、朱載堉はまったく異なる方法を取った。ただし、朱載堉の円周率3.1426968…と、現在の円周率$\pi=3.1415926\dots$を比較すると、祖沖之の精度より劣る。朱載堉の円周率は江永によって修正された（銭宝琮編、前掲『中国数学史』、四六頁、七三—七四頁、戴念祖、前掲『天潢真人　朱載堉』、二六五—二六八頁）。第十三章第一節を参照。

(13)「今以木造成圓方格式。其形圓形與方斜同、方中矩、圓中規、方圓皆厚一寸、方毎面皆九寸、一周共計三十六寸、圓毎面皆十寸、一周共計四十寸。用紙條絜圓一匝、絜方一匝、看餘幾寸、若餘四寸、是與筭合。此乃周公所造密率之源流也。」同上、五〇—五一頁。『嘉量算経』問答、密率源流第一にもほぼ同じ内容がある。

(14)「商高曰、數之法、出於圓方。圓出於方、方出於矩、矩出於九九八十一。」前掲『円方句股図解』、古周髀算経、四四頁。

(15)同上、四五—五〇頁。

（16）「尺則處處長短不等、惟鈔乃洪武初創造已後、更不重造。所謂工部營造尺者、俗呼鈔尺是也。國初定制、最爲可據。余家有鈔數百萬貫、收藏得法、至今猶新。鈔尺凡三、儘上下紙邊齊是爲一等、儘上下黑邊齊是爲一等。今則只以黑邊爲説。」前掲『律呂正論』巻一、鈔尺説第三、三一三頁。

（17）「余患累黍者而無所憑據。依鈔尺以爲主、庶幾不差毫釐。夫鈔尺者、本名工部營繕司營造尺、卽今木匠曲尺是也。相傳以爲魯般所製。惟此尺天下同。」前掲『嘉量算経』凡例、方円密律算術、周径冪積相求、一〇頁表。

（18）「會典云、洪武八年、詔中書省造大明寶鈔。取桑穰爲鈔料、其制方高一尺・闊六寸許。會典又云、凡織造段疋闊二尺・長三丈五尺。臣謹按、見今常用官尺有三種、皆國初定制、寓古法於今尺者也。世人只知今尺而已、豈知寓古法哉。請詳言之。一曰鈔尺、卽裁衣尺、前所謂織造段疋尺也。此尺與寶鈔紙邊外齊、是爲衣尺、又名鈔尺。二曰曲尺、卽營造尺、前所謂方高一尺者也。此尺與寶鈔黑邊外齊、是爲今尺、又名曲尺。三曰寶源局銅五尺、卽上條所謂量地五尺也。此尺比鈔黑邊長、比鈔紙邊短、當衣尺之九寸六分。臣家收藏寶鈔數萬、大率同者多而不同者少。是以取其同者校尺、其不同者不可校也。校尺之法亦用紙條、自鈔紙邊外齊、用刀裁作一尺、均爲十寸、每寸均爲十分、是名衣尺。別取紙條、自鈔近邊黑道外齊、裁作一尺、均爲十寸、每寸均爲十分、是名營造尺。營造尺之八寸、裁衣尺之七寸五分、乃稽古度尺也。求古尺捷法、鈔外紙邊取齊、折爲四折、去一取三、是爲一尺。又法、鈔内黑邊取齊、折爲五折、去一取四、亦得一尺。宜知此捷法校對尤便也。」前掲『律学新説』巻二、審度篇第一之上、証之以銭鈔、二八頁下―二九頁上。

（19）巻二、証之以銭鈔、三二頁上。

（20）第二章注（21）、第七章注（19）を参照。

（21）「古者由律累黍以生尺、今則由黍累尺以求律。故或者多笑之、謂若泝流而探源也。噫、泝流探源、取則不遠、寧無愈於舍流而但以意揆其源哉。夫土木之性、本非方圓、匠者規矩之則方圓定矣。人之聲音、本非中和、聖人調協之則中聲出矣。律呂者、調協中聲之具也。累黍者、考定律呂之準也。是故古有累黍之法、豈特爲彼一時製秤・尺・斗・斛設哉。正欲使百世之下、由夫累黍可以見律耳。總然歳有凶豐、地有肥瘠、種有長短小大圓妥之不同、在人擇乎中者可也。」前掲『律学新説』巻二、証之以黍粟、一一五頁。

(22)「時有水旱之差、地有肥瘠之異、取黍大小、未必得中。」『隋書』巻一六、律暦志上、四〇七頁。

(23)「依鈔製成營造尺矣。將此尺兩端各截去一寸、止用中間八寸。所以用中間八寸者何也。舊說、歲有豐儉、地有肥瘠、取黍大小、未必得中。此語誠然。余嘗取羊頭山最大黑黍八十一粒、用糊或膠、塗於尺上、縱累成尺、恰好八寸。又一年、八十二三粒、不滿八寸。又一年、七十八九粒、已滿八寸。此大約也。緣有極大過八寸者、有極小不及八寸者、故據八寸爲中黍定式。…（中略）…若欲揀擇中式之黍、須將格式預先議定。有格式法程、而後可選也。上黨秬黍佳者、縱累八十一枚、斜累九十枚、橫累百枚、皆與營造尺八寸相合也。…（中略）…此三縣所產黍、皆名羊頭山黍。以要言之、不拘距山遠近、只擇異樣大黍皆可。或若縱黍八十一枚、橫黍百枚、不及營造尺八寸者、雖產本山、亦勿誤用。…（中略）…若或不滿營造尺八寸者、愼勿誤用。歷代造律而致樂聲焦急、其失坐在黍不佳也。」前掲『律呂正論』巻一、秬黍説第四、三二三頁下—三二四頁上。

(24) 前掲『嘉量算経』問答、考周径積実第二四、四一—四二頁。

(25)「余之新法、先擇外周・外徑、挾斧入林、必帶紙條、圍竹考其外周・外徑・長短之節與某律合、就寫某律名號、截取中間一節。」同上、問答、考外周外径第二五、二五頁表。

朱載堉は、黍と同様に竹も、尺度が合ってさえいれば産地に拘る必要はないが、黄鐘律管を造るにあたっては、やはり宜陽の北竹が適していると考えているようだ。宜陽の北竹は、節が長いものが少なく、黄鐘正律に合致する律管が作れる（ただし、倍律は作れない）。皮が薄く、質のよいものは、両端も同じ形で、形を整える必要がなく、自然と律管の規格に合っている、という。また、竹の内部も空洞になっていて、律管を作りやすいという。これに対し、余杭の南竹には、長い節のものが多く、黄鐘正律も倍律も作れるが、皮が厚いので、内周・内径を得るのは難しい。両端も同じ形ではない。また、竹の内部には白い膜が張っているという。朱載堉はそれぞれ採ってきて育て、大小の排簫を造るなら南竹がよく、ただ正律を吹くなら北竹がよく、生まれつき規格に合っているものは、北竹にはあるが、南竹にはないと考えた（同上、南北竹所長第二七、二六頁表—二七頁表）。

第十一章　理論と実証の間で

序

今楽に目を向け、儒者の理論を机上の空論にせず、できるだけ当時の演奏技術を結び付けようとする態度は朱熹・蔡元定にも見出せる。また、黄鐘の正当性を理論だけに求めず、目に見える「モノ」としての度量衡という計量技術にできる限り依拠しようとする態度もまた、朱熹・蔡元定にも見出せた。それに対し朱載堉は、当時の演奏の中にこそ古楽復元の鍵があると考えた（第九章）。また、度量衡という技術の中にこそ「正しい」黄鐘を復元できるヒントがあり、また「近古」の時代よりも、自分と同時代の、生きている度量衡制の中にこそ古尺復元の鍵があると考えた（第十章）。このような朱載堉の態度には、朱熹・蔡元定以上に、理論だけに拘らず、できるだけ当時の技術に目を向けようとする傾向が見られるといえるだろう。また、前述したように朱載堉は、明代後期の実学思潮を代表する人物とされ[1]、音律学、天文学に関して数々の実験を行なうなど、実証的な側面が強調され高く評価されてきた。

しかし筆者が改めて問いたいのは、朱載堉の学術観において、理論と実証、あるいは理論と技術がどのような関係で共存しているのかという問題である。言い換えるならば、彼の「象数学的思惟」と「実証的態度」は本当に矛盾なく共存しているのかという問いでもある。そこで本章では、朱載堉の行なった四つの実験を取り上げ、その実験がどのような内容を持ち、どのような特徴を持つのかを分析することで、「実証主義者」朱載堉の「実証」とは何なのかを考察したい。

第一節　日食・月食の実験

朱載堉が行なった実験でよく知られているものは、月の満ち欠けや、日食・月食のメカニズムに関するものである。彼は、泥で作った球に光を反射させるための粉を塗り、月に見立てて、太陽に見立てた光を各方向から当て、弦（上弦・下弦の月）・望（満月）・晦（月の最終日）・朔（新月）を説明した。また、太陽に見立てた灯りと、月に見立てた球体の位置関係によって日食を説明し、月食についても光学的な説明を行なおうとした。

中国歴代の暦書の中で、日食・月食の予報に関する計算は膨大に行なわれてきた。その計算を読み解けば、計算を行なった者が、宇宙の構造についてまったく言及していないとしても、ある程度の宇宙構造モデルを想定していたことは確かである。ただし、朱載堉のように、日食・月食という現象のメカニズムそのものを、具体的な実験を行ないながら、正面から論じた書は珍しい(2)。朱載堉自身が泥球などの道具を実際に作成し、本当に実験を行なったのかは疑わしく、頭の中だけでイメージされた思考実験だったとも考えられるが、それはさておき、朱載堉の実験はどのように評価することができるだろうか。

朱載堉はまず、月が太陽の光を受けて輝いており、単独では光を発しないこと、そして、朔と望が起こる仕組みを説明した上で、いつ日食・月食が起こるのかを次のように説明している。

> つまり黄道[3]と白道[4]は香球[5]のように、〔天球の〕中の二つの環が少しずれながら互いに重なりあい、定朔[6]が黄白道の交点に近ければ、月が太陽を覆って日食となり、定望が黄白道の交点に近ければ[7]、太陽の光が月に直撃し月食となる。交点からの距離の遠近によって、食分の多寡が決まるので、太陽と月の本体そのものに損傷があるわけではない。ここからいえるのは、太陽と月が食するかどうかは、月が〔黄白道の交点の〕北や南を進行するとき、黄白道の交点からの距離が遠いか近いかを見るべきで、すべて計算によって予想できる。おおよそ黄道においてそれを試してみよう。試しに泥で球体を作り、その中に縄を通して、外側を粉で塗り、暗室の中に懸け、灯りでその側面を照らせば、半分は明るく半分は暗く、その前面を照らせばすべて明るく、その後面を照らせばすべて暗い。これが弦・望・晦・朔の象である。後面を照らす時、もし少しでも偏りがあれば、粉を塗った泥球自体が光るのは見えないが、灯りの光は見ることができる。もしまったく偏っていなければ、灯りの光は全て粉を塗った泥球の覆う所となり、これが日食の象である。泥球の前面を照らす時、もし少しでも偏りがあれば、灯りの後ろに泥球を見ると泥球が光輝く様子を完全に見ることができ、もしまったく偏っていなければ、泥球の光は灯りの影の覆う所となり、これが月食の象である[8]。

弦・望・朔(・晦)に関する朱載堉の説明はわかりやすい(図11-1)。球体を用いて月の満ち欠けを説明する方法は、沈括『夢渓筆談』(巻七、象数一)にも見られ、朱載堉の説明もこれに類似する。『夢渓筆談』は、太陽や月が天球上のどの位置に来れば、日食・月食が起こり得るかを説明し、さらに日食については、朱載堉と同様、太陽

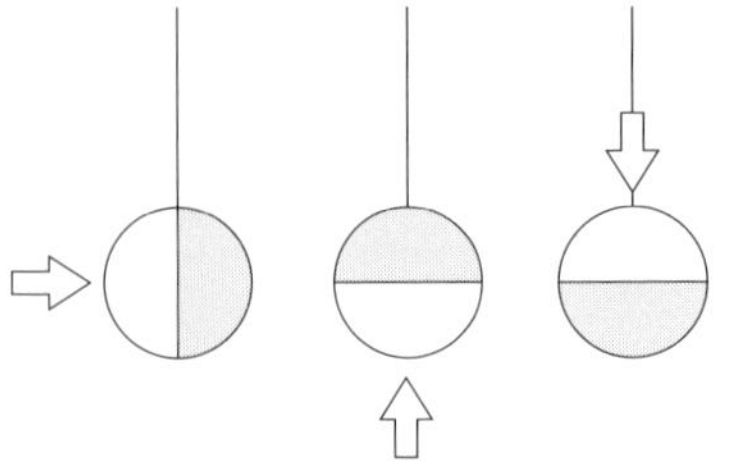

図11-1　弦，望，朔

の光が月によって遮られることで起こると説明している。しかし月食については、なぜそれが起こるのかという説明は行なっていない。これに対し朱載堉は上の引用文で、月食のメカニズムについても説明しているが、非常にわかりにくい。朱載堉は「太陽の光が月に直撃し月食となる」「泥球の光は灯りの影の覆う所となり、これが月食の象である」と述べているが、これは一体どういうことだろうか。周知のごとく、月食は満月の時に起こり、地球が太陽と月に挟まれてほぼ一直線上に並んだ時に起こる。地球が太陽の光を遮ることによって本影を作り、その本影の中に月が入ることによって、月の一部あるいは全部が欠けたように見える現象である。つまり地球の影によって月食が起こるはずだが、朱載堉は太陽の光が作り出す影によって月食が起こると考えているのである。

太陽が作り出す影とは何か。月食のメカニズムについては、たとえば後漢の張衡が月食は太陽が地球に覆われるから起こると説明し、地球の影を闇虚（暗虚）と呼んだが[9]、朱載堉はそれを否定する。

　旧説では、太陽・月・地球の三つは、形体や大きさが似ているとする。地球は丸く正方形ではなく、地球の大きさは天の一度半に過ぎず、天周は地径の二百四十倍あまりである。「『太陽と月が相対し、地球が覆うとき、地上から見た天には影ができ、その大きさは太陽のようで、日光は照さず、名付けて暗虚という』〔張衡の説〕。月が満月のとき黄道と重なれば、暗虚に入る。暗虚には表裏・深浅があるので、月食には南北・多少がある」〔『隋書』天文志[10]〕。古人には暗虚の説があり、地球の影を指すが、きっと正しくない。たとえば春分・秋分で起こる食は卯・酉の正にあるが、太陽と月とが互いに向かいあい、まっすぐになり、地はその下にあるのだから、どうして地球が覆えようか。天は大きく、地と応じないが、天と地はたがいに離れること数百倍であるのは、日影や寒暑をよく観察すればわかるだろう(11)。

朱載堉は古人の説として、張衡の「暗虚とは太陽の光を地球が覆うことによってできる影である」という説を引用し、否定する。朱載堉によれば、地はあくまでも太陽と月の下にあるのだから、地球の影が月を覆いようがないと述べる。ここからわかるのは、朱載堉は、地球が太陽と月の間に挟まれて一直線に並ぶという天体の位置関係を、我々と共有していないということだ。朱載堉の考えでは、人間はあくまで地上にいて、上にある太陽と地球を眺めている。

それではいわゆる暗虚とは何なのか。朱載堉は暗虚を説明するために、まず太陽とはどのようなものなのかを説明する。

私がひそかに思うに、太陽は火の精なるものである。炎が巻き上がるとき、必ず黒煙があり、四周はみな明るいが、炎の中心だけは暗い。ただし真火と凡火は異なり、凡火はただ燃え上がるだけだが、真火は縦横無尽に巻き上がる。思うに離の卦の象は、外が明るく内が暗く、外がみちて内は虚しい。暗くて虚しいのが、離の中爻であり、これが太陽の外景であるから(12)、暗虚というのだ。『文献通考』で「太陽の炎は外は明るいが、外側とは反対に必ず暗気を含み、その大きさは太陽の大きさと同じである(13)」というのが、これである。今、見てみると、太陽と月の大きさを比較すれば、その差は大きくない。暗虚と月とを比較すると、月より大きいのはなぜだろうか。たとえば煙を炎と比較すると、炎は小さく煙は大きい。このために暗虚は太陽の二倍大きいのである(14)。

朱載堉の観察によれば、炎が巻き上がるとき、黒煙が生じ、外側が明るいのに対して内側は暗い。これは、『易』の離卦の象が示すように「外が明るく内が暗い」ことと一致する(15)。この、太陽が作り出す暗闇が暗虚であり、朱載堉は暗虚が太陽の二倍だとする。つまり朱載堉によれば、月が太陽の暗虚に覆われることによって月食が起こるのである。

朱載堉は何のために暗虚の説を唱えたのだろうか。それは、月食の計算に視差を考慮する必要がないことを訴えるためである。天体を観測する際、観測地点が異なれば、天体が見える方向に差が生じる。日食の計算では、このような視差を考慮しなければならないが、月食では必要ない。朱載堉はまず日食における視差について説明するにあたり、元・趙友欽『革象新書』を引き、食が起こる条件を以下のように説明する。

太陽の通り道と月の通り道が交わる所は二ケ所あり、もしその交点でぴったり両者が重なれば、月は完全に太陽を覆い尽くし、太陽は大変暗くなって、これを食既と謂う。もし交点では重ならず、交点の前後で重なり、交点からの距離が近ければ、食するけれど既とはならない。…（中略）…交点から近ければ食の分量は多く、交点から遠ければ食の分量は少ない。天における日食が起こる限界については、これがおおまかなルールである(16)。

食は、太陽・月が、黄道と白道の交点の近くにある場合に生じ、太陽・月と交点の距離によって、どのくらい食するかが決定される。そのため、太陽と月が重なる朔あるいは望の時に、太陽・月がどれくらい交点と離れるかという度数を知ることが重要である(17)。このように朱載堉は、交点と食の起こる関係について基本的な前提を述べる。

以上が「天之交限（日食が起こる天の限界）」ならば、「人之交限（日食が起こる地上の限界）」もある。朱載堉は再び『革象新書』を引き、人間が日食を観察する際の位置による見え方の差、すなわち視差について説明する。

また、日食が起こる地上の限界もあり、古くからいうのは、もし中国で皆既日食が起こっても、太陽の真下にある地域では欠ける部分はたった半分であり、辺境の地から見てみると、太陽と月が重なっても日食が起こらない。辺境の地で皆既日食が起こる場合、太陽の真下にある地域では欠ける部分はたった半分であり、中国から見てみると、太陽と月が重なっても日食が起こらない。それはなぜか。太陽は大きく赤い球体で、月が小さく黒い球体だとし、それらをともに一本の縄でつるし、太陽が上で月が下にし、その真下からまっすぐに見ると、黒い球体は必ず赤い球体を覆うが、この現象が皆既日食のようだ。傍らから見ると、遠近の差があるので、食の分量に多寡があるのだ。(18)

ある場所で皆既日食が起こっても、他の場所から見た場合、皆既日食とはならない時がある。たとえば、赤球（太陽）と黒球（月）を一本の縄でつるし、それを下方から眺める場合、下方のどの位置にいるのかによって、赤球の覆われ方が異なるからである（図11-2）。このように、日食の程度は、観測者が地球のどの場所にいるかによって大きく変化するため、日食の計算は難しい。たとえば正徳九（一五一四）年八月辛卯朔の日食の食分を『大統暦』では八分六十七秒と予測していたが、福建・広東地区では皆既日食となり、北京では八、九分となったという。(19)

日食の予報が困難を極める一方、月食については交点との距離のみを考えればよい。朱載堉は月食の食分について以下のように説明する。

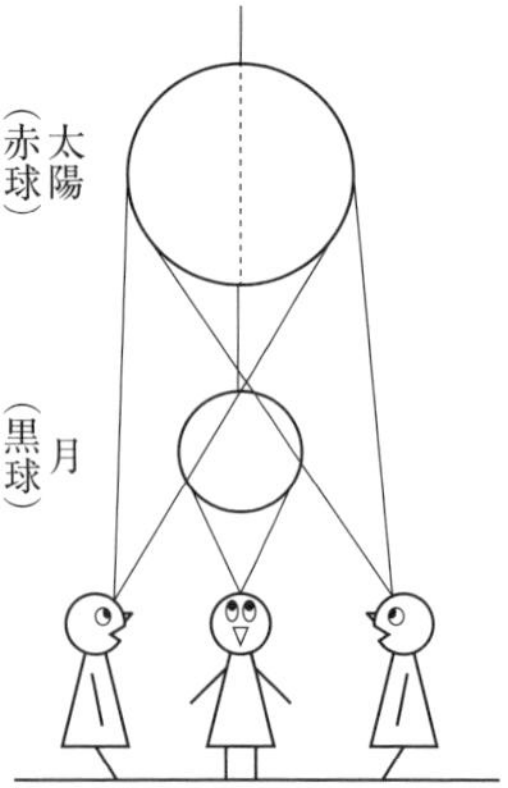

図 11-2　日食のメカニズム

日月が交わる食を予想するのは太陽についてはとても難しいが、月食の程度については、黄白道の交点からの遠近だけを考えればよく、季節によって増減があるわけではない。それは月が小さく暗虚は大きく、月が暗虚に入ればそれが食であるから、どこから見ても食分はすべて同じだからである。太陽が月に覆われて食する場合はそうではない。それは太陽は大きく月は小さく、太陽が上で月は下で、太陽の進行には季節による差異があり、地上にいる人からの見え方には全国各地違いがあるので、傍らから見る場合、遠近は自ずと違ってくるのである[20]。

月に視差を考慮する必要がない理由について、朱載堉は、太陽に対する月の影が小さいのに対し、月に対する暗虚が大きい（前述したように二倍である）ため、どこから見ても同じだと述べる。朱載堉は『律暦融通』巻四、黄鐘暦議、月食の項でさらに詳しく述べる。

ゆえに月食には五段階あり、月が欠けてその後に皆既となり、皆既となってその後に食甚となり、食甚となってその後に光を生み、そして円に戻るのである。暗虚とは、太陽の影である。太陽の影が月を覆うので、早晩・高低の差も、季節・観測地点の違いもない。たとえるなら黒球を暗室の中に懸けておき、その左に灯をともし、その右には白球を懸け、灯が黒球によって遮られてしまえば、白球はその光を受けることができない。人が四方から黒い球を見ても、見えるものはみな同じである。ゆえに月食には視差の説がない[21]。

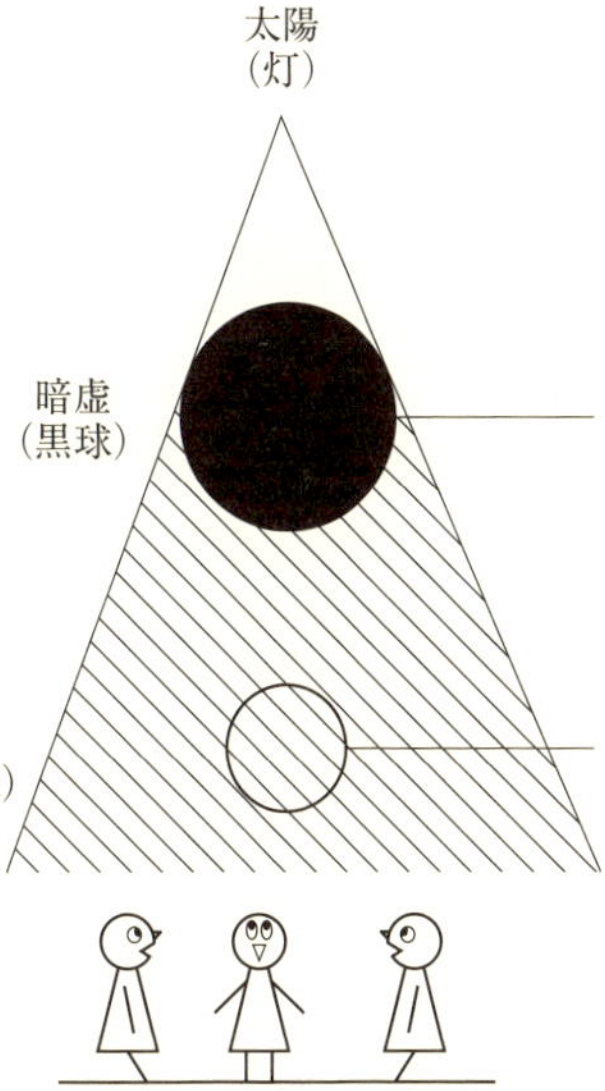

図 11-3　月食のメカニズム

朱載堉がここで言及しているのは、灯・黒球・白球である。このうち、灯が太陽であることは明白であるが、黒球は何なのだろうか。戴念祖は、「朱載堉は三つの球によって日食・月食を表現することで、朱載堉の心中にある、新しい天地構造観を説明したのかもしれない。…（中略）…西洋宣教師が中国に近代科学を持ち込む前に出現したこの三つの球体は学術界が重視するに値する」と評価している。[22] 灯＝太陽、黒球＝地球、白球＝月であれば、戴念祖の評価は正しい。しかし朱載堉は、月食は暗虚で覆われるために起こると説明している。また前述したように、朱載堉は月食の状態を「太陽と月とが互いに向かいあい、まっすぐになり、地はその下にあるのだから、どうして地球が覆えようか」と述べていた。以上をふまえて考えると、ここでいう黒球は暗虚を指すのではないか。つまり、朱載堉は、月食の際の天体と人間の位置関係を、「太陽（灯）―暗虚（黒球）―月（白球）―下から見ている我々」（図11-3）というふうに考えていることになる。たとえば皆既日食の場合、月は巨大な暗虚によって覆われ真っ暗になるため、下から見ている我々がどこから見ても、同じように見えるはずである。そのため、視差は月食計算において考慮する必要がないということになる。

そして朱載堉は、月食計算の際、『宋史』天文志、『応天暦』『崇天暦』は視差を考慮しないので正しいが、『紀元暦』『大定暦』『授時暦』は考慮しているので間違いだといい、[23]『律暦融通』巻二、黄鐘暦法「求三限時刻」においても月食には視差を用いないと述べている。[24] 朱載堉の月食のメカニズムの説明自体は誤りであるが、月食計算に視差を考慮しないということは正しい。その理由は、月食は、地球が太陽の光を遮ってできる本影の中に、月が入ることによって生じるため、地球のどの地点から月を見ても、同じような影ができて見えるからである。

そもそも『律暦融通』黄鐘暦議は、前半の黄鐘暦法で行なった計算の理由を述べるという目的を持っている。それゆえ朱載堉が黄鐘暦議、月食の項で主張したいことは、あくまでも月食計算の根拠であり、月食に視差を考える必要はないということである。ゆえに、複数の球体を使った実験は確かに我々の眼をひくが、球体を使って宇宙の構造を解き明かすこと自体が目的ではない。

太陽の影である暗虚によって月食を説明する――これは朱載堉の創見ではない。朱熹がすでに同様の見解を述べている(25)。こういった見解は、「太陽―地球―月」という天体モデルを想定し、地球の影によって月食を理解する現代の我々にとっては、かえって複雑でわかりにくい。暗虚の説から見えてくるのは、朱載堉の想定する世界が、あくまでも肉眼で見える範囲に留まっているということである。つまり朱載堉は、これまでの経験や感覚を超越して宇宙構造モデルを設定した、ということはない。天空にある太陽と月の動きを下から見ている自分たちという従来通りの経験を、朱載堉は決して超えてはいないのである。

以上のように、朱載堉の行なった実験は、目に見える現象をいかに理屈で説明するかを目的とした実験であり、実験そのものによって新しい現象を発見するといった類のものではない。彼の実験の中に、明確な宇宙構造モデルを見出し、そのモデルを天文暦法の様々な計算へ応用しようとする意識はそれほど見られないのではないか。

第二節　正方案を用いた北極高度の計算(26)

次に取り上げるのは、正方案という器具を用いた、北極高度の計算である。朱載堉は、元の郭守敬《かくしゅけい》（一二三一―一三一六）が発明した正方案を応用して、北極高度を測定した。正方案とは、南北方向を測定するための儀器であり、四尺四方で銅製、対角線の中心を円の中心とし、一寸間隔で十九個の同心円を描いたものである。使い方を簡単に説明すると、正方案の四方には溝があり、最初に、水を入れて正方案が水平に置かれているかどうかを確認する。円の中心に日影柱があり、太陽が東から昇ってくるとき、日影柱の影は西側に現れ、最も外側の円と接する。正午には最も内側の円に接し、夕方には東側の最も外側の円と接して正方案から外れていく。すると、すべての円に二つずつ影との交点ができることになり、これらの交点を結んだ線の中点と円心を結んだ線が南北方向となる、という仕組みである(27)。

朱載堉は北極高度の測定に、この正方案を応用した。北極高度を知るためには、北極星を観測する必要があるが、どうしても誤差が生じる。朱載堉は黄道傾斜角を23.9度として計算し、北極から一度の地点をKとし、$\overset{\frown}{KA}=\overset{\frown}{KD}=67.41$度、そして、$\overset{\frown}{KB}=\overset{\frown}{KC}=115.21$度となるように、A、D、B、Cを定める。

$\overset{\frown}{AE}$と$\overset{\frown}{EB}$は等しく、黄道傾斜角の23.9度となる。A、D、B、Cから中心Oを結ぶ線を引き、これら五点に針をさす。そして、正方案を東向きに立てると、夏至の南中時には、A、O、Cが一直線に並び、冬至の南中時には、B、O、Dが一直線に並ぶ。Oから直線を引き、HGとFIが垂直に交わるようにすると、$\overset{\frown}{FK}$が北極の高度となり、また、$\overset{\frown}{FK}$と$\overset{\frown}{HE}$は等しくなる。このようにすれば、北極星を観測しなくても、より正確な北極の高度を測定することができるという（図11-4）。

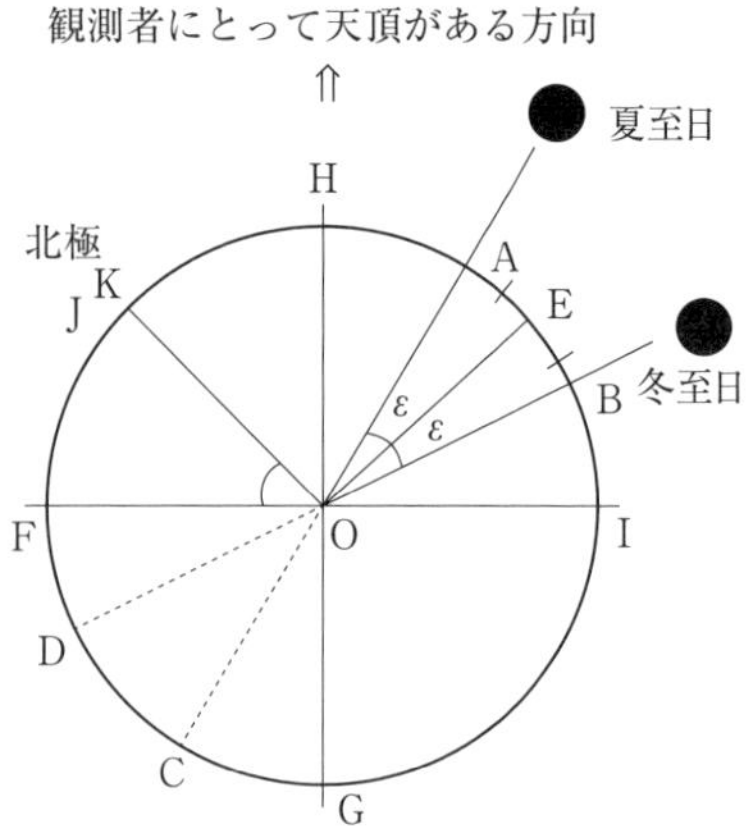

図 11-4　正方案の応用（戴念祖，前掲『天潢真人　朱載堉』，243 頁の図に依拠し作成）

以上のような正方案の新しい使い方には、従来からある優れた儀器を工夫して応用し、より正確な数値を出そうとする態度が見出せる。朱載堉の天文学における、一つの優れた点であるといえよう。ただし、北極高度の測定には、北極星を今まで以上に正確に観測するという手段も取り得たはずである。北極星をより正確に観測するためには、観測器具自体を改良[28]することが必要となるが、朱載堉はこちらの方面には足を踏み入れなかったのである。

第三節　円周率の証明

第十章第二節（二）ですでに論じたように、朱載堉は律管を計算するにあたり、独特の円周率$\frac{40}{9\sqrt{2}}$、すなわち三・一四二六九六八を用いている。この円周率は非常に不正確だったため、結果として朱載堉の十二律管は、律管の長さの計算の正確性と比べ、管口の計算についてはだいぶ精度が落ちている。

朱載堉最晩年の著作『円方句股図解』については、第十章第二節（二）を参照してほしい。この著で朱載堉は、円を正多角形で分割し円周率を計算する「割円術」を批判し、「円を方に求め」、正方形から円周を求めた。その方法とは、まず、一辺の長さが九寸の正方形を描き、九×九＝八十一の碁盤目状に区切る。次に、その正方形の外接円を描き、細長い紙を使って計測すると、円周は四十寸になったという。ゆえに朱載堉は、円に内接する正方形の一辺の長さを$\frac{40}{9}$倍したものが円周であると考え、句股定理を用いて円周率$\frac{40}{9\sqrt{2}}$を導き出した。

以上のような方法が、正確性とかけ離れた大雑把な方法であることは明らかである。十二律の計算で高度な正確性を見せる朱載堉が、なぜあえてこのような方法を取り最晩年まで主張し続けたのだろうか。その理由は、彼の円周率の背景にある「円は方より生まれる」（円は多角形からではなく、あくまで正方形から求める）という理念にある。その根拠は、前述したように、『周髀算経』首章の商高の（「数の法は、円と方から出てきたものである。円は方より出て、方は矩より出て、矩は九九八十一より出る」）にある。朱載堉は『円方句股図解』の中で、「一辺が一尺の方池を、その正方形に外接するかたちで、円池にするにはどうしたらよいか」という問題を図解して説明する。彼は、この具体的な計算問題を解説することで、「円は方より生まれる」ことを、正方形の一辺とその外接円の円周の関係を用いながら何度も強調するのである。

朱載堉の円周率は明らかに、正確さの追究という点で、大きな問題を抱えている。確かに割円術では近似値しか計算できないが、朱載堉のような方法、すなわち細長い紙を用いて円周を計測するというやり方では、計測技術自体を改良しない限り、かえって不正確な数値が出ることになる。ここには、自らの理想とする理念を優先させる一方で、その理念を優先させるばかりに、技術自体の改良にはあまり関心を持たない傾向を指摘できるだろう。

第四節　新旧二律の比較実験

最後に取り上げるのは、三分損益律と十二平均律を用いた楽器を作成し、両者の音の優劣を比較するという実験である。朱載堉は、楽器の笙を使って実験をした。笙は、笙笛と呼ばれる、長さの異なる竹管を複数集めて作った

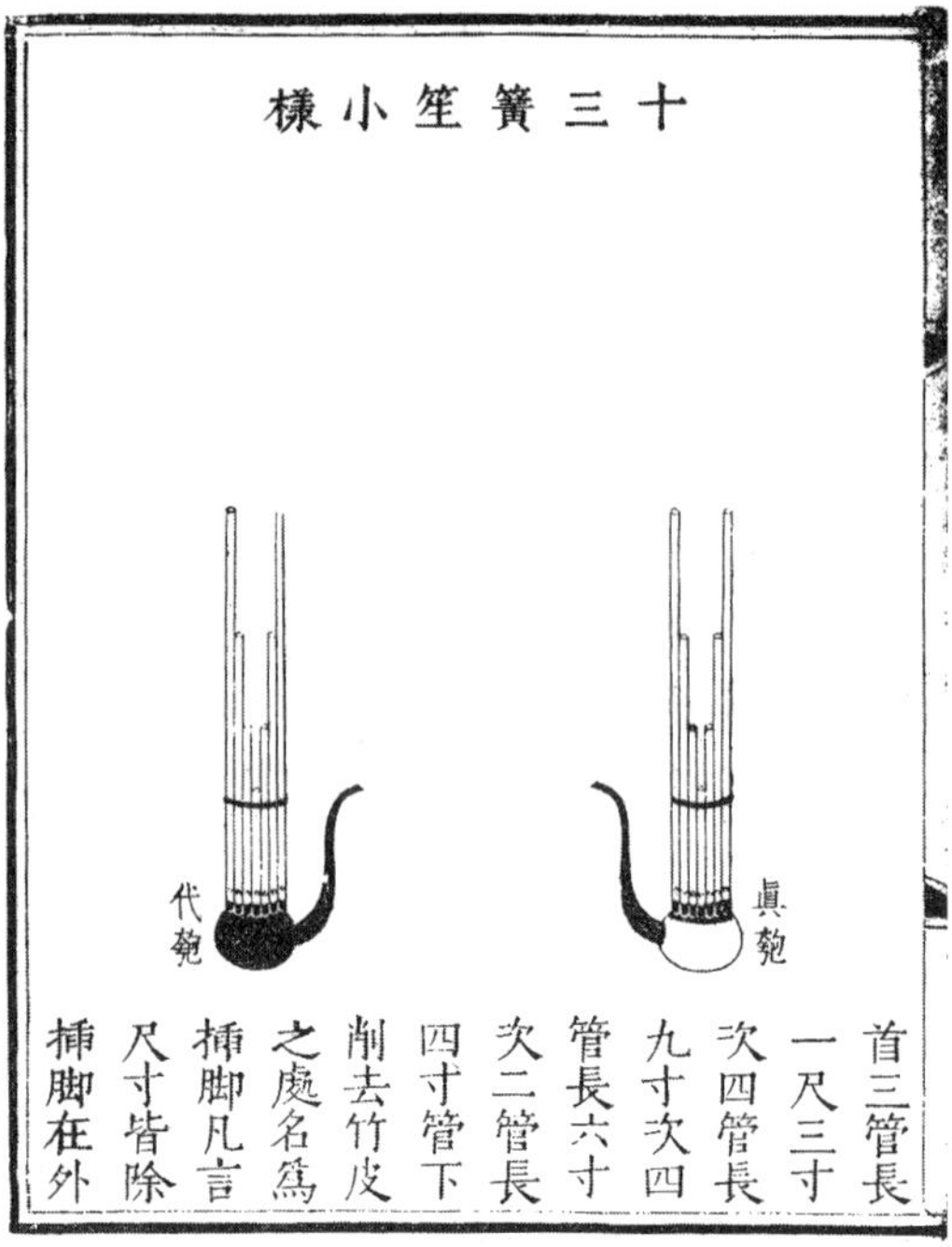

図11-5　十三管の笙（前掲『律呂精義』内篇巻八，楽器図様第十之上，329頁より転載）

楽器で、それぞれの管に簧《こう》[29]が取り付けられている。吹口から息を入れ、笙笛の下方にある孔を押さえると、その笙笛の音が鳴る。同時に複数の笙笛を鳴らせば和音を奏でることができる（図11－5）。

　朱載堉はどのように実験を行なったのだろうか。実験を行なう前に朱載堉は、同じ息の強さで律管を吹ける人を二人、慎重に選んだ[30]。そして三分損益律と十二平均律に依拠した律管を作成し、これらの律管が発する音に依拠して、笙を作成していく。具体的には、まず、取り付けると音高が黄鐘に近くなる簧を選び、蠟を増減しながら笙笛に取り付ける。二人のうち片方が律管を、片方が笙笛を吹き、笙笛が黄鐘律の音と完全に一致するようにする。今度は、林鐘に近い簧を選び、同じように蠟を増減しながら取り付けて、林鐘律の音と完全に協和するようにする。そして黄鐘律と林鐘律の笙笛を同時に口でくわえて吹き、黄鐘と林鐘が完全に協和すれば正しく、協和しなければ正しくないということになる。続いて林鐘と太蔟を比べ、以下も同じように比べていく。最後に、黄鐘・林鐘・太蔟・南呂・姑洗・応鐘・蕤賓で一つの攢（笙笛の集まり）、蕤賓・大呂・夷則・夾鐘・無射・仲呂・黄鐘で一つの攢を作り、合わせて一つの笙とする。このようにして三分損益法に依拠した笙と十二平均律に依擲した筦を作成し、その優劣を比較するのである[31]。

黄鐘と林鐘（ドとソ、完全五度）、太簇と林鐘（レとソ、完全四度）のように、朱載堉は完全五度と完全四度の筦笛同士を共鳴させせようとしている。三分損益法がもともと完全五度と完全四度の関係を利用し反復計算した音階である以上、このような比較の仕方では、三分損益律の方が協和するのは明白である[32]。しかし、朱載堉の目的はあくまで、十二平均律の優位を主張することにある。完全五度と完全四度の関係だけ見れば、十二平均律の方が協和するということはあり得ない。

マックス・ウェーバーも指摘するように、十二平均律を採用したピアノによって音感が養われることで、響きの純粋性に対して鈍感になるという可能性もある[33]。朱載堉もまた十二平均律の響きに慣れてしまい、三分損益律との比較をしても、やはり十二平均律の方が美しく聞えたということは考えられるのではないか。彼は、決して故意に実験結果を捻じ曲げたわけではなく、自らの理想とする世界観に一致するという点で、十二平均律の優位を盲目的に信じてしまったと筆者は考えている。

小結

日食・月食の実験では、朱載堉は月食に視差を考慮する必要がないことを説明するために、暗室に球体をつるし、光を当てる実験を行なった。この実験自体は、戴念祖も評価するように、ある程度の宇宙構造モデルを朱載堉自身が持っていた証ともいえる。しかし暗虚の説からうかがえるのは、朱載堉のモデルが我々の想定するような月食時の天体モデル（「太陽―地球―月」が一直線上に並ぶ）とは大きく異なり、あくまでも地上の我々から見た太陽と月の位置関係を軸にしたものに過ぎないということであった。彼がこのような位置関係を主張したのは、太陽が作る巨大な暗虚に月が覆われてしまうので、視差を考慮する必要がないことを訴えるためである。朱載堉は、従来想定されてきた天体の位置関係を覆すような、新しい宇宙構造モデルを構想したわけではない。また、そのモデルを基盤に、まったく新しい暦法を組み立てたともいえない。あくまでも、既存の暦法理論を改善していくための補強として、実験を行なったに過ぎないのである。

また、正方案による北極高度の測定は、北極の位置を観測するという技術上の困難を、理論によって克服しようとした実験である。北極星の観測技術それ自体を改良するという方法も取り得たはずだが、朱載堉の場合、今ある技術を応用して、理論的に北極高度を計算した。

円周率の計算では、近似値を出すことが前提であった割円術を放棄し、朱載堉は、正方形に外接する円の円周を自ら測定するという方法を取った。しかしこの方法では、円周を測定する技術自体を改良しない限り、正確な数値を出すことはできない。朱載堉は、あくまでも「円は方より生まれる」理念を優先するが、測定するための技術自体の改良についてはやや関心が薄いといわざるを得ない。

新旧二律の比較実験では、完全五度と完全四度の音律同士を比べているが、この方法に依拠する限り、十二平均律よりも三分損益律の方がより協和するという結論が出るのは明白である。これは、朱載堉の中に、河図・洛書の学に基づいた理想とする世界観、すなわち律・暦・易が十二を基準とする同じ数理で密接に関連し循環するという世界観がまず先にあり、その世界観に見合った十二平均律こそ、どんな場合でも協和しているという思い込みがもたらした誤りであろう。ここには、自ら理想とする世界が完全だという前提があり、実験結果をそれに合わせようとする態度を指摘できるのではないか。もっとも、平均律に耳が慣れた朱載堉には、ほかの音律よりも平均律の方が実際に美しく聞こえたという可能性もある。朱載堉は必ずしも実験結果を意図的に捻じ曲げたというわけではないだろう。

このように考えると、朱載堉の十二平均律や天文暦法は、「理論の優位」があるからこそ生まれたものではないだろうか。本章で取り上げた四つの実験は、その実験を通して新しい理論を提示するというよりも、前提となる理論があって、その理論を検証したり、反証したりするための実験に留まっているといえる。

巻末に付した「朱載堉関連年表」からもわかるように、朱載堉の生きた時代、すなわち十六、十七世紀は、西欧社会において、いわゆる科学革命が起こった時期であった。同じ時代の西洋科学と比較した場合、朱載堉の科学はどのような特徴を指摘できるだろうか。

まず、「実験に対する理論の優位」である。ガリレオ（Galileo Galilei, 1564-1642）は物体の重さと落下速度の関係を考える際に、「ピサの斜塔から重さの異なる二つの物体を落とす実験」を行なった。実際に行なわれたかどうかには諸説あり、ガリレオにとって、このような実験は思考実験で十分だったのではないかとさえいわれている。ハーバート・バターフィールドは「近代科学の誕生を理解しようとするならば、実験尊重の風潮によって全てが説明されるとか、さらには、実験そのものが画期的な新しい事がらであったとか思い込んではならない」と述べ、ガリレオについても「その判断が実験によって確証されなかったからといって、結論を改めようなどとは考えていない」「時として彼の推論は誤っていることがあり、対話の一方の側が一度も実験をやっていないではないかと主張しても一向に意に介しないという場合さえある」と述べる(34)。

朱載堉も同様に、先に理想とする世界観（河図・洛書の数が組み込まれた、律暦が永遠に循環する世界）があり、十二平均律を始めとする諸々の理論は、その世界観に合致するからこそ正しいと考えたのではないだろうか。たとえば、新旧二律の比較実験で、「三分損益律の方が協和することがある」という事実に、もし朱載堉が目をつぶらなかった場合、十二平均律を主張できただろうか。実際の現象であっても、自らの理想に合うように変えてしまおうという強い意思、それほどまでに現象の背後にある理こそが重要だという意識があるからこそ、十二平均律が生まれたのではないか。

近代科学誕生の要因の一つに、以上のような「理論が実験よりも優先される」という性格がある一方で、科学革命が起こったときには、「新しい技術」が「新しい経験」をもたらし、その「新しい経験」を説明するために「新しい理論」が生まれたということも考えなければならない。新しい技術と新しい経験について、ハンナ・アレントは以下のように述べる。

感覚を覆したのが単に理性であったなら、人間の能力をいろいろ選びだして、生来の理性を「軽信の女王」とするにまかせるだけでよかったであろう。しかし、実際に物理的な世界観を変えたのは、理性ではなくて、望遠鏡という人工の器具であった。つまり新しい知識は、観照、観察、思弁によってもたらされたのではなく、製作を事とする〈工作人〉が積極的に割り込んできた結果、得られたものであった[35]。

「新たなタイプの経験を作り出すこと」もまた、西欧近代科学の観測や実験の基本特徴であるならば、朱載堉にとって、この「新しい技術」「新しい経験」こそが、西洋科学の伝来を待たねばならないものだったのではないか。もし近代科学革命が、「新しい技術」による「現象」の発見、そしてそれを支える理論の誕生、さらに理論の検証や反証としての実験という過程を経るならば、朱載堉の実験は、「現象」の発見を経ずに、もっぱら「理論の誕生→理論の検証」という過程のみに留まっているといえるだろう。

朱載堉の楽律学の特徴は、理想とする世界観が最初にあり、様々な実験は、その世界観を支えるためにこそ行なわれているという点にある。儒者の音律理論は、しばしば「海上三神山」（凌廷堪[36]）、「玄奥なる空論」（江文也[37]）な

ど と揶揄され、理論偏重で現実と乖離しているかのような印象を与えることがあるが、朱載堉の場合、その理論を裏付けようとする努力を怠ることはない。そこに、彼の「実証精神」が高く評価される所以があるのだろう。

しかしそれでも、朱載堉の実験は、やはり最初に「理論ありき」なのである。確かに強引にでも自らの理論を貫こうとする態度は、近代科学の登場に必要なものである。ただし、彼の行なった実験は、あくまで理論の証明に留まり、「新しい技術」を生み出し、「新しい現象」を発見し、従来肉眼で見ていた世界を覆してまったく新しい知識を得るという段階には至らなかった。十六、十七世紀における東西科学のこのような差異は、おそらく、技術に対する価値観の違いによって生まれたものであろう。朱載堉は、笙の職人の話に、本当に素直に耳を傾けたのだろうか。すなわち、技術や技術者という存在を、本当に素朴に信じきれていたのだろうか。このような技術に対する価値観は、朱載堉のみならず、諸々の自然科学を支えた明末清初の科学思想家たちにおそらく共有されていたと思われるが、この問題について筆者はまだ詳論できる準備がない。

（1）馮文慈、前掲「実学思潮中傑出的楽律学家朱載堉」、三頁。

（2）藪内清は、唐の『大衍暦』における月食計算を、現代天文学の月食計算と比較しながら高く評価した上で、「月食に限らず、中国の天文書では現象の物理学的意味づけを全く省略している。月食の場合について、計算のプロセスだけが示されていて、月食は地影の中に月がはいることによって起り、従ってその継続時間は、月が地影を横切るために要する時間であるという説明は全く施されていない。しかし、上述の計算方法の一致からみれば、現象の正しい理解を持っていたと思われる」と述べる。前掲『中国の天文暦法』、三三〇—三三一頁。

（3）地球から見た、太陽の天球上の軌道。

（4）地球から見た、月の天球上の軌道。原文は「月道」だが、現代の天文学用語に合わせ、「白道」とした。

（5）香を焚くときに使う球体の道具。
（6）定朔は、新月が各月の初日になるように定める暦法のこと。朱載堉は、太陽と月の黄経（黄道座標における経度）が重なる瞬間（朔）が、黄白道の交点に近い場合に、日食になると考えており、その理解は正しい。
（7）朱載堉は、太陽と月の黄経が一八〇度となる瞬間（望）が、黄白道の交点に近い場合に月食になると考えており、その理解は正しい。
（8）「蓋黄道與月道如香毬、內二環相疊而小差、定朔近交、則月體蔽日而日食、定望近交、則日光衝月而月食。因距交有遠近、故食分有多寡、然日月之體、本無傷損也。由是言之、日月之食與否、當觀月行表裏、距交遠近、皆可以籌策而推焉。大約於黃道驗之也。嘗造泥丸、中穿一索、外以粉塗之、縣於暗室中、以燈照其側、則半明半暗、照其前則全明、照其後則全暗。此弦・望・晦・朔之象也。方照其後時、若少偏、則雖不見粉丸之光、而猶見燈光、若不偏、則燈光反爲粉丸所掩、此日食之象也。方照其前時、若少偏、則背燈而視之全見粉丸之光、若不偏、則其光反爲燈景所蔽、此月食之象也。」前掲『律曆融通』巻四、黃鐘曆議下、交会、九九一頁下。
（9）「太陽に相対する位置で、光が常にあたらないのは、地に覆われるからである。これを闇虚という。」張衡『霊憲』、『玉函山房輯佚書』巻七六、文海出版社、一九六七年、二八一六頁下。
（10）「張衡云、對日之衝、其大如日、日光不照、謂之闇虛。闇虛逢月則月食、值星則星亡。今曆家月望行黃道、則值闇虛矣。值闇虛有表裏深淺、故食有南北多少。」『隋書』巻二〇、天文志中、七曜、五五五頁。
（11）「舊說、日・月與地三者、形體大小相似。地體亦圓而不方、其大止可當天一度半、而天周當地徑二百四十餘倍也。日月相衡、爲地所蔽、有景在天、其大如日、日光不照、名曰暗虛。月望行黃道、則入暗虛矣。值暗虛有表裏・深淺、故月食有南北・多少。古人雖有暗虛之說、指爲地景、殆未然也。假如春・秋二分食於卯・酉之正、日月相望、其平如衡、地猶在下、烏能蔽之。天雖大、於地不應、相去數百倍、觀諸晷景察諸寒暑可知矣。」前掲『律曆融通』巻四、黃鐘曆議下、月食、九九三頁上。
（12）火（陽）のことを外景といい、水（陰）のことを内景という。「天道曰圓、地道曰方。方者主幽、圓者主明。明者、吐氣

者也、是故火曰外景。幽者、含氣者也、是故水曰內景。」『淮南子』、天文訓。
(13)「所謂暗虛、蓋日少外明、其對必有暗氣、大小與日體同。」前掲『文献通考』巻二八二、象緯考五、七七一二頁。
(14)「竊嘗思之、日者火之精也。火燄所衝、必有黑烟、四周皆明、獨此處暗。然眞火與凡火不同、凡火止能炎上、眞火則從横斜直所衝皆然。蓋離卦之象、外明而內暗、外實而內虛。暗而虛者、離之中爻、日之外景也、故曰暗虛耳。文獻通考曰、日火外明、其對必有暗氣、大小與日體同、是也。以今觀之、日月大小相較、所差不多。暗虛與月相較、則大於月、何也。譬猶燈烟以比其燄、則燄小而烟多、是故暗虛比日大一倍也。」前掲『律暦融通』巻四、黄鐘暦議下、月食、九九三頁上。
(15) 離卦☲の中爻は陰であり、朱載堉はこの象を太陽になぞらえ、外が明るく（陽）、内は暗い（陰）と述べている。太陽の内側に、月よりも巨大な暗虚があることを、朱載堉は巻き上がる炎と黒煙によって説明している。朱載堉のイメージと一致するのかは不明だが、炎の中心部である炎心は酸素があまり供給されず、ほとんど燃えないため、確かに暗く見える。
(16)「日道與月道相交處有二、若正會於交、則月體障盡日體、而日暗甚、謂之食既。若交不正、但在交前後、而度相近者、亦食而不既。…（中略）…近於交際食分多、遠於交際食分少。天之交限、此大率也。」同上、日食、九九二頁上。趙友欽『革象新書』巻三、日月薄食にもほぼ同様の記述がある。
(17) 藪内、前掲『中国の天文暦法』、三二五頁。
(18)「又有人之交限、舊云、假令中國食既、戴日之下所虧纔半、化外反觀、則交而不食。化外食既、戴日之下所虧纔半、中國反觀、則交而不食。何則。日如大赤丸、月如小黑丸、共縣一索、日上而月下、即其下正望之、黑丸必掩赤丸、似食之既。及傍觀、有遠近之差、則食數有多寡矣。」前掲『律暦融通』巻四、黄鐘暦議下、日食、九九二頁上。趙友欽『革象新書』巻三、日月薄食にもほぼ同様の記述がある。
(19) 前掲『律暦融通』巻四、黄鐘暦議下、日食、九九二頁上。
(20)「推交食惟日頗難、若月食分數、但以距交遠近、別無四時增損。蓋月小暗虛大、月入暗虛卽食、故八方所見食分竝同也。日爲月所掩而食則不然。蓋日大而月小、日上而月下、日行有四時之異、人視有九服之殊、故旁觀者、遠近自不同矣。」同上、日食、九九二頁上下。

(21)「故月食有五限、虧而後既、既而後甚、甚而後生光、乃至復圓也。夫暗虚者、景也。景之蔽月、故無早晩・高卑之異、亦無四時・九服之殊。譬如縣一黑丸於暗室中、其左然一燈燭、其右縣一白丸、若燈光爲黑丸所蔽、則白丸不受其光矣。人在四旁視之、所見無不同也。故月食無時差之說。」同上、月食、九九三頁下。

(22) 杜石然主編『中国古代科学家伝記』下集、戴念祖執筆「朱載堉」、科学出版社、一九九三年、八五九頁。

(23) 前掲『律暦融通』巻四、黄鐘暦議下、月食、九九三頁下。

(24)「日食置定朔小餘、以時差加減之、爲食甚分。月食不用時差、但以定望全分爲食甚分。」同上、求三限時刻、九五五頁上。

(25) 朱熹は月食が起こる原因について、望の時の太陽と月の位置関係を説明したのち、「望のとき月食となるのは、陰が陽に対抗しようとするからこそであり、だから暦法家はそれを暗虚という。つまり、火や太陽は外側は光っているが、内側は大変暗く、望の時、月がちょうどその暗い所に入るので、月食が起こるのだ」（前掲『朱子語類』巻二、理気下、天地下、一三頁）と述べている。山田慶児は、朱熹が月食に対し光学的説明を与えようと模索する態度が、『朱子語類』から読み取れるという。最終的に行き着くのは「太陽のなかにある暗虚に真正面から相対する時、月は食する」という理論である。山田は、「明るい太陽のなかに暗い場所がある」という考えの由来について、思想的根拠としては『淮南子』天文訓の「火曰外景」「水曰内景」を挙げるが、経験的にも、マッチや蠟燭の炎が温度差によって色を変えることを挙げ、「太陽が発光体である以上、その内部に暗い部分があると考えても、それは決してとっぴではなかった」と推測する。また太陽の黒点現象が古代から記録され続けていることを挙げ、「朱子がそこから暗虚を発想したということも、ありえないわけではない」と述べている（前掲『朱子の自然学』、二六六頁）。

(26) 朱載堉による正方案の応用については、戴念祖、前掲『天潢真人　朱載堉』、二四一—二四六頁を参照した。

(27) 正方案については河南省登封市観星台のウェブページ http://www.ssgxt.com/html/news/2013-1/3374.html を参照（最終アクセス二〇一八年四月二六日）。

(28) 藪内清は『授時暦』が古今の善暦と呼ばれた理由の一つとして、測験に留意したことを挙げる。郭守敬は改暦の命を受けた後、天文儀器の製作に着手した。当時作られた儀器にはイスラムの影響があるという。前掲『中国の天文暦法』、一四二―一四三頁。

（29）リード。金属製で、これに息が吹き込まれることで振動して音が出る。

（30）「律管を吹く人は、老人や子供ではいけない。息の勢いが若者とは異なるのだから、きっと協和することはないが、それは音律が協和していないということではない。同じ律管を二本揃え、二人で互いに取り替えながら一緒に吹かせ、彼らの息の勢いが同じであることがわかったら、笙と一緒に吹かせて互いに協和させてみるのがよい。」前掲『律呂精義』内篇巻五、新旧律試験第七、二〇五頁下。

（31）朱載堉は以下のように説明する。「知音の人は随所にいるのだから、笙を作成する人が知音でないはずがあろうか。彼はただ律の名を知らないだけなのである。笙を作成する人を厳選し、まず音が黄鐘と近い簧を選び、蠟を増減して簧の取り付け位置を調整し、黄鐘律管の音と完全に協和するようにする。さらに林鐘と近い簧を選び、蠟を増減して、林鐘律管の音と完全に協和するようにする。その後、二つの笙笛を一口で吹けば、黄鐘と林鐘が完全に協和するものは正しく、協和しないものは正しくないことがわかる。太蔟以下の諸律もこれにならい、左のように列挙する」「前述した方法に依拠し、それぞれの簧を取り付ける蠟を増減して、一つ一つ笙笛を作成し、律呂の名称をその音高に対応した簧を取り付けた管に書く。先に二つの攅を取り、新法密率〔十二平均律〕で計算した律に基づいて笙を作り終わったら、さらに別の攅を取り、今度は旧法〔三分損益法〕で計算した律に基づいて、前述した方法に依拠して笙を作り試してみると、新律と旧律のどちらが正しくどちらが非であるかすべてわかる。笙職人で知音の者は、律管を吹きその音を聞いただけで、協和しているか否かがわかり、笙を用いずともよいのである。」前掲『律呂精義』内篇巻五、新旧律試験第七、二〇五頁下。

（32）黄鐘と林鐘、林鐘と太蔟以下、ここで朱載堉が比較しているのは、太蔟と南呂（レとラ、完全五度）、姑洗と南呂（ミとラ、完全四度）、姑洗と応鐘（ミとシ、完全五度）、蕤賓と応鐘（ファ♯とシ、完全四度）、大呂と蕤賓（ド♯とファ♯、完全四度）、大呂と夷則（ド♯とソ♯、完全五度）、夾鐘と夷則（レ♯とソ♯、完全四度）、夾鐘と無射（レ♯とラ♯、完全五度）、仲呂と無射（ファとラ♯、完全四度）、黄鐘と仲呂（ドとファ、完全四度）である。つまり、三分損益法の相生順と同じ順番で計算していき、それぞれ比較していることになる。三分損益法の場合、相生しあう律同士の律長比は、二対三、三対四のような単純な整数比になるため、この実験の場合、十二平均律の方が協和するということは考えにくい。「黄鐘生林鐘此二律相協。林鐘生太蔟此二律相協。太蔟生南呂此二律相協。南呂生姑洗此二律相協。姑洗生應鐘此二律相協。應鐘生蕤賓此二律相協（已上用筦一攅）。蕤賓生大呂此二律相協。大呂生夷則此二律相協。夷則生夾鐘此二律相協。夾鐘生無射此二律相協。無射生仲呂此二律相協。仲呂生黄鐘此二律相協（已上筦一攅）。」同上。

(33)「旋律という観点からみれば、整律になれたということが、たしかにわれわれの耳――音楽を受取っている公衆の耳――から、古代の音楽文化の旋律的洗練に決定的な特徴を与えていたあの優雅さを、なにほどかうばってしまったのである。…（中略）…今日、歌手の訓練はほとんど全てピアノによって行なわれる。…（中略）…そして弦楽器の勉強でも、音の形成は初めからピアノを基準として行なわれる。こういうやり方では、純正律の楽器によって訓練するときのような、精緻な聴覚がえられないことは明らかである。」（傍点原文ママ）マックス・ウェーバー、前掲『音楽社会学』、二三七頁。

(34) 村田純一『技術の哲学』、岩波書店、二〇〇九年、七八―七九頁、及びハーバート・バターフィールド、渡辺正雄訳『近代科学の誕生』上、講談社、一九七八年、一三一頁、一三五―一三六頁を参照。

(35) 村田、前掲『技術の哲学』、八一―八四頁、及びハンナ・アレント、志水速雄訳『人間の条件』、筑摩書房、一九九四年、四三七頁を参照。

(36)「与阮伯元侍郎論楽書」、『校礼堂文集』巻二五、書四、中華書局、一九九八年、二二四頁。

(37) 江文也、前掲『上代支那正楽考』、三二頁。

第二部　結論

第五章、第六章では、朱載堉に先立つ明代後期の楽論を取り上げ、朱載堉への影響を論じた。第五章では、張敔・李文利・李文察・劉濂の四人の楽論を分析した。明代の楽論の傾向として、以下の三点を指摘できる。第一に、肯定的にせよ、否定的にせよ、蔡元定・朱熹の『律呂新書』を基礎とする点である。ある者は三分損益法そのものを批判し、「往きて復た返る」を実現しようとした。『律呂新書』に洛書の理を読みこみ、蔡元定の易学と楽律学を結合させせようとする者もいた。第二に、律と暦の統合である。楽律を、暦や天体の運行と重ねるためには、「往きて返らず」の状態では不都合である。そこで、律と暦が同じ理をもってめぐる「往きて復た返る」の世界が志向された。第三に、今楽の演奏技術への信頼である。ある者は、教坊に現存する楽が古楽を留めていると考えた。また、もともと簡潔である聖人の制作は、今の音楽家の演奏や職人の技術の中に残っていると考え、それらを経とするという思想も現れた。儒者の理論よりも今楽を担う音楽家や職人の技術を信頼する傾向が現れたのである。四人の論者は、蔡元定・朱熹の理論に、彼らなりの「朱子学らしさ」を結合させ、新しい「朱子学的楽律論」を唱えたといえる。象数易と楽律学を結合し、気の理論をあらゆる側面で用いること、律と暦の統合を図ること、儒者の理論よりもむしろ今楽の演奏技術を信頼すること――こういった態度は、第三章で論じた『律呂新書』の本来の思想とは異なっている。しかし彼らなりに、蔡元定・朱熹の理論を解釈し、「朱子学的楽律論」を完成させせようとする試みであり、朱載堉にも共通する傾向を持つ。

第六章では、朱載堉が「私淑した」何瑭の楽律論を取り上げ、その影響関係を論じた。何瑭は同時代の論者と同じように、今楽を古楽復元の単なる補助としてではなく、重要な鍵と見なした。古楽復元の要として今楽の技術を信頼する傾向は、朱載堉も継承している。また、何瑭の『漢書』批判は、漢制と深く結び付いた『律呂新書』を批判するための重要な根拠ともなった。「灰を飛ばす」方式の候気は否定するが、気と律の感応自体は肯定する何瑭の候気論は、朱載堉のみならず同時代にも広く共有された。以上のように朱載堉と何瑭の思想には共通点が複数あるものの、すべての思想の基盤となる易学理論には大きな差がある。徹底した陰陽二元論を取る何瑭に対し、朱載堉はむしろ陰陽が表裏一体であることを強調する。朱載堉の易学は、何瑭のそれよりも、蔡元定以来の河洛の学を展開したものであるといえる。しかし、朱載堉が何瑭から受け継いだものは、易学の詳細な内容よりも、その象数学的思惟そのものなのではないか。朱載堉は、河図・洛書の学を基盤にし、自らの理想的世界のパターンを描いた上で、その中に楽律を位置付けた。数多くの先行研究が指摘してきたように、朱載堉の実証主義的態度も確かに重要ではある。しかし、彼が十二平均律を強固に主張し、自らの構想する世界のパターンに組み込むために、最も必要だったのは、実証主義的態度よりも、象数学的思惟だったのではないだろうか。そして、筆者の考えるところ、十二平均律のその後の命運も、この象数易との関係に大きく左右されている。

第七章では、楽律計算の基礎である黄鐘について、朱載堉の見解を検討した。朱載堉は、蔡元定などが過度に律を重んじ度を軽視した結果、候気という信憑性のない方法を黄鐘の根幹に据えてしまったと批判し、改めて累黍の法を提唱して度の重要性を訴えた。『尚書』の「同律度量衡」を、「律と度量衡を同貫させる」と読み、両者が表裏一体であるとする以上、「以律起度」も「以度起律」も可能だということになる。また「律と度量衡を同貫させる」思想が、『周礼』考工記に見える量器に具現化されていると考え、その量器の度数に依拠することで、自らの黄鐘律管を経書に結び付けた。つまり、『尚書』の理念を『周礼』考工記の具体的数度に見出し、律と度量衡を表裏一体のものとして統合しようと努めたのである。以上のように朱載堉は、黄鐘という楽律学の最も基礎的段階で、経書と自らの理論を結び付けた。また、古文献に見える「黄鍾九寸」と「黄鍾十寸」という二つの記述を整合的に解釈することで、自らの律制こそが、人為を介入させずに律と度量衡のあるべき関係を保てるものとして、『漢書』律暦志や蔡元定の理論よりも優位に立とうとした。しかし、黍の配列における九と十という二つの数字の使い分けは、蔡元定の河洛の学を発展させたものである。つまり、蔡元定の楽律学が朱熹の学術として組み込まれ、朱子学の一部となったのなら、朱載堉はある程度体系化された朱子学全体の理論から、自らが必要とする理論を選択し、そこから新しい「朱子学的楽律理論」を形成したといえる。またそもそも、律と度量衡、さらには暦をも同貫させようとする世界観は、劉歆の理想と多く合致する[1]。朱載堉の理論は、方法としては劉歆と一致しないものが多いが、律暦合一という最も根本的な理念においては、ほぼ同じ枠組を踏襲しているのである。

第八章では、朱載堉の十二平均律を支える大きな枠組である律暦合一思想について論じた。前述したように、朱載堉の律暦合一思想の枠組自体は、漢代の劉歆や京房を受け継いだものである。朱載堉は十二平均律を発明し、十二律の循環性を獲得できたからこそ、新しい律暦合一のかたちを模索することができた。さらに朱載堉は宋代の象数易を、律暦合一思想の中に展開させた。第三章で論じたように、朱熹や蔡元定は、確かに万物に通じる普遍的な理を想定してはいるが、個別の学術に取り組む際は、あくまで個々の事物に備わる理を地道に認識することに力を傾け、普遍的な理へと安易に飛躍させなかった。ところが朱載堉は、易・律・暦など、様々な学術を数・気によって関連付け、それらに通じる象数学的原理を重視した。朱載堉が把握しようとした理は、もはや個々の事物に備わる理ではなく、大胆にも、すべての学術を貫く普遍的な理であった。

第九章では、朱載堉の舞踏論の中に見える今楽観を分析した。朱載堉が重視するのは、子供の時から舞を学んでいく過程そのものである。それゆえ彼の舞踏論は、若い初学者たちが学びやすいように、楽舞の手順をいかにわかりやすく示すかという側面が強い。朱載堉にとって大きな助けとなったのが今楽の演奏技術であった。「古今融合」

の楽舞をめざした朱載堉にとって、今楽はもはや古楽復興のための補助資料に留まらない。現在人々が心から楽しんで歌い踊れる今楽は、まさに古の聖人たちが楽を作った理念を体現するものである。それゆえ、今楽にはより積極的な役割を付与した。もはや、「礼が失われて」仕方なく「野に出る」のではない。むしろ「野にある」今楽にこそ、古楽復元の重要な鍵があると朱載堉は考えた。ただし、朱載堉の目的はあくまで古楽の復元である。つまり、今楽そのものに古楽を凌ぐような価値を認めたわけではない。以上のような朱載堉の今楽に対する態度は、第十四章で取り上げる淩廷堪や毛奇齢《もうきれい》（一六二三―一七一六）と比較すればより明らかになるだろう。

第十章では、朱載堉の晩年の数学書を中心に分析した。律と度が表裏一体であるという考え方は、時期にかかわらず朱載堉の中で一貫している。しかし特に晩年の朱載堉は、度量衡への信頼をより深め、『周礼』考工記の嘉量から黄鐘律管を復元する計算過程そのものを「律の理」と見なした。度量衡を実際に起こす際に朱載堉が依拠したのは鈔尺である。明初に作られた鈔を信頼したのは、同一規格で大量生産され、かつ朱載堉自身が大量に所持しており、彼にとってはいつでもどこでも安定的に律の基準とすることができるからであろう。鈔尺を信頼するということは、当時の紙幣の製造技術を信頼し、また当時の職人たちが用いていた基準を信頼するということである。晩年、累黍の法よりも鈔尺が、より確かな方法だと考えた朱載堉は、伝統的な方法よりも、同時代の技術を信頼するに至ったのである。ただし朱載堉は、明らかに今尺である鈔尺が「古法を留めている」ことを示さないわけにはいかなかった。今尺は「古法を留めている」からこそ価値があり、また「正しい」黄鐘を復元できるからこそ依拠するのである。今楽同様、朱載堉は当時の技術を信頼してはいるが、やはり今尺それ自体に価値を認めたわけではない。

第十一章では、四つの実験（日月食、正方案、円周率、新旧二律の比較）を取り上げた。これら四つの実験は、その実験を通して新しい理論を提示するというよりも、前提となる理論があって、その理論を検証したり、反証したりするための実験に留まっている。朱載堉の十二平均律や天文暦法は、「理論の優位」があるからこそ生まれたものではないだろうか。つまり、先に理想とする世界観（河図・洛書の数が組み込まれた、律暦が永遠に循環する世界）があり、その世界観に合致する十二平均律理論は、どんな場合でも「正しく」、その「正しさ」を証明するために様々な実験を行なっているのである。朱載堉の実験には、結果を自らの理論に都合よく変えてしまおうとする傾向がある。しかしそれは、結果を不正に捻じ曲げたというより、前提となる理論に強い自信を持った結果、結果がその理論に合うように見えてしまうといった方が正しいだろう。

朱載堉の楽律論を概括するならば、『漢書』律暦志の律暦合一の枠組を、河図・洛書を中心とする宋代の象数易によって構築し直したものといえるだろう。確かに朱載堉は劉歆や蔡元定の三分損益法を否定し十二平均律を提唱する。しかし彼の理論の大きな枠組となっているのは、漢代の律暦合一思想であり、律暦合一を行なうための数理として、宋代の象数易学を中心的に運用したといえる。朱載堉にとって河図・洛書の数が組み込まれた、律・暦・度量衡が永遠に循環する世界こそ真の調和をもたらす世界であり、十二平均律はその世界を支える重要な理論であった。以上のような理念的世界と実際の音楽を結び付けるため、朱載堉は今楽と今尺を利用した。朱載堉も含め明代の多くの論者は、今楽にこれまで以上に目を向け、朱載堉もまた今楽の演奏技術の中にこそ古楽復元の鍵があると考えた。また、楽律理論が具現化された存在として度量衡への信頼を深め、鈔尺という当時の度量衡制によって黄鐘律管を起こそうとした。数々の実験を行ない、理論偏重になることを回避しようともしている。第二部で論じたように、『律呂新書』もまた、今楽に目を向け、度量衡を自らの黄鐘理論を裏付けるための資料として重視していた。朱載堉の態度は、『律呂新書』の時代よりも、一層実証主義的傾向を強めているといえるかもしれない。しかし筆者は、朱載堉にとって、同時代の技術とは、あくまでも古代の聖人の理念を今の世で実現するために、その価値を持つに過ぎないと考える。彼が自ら行なった実験もまた、あらかじめ「正しい」と前提された理念や理論を覆すことはなく、その「正しさ」を確かめるためだけに行なっている。朱載堉がもし、音楽家や楽器職人たちの意見に素直に耳を傾ければ、三分損益律の響きもまた、十二平均律とは別の「和」をもたらすことを認められたかもしれない。しかし彼にとって「和」は、律暦が相互に関連し循環する世界一つだけであり、技術や実験は、象数学的思惟によってすでに構築された世界のパターンを切り崩すほどの力は持たなかった。複数の「和」を認めることは、朱載堉のみならず、楽律学が皇帝権力と深く結び付いている以上、儒者の楽論にはそもそも不可能なことである。逆に言えば、彼は「三分損益律の響きの方が美しいことがある」という事実に目をつぶれたからこそ、十二平均律の「正しさ」を強固に主張できたのである。

十二平均律は朱載堉の「理論の優位」こそが生み出したものであり、また十二平均律は彼の象数学的思惟と一体の理論である。そのため、象数学的思惟やそれに基づいた律暦合一思想が否定されれば、十二平均律もまた放棄される可能性を有する。象数易学的思惟との結び付きの強さが、清代以降、三分損益法との命運を分けた原因となったのではないだろうか。

（1）朱載堉・劉歆の律暦合一という枠組自体は類似するが、その具体的なあり方は少し異なる。劉歆の場合は、「不易の学」として『易経』を位置付け、すべての基礎となる「元」という概念をうちたてた。「元」は「三」へ、「三」は「九」へ展開し、黄鐘九寸が生まれる。そして、黄鐘から一元的に、楽律・暦・度量衡へ広がっていく。朱載堉の場合は、このような段階的な合一のあり方ではなく、すべてが同時に存在しているような合一である。律から度量衡が生まれるのでも、度量衡から律が生まれるのでもなく、律と度量衡はまさに表裏一体の状態で存在している。彼は、宋の象数易に依拠し、河図の数十と洛書の数九が、楽律・暦・度量衡すべての事象に、網の目状に組み込まれているような合一を模索している。

第三部　清代における「経学としての楽」の転換

——十二平均律の行方

第三部　序

律暦合一を志向する世界観のもと、河図・洛書を用いた象数易によって彩られた十二平均律は、新しい時代の「経学としての楽」の中にどのように位置付けられたのだろうか。第三部では、清代の公式楽律書や儒者の理論の中で、十二平均律がどのように受容されたのかを考察する。序章ですでに紹介したが、中国における十二平均律受容については複数の研究がある。まず戴念祖は、明朝宮廷が平均律に対し、ほとんど無視といえる態度を取ったと述べ、康熙帝の『律呂正義』が朱載堉の理論の一部を採用しながらも、結局は三分損益法を選んだという事実に言及する。乾隆帝の『律呂正義後編』については、「三分損益律を死守し、新法密率を攻撃したのは、その遅れた、陳腐な音律観念がそうしたのである」とし、『四庫提要』の朱載堉に対する評論も、『律呂正義後編』の「姉妹編」だという[1]。そして唯一、江永が「朱載堉の知音、知己」であるとし、江永の「方円相函列律図」を挙げ、「朱載堉の代数計算の結果を、正方形と円とがたがいに接する幾何図として描きあげ、そこから平均律の幾何理論を解き明かした」と述べる[2]。清代では最後に陳澧《ちんれい》（一八一〇―一八八二）を挙げ、平均律理論の長所に理解を示しながらも、三分損益法という古法を変える必要はないと判断したという[3]。また邢兆良は「朱載堉は当時の社会思潮から遠く離れていて、彼の平均律理論は…（中略）…多くの人に重視され、科学技術変革の連鎖反応を引き起こすことはなかった[4]」とし、西洋社会における技術変革と比較しながら、平均律が受容されなかった原因を考察する。劉勇は、平均律が明朝と民間に広まらなかった原因を、『明史』の記述を再検討して分析する。その中で、「十二平均律が施行されない原因を、簡単に封建時代の皇帝のせいにしない」「いくつかの重要な学術成果が直ちに人の注意をひきつけないことも、よく見られる現象である」と述べ、十二平均律という新しい理論を施行することの実際的な難しさ

を経済面も含めて論じ、同時期のほかの楽律書と比べ、朱載堉の書がとりたてて明朝に攻撃されたわけではないと述べる。(5)

先行研究の大半は、劉勇が指摘するように、平均律の非受容の原因を清朝の封建性に帰している。邢兆良は当時の社会思潮を重視したが、筆者は、「経学としての楽」の流れの中で、すなわち儒学の中で朱載堉の楽律論がどのように論じられたかを分析したい。筆者は、清代の新しい儒学のもとで起こった象数易への忌避と、それに伴う「経学としての楽」の転換が、十二平均律の受容に大きな影響を与えたのではないかと考えている。直接朱載堉に言及しない文献も含め、清代の儒者が論じた音楽論の全体の中で、朱載堉の理論がどのような立場を与えられたのかを考察したい。

序章第一節で指摘したように、歴代図書目録において、楽律学は「経学としての楽」の主要な問題として位置付けられ、清代初期から中期にかけて成立した『明史』芸文志や『四庫提要』では、楽律学以外の著作を経部から外すに至った。琵琶など、胡楽に関する楽器を論じた書のほか、琴譜や歌詞も経部から外し、経部の大半を楽律関係著作で占めたのである。まず、このように儒者の学術の中で楽律学が重視された時期において、朱載堉の理論がどのように理解されたのかを確認したい。第十二章では清朝の公式楽律書を取り上げ、第十三章では江永の十二平均律解釈を取り上げる。そして第十四章では、楽律論を中心とするこれまでの楽論とは異なる潮流が、清代中期以降に出現したことに目を向ける。梁啓超の『中国近三百年学術史』(一九二六)(6)が描く清代音楽史を見取り図として、この時期に「経学としての楽」が転換した可能性を示し、その中で朱載堉の理論がどのように受容されたのかを考察したい。最後に第十五章では、梁啓超が高く評価した凌廷堪の燕楽研究を取り上げ、「経学としての楽」が楽律学から音楽史全体へと開かれていく様相を描く。

（1）戴念祖、前掲『天潢真人　朱載堉』、二九〇―二九二頁、三〇〇頁。
（2）同上、三〇二―三〇三頁。
（3）同上、三〇四―三〇六頁。
（4）邢兆良、前掲『朱載堉評伝』、二九一頁。
（5）劉勇、前掲「朱載堉著作的命運新探」、一〇〇―一〇一頁。
（6）上海三聯書店、二〇〇六年。

第十二章　清朝公式楽律書における三分損益法の復権
——『律呂正義』前後編と『四庫提要』の変律不要論

序

本章では、『律呂正義』前編、『律呂正義後編』『四庫提要』の楽律論を取り上げる。これら三書は、程度の差はあるが、朱熹・蔡元定の整理した三分損益法を重んじる点で共通する。つまり、清代中期までの公的な楽律論はみな、十二平均律ではなく三分損益法を選択したのである。この三書は、いかなる理由で三分損益法を選んだのだろうか。

第一節　清朝公式楽律書の朱載堉評価

清朝公式楽律書が朱載堉の理論をどのように評価したのかについては、戴念祖を始めすでに様々な研究がまとめているが[1]、簡単に紹介する。

康熙帝御製『律呂正義』は、『律暦淵源』の三番目の書として収録された。『律呂正義』が評価した朱載堉の理論は、縦黍尺と横黍尺という二つの尺を考案した点、そして律管の管口の直径が同じ場合、倍律と半律が協和しないことを論じた点である。しかし後述するように、『律呂正義』は平均律ではなく三分損益法を「千古不易の至理」とする。また、乾隆帝御製『律呂正義後編』は、朱載堉の理論を憶測に過ぎないと見なし、多岐にわたって激しく批判する。たとえば「黄鐘九寸」の説を捨てたことへの批判など、先儒に依拠せずに自分勝手な説を唱えたという批判が多い。また、律管の管径はみな同じだという前提に立って朱載堉の管径逓減を批判する点などは、管口補正の必要性を認識していた『律呂正義』と比べ、音響物理学的には正しい観点ではない。朱載堉が経典にかこつけて自らの説を文飾し、人々を欺いたという批判も多い。朱載堉が平均律の計算で平方根を開く際、『周礼』考工記、㮚氏の「内方尺而圓其外」に依拠し句股定理を用いたことについては、「句股の名によって人を欺く」とした。暦の二至・二分の概念を用いて、等比数列の中項を求めたことについては、「自らの詞を飾るに自らの文をもってし、その名をかりて世を欺く」とし、等比数列によって十二平均律を計算したことも、「すべて私意から出たもので道とするに足りない」という[3]。『四庫提要』は、朱載堉の理論を以下六点に分けて説明する。すなわち、（1）黄鐘の律に様々な説があるのは、横・縦・斜黍を使ったことによるもので、どれも長さは等しい。（2）十二律の長さを句股定理で求めるには限界があるので、等比数列によって求めた。（3）黄鐘九寸の説は、算術の都合で設定されたに過ぎず、正確には十寸である。（4）仲呂から黄鐘を生むことは可能で、それを否定する蔡元定は誤っている。（5）平方根を計算する際に生じる不尽の数を気にしない（句股定理では、不尽があったとしても弦を作ることはできたはずだから）。（6）最後に十二律相生の法を一つずつ紹介し、どの律も同じように比例することを確認する。『四庫提要』は、この六点を一つ一つ評価することはしないが、朱載堉の理論を比較的適切に要約している。『四庫提要』が「精微の論」とするのは、「横黍百粒が縦黍八十一粒の尺度と等しい」[4]としたこと、そして「〔管律の場合〕半黄鐘は黄鐘と応じず、半太簇と黄鐘が応じる説」[5]の二点であり、『律呂正義』と同じである。批判する点は、まず、朱載堉が立法根の開法を明言しないことである。そして、蕤賓から南呂を求める場合、句股定理では計算できないのに、あたかも句股定理でできるかのようにいうことは、出し惜しみであるという。[6]この二点の批判はもっともである。

『律呂正義』前編と『四庫提要』は、朱載堉の理論に重大な欠点があるがために、十二平均律を採用しなかったわけではない。また、『律呂正義後編』は、朱載堉の理論の是非を音響物理学的な観点から問うというよりも、朱載堉の楽律学への態度をやや感情的に批判するに過ぎない。筆者の見るところ、公式楽律論が十二平均律を採用しなかったのは、朱載堉の理論の中に明確な欠点を見出したからではなく、三分損益法を用いることに問題を感じなかったからである。そこで本章では、これら楽律書が朱載堉の理論をどう捉えたかではなく、三分損益法をどう捉えたかをあえて取り上げる。官製楽律書は、「往きて返らず」の問題を抱えていた三分損益法を、なぜ改めて選択したのだろうか。後述するように『律呂正義』前後篇及び『四庫提要』は三書とも、「往きて返らず」を問題と捉えず、変律をも必要ではないと考えている。本章では、これら三書の「変律不要論」を取り上げ、三分損益法がどのように理解されていたかを考察したい。

第二節　『律呂正義』前後編

『律呂正義』前編は以下のように、三分損益法を高く評価する。

古の聖王が十二律呂を作り十二月に配し、四時の変化を調節し、消息のきざしを明らかにするのは、ひとえにみな陰陽に基づく。陰陽の区別が詳細になれば、理は明らかになり数も備わる。ゆえに律呂の三分損益・上下相生の法は、まことに何年も変わることのない理の極みである。(7)

十二律を陰・陽に分け、陰が陽を生み、陽が陰を生むという関係を繰り返す三分損益法は、陰陽の区別を明確にする「理の極み」と見なされた。しかし、三分損益法に依拠した十二律は、十二月が一巡したのち新しい年を迎えるように、陰陽の相生を循環しながら繰り返すことはできない。いわゆる「往きて返らず」について、『律呂正義』は、以下のように述べる。

仲呂が黄鐘を再び生めないことは、数がそうさせたのである。つまり十二律の上下相生は、〔数を〕損じるときにだんだん少なくしていくが益するときには足りなくなってしまうので、仲呂が変律黄鐘を上生する際、黄鐘に一分前後及ばないが、その数は黄鐘に近いので、〔黄鐘とは別に〕自ら一律を成すことはできない。その音も黄鐘に近いので、〔黄鐘とは別に〕自ら一音を成すことはできない。その理を詳細に考えると、下生して損じ、上生して益し、損益の間に、数に消長があるのは、気盈・朔虚に閏分があるようなものである。ゆえに古人は律呂を十二月に配したのである。(8)

三分損益法によって、黄鐘から十二番目に算出される仲呂から、再びもともとの黄鐘を算出することはできない。この事実を『律呂正義』は「数がそうさせる」と捉える。つまり「もともとの黄鐘に戻れない」ことそれ自体が、人為的操作のない数の自然な成り行きだと考えたのである。そして、仲呂が生んだ変律黄鐘は、もともとの黄鐘と異なるとはいえ、その違いはわずかであるから、わざわざ別に設置する必要はないと考えた。十二月に閏月があるように、暦にもズレが存在すると考えれば、三分損益法が導く「往きて返らない」十二律こそ、真に十二月と重なるものだといえる。

仲呂から算出された変律黄鐘と、もともとの黄鐘の差がわずかだと見なすならば、そのほかの変律にも同じことがいえるのだろうか。『律呂正義』は、倍律・半律の必要性は認めているが、[9]変律については、京房の六十律に言及したあと、[10]変律と正律の律長を比較して差がわずかであることを示し、以下のように述べる。

黄鐘・大呂は〔変律があるとしても〕同一の律名の範囲間で、高低を分けるに過ぎず、執始・至質・末総は黄鐘・大呂の範囲内を出ない。黄鐘・大呂と比べて別に一音を生むことはないのである。このために律を数えても六十のような多さにはならず、律の音を審らかにしても六十ほどの働きは成さない。…（中略）…仲呂から三分損益して生む律は黄鐘のもともとの数に及ばないとはいえ、その差は甚だ微少なので、独立して一音を成すことはできない。さらに独立させ一律として名付け、あるいは別に変律黄鐘と名付けて、続けて十二変律を生み、半律と合わせてこれを用いることなどできようか。そもそも音がたいして変わってもいないのに「変」とするのは、変律が正律と大差ないことを知らないのである。[11]

京房が計算した変律である執始・至質・末総は、黄鐘から大呂の間の高さに位置し、その範囲から逸脱するような大きな音程差はない。それゆえ『律呂正義』は、わざわざ変律を設定する必要はないと見なし、多数の律は不必要と考えている。正律と変律の律長の差を微小と見なすかどうかは感覚の違いといってしまえばおしまいだが、その微小な音程差をめぐって、様々な解決法を模索してきた楽律学の歴史を思えば、『律呂正義』の感覚に筆者は驚きを隠せない。しかし重要なのは、『律呂正義』が、正律と変律の音程差を明確に意識した上で、その音程差は計算上必然的に生じるものであるからこそ、それらを無視してもよい、わざわざ変律を設ける必要がないと考える点である。つまり「往きて返らず」は、必然的に生じる状態で、決して解決すべき矛盾などではない。解決をはかろうとすることがむしろ作為であると考えているのである。そして「往きて返らない」楽律は、閏月を持つ暦と同様、自然であり何の矛盾もないと『律呂正義』は考えたのである。

続いて『律呂正義後編』の変律不要論を考察する。律呂の数が「往きて返らない」理由について、以下のように説明する。

易には窮まれば変じ、変じて通じるということがある。天下には「窮まって変じない」ものはない、つまり「窮まらないで変じることができる」ものもない。律は仲呂に至って窮まってしまう。つまり「不返」〔という窮まり〕によって変じ、変じた後に十二律の道は通じるのである。[12]

易が「窮まるからこそ、変じて通じる」のであれば、十二律もまた、仲呂から黄鐘に戻れず、「窮まる」がゆえに「変じて」別の律となり「通じて」いく。これまで欠点と見なされた「不返」こそが、すべてに通じる「変」の条件であると捉えなおす発想は、非常に独特である。ここでは十二平均律に言及することはない。しかし、十二平均律のような、窮まることなく循環する理論は、『律呂正義後編』にとってむしろ、「窮まれば変じ、変じて通じる」という易の理念に反することになるだろう。律と暦の関係については、次のように考察している。

そもそも「律・度量衡を同じくす」る道は、「四時・月の大小を合致させ日の甲乙を正す[13]」ことと同じく、十二律は十二時・十二月のようである。十二時をめぐって一日を成すが、亥が尽きて子に交わるときには、それはもはや昨日の子ではない。十二月をめぐって一年を成すが、正月朔旦は、すでに立春ではない。歳を重ねて章〔十九年〕とし、章を重ねて会〔五百十三年〕とし、会を重ねて統〔千五百三十九年〕とすれば[14]、十一月一日零時と冬至は、五星が連なる球のごとく、日月は璧を合わせるかのごとく一致するが、それらが一致する度数は、必ずしもはじめの度数と同じではない。その義は一つである。今、仲呂が黄鐘を生むことを求めるのは、毎年必ず元日を立春とすることである。そんなことが可能だろうか。それならば仲呂が三分益一した後の律は、黄鐘九寸の数には足りないとはいえ、大呂に比べれば余りあるので、むしろ黄鐘に返るといえないだろうか。これは癸亥年の十二月が終われば、翌年の甲子年の元日は立春ではないが、それでも甲子に返るというのと同じようなものである[15]。

十二時・十二月が永遠に循環するとはいっても、十二時をまわった後に来るのは、昨日とは別の新しい日である。十二月が過ぎた後に来るのは、去年とは別の新しい年であり、立春は必ずしも正月朔日と一致しない。千五百三十九年後には、十一月一日午前零時が、ぴったり冬至に一致する。しかしながら、この一致を、暦計算の起点である暦元の前年十一月一日午前零時における冬至との一致と比較すると、天球上の天文位置は完全に同じではない。十二律は仲呂で窮するからこそ、十二時・十二月と重ねることができ、仲呂がもともとの黄鐘を生むことを求めるのは、毎年の元日が立春であることを求めるのと同じくらい、理不尽だと見なす。『律呂正義後編』は、朱載堉だけがこのような律・暦のあり方に従わずに十二平均律を説き、「算術によって巧妙に知恵をひけらかし、必ず〔黄鐘に〕返ろうとしたが十二律の本来の数はみな食い違ってしまった」と批判する。朱載堉の方法をたとえるならば、暦の一ケ月には気盈も朔虚もあるべきなのに、イスラム暦が気盈だけ、インド暦が朔虚だけを置いたようなものである。[16] 暦は実際、一月三十日、一年三百六十日のように、きれいに整った数ではない。朱載堉のように整えすぎてしまうのは、むしろ自然ではないと考えたのである。

第三節　『四庫全書総目提要』

続いて、『四庫提要』における変律不要論である。ここでは清の胡彦昇『楽律表微』の提要を紹介したい。胡彦昇は「十二律は仲呂に終わる」と考え、京房や銭楽之が十二律を超えて計算を行なったことを批判する。[17]『四庫提要』は胡彦昇の論を正しいと評価し、以下のように述べる。

思うに旋宮の法がだんだんと高下の差をつけてゆき、高さが極まれば低くなり、低さが極まれば高くなるのには、一定の理がある。仲呂が宮となれば、黄鐘清声が徴となるというのは、〔黄鐘清声は〕弦音であれば黄鐘半律であり、管音であれば太簇半律であり、弦か管かの性質の違いによって音の差があるので、〔黄鐘半律、太簇半律というふうに〕それぞれ同じでない。ただ高さが協和しあう状態を取るだけで、数の損益を尽くす尽くさないを計算する必要はない。数を必ず尽くそうと思えば、京房の六十律のようなものが生まれるがそれでもまだ尽くせない数がある。銭楽之の三百律・杜佑の十二変律・蔡元定の六変律に至っては、みな京房の誤った説を踏襲して不正確になったものである。古人は十二律に止め、旋宮はきわめて簡便である。たとえば琴の七弦は、それぞれ必ず三準があり、その音はみな全弦の散音と合致する。簫笛の六孔は、出音孔を加えて七となるが、四の字を高く吹けば五であり、合の字を高く吹けば六である。これは音の高低は、自然と応じあうということであり、どうして変律などを使う必要があるだろうか(18)。

そもそも京房や蔡元定が変律を設定したのは、旋宮転調の際に、十二正律だけでは足りず、ピタゴラス・コンマを有する律を用いざるを得ないからである。『四庫提要』は、弦なら弦の方法で、管なら管の方法で、どんな律が宮になろうとも、音の高低が調和するように演奏すればよいと考える。黄鐘の正律に合うのは、弦ならば、そのちょうど半分の律長であるし、管ならば、太蔟の半分の律長である。笛譜の「四」を高めに吹けば「五」であり、「合」を高めに吹けば「六」になる。三分損益法に厳密に基づけば、正律と一致しないが、実際の演奏では音の高低を聞きとって合わせればよいと考えた。『律呂正義』前後編と比較すると、易や暦の変化と結び付けて三分損益法を擁護するのではなく、実際の演奏でいかに調整できるかという観点から、「往きて返らず」が問題にならないと考えているところに特徴がある。

小結

以上のように、清朝の公式楽律観を代表する『律呂正義』前後編や、『四庫提要』には共通して変律不要論が見られた。変律が不要である理由をまとめると、（1）正律と変律の差は微小であり、わざわざ別に設置する必要はなく、（2）「尽くさない」数（正律と一致しない数）を有すること自体が自然であり、易の理念にもかない、また暦とも合い、（3）数値上「往きて返らず」であっても、演奏で調整すればよいからである。注意すべきは、これら三書は程度の差はあるが、三分損益律や十二平均律の音響物理学的特質を基本的には理解しているということである。むしろ三分損益法の持つ特質をよく見抜いており、その上で三分損益法を選んでいる。「往きて返らず」を解決すべき課題とみなさず、数の自然な展開だとして受容する以上、三分損益法を捨て十二平均律という新しい理論を取り入れる必要はない。ここに清朝公式楽律学が十二平均律を選択しなかった理由があるのではないか。

(1) 戴念祖、前掲『天潢真人　朱載堉』、第十章、二八八―三〇九頁。
(2) 第七章で述べたように、朱載堉は「黄鐘九寸」の説を捨てたわけではない。
(3) 乾隆御製『律呂正義後編』巻一一八、朱載堉新説、景印文淵閣四庫全書第二一八冊（経部）、四九〇頁上、四九一頁上、四九二頁上下。戴念祖、前掲『天潢真人　朱載堉』、二九六―二九八頁。
(4) 「横黍百粒、當縦黍八十一粒之尺度。」前掲『四庫全書総目』、七九八頁下。
(5) 「及半黄鐘不與黄鐘應、而半太蔟與黄鐘應之説。」同上、七九八頁下。
(6) 「書中未明言其立法之根。……（中略）…自蕤賓求南呂法以下、非句股法所能御、而亦以句股言之、未免過於祕惜、以塗人耳目耳。」同上、七九九頁上。
(7) 「古之聖王制爲十二律呂以配十有二月、節四時之變、明消息之機、一皆本乎陰陽。陰陽之辨精、則理明而數備。故律呂三分損益上下相生之法、誠千古不易之至理也。」康熙御製『律呂正義』上篇、巻一、黄鐘転生律呂、景印文淵閣四庫全書第二一五冊（経部）、七頁上下。
(8) 「至于仲呂不能還生黄鐘、乃數之使然。蓋十二律呂上下相生、損之漸少而益之不足、故仲呂上生之變黄鐘、雖不及黄鐘一分上下、而其數仍與黄鐘相近、不得自成一律。其聲亦與黄鐘相近、不能自成一音。細繹其理、下生而損、上生而益、損益之間、數有消長、亦如氣盈・朔虚之有閏分。此古人所以以律呂配之十二月也。」同上、黄鐘律分、十二頁下。
(9) 「史書の律暦志の記載によれば、律呂には正律のほかに、倍律・半律・変律の名がある。倍律・半律があるのは、正律を助け、旋宮のはたらきを成すがためである。」同上、十二律呂同径倍半生声応五声二変、二二頁下。

(10)「変律については、京房が、仲呂が黄鐘を再生する際、黄鐘のもともとの数に及ばないので、別に執始と名付け、四十八律を転生したのに始まり、後世はこれに依拠して、そのまま変律の説が登場したのである。」同上、二一一頁下。

(11)「黄鐘・大呂同一聲字、止分清濁、而執始・至質・未總未出黄鐘・大呂範圍之內。豈能比黄鐘・大呂別生一音耶。是故按其數不得至六十之多、審其音不得成六十之用。…（中略）…仲呂還生雖不及黄鐘原數、而所差甚微、故不能自成一聲。又烏可自名一律、乃或別名之爲變黄鐘、轉生十二變律、合半聲而用之。夫聲未變而以爲變、是未知變律之猶未離乎正聲也。」同上、二一一頁下―二一二頁上。

(12)「易有之窮則變、變則通。天下未有窮而不變者、卽未有不窮而能變者。律至仲呂而窮。卽以不返而變、變而後十二律之道通也。」前掲『律呂正義後編』巻一一六、律数往而不返、四九五頁上。

(13)『尚書』舜典「協時月正日、同律度量衡。」孔安国伝「合四時之氣節、月之大小、日之甲乙、使齊一也。律法制及尺丈・斛斗・斤兩、昔均同。」前掲『尚書正義』、七一頁。

(14)太初暦では、章を十九年、会を五百十三年、統を千五百三十九年とする。『漢書』顔師古注に引く孟康注に「十九歳爲一章、一統凡八十一章」（前掲『漢書』巻二一上、律暦志上、和声、九六三頁）、「會月、二十七章之月數也」（同、権衡、九八六頁）とある。

(15)「夫同律度量衡之道、與協時月正日同、十二律猶十二時也、十二月也。歷十二時而成日、而亥盡交子之時、非卽昨日之子。歷十二月而成歲、而正月朔旦、非卽立春。積歲而爲章、積章而爲會、積會而爲統、卽至十一月朔旦、子時冬至、五星如連珠、日月如合璧、而其所會之度、必不同於太初之度。其義一也。今欲仲呂生黄鐘、是猶歲歲必以元日立春也。烏乎可哉。然仲呂三分益一、雖不足黄鐘九寸之數、而較之大呂、已爲有餘、寧得不謂之返於黄鐘耶。猶夫癸亥歲十二月既盡、甲子元日雖非立春、寧得不謂之返於甲子耶。」前掲『律呂正義後編』巻一一六、律数往而不返、四九五頁下。

(16)同上、四九四頁。

(17)「十二律終於中呂。諸家所以必求中呂還復生黄鐘者、以旋宮之聲不備也。」『楽律表微』巻二、付論半律及変律変半律、文淵閣四庫全書経部第二二〇冊、四〇一頁上。

(18)「蓋旋宮之法清濁以漸、而淸極則反濁、濁極則反淸、亦一定之理。仲呂爲宮、其黃淸之爲徵者、在弦音則黃鐘之半音、在管音則太蔟之半音、由絲竹之生聲取分、各有不同。但取高下之相協、不必計其數之損益者盡與不盡也。必欲數之適盡、則京房之六十律亦有不盡之數矣。至錢樂之三百律・杜佑之十二變律・蔡西山之六變律、則又皆襲京房之謬說而失之者也。古人止十二律、旋宮最爲簡便。卽如琴之七弦、每位必有三準、其音皆與全弦散音合。簫笛六孔、竝出音孔爲七、而四字高吹卽五、合字高吹卽六。此其聲之高下清濁、自然相應、豈假於變律耶。」「楽律表微提要」、前掲『四庫全書総目』、八〇六頁上下。

第十三章　江永の十二平均律解釈

序

清朝の公式楽律書が三分損益法を選択したのに対し、江永は『律呂闡微』において、再度「往きて返らず」を問題視した。本章では、朱載堉の楽律論の影響を大きく受けた江永の楽律書を取り上げ、江永が朱載堉の理論を選択するに至った背景を考察する。

第一節　江永と楽律書

江永、字は慎修、安徽省婺源県の人。生涯仕官せず、経学から音韻学、西洋天文学など様々な学術に広く通じ、同郷の戴震《たいしん》（一七二三—一七七七）に大きな影響を与えた。『清史稿』巻四八一に立伝されている。江永は三礼に造詣が深く、朱熹の『儀礼経伝通解』に基づき、『周礼』大宗伯の吉・凶・軍・嘉・賓の五礼の順に従って、大綱・細目を記した『礼書綱目』を著した。そのほか『儀礼釈例』『周礼疑義挙要』『礼記訓義択言』『深衣考誤』『春秋地理考実』『郷党図考』など、礼楽・制度に関する書を多数著している。また、『近思録集注』を著した。朱熹の本籍地であった婺源は、朱子学を尊崇する気風が色濃い。[1]

江永の楽律学における業績としては、『四庫提要』が『律呂闡微』を評して「大旨は明の鄭世子を宗とするが、方円周径に密率を用いて計算する点については、鄭世子とは少し異なる」[2]と述べるように、朱載堉の理論を基礎にしつつも、より正確な円周率を用いて、十二律管の管口を計算したことが挙げられる。江永が用いた円周率三・一四一五九二六五は、祖沖之の円周率 $3.1415926<\pi<3.1415927$ の中間に位置する。朱載堉の円周率三・一四二六九六八〇五二七…、及び現在の円周率三・一四一五九二六五三五…と比較すると、江永の円周率の方が、朱載堉の円周率よりも精度が高い。[3]江永は、祖沖之の円周率に依拠し、さらに西洋の三角関数を用いて確認した。円周三百六十度＝二万千六百分とし、三角関数表を参照し、一分の正弦を二九〇八八八二〇四五一とした。それに二一六〇〇の二分の一である一〇八〇〇を乗じ、三一四一五九二六〇八六一八という数値を得る。正弦は直線であり、円周は曲線であることを考えれば、円周は一分の正弦を三百六十度集積した長さよりも数が多くなる。それゆえ、円周率三・一四一五九二六五が精密な数であることを証明したのである。[4]第十章で論じたように、朱載堉は円を三角形で割る割円術に反対し、正方形から円を導こうとした。江永は、朱載堉の円周率の不正確さに言及し、[5]再び割円術へと戻した。このように江永は、「円は方より生まれる」理念と円周率とを切り離した。しかし江永は、今度は別の方法で、すなわち河図の数理と楽律学とを密接に連関させることで、この理念を徹底的に展開する。

江永の楽律関係の著作には、『律呂新論』[6]『礼書綱目』（巻八一楽制、巻八二鐘律、巻八三楽器、巻八四歌舞、巻八五楽記）『律呂闡微』がある。朱載堉の影響が見られるのは『律呂闡微』である。江永は七十七歳（一七五七年）で初めて朱載堉の『楽律全書』を読んだというが[7]、それ以前に書かれた『律呂新論』と理論的に隔たりがあるというよりは、『律呂新論』に見られる問題意識が、朱載堉の理論を知ることでより明確化し、『律呂闡微』に引き継がれているといえる。本章は『律呂闡微』を中心に分析するが、『律呂新論』においても共通する問題意識をまずまとめておこう。

第一に、三分損益法を疑問視する点である。『律呂新論』巻上では、「論蔡氏律書、論蔡氏律書未尽善」や「弁三分損益上下相生之非」などの項を立て、三分損益法が必ずしも正しい方法ではないことを主張した。たとえば、蔡元定の楽律学が、琴という実際に存在する楽器によって確かめられたものではないことを批判し、「三分損益法を決まった法則として固執してはいけない」[8]と論じた。三分損益法は当時の琴制と比較すると矛盾があり、さらに、暦法と関連付けられないこと、「往きて返らず」がある以上自然の数とはいえないことなどを挙げて批判する[9]。江永は、「三分損益の説を破った後世の人物」として朱載堉を紹介するが、朱載堉が三分損益法から脱し切れていないと見なしている[10]。このように、『律呂新論』の時点での江永は、朱載堉の原著にまだ本格的には触れておらず、十二平均律について深く理解してはいなかったと考えられる[11]。

第二に、黄鐘清声を重んじる態度である。江永は、古人が「中声」として尊んだのは、黄鐘九寸の半分、黄鐘清声四寸五分であると考えた。江永は『呂氏春秋』古楽篇に見える黄鐘「三寸九分」は「四寸五分」の誤りだとする[12]。そして、『漢書』律暦志は、『呂氏春秋』から引用するにあたり、「三寸九分」を誤りとして削ってしまったという。誤りであるのは間違いないが、あくまで「四寸五分」と直すべきであり、削るべきではないと江永は考えた。四寸五分の黄鐘清声こそ、伶倫が最も重んじたものと見なしたのである[13]。

四寸五分の黄鐘清声を重視することは、何を意味するのだろうか。三分損益法に依拠すると、仲呂から計算した黄鐘は、ぴったり四寸五分にはならない。それゆえ蔡元定は変律を設定し、四寸五分の黄鐘は用いなかった。これに対し江永は、「蔡元定は『通典』の変律子声の説によって正確な理解を妨げられ、黄鐘四寸半の律はないという」[14]と批判する。また杜佑と蔡元定の変律を批判し、「この律を使うべきだという時には、その正律を使うべきで、全律を使えないという時には、正律の半声を使うべきである。どうして正しいものを捨てて用いず、近いだけで正しくないものを用いる必要があるのか」[15]という。平均律に依拠すれば、四寸五分の黄鐘を設定することは可能だが、三分損益法に依拠する限りは、転調の際には変律を設定せざるを得ない。黄鐘九寸のちょうど半分の長さ四寸五分こそ、中声であると考える江永にとって、のちに出会う朱載堉の理論は、自らの理論の正しさを裏付ける重要なものであっただろう。

第三に、楽律学と河図の連関である。江永は、以下のように五声と河図を結び付ける。江永はまず五行の順序を、『尚書』周書、洪範の孔穎達疏に基づき[16]、水＝一、火＝二、木＝三、金＝四、土＝五と定め、水・火・木・金・土にそれぞれ土の五を足して、水＝一・六、火＝二・七、木＝三・八、金＝四・九、土＝五・十と定める。『礼記』月令における、角＝八、徴＝七、宮＝五、商＝九、羽＝六という組み合わせをふまえ、宮＝土＝五・十、商＝金＝四・九、角＝木＝三・八、徴＝火＝二・七、羽＝水＝一・六と定め、五声は数の大小の順で並ぶとし、これら五声の数の根源が河図であると見なす。五である宮は一から十の中心に位置し、律における「黄鐘の宮」、琴における中徽と位置付ける[17]。

以上をふまえ、江永の『律呂新論』における楽律観の特徴として、（1）三分損益法への疑義、（2）黄鐘半律「四寸五分」の重視、（3）楽律学と河図の連関という三点を指摘できる。黄鐘半律「四寸五分」を中声として重視し用いるということは、変律を認めないということであり、三分損益法の疑義へとつながる。また、河図の中心にあり、十数の真ん中に位置する五を宮として尊ぶということも、宮や黄鐘が最低音（「九寸」）だからという理由ではなく、五声・十二律において中位（「四寸五分」）にあるから尊ぶという発想と関連する。江永が明確に意識しているわけではないが、筆者の見るところ、これら三点は非常に密接に関連している。
朱載堉の理論に本格的に触れた後の著作である『律呂闡微』は、この三点をさらに深めていく。以下、第二節では、江永が『律呂闡微』において中声の概念をどのように解釈したかを分析する。そして第三節では、『律呂闡微』における三分損益法に対する理解と、河図・洛書を中心とする象数易と楽律学の関係を論じる。

第二節　『律呂闡微』における「中声」概念

江永は『律呂闡微』においても宮声は最大ではないと主張する。

五声の序は宮・商・角・徴・羽であり、みなともに知るところである。『管子』地員篇には先に徴を聴き羽を聴くといい、その後に宮を聴き商を聴き角を聴くという。理由なく順序を違えたのではない。声律の理論は、その体は律長に依拠し音高が低いものが宮となる。その用を論じれば宮の前に低声があり、宮の後に高声があり、黄鐘は高音と低音の間である(18)。

江永は、五声の体を宮・商・角・徴・羽という高低の順とし、五声の用を徴・羽・宮・商・角という宮を中心に並べかえた順だとした。江永はその証拠として、『管子』のほか、前述した『呂氏春秋』などを引用し、宮声が五声の中心に、黄鐘が十二律の中心に位置していたことを論じる。しかし隋の鄭訳以降、宮声・黄鐘は必ず最低音と見なされたという。これまで多くの儒者は、黄鐘と宮が最低音であるがゆえに尊いと考えた。江永は楽律に尊卑があり、黄鐘が尊いことは認めつつも、黄鐘を尊ぶ理由を問い直し、「低いから尊い」のではなく「中位にあるからこそ尊い」とした。実際に演奏されている琴や笙、笛といった楽器や詞曲なども、宮を最低音ではなく中位に置いているという(19)。

黄鐘が中位にあることを証明する大きな根拠として、江永は『呂氏春秋』古楽篇を重視した(20)。江永が、古楽篇に見える「三寸九分」を「四寸五分」に改めたことはすでに述べた。彼は、古楽篇には、初めに設定した「黄鐘の宮」とは別に、十二律の黄鐘があり、前者は半律「四寸五分」の黄鐘、後者は正律「九寸」の黄鐘だと見なした。この律に基づいて楽を成したあと、十二律がそれぞれ宮となる際には、宮の位置は、必ず五声の中心に来るという。江永は以上の理論を「律呂のおおもと」と重視し、「黄鐘の宮」を重んじてこなかった儒者たちを批判する(21)。

「黄鐘の宮」という単語は、『礼記』月令にも見える（「中央土、其音宮、律中黄鐘之宮」）。この一条に対し鄭玄は「『黄鐘の宮』は最長である（黄鐘之宮最長也）」と注した(22)。これに対し江永は、『礼記』月令では、仲冬の月に「律は黄鐘に中る」とし、季夏の月に「律は黄鐘の宮に中る」とすることに注目し、もし「黄鐘」と「黄鐘の宮」が同一であるとしたら、わざわざ二つに分ける必要はないと考えた(23)。つまり、「黄鐘の宮」は、「九寸」の黄鐘とは別の黄鐘であり、半律「四寸五分」の黄鐘だということである。

それでは江永は、四寸五分の黄鐘をどのように計算しているのだろうか。『呂氏春秋』音律篇には「黄鐘生林鐘、林鐘生太蔟、太蔟生南呂、南呂生姑洗、姑洗生應鐘、應鐘生蕤賓、蕤賓生大呂、大呂生夷則、夷則生夾鐘、夾鐘生無射、無射生仲呂。三分所生、益之一分以上生、三分所生、去其一分以下生。黄鐘・大呂・太蔟・夾鐘・姑洗・仲呂・蕤賓爲上、林鐘・夷則・南呂・無射・應鐘爲下」とある。これについて江永は「黄鐘が林鐘を生むにあたって全律から下生するのではなく半律から上生するのは、黄鐘の宮が高低の間にあり、黄鐘の前には、林鐘・夷則・南呂・無射・応鐘の五つの全律があって低音となり、高音から下生されるからである。黄鐘の後には、大呂・太蔟・

表13-1　江永の考える『呂氏春秋』の相生法

半黄鐘	$\times\frac{4}{3}$→	林鐘	$\times\frac{2}{3}$→	半太簇	$\times\frac{4}{3}$→	南呂	$\times\frac{2}{3}$→
	上生		下生		上生		下生
半姑洗	$\times\frac{4}{3}$→	応鐘	$\times\frac{2}{3}$→				
	上生		下生				
半蕤賓	$\times\frac{4}{3}$→	半大呂	$\times\frac{4}{3}$→	夷則	$\times\frac{2}{3}$→	半夾鐘	$\times\frac{4}{3}$→
	上生		上生		下生		上生
無射	$\times\frac{2}{3}$→	半仲呂	$\times\frac{4}{3}$→	半黄鐘			
	下生		上生				

夾鐘・姑洗・仲呂・蕤賓の六半律があって高音となり、低音から上生される（蕤賓だけは、大呂を生む際、半律によって半律を上生し、仲呂もまた半律によって半黄鐘を上生する）[24]」と述べる。これをまとめると、『呂氏春秋』の十二律相生の計算法は、黄鐘半律の四寸五分から始め、表13－1のように計算することになる。

以上のように、江永は『呂氏春秋』や『礼記』月令に見える五声十二律の記述から、宮と黄鐘は、五声と十二律の中心にあるがゆえに尊いと考えた。江永の解釈では、『呂氏春秋』の十二律は、仲呂半律から黄鐘半律「四寸五分」へと返っている。これはつまり、『呂氏春秋』が三分損益法を取っていないと江永が見なしているということである。前述したように、三分損益法に依拠する以上、黄鐘半律は「四寸五分」にはなり得ず、変律を設定しなければならない。「四寸五分」の黄鐘を認めることは、三分損益法を否定し、「往きて復た返る」の実現を志向することでもある。

第三節　楽律と河図・洛書の学

第二節で論じた中声の重視は、黄鐘変律を認めず、黄鐘半律「四寸五分」を認めるという点で、結果として三分損益法を否定し十二平均律を受容することにつながる。十二平均律はさらに、江永にとって、彼が重視する河図・洛書の数理を如実に反映している理論であった。彼は河図・洛書をすべての楽律や数理が出る所以として尊重する。『律呂闡微』巻一では、九分を一寸とする縦黍尺が洛書に基づき、十分を一寸とする横黍尺が河図に基づくという朱載堉の説を引き、以下のようにいう。

按ずるに、律尺には二法あり、推究して河図・洛書に基礎付ける。これは前代諸儒が解き明かさなかったことである。しかし図書の精妙さはこれだけに留まらず、一切の声律数理、律を用いるための法数、干支・納音は、その中から出ないものはない(25)。

このように楽律や数理の根本に河図・洛書を置く江永にとって、朱載堉の理論こそ河図・洛書の数を反映したものであり、三分損益法は「理に近いが、自然の数ではない」という。そして十二平均律こそが、『周礼』考工記の「内方尺而圜其外」という記述に基づき「円と方が互いに容れあう」さまを体現しており、その中に自然の数を宿していると考えた(26)。朱載堉は晩年に至るまで、句股定理や円周率に関する書を著し、「円と方が互いに容れあう」ことを主張した。後述するように江永は、朱載堉の理論に基づき、律管の長さ・管口面積・外周・内周・外径・内径・容積もすべて、「円と方が互いに容れあう」ことを証明するために二つの図を描いた(27)。

「方円相函列律図」（図13‐1）は、一辺が二尺の正方形に内接する円を描き、続いてその円に内接する正方形、さらにその正方形に内接する円を次々に描いていく。一番外側の正方形の一辺二尺を黄鐘倍律の長さとし、ほか十二倍律、十二正律を描き、十二半律は細かすぎて描けないが、図の中に内包していると考える。江永は「天地の秘密がこの図に現れ出ている」とし、「方が円を容れ、円も方を容れるのは、みな自然の理であるから、決まった数がある」と述べ、「三分損益ではこれを観ることはできない、新旧二つの方法の真偽は明らかである」と述べる(28)。江永は、この図を描けるということが、平均律の正しさを証明する一つの根拠だと考えているのである。また、

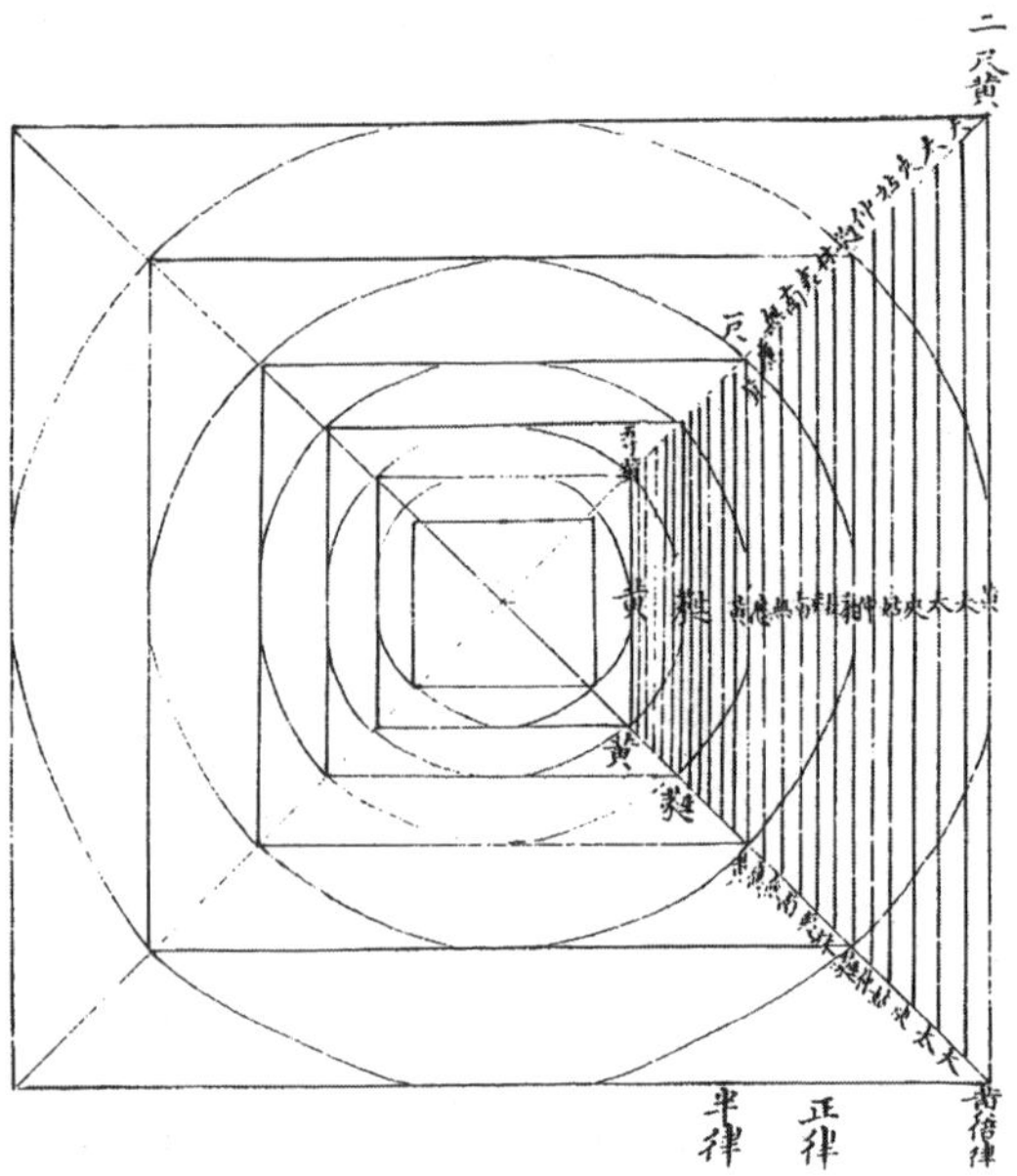

図 13-1 「方円相函列律図」（前掲『律呂闡微』巻二，律率，573 頁上より転載）

「方円相函外内周径冪積図」（図13－2）も描き、律管の外周・内周や管径、面積を方円図に表した。そして「律の長短、円周や直径の大小、冪積の多寡、その理はみなこの図の中に具わる。それを成り立たせている要は河図であり象数によって人に示している[29]」として、象数篇で詳しく論じるという。

江永の主張は、その象数篇（『律呂闡微』巻六）で詳しく論じるように、「方円が容れあう」図の背後に河図・洛書の数を見出すことにある。江永は、楽律は象数に起こり、河図・洛書はその本源だと見なす[30]。朱載堉も宋の河洛の学に基づき、河図の数を十、洛書の数を九とし、この数を楽律と天文暦法の計算に用いた。江永はそれだけでなく、句股定理や方円、管口の面積や律管の容積、乗除・開方など楽律学の計算、倍律半律、律の長短、管口の広狭、十二律の右旋・左旋、隔八相生、さらには転調理論も含め、あらゆるものが河図・洛書に含まれるという[31]。『律呂闡微』巻六には、河図・洛書を図示し、「河図が正方形と円の面積と律管の長さ・管口の直径の源をなすことを論じる（論河圖爲方圓冪積律管通長空徑之源）」、「洛書が句と股の乗除と平方根を開くこと及び諸律相生の源をなすことを論じる（論洛書爲句股乘除開方及諸律相生之源）」を筆頭に、河図・洛書と楽律を関連させた数多くの図を載せる。

河図・洛書の数は、具体的にはどのように楽律学と関わるのだろうか。最初に、河図と律管の長さ、管口の直径の関係についてである。

まず河図の中心の五と、その外側の十に注目し、一辺十の正方形が、一辺五の正方形を囲むように位置すると考える。前者の面積は百、後者の面積は二十五で、前者は後者の四倍である。一辺十の正方形と一辺五の正方形「回」の間には、二つの円と一つの正方形があり、それぞれ内接している。真ん中の四角形の面積は五十となる。外側の正方形の一辺の長さを黄鐘正律十寸、一番内側の正方形の一辺の長さを黄鐘半律五寸とし、中間の正方形の一辺の長さを蕤賓正律七寸七分一釐…とする。外側の正方形と中間の正方形の間に、大呂・太簇・夾鐘・姑洗・仲呂の正律が、中間の正方形と内側の正方形の間に林鐘・夷則・南呂・無射・応鐘の正律が、均等な間隔で並んでいる[32]（図13-3）。

続いて河図第三層の一・二・三・四の合計十に、第二層の十を乗じて百とする。また、第四層の六・七・八・九の合計三十に、十を乗じて三百とし、さらに百を加えて四百とする。前者を一辺十の正方形（これは、

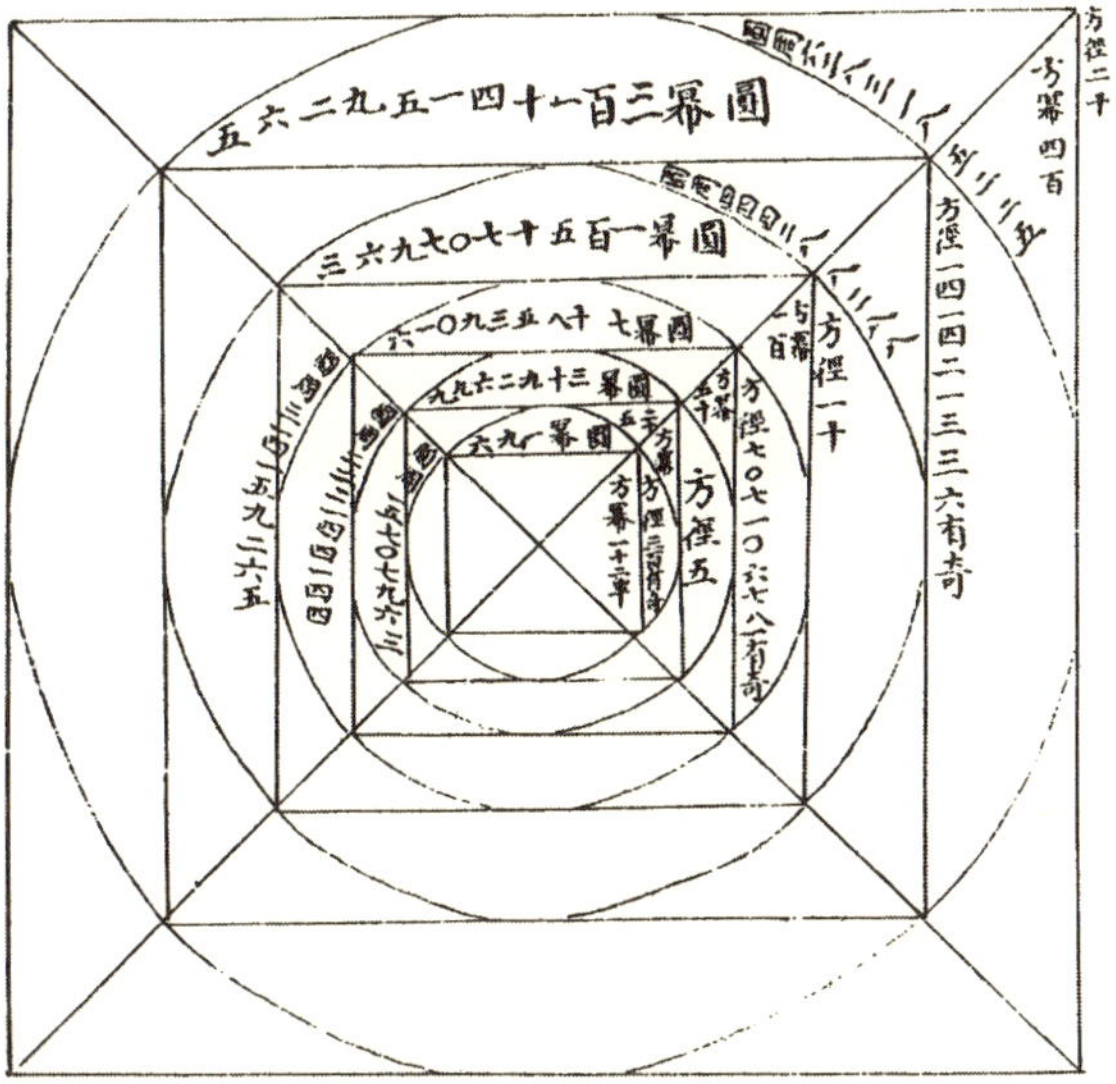

図 13-2 「方円相函外内周径冪積図」（前掲『律呂闡微』巻二，律率，574 頁上より転載）

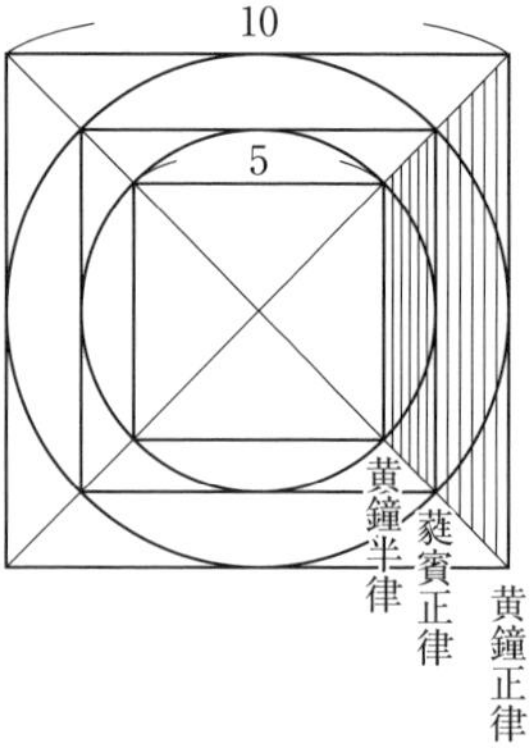

図 13-3　黄鐘正律から黄鐘半律までが並ぶ図

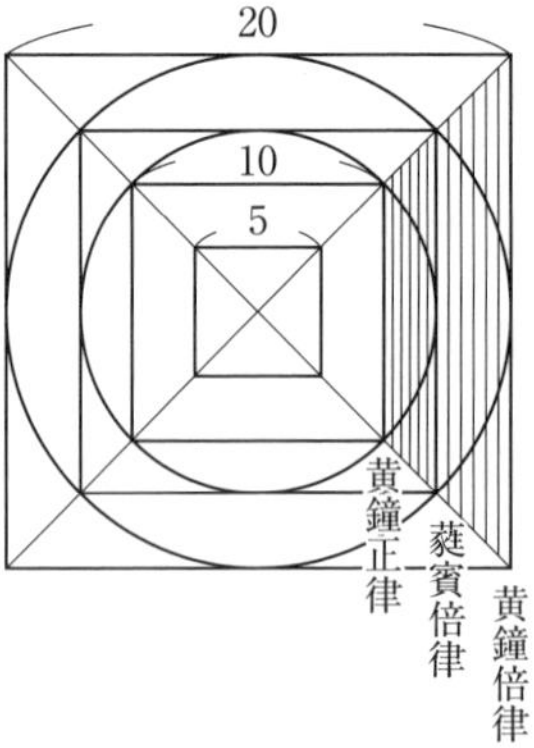

図 13-4　黄鐘倍律から黄鐘正律までが並ぶ図

図13-3の一辺十の正方形と一致する)、後者を一辺二十の正方形と見立てる。内側の正方形は、図13-3の外側の正方形と一致し、二つの正方形の間には、やはり二つの円と一つの正方形がある。中間の正方形の面積は二百で、その一辺一尺四寸一分四釐二毫…が蕤賓倍律の長さである。外側の正方形の一辺の長さが黄鐘倍律二尺、一番内側の正方形の一辺の長さが黄鐘正律一尺、中間の正方形の一辺の長さが蕤賓倍律一尺四寸一分四釐二毫…である。外側の正方形と中間の正方形の間に、大呂・太簇・夾鐘・姑洗・仲呂の倍律が、中間の正方形と内側の正方形の間に林鐘・夷則・南呂・無射・応鐘の倍律が、間隔を均等に置いて並んでいる[33](図13-4)。

　外側の正方形の一辺は二尺であり、黄鐘倍律の長さである。内側の一辺は一尺で、黄鐘正律の長さであり、図13-3の外側の正方形の一辺と重なる。すなわち、図13-3と図13-4を組み合わせると、「方円相函列律図」(図13-1)と一致する。江永はこのようにして、十二律の長さに河図の数を読み込んでいった。

　また、十二律の長さだけではなく、黄鐘律管の管口の寸法についても、河図の数を使って説明している。まず、黄鐘倍律・正律・半律の外径・内径についてである。数値は『律呂闡微』巻四、律体下を参照して説明する。まず河図第一層の五を黄鐘半律の律長五寸とし、その十分の一が、黄鐘倍律内径かつ黄鐘正律外径(五分)である。蕤賓正律七・〇七一〇六七八一…寸の十分の一が、黄鐘倍律外径(七・〇七一〇六七八一…分)であり、その二分の一が、黄鐘正律内径かつ黄鐘半律外径（三・五三五五三三九〇…分）である。第一層の五の二分の一が、黄鐘半律内径（二・五分）である。

続いて黄鐘倍律・正律・半律の外周・内周についてである。再び五に注目し、黄鐘倍律内径が五分であるとき、黄鐘倍律外周は二・二二一四四一四四…寸（黄鐘倍律外径×江π、すなわち七・〇七一〇六七八一…分×三・一四一五九二六五）であり、また黄鐘倍律内周は一・五七〇七九六三二…寸（黄鐘倍律内径×江π、すなわち五×三・一四一五九二六五）となり黄鐘正律外周と等しい。黄鐘倍律外周（二・二二一四四一四四…寸）の二分の一は、黄鐘正律内周かつ黄鐘半律外周（一・一一〇七二〇七二…寸）であり、黄鐘倍律内周（一・五七〇七九六三二…寸）の二分の一は黄鐘半律内周（七・八五三九八一六二…分）である。

さらに、黄鐘倍律・正律・半律の管口面積と容積についても、河図が描き表しているという。黄鐘正律の管口面積は黄鐘倍律の管口面積の半分であり、黄鐘半律の管口面積は黄鐘正律の管口面積の半分である。これらは、河図の数である十と五が二対一の比となることに類似する。最後に、黄鐘律管の容積についてである。黄鐘倍律の容積の四分の一が、黄鐘正律の容積となり、さらにその四分の一が黄鐘半律の容積となる。これらは、河図において、五の自乗である二十五と、十の自乗である百が一対四の比となることに類似する。(34)

以上のように江永は、河図に配置された数が、十二律管の律長相互の関係を描き出し、さらに、黄鐘の倍律・正律・半律の管口面積や容積の関係を表象していると考えた。江永はこのありさまを「これはみな自然の理数であり、河図の内外四層の中に具わっているが、千古のあいだ明らかにされなかったものである」(35)と述べる。朱載堉が、十と九を河図・洛書を代表する数とし、諸々の計算の際、その数を象徴的に用いていたのに対し、江永は、数相互の関連や計算の過程そのものを河図に読み込んでいるのが特徴的である。

続いて洛書である。江永は、まず洛書が楽律計算に重要な句股定理を描き表しているという。江永によれば、洛

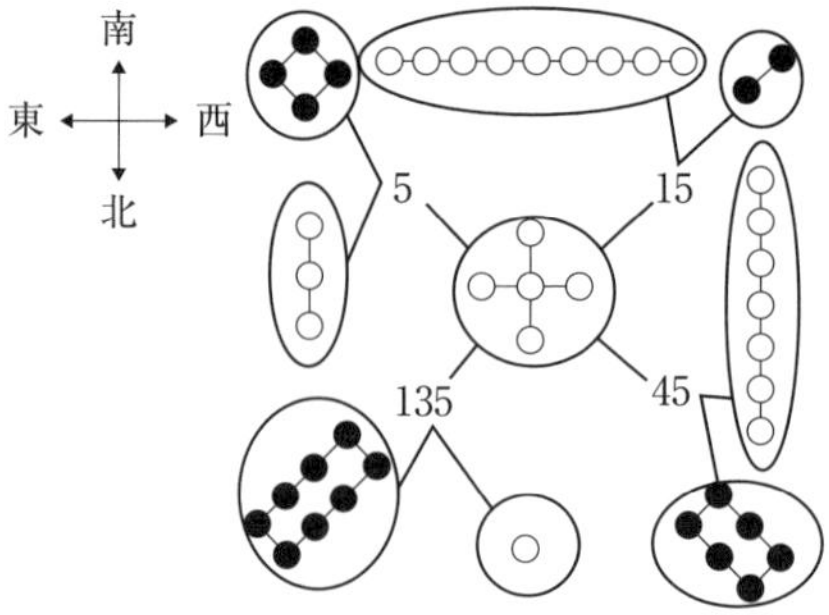

図 13-5 「洛書含句股為声律之源図」（前掲『律呂闡微』巻六，象数，628 頁上の図をもとに作成）

書の数は、東の句三、東南の股四、中央の弦五が基本となり、全部で四つの句・股・弦の関係を描き表している(36)。句三・股四・弦五以外の三つの句・股・弦については、少しわかりにくいため、「洛書含句股為声律之源図」（図13－5）を参照して説明する。

この図では、南の句九に対し、南西の股二を十二に読みかえ、九の自乗と十二の自乗を足した数の平方根を開くことで、弦十五を導き出している。この弦十五は中央の五にあたる。同様に、西の句七を二十七に、北西の股六を三十六に読みかえ、弦四十五を導き出す。この弦四十五は、やはり中央の五にあたる。北の句一を八十一に、北東の股八を百八に読みかえ、弦百三十五を導き出す。この弦百三十五は、やはり中央の五にあたる。東の句三、南東の股四から弦五を導き出し、中央の五である。そして朱載堉同様、この句・股・弦の関係を利用し、黄鐘から蕤賓を求めた(37)。

江永はさらに、洛書が、十二平均律を支える等比数列理論も描き表していると考えた。ここで、朱載堉の等比数列理論について概括しておきたい。戴念祖によれば、朱載堉は暦法の二至点・二分点の概念を利用することで、等比数列の中項の概念を明らかにしたという。公比がわからなくても、等比数列の中項を求めることができ、四項から成る等比数列の場合、第一項・第四項がわかれば、第二・第三項もわかる。朱載堉はこのような理論をはっきりと論じたわけではないが、彼の楽律計算は実質、このような理論を前提として行なわれている(38)。

この表を、戴念祖の説明によって補足する（表13－2）。まず等比数列の中項を求める計算である。たとえば、『律呂精義』内編及び『算学新説』第二問において、蕤賓を求める際、朱載堉自身は『周礼』に基づき句股定理を使っ

表 13-2　朱載堉の十二律を等比数列として計算した場合（戴念祖，前掲『天潢真人　朱載堉』，277 頁の表を改変）

1	黄鐘倍律	冬至		2
2	大呂倍律		$x=\sqrt[3]{A^2B}$ $A=$黄鐘倍律 $B=$夾鐘倍律	$\sqrt[3]{2^2\times\sqrt{2\times\sqrt{2}}}$
3	太簇倍律	春分	$y=\sqrt[3]{AB^2}$ $A=$黄鐘倍律 $B=$夾鐘倍律	$\sqrt[3]{2\times(\sqrt{2\times\sqrt{2}})^2}$
4	夾鐘倍律		$\sqrt{黄鐘倍律\times蕤賓倍律}$ 黄鐘倍律～蕤賓倍律の中間	$\sqrt{2\times\sqrt{2}}$
5	姑洗倍律		$x=\sqrt[3]{A^2B}$ $A=$夾鐘倍律 $B=$蕤賓倍律	$\sqrt[3]{(\sqrt{2\times\sqrt{2}})^2\times\sqrt{2}}$
6	仲呂倍律		$y=\sqrt[3]{AB^2}$ $A=$夾鐘倍律 $B=$蕤賓倍律	$\sqrt[3]{\sqrt{2\times\sqrt{2}}\times2}$
7	蕤賓倍律	夏至	$\sqrt{黄鐘倍律\times黄鐘正律}$ 黄鐘倍律～黄鐘正律の中間	$\sqrt{2}$
8	林鐘倍律		$x=\sqrt[3]{A^2B}$ $A=$蕤賓倍律 $B=$南呂倍律	$\sqrt[3]{2\times\sqrt{1\times\sqrt{2}}}$
9	夷則倍律		$y=\sqrt[3]{AB^2}$ $A=$蕤賓倍律 $B=$南呂倍律	$\sqrt[3]{\sqrt{2}\,(\sqrt{1\times\sqrt{2}})^2}$
10	南呂倍律	秋分	$\sqrt{黄鐘正律\times蕤賓倍律}$ 蕤賓倍律～黄鐘正律の中間	$\sqrt{1\times\sqrt{2}}$
11	無射倍律		$x=\sqrt[3]{A^2B}$ $A=$南呂倍律 $B=$黄鐘正律	$\sqrt[3]{(\sqrt{.1\times\sqrt{2}})^2\times1}$
12	応鐘倍律		$y=\sqrt[3]{AB^2}$ $A=$南呂倍律 $B=$黄鐘正律	$\sqrt[3]{\sqrt{1\times\sqrt{2}}\times1}$
13	黄鐘正律	冬至		1

たというが、計算としては、$\sqrt{2\times1}$、すなわち、$\sqrt{\text{黄鐘倍律}\times\text{黄鐘正律}}$、つまり、$\sqrt{\text{第一項}\times\text{第十三項}}$によって第七項を求めている。なぜなら、第四項（夾鐘倍律）と、第十項（南呂倍律）には句股定理を使わずに、はっきりと等比数列の中項を求める方法を叙述しているからである。夾鐘倍律については、$\sqrt{2\times\sqrt{2}}$、すなわち、$\sqrt{\text{黄鐘倍律}\times\text{蕤賓倍律}}$、つまり、$\sqrt{\text{第一項}\times\text{第七項}}$によって第四項を求めている。また、南呂倍律については、$\sqrt{1\times\sqrt{2}}$、すなわち、$\sqrt{\text{黄鐘正律}\times\text{蕤賓倍律}}$、つまり、$\sqrt{\text{第十三項}\times\text{第七項}}$によって、第十項を求めている。このように朱載堉は、等比数列の最初の項を最後の項に乗じ、その平方根を開くことで、中項の数を計算したのである。

また、四項から成る等比数列において、最初の項と最後の項が判明している場合、どうやってそのほかの項を計算するのかについても、朱載堉は楽律計算の中で答えを出している。表中の1〜4、4〜7、7〜10、10〜13はすべて四項から成る等比数列である。たとえば、1〜4について『算学新説』第六問では、大呂正律$=\sqrt[3]{\text{夾鐘正律}\times\text{黄鐘正律}\times\text{黄鐘正律}}=\sqrt[3]{(\text{黄鐘正律})^2\times\text{夾鐘正律}}$と計算しているので、ここから、大呂倍律$=\sqrt[3]{(\text{黄鐘倍律})^2\times\text{夾鐘倍律}}$と計算していることが推察できる、という。つまり、等比数列「A、x、y、B」とすると、$x=\sqrt[3]{A^2B}$と計算しているのである。また10〜13については、応鐘倍律$=\sqrt[3]{\text{南呂倍律}\times(\text{黄鐘正律})^2}$と計算しており、$y=\sqrt[3]{AB^2}$と計算していることになる。(39)

戴念祖の説明によれば、確かに朱載堉の行なった楽律計算からは、彼が等比数列の中項を求める方法、四項から成る等比数列の第一項と第四項から、第二項と第三項を求める方法を理解していたことをうかがわせる。江永は、朱載堉の十二平均律が等比数列をなすことをはっきり理解し、等比数列の中項を求める方法についても記している。

江永は洛書の数を様々に組み合わせ、それらが等比数列をなすことを論じる。たとえば、洛書における奇数と偶数が、それぞれ右めぐりと左めぐりに等比数列をなすことを次のように論じている。洛書の奇数を一から左めぐりに一つ隔てれば三、さらにその三から一つ隔てれば九である。一と三の関係は三と九の関係に等しく、同じように三と九の関係は九と二十七（二十七は洛書の七に該当）の関係に等しく、九と二十七の関係は二十七と八十一（八十一は洛書の一に該当）の関係に等しい。洛書の偶数では、二と四の関係は四と八の関係に等しく、四と八の関係は八と十六の関係に等しく、八と十六の関係は十六と三十二の関係に等しい(40)。

そして、楽律もこの理論に基づき計算できるという。江永は続いて、黄鐘・蕤賓から南呂の律長を算出する方法を提示する。蕤賓倍律と南呂倍律の関係と、南呂倍律と黄鐘正律の関係は等しい。上記の比例の関係を用いると、蕤賓倍律×黄鐘正律は、南呂倍律の自乗になる。これは結局のところ、等比数列の中項を求める方法と同一である(41)。

さらに、同じ比をなす二律を組み合わせ、四項から成る等比数列についても考察している。黄鐘倍律・夾鐘倍律・蕤賓倍律・南呂倍律の関係は、洛書の一・三・九・七（七は二十七と読み替える）が連比をなして並ぶ様子に現れており、また、大呂倍律・姑洗倍律・林鐘倍律・無射倍律の関係は、洛書の二・四・八・六（六は十六と読み替える）が連比をなして並ぶ様子に現れているという(42)。

江永はさらに、洛書の隣り合う数同士は、左めぐりでも右めぐりでも、同じ比で並んでいることを指摘する。すなわち、左めぐりでは、一対八＝三対二十四（四を二十四に読み替えている）、三対四＝九対十二（二を十二に読み替えている）、九対二＝二十七対六（七を二十七に読み替えている）、七対五十六＝一対八（六を五十六に読み替えている）と並び、右めぐりでは、一対六＝七対四十二（二を四十二に読み替えている）、二十七対十二＝九対四（七を二十七に、二を十二に読み替えている）、九対二十四＝三対八（四を二十四に読み替えている）、三対十八＝一対六（八を十八に読み替えている）と並んでいる(43)。

また、洛書の四つ隔てた数同士の比についても論じる。洛書においては、左めぐりでは、四つ隔てた二数の比同士が、以下のように等しくなる。すなわち、一対四＝七対二十八（八を二十八に読み替えている）、二十四対二十七＝八対九（四を二十四に、七を二十七に、八を十八に読み替えてい

宮		商		角		徴		羽		⇒體
十	九	八	七	六	五	四	三	二	一	
	徴		羽		宮		商		角	⇒用

図 13-6 「河図奇偶数五声体用合一図」(前掲『律呂闡微』巻六, 象数, 623 頁下に基づき作成)

る)、十八対九＝六対三(八を十八に読み替えている)である。右めぐりでは、二つ隔てた二数の比同士が、以下のように等しくなる。すなわち、一対二＝三対六、二対三＝六対九、三対六＝九対十八(八を十八に読み替えている)、六対九＝十八対二十七(八を十八に、七を二十七に読み替えている)であるという(44)。

以上のように江永は、洛書の数が、句股定理と等比数列を描き表していると考えた。江永はこの他にもいくつか図を描き、河図・洛書と楽律との関連性を示した。

たとえば、「河図五声本数図」では、一・六＝水・羽、二・七＝火・徴、三・八＝木・角、四・九＝金・商、五・十＝土・宮とした。「河図五声順序相生図」では、五声の相生の順が、中(宮)より南(徴)へ、南より西(商)へ、西より北(羽)へ、北より東(角)へ、東よりまた中へ、そしてまた南へと向かうことを図示する。「河図五声変数図」は、「およそ数には正があれば、変もあるものだ。五十は中数で不変だが、そのまわりの四方においてはそれぞれ生数と成数を合わせ、五・十を引いて数は変ずる(45)」として以下のように変数を論じる。宮は十及び五であり、本数を用いる。徴は二＋七＝九及び二＋七－五＝四、商は四＋九－五＝八及び四＋九－十＝三、羽は一＋六＝七及び一＋六－五＝二、角は三＋八－五＝六及び三＋八－十＝一である。これら五声を数の多寡の順で並べると、もともとは高低で並んでいた五声が、宮十、徴九、商八、羽七、角六、宮五、徴四、商三、羽二、角一の順にかわり、相生の順番になる(46)。「河図五声変数帰本数図二」では、「河図五声変数図」において変数を出すために用いた二つの数を使い、本数に戻すことができることを示す。中にある宮は十及び五であり、本数のままである。南にある商は二＋七＝九及び二＋七－五＝四、西にある角は四＋九－五＝八及び四＋九－十＝三、北にある徴は一＋六＝七及び一＋六－五＝二、東にある羽は三＋八－五＝六及び三＋八－十＝一である。これら五声を数の多寡の順で並べると、今度は宮十、商九、角八、徴七、羽六、宮五、商四、角三、徴二、羽一の順になり、高低の順にかわる。「河図奇偶数五声体用合一図」は、図13－6のように、五声の変数を奇数・偶数に分け、宮十、商八、角六、徴四、羽二を体とし、徴九、羽七、宮五、商三、角一を用とした。体の五声が高低の順であるのは明白であるが、用の五声は徴・羽が宮の前にあり、商・角が宮の後にある。五声の用として、宮を真ん中に置き、中声と見なす思想はここにも現れている。

「河図含隔八相生図」では、河図の数に十二律の隔八相生を重ねる。「八を隔てる」とは、「間に七を挟む」こととして理解する。たとえば、宮が徴を生む場合、中心の五に七を加え十「二」とし、徴の二を生む。また、中心の十に七を加え十「七」とし、徴の七を生む。このように、河図は中心の五から、ひとめぐりしたあとに再び五に戻る。「旧法では三分損益を用い、宮を再生できなかったが、平均律は循環して途切れることがなく、まさに河図の理数と合致する」[47]と江永は主張する。

洛書についても、簡単にいくつかの図を説明する。「洛書五声本数図」では、河図の五声の本数の、洛書における配置を示す。すなわち、二・七の徴と一・六の羽は、宮の前にあって西北にあり、四・九の商と三・八の角は宮の後にあって東南にあると説明する。「洛書五声変数図」では、河図の五声の変数の、洛書における配置を示す。すなわち、四・九の徴と二・七の羽は宮の前にあって南西にあり、三・八の商と一・六の角は宮の後にあって東北にあると説明する。「洛書五声変数帰本数図」では、河図の五声の変数が本数に変化する様子が、洛書にどのように見られるかを描く。一・六の徴（「河図五声変数図」の各方位の二つの数字を用いる。北において、一＋六＝七となり、徴の本数七となる）と三・八の羽（東において、三＋八＝十一となり、羽の本数一となる）は宮の前にあり、北東にあり、二・七の商（南において、二＋七＝九となり、商の本数九となる）と四・九の角（西において、四＋九＝十三、角の本数三となる）は宮の後にあり、西南にあると説明する。

江永は、洛書に関するこの三図に共通することとして、「宮の前に徴・羽、宮の後に商・角があり、二つの方位は連なって宮はその間にある。五声の用である」(49)と述べる。つまり、洛書は宮を徴・羽と商・角の間に置くという「五声の用」を表していると述べる。

以上のように、江永は、律管の長さや管口面積、句股定理や等比数列のほか、五声や隔八相生などの楽律理論についても、徹底的に河図・洛書に基礎付けようとした。

小結

江永が、朱載堉の理論に本格的に触れる前に持っていた問題意識は、朱載堉の書を実際に手にし、『律呂闡微』を著すに至って、より強固となった。これまでも三分損益法は「往きて返らず」という点で批判を受け、様々な論者が代替案を模索してきた。江永が三分損益法を批判する際も、当然のことながら「往きて返らず」を問題視する。しかし筆者の見るところ、江永が繰り返し論じたのは、三分損益法ではなく十二平均律こそが、黄鐘を真の意味で中声として尊び（黄鐘は「四寸五分」であるがゆえに尊く）、河図・洛書の数理を反映しているということであった。

江永は、平均律が「方円相函図」（正方形に円が内接し、その円にまた正方形が内接する関係を繰り返す図、『周礼』考工記、㮚氏「内方尺而圜其外」に基づく）を描けると考えた。そして十二律の律長のみならず、円周率を修正した上で、十二律の管口周径・容積までも「方円相函図」に描いた。この図の背景にあるのは、河図の十数である。江永は河図の数を中心の五から、最も外側の層の合計三十までを、様々に組み合わせ、三つの正方形を描き、外側の正方形と中間の正方形の間に、二つの円と一つの正方形が、さらに中間の正方形と内側の正方形の間に二つの円と一つの正方形が内接するように描いた。この図の中に、黄鐘倍律～蕤賓倍律～黄鐘正律～蕤賓正律～黄鐘半律、合計二十五律を描く。この図においても、平均律においても、黄鐘半律は黄鐘正律のちょうど半分の長さであり、黄鐘正律を九寸とするのなら、黄鐘半律は四寸五分となる。江永は、黄鐘半律こそ伶倫の重んじた「黄鐘の宮」であり、中声であると考えた。黄鐘は最低音だから尊ばれるのではなく、黄鐘半律として十二律の真ん中にあるからこそ尊ばれる。同様に宮も最低音だから尊ばれるのではなく、宮の清声が五声の真ん中にあるからこそ尊ばれる。江永は当時実際に演奏されていた琴や笙、笛の演奏技術を参照し、黄鐘半律や清宮を中声と呼んだ。

江永の楽律論は、同時代の清朝の楽律論と比較し、どのような特徴を指摘できるだろうか。『律呂正義』前後編や『四庫提要』に見られる清朝公式楽律論は、朱載堉よりも、朱熹・蔡元定の方法を重視した。これら三書は、江永の書と比較した場合、楽律学と象数易、河図・洛書を関連付けようとする意識はむしろ希薄であるといえる。第三章で論じたように、朱熹・蔡元定が、楽律学と易学の安易な関連付けに警戒していた点をふまえれば、これら三書は、三分損益法を採用したという技術的側面以外にも、朱熹・蔡元定の楽律と易学に対する態度そのものを忠実に踏襲しているといえるのではないか。つまり第五章で論じた、変容した「朱子学的楽律論」から、再び朱熹・蔡元定の楽律論へ戻したともいえよう。

江永は、三分損益法が生まれた背景に一定の理解を示しつつも、三分損益法は、天然自然から出たものではなく、理に近いが理そのものではないと見なした。江永は、朱載堉の十二平均律こそが、河図・洛書の数理、天然自然から生まれた数そのもののあり方に合致すると考えたのである。江永に比べると、朱載堉は、河図の数十と洛書の数九を、楽律や暦、度量衡の計算において部分的に取り入れ象徴的に用いるに過ぎなかった。これに対し江永は、河図・洛書が描く数とその配置に注目し、数同士を様々な法則によって組み合わせた。さらに十二律だけでなく、楽律計算に用いた句股定理や等比数列など、あらゆる理論に結び付けたのである。朱載堉の流れを汲む江永の楽律観は、明代に変容した「朱子学的楽律論」をさらに深め、とりわけ象数易との関連付けという点を徹底的に追究した理論であるといえる。(50)

(1) 銭穆『中国近三百年学術史』、商務印書館、一九九七年、三三九―三四〇頁。
(2)「大旨則以明鄭世子載堉爲旨、惟方圓周徑用密率起算、則與之微異。」「律呂闡微提要」、前掲『四庫全書総目』、八〇七頁下。
(3) 戴念祖、前掲『天潢真人　朱載堉』、三〇二頁。
(4)『律呂闡微』巻三、律体上、景印文淵閣四庫全書、第二二〇冊（経部）、五八六頁下。
(5)「円周四十であれば、内接する正方形の一辺は九だけということはなく、もし一辺九の正方形を入れるのなら、円周は四十には及ばない。」同上、五八六頁下―五八七頁上。
(6) 中国芸術研究院音楽研究所資料室編『中国音楽書譜志』（増訂版）、人民音楽出版社、一九九四年、七頁。石林昆はおそくとも一七二一年だと考証している（「江永『今律』理論初探」、『天籟』（天津音楽学院学報）、二〇〇九年第四期、五一―五二頁）。
(7) 戴念祖、前掲『天潢真人　朱載堉』、三〇一頁。
(8)「不當執定古人三分損益成法也。」前掲『律呂新論』巻上、論蔡氏律書、論蔡氏律書未尽善、三頁。
(9) 同上、弁三分損益上下相生之非、二六頁。
(10)「朱載堉のいう、『隔八相生』〔左めぐりに八つを隔てて律を生む〕や『隔六相生』〔右めぐりに六つを隔てて律を生む〕とは、依然として旧法の三分損益であり、〔三分損益法を批判しても〕朝三暮四で実質違いはない。」同上、論後人嘗破三分損益之説、三三頁。
(11) 石林昆は「『律呂闡微』で江永は、十分に朱載堉の『新法密率』の理論を受容し、さらに朱載堉の理論を補充・発展させており、『律呂新論』は江永の早期の律学著作であり、江永が独力で楽律学研究に従事した早期の成果であるとわかる」（前掲「江永『今律』理論初探」、六一頁）と述べる。江永は、『楽律全書』に直接接する前にも、間接的に朱載堉の理論を知り、部分的に理解していたのだろう。

(12)『呂氏春秋』仲夏紀、古楽には、「昔黄帝令伶倫作爲律。伶倫自大夏之西、乃之阮隃之陰、取竹於嶰谿之谷、以生空竅厚鈞者、斷兩節間、其長三寸九分而吹之、以爲黄鐘之宮、吹曰舍少、次制十二筒」（傍線引用者）とあるが、『漢書』巻二一上、律暦志上では「黄帝使泠綸、自大夏之西、昆侖之陰、取竹之解谷生、其竅厚均者、斷兩節間而吹之、以爲黄鐘之宮、制十二筩」とあり、江永の指摘する通り、『漢書』には「三寸九分」と「舍少」がない。

(13)前掲『律呂新論』巻上、論黄鐘之宮、弁前漢志誤刪呂氏春秋、九―一一頁。

(14)「蔡氏蔽於通典變律子聲之説、謂無黄鐘四寸半之律。」同上、論黄鐘之宮、弁前漢志誤刪呂氏春秋、一一頁。

(15)「如當用此律、則宜用其正律、不能用全律、則宜用正律之半聲而已。何爲舍其正者不用、必用其近似不正者乎。」同上、論変律、弁変律変半律之非、三九頁。

(16)『尚書』周書、洪範「一、五行。一曰水、二曰火、三曰木、四曰金、五曰土。」孔安国伝「皆其生數。」孔穎達疏「…（中略）…又萬物之本、有生於無、著生於微、及其成形、亦以微著爲漸。五行先後、亦以微著爲次。五行之體、水最微、爲一。火漸著、爲二。木形實、爲三。金體固、爲四。土質大、爲五。亦是次之宜」（前掲『尚書正義』巻一二、三五八頁）。

(17)前掲『律呂新論』巻上、論五声、五声之体本於河図、六―七頁。

(18)「五聲之序宮・商・角・徵・羽、衆所共知。管子地員篇先言聽徵聽羽、而後聽宮聽商聽角。非故違其序也。聲律之理論、其體則以律長而聲濁者爲宮、論其用則宮前有低聲、宮後有高聲、而黄鐘則在清濁之間。」前掲『律呂闡微』巻首、皇言定声、五五二頁。

(19)同上、五五三頁上下。

(20)「昔黄帝令伶倫作爲律。伶倫自大夏之西、乃之阮隃之陰、取竹於嶰谿之谷、以生空竅厚鈞者、斷兩節間、其長三寸九分而吹之、以爲黄鐘之宮、吹曰舍少。次制十二筒、以之阮隃之下、聽鳳皇之鳴、以別十二律。其雄鳴爲六、雌鳴亦六、以比黄鐘

之宮、適合。黄鐘之宮、皆可以生之、故曰黄鐘之宮、律呂之本。」『呂氏春秋』仲夏紀、古楽。第二章に訳文を載せている。

(21) 前掲『律呂闡微』巻五、稽古、六〇四頁下―六〇五頁上。

(22) 孔穎達の疏には「蔡氏及び熊氏は、『黄鐘の宮』を黄鐘少宮、半黄鐘九寸の数、管長四寸五分であり、六月に用いて候気をなすという」とあり、江永はこちらを支持している。

(23) 前掲『律呂闡微』巻五、稽古、六〇七頁上下。

(24) 「黄鐘生林鐘不以全律下生而以半律上生、則黄鐘之宮位乎清濁之間、在其前者、有林鐘・夷則・南呂・無射・應鐘五全律爲濁而下生乎清。在其後者、有大呂・太蔟・夾鐘・姑洗・仲呂・蕤賓六半律爲清而上生乎濁也（惟蕤賓生大呂、以半律上生半律、而仲呂亦以半律上生半黄鐘）。」前掲『律呂闡微』巻五、稽古、六〇九頁下―六一〇頁上。

(25) 「按、律尺有二法、推本於河圖・洛書。此亦前代諸儒所未發者也。然而圖書之妙不止於此、一切聲律數理、用律法度、及干支納音、無一不出其中。」同上、巻一、律尺、五五六頁上。

(26) 「そもそも律呂は天地にのっとったものである。天地の気は、今年の節気がすでに終わったら、来年の節気がまた続き、少しの隙間もないのに、律呂だけが『往きて返らず』とは、天地はどうして心残りを留めるだろうか。…（中略）…ただ朱載堉だけが、『内方尺而圓其外』の文に基づき、天地は方円が容れあうことによって、自然の数がその中に出現することを悟った。みな句股乗除開方の法によってこれを求め、倍律から正律、正律から半律まで、すべて正しい数であり、長い律から短い律へと少しずつ差をつけ、それぞれの律は三分損益法によって得た数よりやや長いが、大きく離れているわけではない。その相生は、八を隔てても、連なっていても、左めぐりの『順』でも、右めぐりの『逆』でもかまわず、仲呂と黄鐘は母子のように寄り添い、応鐘と黄鐘、黄鐘と大呂は兄弟や夫婦のように揃って並び、すべて一つの気で連なって、少しの隙間もない。律管の長短から、律管の厚薄、管口の円周の大小、外周・内周、外径・内径、平冪・積実にいたるまで、みな正方形と円が容れあう自然の真数である。これは数千年のあいだ明かされなかった秘法であり、朱載堉が初めてこれを解き明かした。」同上、巻二、律率、五六五頁上下。

(27) 戴念祖は「朱載堉の代数計算の結果を『方円が接しあう』幾何図として描き、それによって平均律の幾何理論を発明し、

『方円相函列律図』と呼んだ。これはあるいは江永の楽律学上の最大の貢献であろう」と述べる（前掲『天潢真人 朱載堉』、三〇三頁）。

(28)「天地之祕密洩於此圖」「方函圓、圓又函方、皆自然之理、卽有一定之數」「非由三分損益觀此、則新舊二法眞僞判然矣。」前掲『律呂闡微』巻二、律率、五七三頁上下。

(29)「律之長短、圍徑之大小、冪積之多寡、其理皆具此圖之中。要其所以然者河圖已以象數示人矣。」同上、巻二、律率、五七五頁上。

(30) 石林昆は「江永は『河図』・『洛書』の体現する数理法則に夢中になり、朱載堉の『新法密率』理論で運用する数理関係と『河図』・『洛書』を結合し、自分の『新法密率』に対する理解を述べて明らかにし、易学専門書である『河洛精蘊』では一巻の紙幅をもちいて『数』・『律』の間の関係を解き明かした」と述べている（「論江永対朱載堉楽律学思想的継承与進一歩実証研究」、『中国音楽学』、二〇一二年第四期、一七頁）。

(31)「声律はまことに象数に起こり、河図・洛書はその本源である。句股、方円、冪積、乗除、開方、律の倍半・長短・広狭・右旋・左旋・隔八相生、鈞を起こし調を用いること、その理数はことごとく河図・洛書の中に具わる。先人は律を論じても、いまだその本源を考究したものはいない。朱載堉だけが、黄鐘九寸は河図の体の数にのっとり、十を約して九とするのは洛書の用の数にのっとるといった。これは先人が発明しなかったことを拡大したのである。しかし、ただ十と九の体用をいうことができただけで、そこから推して、倍律・正律・半律・方円が容れあう理と、相生旋宮の法が、すべて河図・洛書の中に具わることは知らなかった。」前掲『律呂闡微』巻六、象数、六一六頁下。

(32) 同上、論河図爲方円冪積律管通長空径之源、六一七頁下—六一八頁上。

(33) 同上、論河図為方円冪積律管通長空径之源、六一八頁上。

(34) 同上、論河図為方円冪積律管通長空径之源、六一八頁上下。

(35)「此皆自然之理數、具於河圖內外四層之中、千古未發明也。」同上、論河図為方円冪積律管通長空径之源、六一八頁下。

(36) 同上、論洛書為句股乗除開方及諸律相生之源、六一八頁下、六一九頁上。

(37) 同上、論洛書為句股乗除開方及諸律相生之源、六一九頁上。
(38) 本節で説明する朱載堉の等比数列の計算については、戴念祖、前掲『天潢真人　朱載堉』、第九章第四節、由四項組成的等比数列解、二七六―二七九頁を参照。
(39) 同上、二七七―二七八頁。
(40) 前掲『律呂闡微』巻六、象数、論洛書為句股乗除開方及諸律相生之源、六一九頁下。
(41) 同上、論洛書為句股乗除開方及諸律相生之源、六一九頁下。
(42) 同上、論洛書為句股乗除開方及諸律相生之源、六一九頁下―六二〇頁上。
(43) 同上、論洛書為句股乗除開方及諸律相生之源、六二〇頁上。
(44) 同上、論洛書為句股乗除開方及諸律相生之源、六二〇頁上下。
(45) 「凡數有其正、卽有其變。五十中數不變、四方則各以生成之合、以五十減之而數變。」同上、河図五声変声図、六二二頁上。
(46) 江永はこの順序については、『史記』律書だけが「徴九、商八、羽七、角六、宮五」と言及しているとし、「十をいわないのは、黄鐘は半律を用い、その全律を虚しくするからである。徴・商・羽・角の数について四・三・二・一をいわないのは、自然とわかるからである」とする。また変数の計算については「火・水の生数・成数（二・七／一・六）は少なく、これらを合わせて多くし五の前に置く。金・木の生数・成数（四・九／三・八）は多く、これらを合わせて十を減ずると、かえって少なくなり、五の後に置く。『管子』の徴・羽は宮の前にあり、商・角は宮の後にあるという順序が、その間にやどっている」と述べる（同上、河図五声変声図、六二二頁上）。
(47) 「舊法用三分損益、不能再生、新法則循環無端、正與河圖之理數相合矣。」同上、河図含隔八相生図、六二四頁下。
(48) 原文は二とするが、図に従って改めた。
(49) 「宮前徵・羽、宮後商・角、二方相連而宮在其閒。五聲之用也。」同上、六二七頁下。
(50) 前述したように、『律呂正義』は康熙帝の『御製律暦淵源』に含まれる楽律書である。川原秀城（「律暦淵源と河図洛書」、『中国研究集刊』（大阪大学）、列号、一九九五年、一―二一頁）は、「宋代以降の数学書における河図洛書の過度の重視」（十二頁）を挙げ、「それら河図・洛書を重視する視点や態度は、宋以前の数学書にはみられない傾向である。だが清以前の数学者のばあい、河図・洛書を重視するとはいっても、いずれの言及もせいぜい河図・洛書を数の起源というに止まり、いまだ具体的に、河洛二図をもって数学ないし加減乗除の由来する所などとは考えていない」（十三頁）とし、「河図・洛書にたいし数学の起源ととらえて具体的な考察を展開したのは、康熙帝御纂の『周易折中』啓蒙附論篇が最初である」という。そして、「『周易折中』啓蒙附論篇が説明したのは、わずか河図洛書が加減乗除の本源であるという点ばかりではない」（十三頁）、「河図の10数の和にあたる『大衍の数』の55を『円方の原』や『句股の原』などとし、円周率（密率）の値22/7や三平方の定理を導き出」したことも挙げ（十三頁）、「『周易折中』の数学や数理科学の図書起源説は、欽定などの故をもって多方面に影響をおよぼしたが、その最大の影響といえば、純粋の科学書である『律暦淵源』をおいてほかにない」（十四頁）と述べる。

朱載堉における河図・洛書と律暦度量衡の学との関連付けも、用いる数の起源として、河図の数を十、洛書の数を九に象徴させ、この二つの数を計算の様々な箇所に象徴的に織り込むに過ぎない。これに対し江永は、十二律の長さ、管口直径、面積、容積、これらを計算する際に用いた句股定理や等比数列の理論、すなわち楽律を計算する過程そのものを、二つの図の中に見出した。江永が、「御纂『周易折中』に『図書は天地の文章であり、万理はここを根本とし、万法はここを発端とする』という。非常にゆきとどいていることだなあ。いま、声律によってこの言葉が真実であると証明してみよう」（前掲『律呂闡微』巻六、象数、六一六頁下）というように、『周易折中』の影響は大きい。

しかし前述したように、『御製律暦淵源』に含まれる『律呂正義』は三分損益法を選択した。河図・洛書との結び付きが深い朱載堉の理論を選択しなかったこと、また少なくとも楽律学に関しては、象数易との安易な連関に警戒した朱熹・蔡元定の楽律論を踏襲するためか、『律呂正義』では、河図・洛書と楽律学を数理上密接に関連させようとする意識は希薄である。楽律論に限ってみれば、『周易折中』の図書起源説は、官製楽律書の方ではなく、朱載堉の影響を受けた江永の『律呂闡微』に対し、より大きな影響を与えたと考えられる。

第十四章　「経学としての楽」の転換

序

梁啓超は『中国近三百年学術史』で、凌廷堪・徐養原・陳澧を「清儒で最も楽学の条理を明らかにした」(「清儒最能明樂学條貫」)人物とする。そこには、朱載堉の理論を継承し、発展させた江永の名はない。梁啓超によると、清儒が研究した楽学は古楽と近代曲劇に分かれ、古楽については雅楽と燕楽に分かれるという。清初の毛奇齢や江永は、雅楽を研究し優れた成果を残す一方で、燕楽研究の必要性を認識するも本格的なものには至らず、燕楽研究を切り開いたのは凌廷堪であるとする。本章では、梁啓超の描いた清代の楽学の歴史に沿い、若干の史料を補いながら、清代において「経学としての楽」がどのように変化していったかを論じる。この変化は、儒者の学術における音楽論とは何かを考える上で重要であり、十二平均律の受容を分析する上でも、非常に大きな意味を持っている。

第一節　五行と楽理の分離――「革命精神」の毛奇齢

梁啓超は清初に楽学に従事した人物として、まず毛奇齢を挙げる。毛奇齢の音楽関係著作には、『竟山楽録』『聖諭楽本解説』『皇言定声録』がある。毛奇齢は、明寧王朱権が所蔵していたという唐楽笛色譜を得て、古代の「七調九声」なる理論を復元したという。しかし、梁啓超が「寧王の笛色譜というものを最後まで人に示すことなく、それが本当にあるのかないのかわからず、また、それが唐楽であるのかどうかもわからない(1)」というように、毛奇齢の唐楽研究の信憑性に疑問を持つ者は多い。たとえば『四庫提要』も「そもそも寧王の笛色譜は、本当に唐人の旧譜なのか、わかりようがない。もし本当に唐人から出たものだとしても、唐代の雅楽が、三代の楽と同列に扱うことができるなど聞いたことがない。楽工の楽譜の残りもので天地の元音を定め、漢氏以来諸儒が受け継ぎ、それほど古から離れていないものを挙げて、ことごとく誤りだと見なすのは、事物の道理に照らして正しいとはいえない。ただ寧王の笛譜は今すでに伝わらず、この一編（『竟山楽録』）を残して収録しておけば、唐以来の教坊の旧調・金以来の院本〔金代の戯曲の一種〕の遺音を考究することもできるが、それは技芸の一種である(2)」という。

梁啓超が特に毛奇齢を評価するのは、「前人が五行を楽理に付会するのを排斥した」という点である。以下は『中国近三百年学術史』にも引用されている毛奇齢の言である。

楽には五声があるとは、音に五種あるというだけのことである。宮といい商というのは、音の違いに基づいて、無理矢理名付けて目印としただけである。…（中略）…五行に分配し、五時をまじえ、五情・五気・五土・五位・五色を代わる代わる合し、神妙で珍しく奥深くて、その説を聞けば、高く抜きんでて素晴らしく聞こえるが、その説を考究してみると楽律のこととはまったく関係がない。…（中略）…およそ楽書をなすものは、多くは一元・両儀・五行・十二辰・六十四卦・三百六十五度の図を描き、彩りゆたかに文を成し流暢に説をなして、黄鐘・太蔟・陰陽・生死・上下・順逆・増減そして時気・卦位・暦数の学について引用しながら証明し、こじつけて組み合わせており、そのような書は廃すべきだ(3)。

毛奇齢は、五声に宮や商などの名をつけることのほか、五行など易と結び付けることも、さらには暦と結び付けることも批判した。また、楽を論じるものを「経」と「書」に分けた。「諸々の経は音をいう」と断った上で、「諸経が楽を論じる際、音はあるが数はなく、楽律をいうだけであって、陰陽を男女に配したり母子に配したり律管の尺度に言及したりすることはない(4)」として『孟子』（離婁上）と『周礼』（春官、大師）を引く。これらには、「六律」「五音」や、「黄鐘」「太簇」など律の名はあるが、数は出てこない。数について言及するのは、「経」ではなく、「書」だという。毛奇齢は「諸々の書は数をいう」として、以下のように述べる。

『管子』のいう五音の数は、『史記』律書が基づいたものである。ただし『管子』は十二律には言及しないが律書はすべてに言及する。律書は暦書である。司馬遷は太史令、つまり暦を作る官であり、暦を作る者は必ず律に言及し、いたずらに午を音に通じさせ、辰を律に通じさせ、次々に〔律暦を〕交えながら説明した。しかし暦律と楽律は異なるがゆえに、律書を作り、また楽書を作って区別した。『漢書』が楽と律の二志を分けて、律志の方を律暦志と直接名付けたことからもわかるだろう。蔡元定は律の字を誤って理解し、律暦を律呂とした。また劉歆の数学にあまねく依拠し、和声・度量権衡は、すべて実際には数学であるとした。劉歆はもともと義和という数学を掌る正職の暦官であると知らなかったのである(5)。

毛奇齢は、『史記』律書は数に言及し律と暦を結び付けたが、司馬遷は暦官として律に言及しただけであり、暦律と楽律は異なると考えた。『漢書』が律暦志と礼楽志を分けたこともその証拠の一つである。それゆえ、楽律と暦とを結び付けるのは正しくないと考えた。毛奇齢は六十律を六十卦に配当することを否定し[6]、さらには楽律と陰陽を重ねる理論も否定する[7]。周知のごとく、毛奇齢は宋儒を激しく批判するため、彼が批判する楽律学の中心も、蔡元定を中心とする朱子学の楽律論である。梁啓超は毛奇齢の音楽研究に対する評価は下さないが、「その革命精神はおおいに見習うべきである[8]」と述べる。梁啓超のこのような評価は、毛奇齢の楽律学に限ったことではなく、その学術全体にも共通する。

第二節　楽律は算理をもって解釈すべきか——江永の数理的楽律研究

梁啓超は江永について、「初期漢学家の楽学著作で最も有名なのは、江永の『律呂新論』二巻、『律呂闡微』十一巻である」と述べる。そして、「江永は算学に長け、算理をもって楽律を解し、宋明人の誤りを正した。しかし、楽律は算理をもって解釈すべきかどうかは、まことに先に決めるべき問題である」と述べ、「書中では、河図・五行・納音・気節といったもろもろの陋習に付会することを免れなかった[9]」と批判する。前述したような、河図・洛書と密接に結び付いた江永の楽律学は、陋習への付会であり、新しい時代の楽学を切り開くものではないと梁啓超は考えた。江永を評価する点もあるが、それは、『律呂新論』の「俗楽から雅楽を求めることができる」という項[10]と、「楽器は古に拘ることはない」という項[11]である。そして、『律呂闡微』が、唐宋燕楽研究の必要性を論じ、凌廷堪の燕楽研究の道を開いたことを評価する。[12] 江永は確かに、民間音楽の演奏や当時使われていた琴の制度の中に、中声の根拠を見出した。ただし、俗楽や今楽から雅楽を考察するという態度自体は、前述したように古くから見出され、また明代前期から特に顕著であるため、江永が音楽思想史上に果たした大きな功績だとは思えない。また燕楽については、確かに江永は『律呂闡微』巻八で「燕楽」の項を立て、「燕楽を知ることで雅楽を知ることができる」[13]と述べている。ただしその理由は、燕楽が「中声」の根拠となり、さらにはその背景に河図・洛書の数が存在するからである。筆者の見るところ、江永の最大の功績は、俗楽や今楽の背後にも河図・洛書の理を見出し、官製楽律書が三分損益法を選択する中で、あえて朱載堉の理論を継承し、象数易の数理をもって解説して発展させたことにある。つまり、むしろ梁啓超が批判した部分こそが、江永の理論の主眼なのである。

梁啓超の見解が、清代末期の音楽観を必ずしも代表するわけではない。しかし、それでもやはり、梁啓超の描く歴史は、当時の音楽思想をある程度反映しているのではないか。当時の楽学界において、江永のような象数易と楽律学の結合は、やはり牽強付会と見なされていたのではないだろうか。

第三節　音楽史を切り開く——凌廷堪の燕楽研究

続いて、梁啓超が重要視する凌廷堪である。梁啓超はなぜ凌廷堪を高く評価するのだろうか。第一に、梁啓超は、「燕楽は唐代音楽の最も主要な部分である」[14]と述べるように、凌廷堪が研究した燕楽そのものに大きな価値を認めるからである。その理由は、唐代、楽は雅楽・清楽・燕楽に分かれていたが、最も技術に優れた者が燕楽を演奏したからである。また、唐王朝において、北周・隋の旧楽を主とし、西域諸国の国楽を損益した燕楽は、楽の集大成であったからである。

第二に、毛奇齢と同様、古い楽律学に異議を唱え新しい方法で音楽史を整理した凌廷堪の精神を称えるためである。凌廷堪は「阮伯元に与える書」で、自らの書である『燕楽考原』(15)について以下のように述べている。

『燕楽考原』は〔律管の〕容積・周径を論じず、六十律及び八十四調を論じない。それは、容積・周径は、暦法が暦元という理念上の数値を計算することのように、どれも無用の説だからである。至元辛巳を暦元としてもよいし、崇禎戊辰を暦元としてもよいし、康熙甲子を暦元としてもよいではないか。これを今、用いている笛にたとえると、吹口から音孔までの長さはおよそ八、九寸であり、黄鐘である。簫の長さはおよそ一尺五、六寸であり、これもまた黄鐘である。琴弦の長さはおよそ三尺あまり、これもまた黄鐘である。このようなことは簡単にわかることだ。六十律・八十四調は、月に九道・八行があるという説のように、どれも疑わしい言説である。朱道・黒道を進むのも、一つの月道に過ぎず、青道・白道を進むのも、また同じ月道ではないか。たとえるならば、京房の六十律や銭楽之の三百律も、五声二変に過ぎない。鄭訳の八十四調や蔡元定の六十調もまた、五声二変に過ぎない。このようなこともまた容易にわかることである。…（中略）…楽律に関する諸々の書のごとくは、言葉は理を成しているといっても、そのわけを探究するに及んでは、みな海上の三つの神山のように、ただ望み見るだけで、風でなびけばまた遠くなるのだ(16)。

凌廷堪はこのように、律管の容積や管口の円周・直径を論じたり、六十律や八十四調を論じたりすることを、理念上の数値を論じるだけで、海上の神山のように非現実的で虚しいと捉える。本書でこれまで論じてきたように、儒者たちは実際の演奏を無視し、理念上の数値だけを追い求めていたわけでは必ずしもない。たとえば蔡元定の六十調は、儒者の理論を現実的な演奏形態に合わせたものであるし、朱載堉も実践可能な楽舞を構想していた。また、確かに黄鐘の長さに絶対的な基準はないが、基準音の高さを決めずに楽律計算を行なうのは難しい。しかし凌廷堪は、このような楽律学をすべて無用なものと考えた。[17] このような凌廷堪に対し、梁啓超は「昔の楽をいう者は、みな楽の外に離れてしまったが、凌廷堪は楽の中で解析している」とし、「その研究方法は、確かに後の者に新しい道を開いた」「凌廷堪が古い楽学を徹底的に整理粛清した勇猛さが見てわかる」[18]と非常に高く評価している。凌廷堪の燕楽研究については第十五章で改めて取り上げる。

第四節　「古人簡易の法」である三分損益法――陳澧の選択

梁啓超は続けて、陳澧の『声律通考』[19]を紹介する。陳澧は凌廷堪の研究に対し、部分的に批判をしつつも、楽学の道を開いてもらったと高く評価している。陳澧は凌廷堪と異なり、楽律研究を放棄したわけではない。たとえば、凌廷堪が荀勗の笛律を批判したのに対し、陳澧はそれを重んじた。陳澧は、「隋以前の歴代律尺はみな荀勗尺によって比べている。金・元・明は宋楽を継承して用い、宋楽は王朴楽を改善し、王朴の律尺も荀勗尺によって比べられる。荀勗尺があれば、漢から明に至るまでの楽声の高下もすべて知ることができる」[20]と述べ、荀勗の笛律の考証にも力を注いだ。

陳澧自身の「旧楽学」に対する態度はどのようなものだろうか。前述したように、彼は数理的楽律研究そのものを否定することはなかった。しかし、楽律を易学に結び付けることについては、やはり否定的である。

十二律の相生は、陰陽の気から本当に生まれたものではない。それは、この律によってあの律を求めるという方法に過ぎないのである。その相生は黄鐘を根本とするが、本当に十一律が黄鐘の気から生じたのではない。黄鐘によって数を起こし、それによって十一律を求めただけである。古人は音を文に載せたり口伝したりできないので、律によって人に示し、その律に依拠して自ずから〔音を〕得させようとしたのである。(21)

物の形でおおよそ考えてみると、長いものは高く、短いものは低い〔音が出る〕。ゆえに十二律は長いものが短いものを生むことを〔低くなるので〕下生といい、短いものが長いものを生むことを〔高くなるので〕上生という。…（中略）…『続漢書』律暦志は「陽が陰を生むことを下生といい、陰が陽を生むことを上生という」という。これは長短の実際の形によらず、陰陽の虚理を説いたのである。(22)

陳澧は、十二律は黄鐘を基準とするが、黄鐘の気から生まれたものではないとし、三分損益による相生を、陰陽の相生と重ね合わせることを、「虚理」とした。上生、下生という言葉の定義についても、単に短律が長律を生み、長律が短律を生むという意味と考える。陳澧は、三分損益に陰陽を重ねることを批判しただけであって、三分損益法など楽律を説くことそれ自体を否定しているわけではない。

戴念祖が指摘するように、彼は十二平均律理論を理解した上で、三分損益法を選択した。(23) それでは三分損益法を選択した理由は何だろうか。陳澧もまた、三分損益法の「往きて返らず」を問題としない。京房の六十律を評して以下のようにいう。

仲呂が執始を上生し、執始は去滅を下生し、上下相生して南事に終わり、六十律が完成する。…（中略）…

案ずるに、仲呂が宮となれば、黄鐘半律が徴となり、仲呂の数を三分損一すると、黄鐘半律には合わず、これを二倍しても黄鐘全律の数には合わない。焦延寿・京房は執始の名を創立し、そこから推算して六十律をなしたが、とうとう黄鐘の数に合うことはなかった。[24]『隋書』律暦志は「何承天は制度をうちたて議して『上下相生、三分損益は本来、古人の簡易な方法であり、古暦において天球大円一周を三百六十五と四分の一度としたようなものだったのに、後の時代の人が制度を変えて違うようにしてしまった。しかし京房はそれを理解せず、誤って六十とした』といった[25]」と載せる。『宋書』律暦志は、三分損益が大略であるのに、京房は理解せず、六十律をなし、とうとう協和することなく、間違いを増やしただけである、という[26]。案ずるに、何承天の説は、非常にすぐれた見解であり、沈約の説は、まことに何承天に基づく。三分損益法は大略を簡単に示した法であるから、仲呂を宮とし、黄鐘を徴としたのであって、それらの数がわずかに合わないことを論じる必要なく、めぐって互いに宮をなすのは、十二律で足りるのである[27]。

陳澧は、何承天や『宋書』の編者である沈約の説に基づき、三分損益法はもともと古人が記した大略に過ぎないのに、京房は仲呂から算出した黄鐘の数が合わないことに拘泥し、数多くの不必要な律を計算したと考えた。陳澧は、銭楽之の三百六十律についても「暦数に付会し、占候に仮託するだけで、実際の音楽には応用しようがない[28]」という。

「古人簡易の法」である三分損益律に対し、陳澧は十二平均律をどのように理解したのだろうか。陳澧は、朱載堉が十二平均律を計算する際、句股定理だけではなく等比数列も用いたことをはっきりと指摘した上で[29]、つまり、彼は朱載堉の行なった計算を理解した上で、以下のようにいう。

しかしこれは算法においては精密であるが、簡易であることを重んじた古人の意図から外れる。古法の三分損益は、人々はみな理解できたが、等比数列の計算などは、必ず算術に明らかになってのちに理解できるものである。朱載堉の著書は、算法を洗練させているが、天下に通行させようと思ったら、職人に算数を学ばせたあと器を作らせ、音楽家に算数を学ばせたあと音を整えさせるのだろうか。また黄鐘九寸・三分損益の数は、等比数列の数値と比べ、差が少ないのだから、そもそも計算する必要はない[30]。

陳澧は、朱載堉の理論が簡単ではなく、実際に楽器を作る職人や演奏する音楽家が理解するのは難しいと見なした。また、三分損益法で得た数と、十二平均律で得た数には大きな差はないとして、二つの方法による律長の数値を列挙し、分析する。

黄鐘を九寸として三分損益を行ない計算した十一律の数と、十二平均律の十一律の数は、林鐘・太簇の二律の差は非常にわずかで、南呂・姑洗二律の差もやはり甚だ小さく、そのほかの諸律の差はやや多い。黄鐘を宮とし、林鐘・太簇・南呂・姑洗の四律を生み、徴・商・羽・角をなす。五声が備われば、差があったとしてもわずかなので、考える必要はない。ゆえに『管子』『史記』がみな宮声を八十一とし、徴・商・羽・角を生むのは、ある一律を取り上げて宮とし、どれも八十一と決めておけば、そこから生まれる徴・商・羽・角の四律は、どれもその微少な差は気にしないということである。ゆえに三分損益法は決して粗末な説ではない。また京房や朱載堉は煩わしさも憚らず計算を進めているが、みな数値を計算した後、それに音を合わせているのである。京房と朱載堉の計算は同じではない。京房の音が合えば、朱載堉の音は合わない。朱載堉の音が合えば、京房の音は合わない。しかし京房も朱載堉もみな自らの音が精密に合っているとした。ここからわかるのは、数値上わずかに差があっても、それを音に表せば差があることに気が付かないということであり、古法は実際のところ変える必要はないということである[31]。

陳澧は三分損益律と十二平均律の律長を比較し、両者の差が微少であると述べる。確かに、十二平均律は、純正律などよりもむしろ三分損益律に近いので[32]、三分損益律に微修正を加えることで十二平均律に近づくという論理もわからなくはない。三分損益律を用いた京房と、十二平均律を用いた朱載堉では、計算の方法は違うはずなのに、二人とも自らのなした律の音はきちんと合っているという。陳澧はその理由を考察し、数に差があっても、音になれば同じと考え、古法である三分損益法をわざわざ変える必要はないと考えたのである。

さらに陳澧は三分損益律の律長が十二平均律の律長と比べ、やや短くなることを、古の人々はすでに知っていたと論じる。

三分損益の数が、十二平均律の数よりやや少ないことを、古人はすでに知っていた。『淮南子』の記載する、黄鐘八十一、林鐘五十四、太簇七十二、南呂四十八、姑洗六十四にはみな小数を含まない。姑洗以下は、三分損益によって計算すれば、応鐘は四十二と三分の二になるはずが、『淮南子』は応鐘の数を四十三という。蕤賓は五十六と三分二強になるはずが、蕤賓の数は五十七という。大呂は七十五と三分の二強になるはずが、大呂の数は七十六という。夷則は五十と三分の二弱となるはずが、夷則の数は五十一という。夾鐘は六十七と三分の一強となるはずが、夾鐘の数は六十八という。無射は四十四と三分の二強となるはずが、無射の数は四十五という。仲呂は五十九と三分の二強となるはずが、仲呂の数は六十という。『淮南子』がこれら七律の数をやや増やしたのは、ただ小数をなくそうとしたためだけではない。もし小数をなくしたいのなら、どうしてその小数を去らないのだろうか。思うに数を増やした原因は、数がやや少ないからである。三分損益が精密でないともともとわかっていたので、それを増して精密に近づけたのである（林鐘・太簇・南呂・姑洗の四律を増さないのは、その差が甚だ小さいからである）。どうして何承天・劉焯・朱載堉がのちに新しい律を設けるのを待つ必要があろうか。(33)

『淮南子』は、三分損益律が十二平均律より、やや律長が短くなることを知っていた、だからこそ律長の数値を少し増やしていると、陳澧は考えたのである。彼の説明によれば、『淮南子』のように、三分損益法を修正して用いれば問題ないため、新しい律を求める必要はない。三分損益法を使えばよく、それに代わる理論は必要ないと主張する陳澧ではあるが、それでも、三分損益律の数を「増やそうとした」。それはつまり、陳澧もまた、何承天や劉焯、(34)(35)朱載堉と同様に、十二律間の音程を等しくしようという意思は持っているのである。その点で陳澧は、十二平均律の理念を完全に否定しているわけではない。また、毛奇齢や凌廷堪と比較すれば、彼は楽律研究を放棄したわけではない。

しかし、平均律に理解を示しつつも、結局は古法である三分損益法をそのまま採用する姿勢には、みずから楽律計算を行ない、新しい楽律論を提唱することで、古楽を復元しようという意思は見られない。やはり陳澧においても、象数易と結び付いた数理的な楽律研究への興味は失われているといえよう。

小結

梁啓超は毛奇齢、凌廷堪らが易と結び付いたこれまでの数理的楽律研究を否定し、新たな音楽研究を切り開いたと評価した。そして「陳澧の書によって、漢晋以来連綿と続いてきた古楽を復活し、凌廷堪の書によって唐代の中西融合の楽を復活させれば、そこから二千年の音の変化全体の概要を知ることができる」(36)と述べる。すなわち梁啓超は、凌廷堪の燕楽研究も、陳澧の荀勗尺の考証も、これらによって明らかになるのは、「漢から唐にかけての楽」であることを自覚している。『中国近三百年学術史』では、陳澧を紹介したあと、西洋音楽が流入する近代中国において国楽をどうするかという問題を論じる。西洋音楽に対し、伝統音楽を整理するという点では、中国音楽史の大部分を占める漢代以降の音楽史を明らかにすることは非常に大きな意味を持つ。しかし、漢から唐にかけての楽の歴史を考証することは、古代の聖人の楽を復元しようとし、数理的な楽律論を研究してきたこれまでの「経学としての楽」と、根本的に異なる。梁啓超が高く評価した楽学の先駆者たちは、自らの論じた楽をどのような枠組で論じていたのだろうか。次章では、凌廷堪の燕楽研究を取り上げ、「経学としての楽」の内容が大きく転換した可能性を指摘する。

(1) 梁啓超、前掲『中国近三百年学術史』、一二一二頁。

(2) 「夫寧王笛色譜、果否爲唐人之舊、未可知也。卽眞出唐人、而唐之雅樂、固未聞能與三代比。乃執其優伶牘譜以定天地之元音、舉漢氏以來諸儒授受、去古未遠者、悉指爲謬、揆以事理似乎未然。惟寧王譜今已不傳、存錄是編、俾唐以來教坊舊調・金以來院本遺音、猶有考焉、亦技藝之一種也。」「竟山楽録提要」、前掲『四庫全書総目』、八〇五頁上。

(3)「樂之有五聲、亦言其聲有五耳。其名曰宮曰商、亦就其聲之不同、而強名之作表識耳。…(中略)…至有分配五行、旁衆五事、間合五情・五氣・五土・五位・五色、神奇窈眇、聆其說、非不卓然可聽、而究之與聲律之事絕不相關。…(中略)…凡爲樂書者、多畫一元・兩儀・三才・五行・十二辰・六十四卦・三百六十五度之圖、斐然成丈而又暢爲之說、以引證諸黃鐘・太簇・陰陽・生死・上下・順逆・增減以及時氣卦位曆數之學、鑿鑿配合者、則其書必可廢。」『竟山楽録』巻一、景印文淵閣四庫全書第二一〇冊(経部)、二九三頁下。『竟山楽録』の「竟山」は、毛奇齢の父である毛鏡の字である。この書は毛奇齢自身が著したが、父に仮託している。

(4)「諸經論樂、但有聲而無數、以其但言聲律、竝未言生娶損益及管籥尺度也。」同上、巻一、二九四頁下。

(5)「管子言五音之數、即史記律書所本。然不及十二律而律書竝及之。律書者曆書也。遷本太史令、係作曆之官、作曆者必及律、徒以午通于聲、辰通于律、往往參互言之。然要是曆律與樂律不同、故既作律書、復作樂書以別之。而漢書分樂律二志、直名律志爲律曆志可驗也。蔡元定誤認律字、乃以律曆爲律呂。且遍援劉歆備數之學、以爲和聲審度權衡、皆算數之實。烏知歆本義和典領數學正職曆官耶。」同上、巻一、二九四頁下、二九五頁上。

(6)「時間や日、六十四卦や気を律呂に分配するのは、計算上たまたま合致するだけに過ぎない。宋儒に至っては六十卦を六十律に配当して図解してぐるぐるとめぐらせた。見るべきものがないわけではないが、配当するために伸縮させたり曲げたり真っ直ぐにしたり、苦労の極みである。しかし、それによって易を追究し、律呂をかたち作ろうとしても、まったくやりようがないのであれば、一体何の益があるのか。」同上、巻二、三〇九頁上。

(7)「乾の六爻を陽律に配し、坤の六爻を陰律に配するなどというが、たまたまそのようにいうだけである。易象にも楽律にもまったく関係がない。」同上、巻二、三〇九頁上下。

(8)梁啓超、前掲『中国近三百年学術史』、三一二頁。

(9)同上。

(10)「俗樂可求雅樂。」前掲『律呂新論』巻下、八九頁。

(11)「樂器不必泥古。」同上、八九―九〇頁。
(12) 梁啓超、前掲『中国近三百年学術史』、三一二頁。
(13)「知燕樂可以知雅樂矣。」前掲『律呂闡微』巻八、燕楽、六六〇頁上。
(14) 梁啓超、前掲『中国近三百年学術史』、三一二頁。
(15)『燕楽考原』巻一から巻五では、燕楽の根源と歴史、燕楽の四均二十八調の変遷を考証する。巻六には、以上の考証を整理した論考（「燕楽二十八調説」上・中・下、「字譜即五声二変説」上・下、「述琴」「述笛」「宮調之弁不在起調畢曲説」「徴調説」「燕楽以夾鐘為律本説」「明人九宮十三調説」「南北曲説」「声不可配律説」）を収録する。凌廷堪は、燕楽の源流が四弦の琵琶にあるとした。そして、琵琶を軽んじ、律呂によって「粉飾」して雅楽をなした儒者を批判する。また、『晋泰始笛律匡謬』（一巻）では、晋の荀勗の笛制改変を批判し、梁の武帝と列和の笛制を支持する。『晋泰始笛律匡謬』は燕楽を論じるものではないが、後述するように、儒者が実践的な民間音楽を軽視し、雅楽を過度に重視する態度を批判する点において、『燕楽考原』と類似する。
(16)「其書不論容積周徑、不論六十律及八十四調。蓋容積周徑如推步之算秝元虛數、皆無用之說也。不知至元辛巳可爲元、崇禎戊辰亦可爲元、康熙甲子又可爲元也。猶之今笛、自吹口至出音孔、約長八九寸、卽黃鐘也。簫約長一尺五六寸、亦黃鐘也。琴弦約長三尺有餘、又黃鐘也。此易知者也。六十律八十四調、如月之有九道八行、皆疑世之言也。不知行朱道、黑道者、止此月道也、行青道、白道者、亦此月道也。猶之京房六十律、錢樂之三百律、止此五聲二變也。鄭譯八十四調、蔡元定六十調、此亦五聲二變也。此又易知者也。…（中略）…若樂律諸書、雖言之成理、及深求其故、皆如海上三神山、但望見焉、風引之則又遠矣。」「与阮伯元侍郎論楽書」、前掲『校礼堂文集』巻二五、書四、二二三―二二四頁。前掲『中国近三百年学術史』三一三頁にも一部引用する。
(17)『晋泰始笛律匡謬』の自序では、『史記』や『漢書』が、計算の便宜のために設けた黄鐘の数一七一一四七に対し、以下のように疑義を呈する。「楽学が明らかにならなかったのは、算数の説によって滅んだからである。黄鐘の数は『史記』『漢書』にはみな一七一一四七という。諸々の経伝を見るに、この文はない。この数は何に用いるのかわからない。黄鐘の長さだろうか。九寸の管だとすれば、針の先で削らなければ、その長さをおさめることはできない。黄鐘の容積だろうか。管口の直径九分の管には、水蒸気や埃でなければ、おさめることはできない。」『晋泰始笛律匡謬』自序、続修四庫全書第一一五冊経部楽類、四三九頁。梁啓超、前掲『中国近三百年学術史』三一三—三一四頁にも一部引用する。

(18) 梁啓超、前掲『中国近三百年学術史』、三一三頁、三一四頁。

(19)『声律通考』巻九、『陳澧集』六、上海古籍出版社、二〇〇八年、一六九頁。

(20)「隋以前歴代律尺皆以荀勗尺爲比。金・元・明承用宋樂、宋樂修改王朴樂、而王朴律尺又以荀勗尺爲比。有荀勗尺、而自漢至明樂聲高下皆可識也。」「復曹葛民書」、『東塾集』巻四、『陳澧集』一、一七三頁。梁啓超、前掲『中国近三百年学術史』三一六頁にも引用する。

(21)「十二律之相生、非眞有陰陽之氣以生也。乃以此律求彼律之法耳。其相生以黄鐘爲本、非眞十一律皆由黄鐘之氣而生也。乃以黄鐘起數、以求十一律耳。古人以聲不可文載口傳、故以律示人、使其依律而自得之。」前掲『声律通考』巻二、古楽五声十二律相生考、三〇頁。

(22)「凡物之形、長者高、短者下。故十二律長生短則曰下生、短生長則曰上生。…（中略）…續漢書律曆志乃云、陽生陰曰下生、陰生陽曰上生。此則不據長短之實形而說陰陽之虛理。」同上、三一頁。

(23) 戴念祖、前掲『天潢真人　朱載堉』、三〇五—三〇六頁。

(24) 京房は焦延寿に易を学んだという（『後漢書』巻七九上、儒林列傳上）。

(25) 前掲『隋書』巻一六、律曆志上、三八九頁。

(26)『宋書』巻一一、律曆志上、中華書局、一九七四年、二一二頁。

(27)「中呂上生執始、執始下生去滅、上下相生終於南事、六十律畢矣。…（中略）…案、中呂爲宮、則黄鐘半律爲徵、而仲呂之數三分損一、不合黄鐘半律之數、倍之不合黄鐘全律之數。焦・京乃創立執始之名、由此推算爲六十律、然終不能復合黄鐘之數也。隋書律曆志載、何承天立法制議云、上下相生、三分損益其一、蓋是古人簡易之法、猶如古曆周天三百六十五度四分之一、後人改制皆不同焉。而京房不悟、謬爲六十。宋書律志云、凡三分益一、三分損一、此其大略、京房不思此意、爲六十律、竟復不合、彌益其疏。案、何承天之説、千古卓識、沈約之説、實本於承天也。惟其爲簡易大畧之法、故仲呂爲宮、黃鐘爲徵、不必論其數之小有不合、還相爲宮、十二律而足矣。」前掲『声律通考』巻二、古楽五声十二律相生考、三二頁。

(28)「付會曆數、假託占候、而實無施於樂也。」同上、三二頁。

(29)「句股定理は飾り言葉である。澧が思うに、三項から成る等比数列の場合、初項と末項から中項を求める法では、初項・末項を乗じ、平方根を開き、中項を得る。これはまさに黄鐘と黄鐘半律を乗じ、平方根を開くことによって蕤賓を得たということである。…（中略）…これによって、黄鐘・蕤賓によって夾鐘を求め、蕤賓と黄鐘半律によって南呂を求めるのは、みな初項・末項によって中項を求めているのである。さらに黄鐘・夾鐘によって大呂・太蔟を求め、夾鐘・蕤賓によって姑洗・仲呂を求め、蕤賓・南呂によって林鐘・夷則を求め、南呂と黄鐘半律によって無射・応鐘を求めるのは、等比数列である。四項から成る等比数列で、初項・末項がわかっていて、第二項・第三項を求める。その方法は、初項を自乗し、さらに末項をそれに乗じて、立方根を開き、第二項を得る。末項を自乗し、さらに第一項を乗じて、立方根を開き、第三項を得る。」同上、三四―三五頁。朱載堉の、等比数列の中項を求める方法及び四項から成る等比数列の第二項・第三項を求める方法（第十三章を参照）を説明している。

(30)「然此於算法則密矣、而非古人易簡之意。古法三分損益、人人皆解、若連比例算法、則必明算而後能知之。載堉著書、可以精研算法、如欲通行於天下、安能使工人學算而後製其器、伶人學算而後按其聲乎。且黃鐘九寸三分損益之數、與連比例之數、所差者不多、固可以不必計也。」同上、三五頁。

(31)「黃鐘九寸三分損益十一律之數、與連比例十一律之數、其林鐘・太簇二律所差甚微、南呂・姑洗二律所差猶甚微、其餘諸律所差乃稍多耳。以黃鐘爲宮、生林・太・南・姑四律、爲徵・商・羽・角。五聲已備、而所差皆甚微、可以不計。故管子・史記皆以宮聲爲八十一、以生徵・商・羽・角、蓋隨擧一律以爲宮、皆命爲八十一、則其所生徵・商・羽・角四律、皆不覺其微差。故三分損益之法不爲疏也。且京房・朱載堉推衍算法而不憚煩者、皆以爲合於數而後合於音也。而房與載堉所算之數則不同。房之音合、則載堉之音不合矣。載堉之音合、則房之音不合矣。然而房與載堉皆自以其音爲密合也、此尤可見數雖微差、而音則不覺有差也、古法誠不必改也。」同上、三六頁。

（32）藤枝守は「平均律は、1オクターヴを十二の均等な音程で分割することによって生みだされるが、五度圏のなかで考えてみると、24セントのピタゴラス・コンマを十二の五度の連鎖のなかで平均化して、2セントだけ純正五度を狭めて700セントとなったとも考えられる。このように平均律とピタゴラス音律とは、きわめてちかい関係にあり、似たような性格をもっている」と述べる。『響きの考古学　音律の世界史』、音楽之友社、一九九八年、一一一頁。

（33）「三分損益之數、較之連比例之數稍少、古人固已知之矣。淮南子黄鐘八十一、林鐘五十四、太簇七十二、南呂四十八、姑洗六十四、皆無奇零。自姑洗以下、以三分損益算之、應鐘當得四十二又三分一之二、而淮南乃云應鐘之數四十三。蕤賓當得五十六又三分一之二强、乃云蕤賓之數五十七。大呂當得七十五又三分一之二强、乃云大呂之數七十六。夷則當得五十又三分一之二弱、乃云夷則之數五十一。夾鐘當得六十七又三分一之一强、乃云夾鐘之數六十八。無射當得四十四又三分一之二强、乃云無射之數四十五。仲呂當得五十九又三分一之二强、乃云仲呂之數六十。淮南於此七律之數皆稍增之者、非徒取其無奇零也。若欲無奇零、則何不減去其奇零乎。蓋其所以增者、以其數稍少故也。是固知三分損益之未密、而增之使幾於密也（林鐘・太簇・南呂・姑洗四律不增、以其差甚微也）。奚待何承天・劉焯・朱載堉而後設新率哉。」前掲『声律通考』巻二、古楽五声十二律相生考、三六―三七頁。

（34）何承天は、十二律各律の間の音程を等分化するため、三分損益律に修正を加えた。仲呂から三分益一によって算出した変黄鐘の律長と、黄鐘の律長との差を十二等分した数値を、三分損益律に加え、等差数列をなすかのような律制を作った。川原、前掲「中国声律小史」、四八九―四九〇頁、及び前掲『中国音楽詞典』、「新律」、四三四―四三五頁を参照。

（35）劉焯は黄鐘を六十三とし、以下十一律については音高の低い順に三を引いていき（大呂：六十、太簇：五十七、…、応鐘：三十）、等差数列を作った。そして、それぞれ七で割り、律長とした（黄鐘：九寸、大呂：$8\frac{4}{7}$寸、太簇：$8\frac{1}{7}$寸、…、応鐘：$4\frac{2}{7}$寸）（川原、前掲「中国声律小史」、四九〇―四九二頁を参照）。「劉焯の制は何承天のばあいと同様に、音程を等しくするのに律長の比でなくその差を考えており、したがって完全に誤りである」（同上、四九一頁）が、「等差数列を考えることによって三分損益法の束縛から十二律の相生法を解き放した、否、解き放そうとしたのである」（同上、四九二頁）。

（36）梁啓超、前掲『中国近三百年学術史』、三一六頁。

第十五章　新しい音楽史の開拓
――凌廷堪の燕楽研究

序

前述したように、梁啓超は清代音楽史を描くにあたり、数理的楽律研究を低く評価した。近代以降始まる中国音楽史研究でも、楽律学は朱載堉で頂点に至り、清代には衰退したという歴史観がしばしば見られる。民国期の王光祈《おうこうき》（一八九二―一九三六）は『大清会典』及び『大清会典事例』が記述する清朝楽律の矛盾を数多く指摘し、そのような楽律に基づいた音楽制度は「入り乱れて秩序がなく、音楽的には何ら重要な価値はない」（1）といいきる。また楊《よう》蔭瀏は、「明清期には楽律著作が多数出現したが、その共通点は、物質的存在から脱離し、現実から逃避し、神秘主義を売り物にし、いうことはこの上なく奥深いが、何の問題も解決しない」とする（2）。現在の研究ではこういった音楽史観は見直されつつある。しかし明末から清代にかけて、雅楽や楽律に関する著作が数多く登場するも、様々な理論が混沌とし、宮廷雅楽の楽律にも大きな問題があったのは事実である。こういった状況に危機感を持った人物が凌廷堪であった。

第一節　燕楽研究の先駆者・凌廷堪

凌廷堪、字は次仲、安徽歙県の人である。乾隆二十二（一七五七）年に生まれ、六歳で父を亡くしたのちは生活に窮しながらも学問を続け、乾隆五十八（一七九三）年に進士となり、寧国府学教授などに任ぜられる。嘉慶十四（一八〇九）年、五十三歳で没する。(3)

思想史では、理を否定し礼の重要性を強調して、「以礼代理」を主張した人物として知られる。凌廷堪の礼思想の形成、また清代思想史における影響については、張寿安『以礼代理——凌廷堪与清中葉儒学思想之転変』(4)が詳しい。凌廷堪は経書の音韻訓詁と考証を重視する顧炎武以来の乾嘉学派を受け継ぎつつも、考証自体が目的となってしまった弊害を指摘し、経世致用を目指すことを主張した。また音韻訓詁だけではなく、典章制度を研究することで初めて、経書の義理が明らかになると考えた。彼は若年のころ同じ徽州出身の戴震に私淑したと自ら称するが、制礼の本源を人性に求める点などは、人欲に基づいて理を考究した戴震に共通し、礼を重んじる態度は朱熹・江永など、徽州理学の伝統を継承している。(5)

張寿安が「廷堪の礼学思想の重要性は、彼の儀礼に対する内容にいかなる新しさがあるかということにはなく、彼の『以礼代理』というこの主張に表れた、清代儒学の思想上の方向にある」(6)と述べるように、張寿安の論は、凌廷堪の「以礼代理」のスローガンに表れた清代儒学の転換を論じることに、重点が置かれている。そのため、凌廷堪が理に代わるべき礼として研究した学術の具体的内容については論述が少なく、またその具体的学術内容が、「以礼代理」の主張といかなる関係にあるのか、そして理を中心に据えた宋代の学術と比較し、どのような特徴を持っているかについては、ほとんど論じられていない。

音楽史においては、凌廷堪は、『燕楽考原』を著し、燕楽研究の先駆者としての評価が高い。前述したように、梁啓超は、凌廷堪が燕楽研究という新しい分野を切り開いた姿勢を高く評価していた。確かに、江永らがまず楽律研究に着手した上で、燕楽の制度研究の必要性を示唆するのに対し、凌廷堪はこれまでの儒者の多くが行なってきたような、数理的楽律研究自体の有効性を疑問視し、それを放棄した上で燕楽研究に取り組んでいる。ただし、梁啓超は、凌廷堪の燕楽研究の内容そのものの是非については評価を保留している。

このように凌廷堪は、礼研究の方面でも、楽研究の方面でも、先駆者としての一面が強調されている。しかし前述したように、彼が行なった礼楽研究そのものに踏み込んだ研究は少ない(7)。本章では凌廷堪の燕楽研究を具体的に取り上げ、その「先駆的な」燕楽研究が、「経学としての楽」に対しどのような役割を果たしたのかを考察する。

第二節　凌廷堪の音楽史観

そもそも燕楽とは何か。『中国音楽詞典』は燕楽を三つの意味に分ける。第一に、「宴楽」や「讌楽」としての燕楽である。周代の燕楽は賓客をもてなすために用い「房中楽」とも称したが、後世では饗宴における飲食・遊興・観賞活動一般を表し、宮廷で俗楽を使用する際の一切の用途を概括するようになった。第二に、隋唐及び宋の宮廷で用いられた俗楽の総称である。第三に、唐の九部あるいは十部楽のなかの第一部「燕楽」である。凌廷堪が研究した燕楽に最も近いのは、第二の意味である(8)。ただし、中純子が述べるように、『唐の俗楽を中心とした音楽の総称』としての燕楽という言葉は、「唐代資料において定義づけされていたわけではなく、宋人によってこそ検証され明確な輪郭を与えられていった」[9]。つまり、雅楽・俗楽・燕楽の鼎立は、宋人の目線で描いた唐代音楽のイメージに過ぎない。凌廷堪は著作の中で、隋唐以降の音楽について、繰り返し「雅楽対燕楽」という構図を描くが、これ自体、宋人の生んだ構図である。ただし、宋代以降の士大夫が、この構図に基づいて燕楽や俗楽よりも雅楽を重視したのに対し、凌廷堪は雅楽よりも重要なものとして燕楽を論じる。

凌廷堪が燕楽研究に着手した理由は、第一節で論じたように、それまでの数理的な楽律論への不満であった。『燕楽考原』序において彼は以下のように述べる。

ひそかに思うに、世の儒者たちが古楽を明らかにせんとしても、燕楽を用いて考察することもできず、往々にして黍を並べて竹を裁断し、自らを恃んで様々に考えをめぐらし、いうことは理屈が通っていても、実際に音楽に応用しようとすると、海上三神山のように、遠くから望めても実際に接することはできない[10]。

儒者たちは古楽を復元するにあたり、黍を並べて寸法を測って黄鐘律管を求めようとしたり、あるいは竹を裁断したりして律管を作成した。しかし音楽として応用するに至ってはまったく役に立たなかったと凌廷堪は考える。そこで彼が重視するのが燕楽である。彼にとって燕楽は歴史的にどう位置付けられるのか。彼は以下のように自らの音楽史観を述べる。

そもそも燕楽とは、唐宋の人ならばみなこれを知っており、時代も今と離れていない。学ぶ者はその沿革すら詳述できていないのに、一体どうやって三代以前の律呂がわかるものか。隋の鄭訳が亀茲の琵琶を応用して律を定めて以来、雅楽・俗楽を問わずみなここに由来しており、律呂の名で粉飾しているに過ぎない。世の儒者は琵琶を三代の法物と見ず、そのまま何も論じず、黍を並べて演算し、竹を切断して管を作りそれを吹き、自ら心得ていると自任し、その音を生み調を作り出したのは、みな蘇祇婆の名残であることを知らないでいる(11)。

凌廷堪は、唐宋の楽ですら明らかになっていないのに、古代雅楽の律呂を論じられるわけがないと考える。また、「知音の士」として文帝に仕えた隋の鄭訳が、琵琶の理論に雅楽の律呂の名称を付会し粉飾したので、それ以降の雅楽は、古代雅楽とは別物である、とする。つまり彼は、唐宋以降、雅楽・俗楽ともに、その源流は蘇祇婆がもたらした琵琶であると見なしているのである。前述したように、鄭訳は、開皇初に楽律改定を命じられ、宮廷音楽において八十四調を用いるよう主張した人物である(12)。

凌廷堪は、これまで「三代の法物」ではないとして軽視されてきた琵琶を、唐宋燕楽の源流として重く扱う。

燕楽の源は、『隋書』音楽志によれば、亀茲の琵琶から出て、ただ宮・商・角・羽の四均だけであり、徴声はなく、一均を分けて七調とし、四均なるがゆえに二十八調である。その楽器は琵琶を主として、他の諸々の楽器はこれに従う。『遼史』楽志に「四日二十八調は、黍律を用いず、琵琶の弦を用いて協和させ、みな低音から高音に至る」とあるのがこれである。虞世南『琵琶賦』の「声は商・角を備え、韻は宮・羽をおさめる」という語、そして段安節『琵琶録』の「商・角は同じく用い、宮は羽・音を遂げる」という語もまさに同様で、みな徴声があるといわない。琵琶は四弦だから、燕楽は四均である(13)。

唐宋の燕楽の源流は、宮・商・角・羽の四均を持つ四弦の琵琶であるため、燕楽に徴声はない。そして一均につき七調を形成するので、燕楽は二十八調である。琵琶の理論に基づく以上、雅楽も二十八調でなければならないはずだが、鄭訳は十二律がそれぞれ宮・商・角・変徵・徵・羽・変宮の七調をなすとし、八十四調の雅楽を作り上げた。凌廷堪は、「欺人之学」である鄭訳の楽律論は、実際には複雑すぎて使えなかったとする[14]。また、蔡元定は、鄭訳の理論から変徵・変宮を除き、十二律が五調をなすとして六十調の雅楽を提唱したが、鄭訳の誤りを継承しただけであり、やはり二十八調が正しいとする。後の学者は蔡元定の理論を重んじるばかりで、燕楽二十八調を顧みることはなかったという[15]。

凌廷堪は、鄭訳以前の雅楽や楽律学についても批判的であり、『晋泰始笛律匡謬』では、晋の荀勗について、竹声と糸声を混同していると批判した。一方、晋の列和や梁の武帝の笛制については肯定的な評価を下す。荀勗は竹声と糸声の違いを認識していたからこそ、両者の利点を組み合わせ、管口補正を行なったのであり、凌廷堪の批判は不適切である。しかし、いずれにせよ、厳密な理論よりも、楽工に伝わる経験的方法を重視する考え方を高く評価する態度は、実践的な制度として残存する燕楽を、雅楽よりも優先して研究しようとした態度に共通する。

仮に凌廷堪の音楽史観が正しいとしても、唐宋以来の燕楽の歴史に対する考証は、そもそも彼の礼学とどう関わるのだろうか。たとえば陳澧は「数十年来、凌次仲だけが奮然とこの学に通じようとし、今楽をもちいて古楽に通じるという。澧はその書を求めて読んでみて、多くはよい議論であることを確信した。しかし今の字譜は宋の字譜であるとし、宋の字譜は隋の鄭訳が応用した亀茲の琵琶に出ると見なしている。彼のいう通りであれば、今楽より古代へと遡ったとしても、西域の楽に通じるだけであって、どうやって中国の古楽に通じるのだろうか[16]」と述べる。凌廷堪自身が考証したように、燕楽は、西域由来の音楽であり、古の聖人が制作した音楽ではない。それならば凌廷堪は、従来の儒者よりも一層明確に、燕楽を研究する理由を説明する必要があるのではないか。経世を目指す儒者の学問として、「経学としての楽」として、燕楽研究の意義を説明しなければ、単なる制度研究の域を出ず、また彼の経学研究とも結び付かない。

第三節　理を媒介とする東西学術

しかし凌廷堪は、聖人製作の楽と唐宋燕楽の関係について、明確に論じることはなかった。『孟子』が、今楽が「人々とともに楽しめる」点において古楽のようなものだと述べたように、また、鄭訳が、琵琶の理論を周・漢の制度に結び付けたように、歴代の楽論は、雅ではない楽を中華の楽に取り入れるための論理を構築した。朱載堉もまた、今楽を古楽と融合させ（第九章）、今尺を用いて古の度量衡を復元しようとしたが（第十章）、なぜ今の技術を古代の制度に結び付けることが可能であるのか、その理由を丁寧に説明している。唐代に西域から伝来した燕楽が、単に耳に心地よい鄭声のような楽ではなく、真に「移風易俗」を達せられる楽であることは、何によって保証されるのだろうか。ここでは、凌廷堪の学術観を取り上げ、唐宋燕楽と古代音楽との関係についてさらに考察を試みる。

凌廷堪には、天文学や数学における東西学術を比較する著作が複数あり、マテオ・リッチがもたらした西洋科学による学術の変化にもしばしば言及する。[17]『読孟子』では、『孟子』が「星辰」の上に「天之高也」という文を重ねることから、[18]凌廷堪は、アリストテレス天文学でいえば「星辰」のある場所が「恒星天」であり「天之高」なる場所が「宗動天」であるとする。しかし秦以降古法が途絶え、両者を混同する学者が続出した。西洋学術が伝来し「宗動天」の概念によって、歳差の理由が明らかになったが、実は『孟子』がすでに述べていたはずである。凌廷堪は中西学術について以下のようにいう。

古の儒者は天・地・人に通じていたが、後世の儒者はただ何もないところをむやみに穿鑿し理を虚しく談ずるだけである。ゆえに西洋の学説を聞くや否や、あるものは初めて得た知識だと見なして驚き、あるものは異質の学だと見なし排除する。私が思うにどちらも間違っている。西人の説は、虞書や『周髀算経』に照らし合わせればことごとく合致し、古の聖人はもともとこれを熟知していたのである。自分たちになかったものではなく、ただ聖人の書を解釈した者たちが真の意味を捉えられなかったに過ぎない。つまり驚いて西人の創見と見なすのは、誤りである。西人の説は、すでに古の聖人の説に合致しているのだから、兼修して習得し、自分の及ばない所を補うべきであり、隠れてその学を用いているのに表向きは排斥するなどしてはいけない。つまり西学を排斥して異質のものと見なすのも、また誤りである。(19)

古の儒者の学術は西学と一致しており、西学の新しさに過度に驚くのも、またそれを排斥しようとするのも間違いである。また、凌廷堪は「黄鐘説」において、中国の伝統数学と西洋幾何学を比較する。凌廷堪は「黄鐘は万事の根本をなすというのは、つまり、律度量衡がそこから生じ出てくることをいう」(20)とし、以下のように述べる。

西人の点・線・面・体の説は、古の聖人がもともと言及していたのに、後世の人が気付けなかっただけである。世の学者は、平面三角法・球面三角法だけが古の聖人が作り出した句股定理から発展させた理論であり、幾何学の点・線・面・体は『九章算術』とまったく別物であり、ことごとく西人の新意であると見なしていて、中国もまた自ら有していたことを知らないでいる。どうしてそれがわかるのか。黄鐘が万事の根本であることからこれがわかるのである。そもそも黄鐘は秬黍一つから生まれ、数が始まるところである、これは西人のいう点でなかろうか。黄鐘の長さ九寸は、秬黍を並べたものである、点を引きのばして線とすることではないか。黄鐘の管口面積が九平方分であるとは、線を引きのばして面とすることではないか。黄鐘律管の容量が千二百粒の秬黍だというのは、面を重ねて体とすることではないか。それゆえ度が分や寸をなすのは、西人の線から面を描く説である。量が龠や合をなすのは、西人が面から体を描く説である。…（中略）…そもそも三角が句股と異なるのは、その名だけであり、黄鐘が点・線・面・体と異なるのもまた名だけなのであって、理はみな同じである。…（中略）…平面・球面三角法も点・線・面・体の説から出たことを考えれば、黄鐘が万事の根本であることも信じられよう。古の聖人がただ黄鐘の二字によって〔点・線・面・体から平面・球面三角法までを〕表現したのは、簡にして要というべきである。〔陸九淵がいうに〕「東海に聖人が出現したが、この心この理は同じである。西海に聖人が出現したが、この心この理は同じである。」それゆえ西人の学術を自分たちはいまだ持たないものと見なし彼らだけが得たものと見なすのは間違いであり、自分たちが先に得て彼らがこっそりと得たと見なすのもまた間違いである。(21)

凌廷堪によれば、西洋幾何学における点・線・面・体の説が、古代中国には存在しなかったと考えるのは誤りであって、それらはすべて、古の聖人の黄鐘の一語に表されていた。具体的にいえば、黄鐘は秬黍一粒から起こり、これは西人のいう点にあたる。また黄鐘律管の長さ九寸は、点をのばした線である。黄鐘律管の管口面積九平方分は面、律管の容量秬黍千二百粒は体である。点・線・面・体から生じたものが平面・球面三角法であり、黄鐘から生じたものが句股定理である。黄鐘と点・線・面・体、平面・球面三角法と句股定理は、名が異なるだけで理は変わらない。それゆえ、中国と西洋の学術は、どちらか一方だけ優れ、どちらか一方だけが劣るということはない。

ここで凌廷堪が論じたのは、明末に伝来した西洋数学と中国の伝統数学との関係であるが、楽もまた黄鐘から生じたものである以上、東西音楽もまた、同じように結び付けられる可能性を持つことになろう。たとえ琵琶が「三代の法物」ではなく、唐宋以降の燕楽の由来が西域にあっても、その背景にあるシステムは、中国古代の楽と同じということになるのではないか。つまり、燕楽にも聖人制作の楽と同じ理が宿っているはずである。凌廷堪は「与阮伯元侍郎論楽書」で明確に述べている。

　字譜は唐以後初めて存在し、これはつまり亀茲の楽である。しかし字は異なるけれど、七声が互いにめぐるあり方は異なりようがない。上・尺というのを、古では宮・商といっていたようなものであり、中国の天文学で「降婁の次」というのを、西人が「白羊宮」というようなものである[22]。

古代雅楽と隋唐燕楽の字譜の関係が、中国天文学の「降婁の次」と西洋天文学の「白羊宮」が同じ黄道十二宮の第一宮を指すことにたとえられている。つまり、唐以降に使われた字譜は、亀茲からもたらされたものだが、字が異なるだけで、宮・商・角・変徴・徴・羽・変宮の七声がめぐる音階のシステムは違うはずがない。天体の同じ場所を、中国と西洋では異なる名称で呼んでいたのと同じである。名は違うが理は同じ、という思想はここにも見られる[23]。

凌廷堪は『礼記』楽記の「声、相応じるがゆえに変を生み、変、方を成しこれ音という（聲相應故生變、變成方謂之音）」や「声、文を成し、これ音という（聲成文、謂之音）」に対し、「古にいう声とは、燕楽の十五字譜である。古にいう音とは、燕楽の二十八調である[24]」と述べる。楽記の「声」「音」という語を燕楽に関連付ける解釈は奇抜だが、「黄鐘論」の中で展開された彼の思想に基づいて考えれば、古の聖人の楽と燕楽は同じ理を持つ楽である。楽記はここで楽と人心の関係を述べ、さらに楽と統治の関係へと発展していく。つまり凌廷堪は燕楽を抽象化し、隋唐燕楽に内在する理が、楽記の記述する人心教化に有益な音楽に内在する理と共通すると考えたのである。

凌廷堪は、「復礼」や「好悪説」において、宋学の理に禅学の影響を見出し、とりわけ理を経文に読み込む解釈や、「体」「用」を当てはめる説を否定している。張寿安は、凌廷堪が徽州理学の影響を受け、戴震の義理学の影響を受けつつも、最終的には「以礼代理」を唱え、理を全面否定したという[25]。確かに凌廷堪は、宋儒を批判するにあたり「聖人の遺した書を説くにあたって、必ず常にいう礼を捨て、いったこともない理にことごとく附会するのは、果たして聖人の本意であろうか[26]」といい、特に道徳心性と結び付けられた宋学の理については聖人が「いったこともない理」として否定する。

しかし凌廷堪は、前述した「黄鐘説」等では、東西学術を媒介する重要な概念として、理を持ち出している。その際に引用したのは、陸九淵の心と理に関する記述である。

宇宙はすなわち我が心、我が心はすなわち宇宙である。東海に聖人が出現した、この心は同じで、この理は同じである。西海に聖人が出現した、この心は同じで、この理は同じである。南海・北海に聖人が出現した、この心は同じで、この理は同じである。千百世の上より千百世の下に至るまで、聖人が出現することがあれば、この心この理、また同じでないことはない[27]。

陸九淵のこの言説は、心がすなわち理であり、両者の普遍性を強調することで、心の重要性を説くことに主眼がある。「この理は宇宙に充満しており、誰もこれより逃げることはできず、これに順えば吉、これに逆えば凶である[28]」「理は天下の公理であり、心は天下の同心である[29]」「この理は宇宙の間にあり、もとより人の明・不明、行・不行によって増減するものではない[30]」などと述べるように、陸九淵にとっての理は、道徳的・倫理的な原則を指すと同時に、宇宙を貫く、人知を超えた客観的・普遍的原則でもある。凌廷堪が注目したのは、道徳的・倫理的原則としての理でなく、古今東西を問わず、聖人であれば誰でも有しているという、普遍的原則としての理である。

凌廷堪は「そもそも人が天より受けるものは性である。性がもともと持っているものは善である。その善に立ち戻る手段は学である。その学を貫く方法は礼である。このために聖人の道はひとえに礼のみである[31]」というように、彼にとって性と結び付くのは礼である。心や性に関しては、「心を節する手段は、礼だけである、天地の先にあるものをわざわざ遠く尋ねはしない[32]」性を節する手段もまた、礼だけである、理や気をやみくもに議論しない。と述べ、理と切り離す。彼の理は、朱熹や陸九淵のように、心や性と結び付くことはない。しかしながら、すべての理を捨てたのではなく、時代・場所を超えた宇宙の客観的・普遍的原則としての理だけは、依然として彼の学術の中に生き続けている。凌廷堪は「礼の外に、学というべきものはない[33]」というが、彼の探究した礼の存在理由を成立させているのは、こういった普遍的原則としての理の存在なのではないか。西域由来の唐宋燕楽が持つ理と、聖人の制作した楽の理が共通することを前提として初めて、彼の燕楽研究は成り立っているからである。

小結

従来の雅楽研究に対し異を唱え、燕楽研究を開始した凌廷堪の批判精神には高い評価が与えられ、燕楽研究の先駆者とされた。また近年、清代思想史研究では「以礼代理」の主張が再評価されてきた。彼が礼楽両方面において、新しい研究の先駆者であることは間違いない。しかし彼の燕楽研究は、これまでの儒者たちが行なってきたような「経学としての楽」として十分に説得力を持っていたのだろうか。

凌廷堪は、自らが研究した隋唐燕楽の起源を亀茲伝来の琵琶であるとする以上、結局三代の楽といかなる関係があるのかは曖昧なままであった。隋唐燕楽を研究したところで、ゆきつく先は西域の琵琶であり、聖人の制作した古楽にはつながらない。また、凌廷堪が三礼のうち本経と見なす『儀礼』に描かれる楽もまた燕楽であるが、凌廷堪の音楽史では、古代の燕楽と隋唐燕楽とは断絶している。このように、凌廷堪において、燕楽と古楽とを関連付ける意識は希薄であった。たとえ純粋な制度研究として優れていたとしても、『四庫提要』の言い方を借りるならば、それは「末節の技術」に過ぎず、「経学としての楽」ではない。

しかし凌廷堪は、自らの意図しないところで、「経学としての楽」そのものを変化させてしまったともいえないだろうか。凌廷堪は、古今東西の学術を理によって同貫させた。彼は中西学術を論じる際に、両者の優劣を論じるのではなく、両者は異なる名称を用いるが、背後には同じ理があると考えた。このような学術観は、西域由来の唐宋燕楽と、聖人制作の古楽との関係にも投影される。聖人の楽と同じ理を持つならば、凌廷堪が唐宋燕楽を研究する理由も成立する。確かに凌廷堪は、心性論と結び付いた理を否定するが、客観的・普遍的規律としての理は、彼の学術観を支える重要な要素であった。「以礼代理」を唱え、数理的楽律研究を批判する凌廷堪にとって、朱熹・蔡元定や、朱載堉・江永は、打倒すべき対象である。凌廷堪と朱子学者たちは、「礼対理」で対立しているようにも見える。しかし凌廷堪は、理を捨てたのではなく、理の普遍性を極度に高めた結果、結果として、外来音楽を「経学としての楽」として、論じることができたのである。このような「経学としての楽」の転換は、そもそも楽が「楽経」を持たない経学として、様々な議論を許容する可能性を有していたからこそ生じたと考えられる。また、今楽という「雅」ではない民間音楽を重視する流れが、明代・清代を経てより一層強まった結果、凌廷堪は外来音楽そのものの中に理を見出すに至ったのであろう。

（1）『中国音楽史』、広西師範大学出版社、二〇〇五年、六二頁。

(2) 前掲『中国古代音楽史稿』、一〇一二頁。

(3) 凌廷堪の事績については『清史稿』巻四八一、儒林伝のほか、王章濤『凌廷堪伝』(広陵書社、二〇〇七年)を参照。

(4) 河北教育出版社、台湾学術叢書、二〇〇一年。

(5) 張寿安は凌廷堪の礼学思想の背景を、乾嘉学派と徽州理学の二つの学術との関連で説明する。同上、一六―三二頁。

(6) 同上、三三頁。

(7) 楽が礼の一部であることを鑑みれば、凌廷堪の著作のうち、多くの分量を占める燕楽は、凌廷堪の礼研究の重要な一部分でもある。それゆえ彼の燕楽研究を分析することは、「以礼代理」の内実を知る上でも必要な作業である。

(8) 前掲『中国音楽詞典』、「燕楽」、四四七―四四八頁。

(9) 中純子「北宋期における唐代音楽像――『新唐書』「礼楽志」を中心にして」、『天理大学学報』五八―二、二〇〇七年、一一二頁。

(10) 「竊謂世儒有志古樂、不能以燕樂考之、往往累黍截竹、自矜籌策、雖言之成理、及施諸用、幾如海上三神山、可望而不可即。」『燕楽考原』序、叢書集成初編所収、粤雅堂叢書排印本、一―二頁。

(11) 「夫燕樂、唐宋人皆知之、去今未遠。學者猶不能詳言其故、況三代以前之律呂哉。自隋鄭譯推演龜茲琵琶以定律、無論雅樂俗樂皆原於此、不過緣飾以律呂之名而已。世儒見琵琶非三代法物、恆置之不言、而累黍布算、截竹吹管、自矜心得、不知所謂生聲立調者、皆蘇祇婆之諸餘也。」同上、巻一、総論、五頁。

(12) 陳澧は、八十四調は鄭訳に始まったことではなく、梁の時代からすでにあったという。『旧五代史』楽志に、梁の武帝が「古の五音と二変を利用し、めぐってたがいに宮となり、八十四調を得た」とあることから、「梁の武帝にすでに十二笛があり、めぐって転調し、八十四調をなしたことは疑いない」とする(前掲『声律通考』巻四、梁隋八十四調考、七〇―七一頁)。

(13) 「燕樂之源、據隋書音樂志、出於龜茲琵琶、惟宮・商・角・羽四均、無徵聲、一均分爲七調、四均故二十八調也。其器以琵琶爲主、而衆音從之。遼史樂志曰、四旦二十八調、不用黍律、以琵琶弦叶之、皆從濁至清、是也。虞世南琵琶賦、聲備商角、韻包宮羽、與段安節琵琶錄、商角同用、宮逐羽音、二語正同、皆不云有徵聲。琵琶四弦、故燕樂四均也。」「燕楽二十八調説」上、前掲『校礼堂文集』、一五六頁。

(14)「自鄭譯演蘇祇婆琵琶爲八十四調、而附會於五聲二變十二律、爲此欺人之學、其實緐複而不可用。」前掲『燕楽考原』序、一頁。これに対し陳澧は、「凌次仲が八十四調は複雑で実行できないというのは、大きな誤りである。梁武帝・万宝常・鄭訳が八十四調をなしたのは、八十四調をことごとく設けて用いようとしたのではなく、ただその数を備えようとしただけである」（前掲『声律通考』巻四、梁隋八十四調考、七三頁）と述べる。

(15)「若蔡季通去二變而爲六十調、殆又爲鄭譯所愚焉、後之學者奉爲鴻寶、沿及近世、遂置燕樂二十八調於不問。」前掲『燕楽考原』序、一頁。

(16)「近數十年、惟凌次仲奮然慾通此學、自謂以今樂通古樂。澧求其書讀之、信多善者。然以爲今之字譜卽宋之字譜、宋之字譜出於隋鄭譯所演龜茲琵琶。如其言、則由今樂而上溯之、通於西域之樂耳、何由而通中國之古樂也。」「復曹葛民書」、『東塾集』巻四、前掲『陳澧集』一、一七二頁。

(17)「蓋自利氏東來、而天文之學又一變矣」「來利氏於歐羅、學因之而大變」「縣象賦」、前掲『校礼堂文集』巻一、五頁。

(18)「天之高也、星辰之遠也、苟求其故、千歲之日至、可坐而致也。」『孟子』離婁章句下。

(19)「古之儒者通天・地・人、後之儒者惟鑿空談理而已。故驟聞西説、或以爲創獲而驚之、或以爲異學而排之。愚以爲皆非也。西人之説、徵之虞書・周髀而悉合、古聖人固已深知之。非吾所未有、由説之者不得其意耳。則驚其爲創者、過也。西人之説、旣合於古聖人、自當兼收竝采、以輔吾之所未逮、不可陰用其學而陽斥之。則排其爲異者、亦過也。」「読孟子」、前掲『校礼堂文集』巻五、三九頁。

(20)「黃鐘爲萬事根本、蓋言律度量衡所從出也。」「黃鐘説」、同上、巻一七、一五二頁。

(21)「西人點・線・面・體之説、古聖人固已嘗言之、後人特未之察耳。世之學者但知平弧三角爲古聖人勾股之精、而以幾何之點・線・面・體與九章本末不同、咸以爲西人之新意、而不知亦中國所自有也。何以知之。於黃鐘爲萬事根本知之。夫黃鐘生於一黍、數之所始也、非西人所謂點乎。黃鐘之長九寸、由黍之所積也、非點之引而爲線乎。黃鐘之圍九分、非線之引而面乎。黃鐘之實千二百黍、非面之積而爲體乎。是故度之爲分爲寸也、是西人由線而面之説也。量之爲龠爲合也、是西人由面而體之說也。…（中略）…夫三角不同於勾股者、其名耳、黃鐘不同於點・線・面・體者、亦名耳、理則未嘗不同也。…（中略）…而平弧三角實亦出於點・線・面・體、信哉爲萬事根本也。而古聖人直以黃鐘二字賅之、可謂簡而要矣。東海有聖人出焉、此心此理同也。西海有聖人出焉、此心此理同也。故謂西人之學爲吾所未有而彼獨得之者、非也。爲吾所先有而彼竊得之者、亦非也。」同上、一五二―一五三頁。

(22)「字譜唐以後始有之、蓋卽龜茲之樂。然字雖異、其所以七聲相旋者不能異也。如今曰上・尺、古曰宮・商、猶之中法曰降婁之次、西人曰白羊宮也。」前掲「与阮伯元侍郎論楽書」、割注、一二三―一二四頁。

(23) このほか、古の制度と今の制度を比べる際も、凌廷堪は「理は同じ」だと述べる。「古の算学は算木を用いるが、今の算学は算盤を用いる。その器は異なるが、その理は同じである。」「撃蒙書室雑銘十五首」、珠算器銘、前掲『校礼堂文集』巻一三、一一二頁。

(24)「古之所謂聲者、卽燕樂之十五字譜也。古之所謂音者、卽燕樂之二十八調也。」前掲『燕楽考原』序、一頁。

(25) 張寿安は戴震の理学を批判的に継承し、程瑶田が理に代わって掲げた「物則」の概念が、凌廷堪の礼学に与えた影響を論じる。程瑶田の「則」とは、人倫においては礼法節度を意味する。彼の「学問の主要内容は礼である」という主張は、凌廷堪に大きな影響を与えたという（前掲『以礼代理』、二二―三二頁）。

(26)「說聖人之遺書、必欲舍其所恆言之禮、而事事附會于其未言之理、是果聖人之意邪。」「復礼」下、前掲『校礼堂文集』巻四、三二頁。

(27)「宇宙便是吾心、吾心卽是宇宙。東海有聖人出焉、此心同也、此理同也。西海有聖人出焉、此心同也、此理同也。南海北海有聖人出焉、此心同也、此理同也。千百世之上至千百世之下、有聖人出焉、此心此理、亦莫不同也。」「年譜」、『陸九淵集』巻三六、中華書局、一九八〇年、四八二頁。

(28)「此理塞宇宙、誰能逃之、順之則吉、逆之則凶。」「易説」、同上、巻二一、二五七頁。

(29)「理乃天下之公理、心乃天下之同心。」「与唐司法」、同上、巻一五、一九六頁。

(30)「此理在宇宙間、固不以人之明不明、行不行而加損。」「与朱元晦」、同上、巻二、二六頁。

(31)「夫人之所受於天者性也。性之所固有者善也。所以復其善者學也。所以貫其學者禮也。是故聖人之道、一禮而已矣。」「復礼上」、前掲『校礼堂文集』巻四、二七頁。

(32)「其所以節心者、禮焉爾、不遠尋夫天地之先也。其所以節性者、亦禮焉爾、不侈談夫理氣之辨也。」同上。

(33)「禮之外、別無所謂學也。」同上。

第三部　結論

第三部で論じた清朝楽論は、大きく二つの時期に分かれる。第一に、楽律学が「経学としての楽」として、より大きな役割を担った時期である。第二に、民間音楽など「雅」ではない音楽の演奏技術や歴史研究の重要性が、雅楽の楽律を数理的に研究することの重要性を凌ぎ、「経学としての楽」が転換する時期である。

第十二章では、第一の時期、すなわち清朝初期から中期の公式楽律観を取り上げた。清朝では、十二平均律よりも三分損益法が選ばれた。それは三分損益法の抱える「往きて返らず」が問題視されなくなったからである。正律と変律の間に大きな差はないと見なされ、仲呂から黄鐘へと戻れないことそれ自体が、数の自然だと捉えられた。

一方、第十三章で取り上げた江永は、「往きて返らず」を再び問題視し、朱載堉の十二平均律こそが、河図・洛書の数理を真に反映していると考えた。朱載堉は楽律や暦の計算の際、河図・洛書の数を象徴的に用いたに過ぎないが、江永は河図・洛書の数の配置そのものの中に、様々な計算法則を見出し、楽律計算に結び付けた。朱載堉が河図・洛書の「数」を利用したというのなら、江永は河図・洛書に見出される「数理」を利用したといえるだろう。

第三章で論じたように、朱熹と蔡元定は、楽律学と象数易の数理展開を別の体系として捉え、両者の安易な結合を避けていた。『易学啓蒙』の象数学と、『律呂新書』の楽律学との間には、一定の距離があったのである。彼らは確かに、律と易には陰陽の対立という共通項があり、陰陽の対立の背景には河図・洛書の理があるといっている。しかし、朱載堉や江永の、河図・洛書の数と楽律とを直接的に結び付ける傾向に比べれば、朱熹・蔡元定の中で易と律とを積極的に結び付けようとする意識は希薄である。そして、清朝の公式楽律書もまた、楽律学と象数易とをそれほど積極的に連関させようとはしない。このように考えると、清朝公式楽律論は、三分損益法を支持するという技術的側面においても、また律と易の連関という思想的側面においても、朱熹・蔡元定の理論により正確に回帰したといえる。「朱子学的楽律論」は、明代に象数学的要素を強めたものの、清代の公式楽律論ではその要素が薄められたともいえるだろう。一方で江永の楽律論は明代の象数学的傾向を受け継ぎ、河図・洛書の数理を十二平均律理論の中に徹底的に展開することで、彼なりの「朱子学的楽律論」を目指したといえる。

以上のように清朝初期から中期にかけての楽律論は、朱熹・蔡元定の理論に回帰する官製楽律書と、明代以降徐々に変容していった「朱子学的楽律論」をさらに展開させた江永『律呂闡微』の二つに大きく概括できるが、両者はいずれも、数理的楽律論を「経学としての楽」として論じているという点は変わらない。

数理的楽律研究自体が疑問視され、「経学としての楽」が変容し始めたのが清代中期から後期である。第十四章では、梁啓超の『中国近三百年学術史』を取り上げ、清代の音楽史の見取り図を示した。梁啓超が高く評価するのは、江永の数理的楽律論ではなかった。象数易と結び付いた楽律学を激しく批判した毛奇齢の革命精神が称揚され、数理的楽律研究を捨て隋唐の燕楽研究に専念した凌廷堪が、新しい楽学の先駆者として描かれたのである。第十五章で論じたように、凌廷堪自身が、隋唐燕楽の起源を亀茲伝来の琵琶であるとする以上、隋唐燕楽を研究したところで、ゆきつく先は西域の琵琶であり、直接的には古の聖人の楽にはつながらない。それゆえ彼の燕楽研究は、これまでの「経学としての楽」という枠組では捉えきれない。彼が必ずしも意図していたわけではないが、結果として、彼は「経学としての楽」そのものを転換させたのである。凌廷堪は古今東西の学術を理という概念によって同貫させ、西域由来の燕楽と聖人制作の古楽が同じ理を持つと見なした。すなわち、「経学としての楽」は、数理的楽律研究から、燕楽という外来音楽の歴史も含めた音楽史一般へと重心を移していったのである。

終章　東西の十二平均律

第一節　十二平均律は「音楽」か——西欧における十二平均律の発明と受容

これまで、朱載堉の発明した十二平均律を中心に、中国音楽の歴史を思想史的に論じてきた。本節では改めて西欧における十二平均律の発明の状況を振り返り[1]、中国の十二平均律と比較した上で、そもそも十二平均律とはいかなる性格を持つ理論なのかを考察したい。

西欧の十二平均律もまた、それまでの音律論が抱えていた問題を踏まえて考案されたものである。まず、紀元前六世紀のギリシアのピタゴラス律である。前述したように、ピタゴラス律は中国の三分損益律とほぼ同じ音律であり、同じように「往きて返らず」の問題を抱えていた。すなわち、純正五度を積み重ね十二回繰り返していくと、最初の音に戻るが、その戻ってきた音は、最初の音とは一致せず、少し高くなり、二十四セントの音程のずれが生じるのである。西欧ではこれをピタゴラス・コンマと呼んだ。十二平均律における半音は百セントであるから、四分の一ほどずれていることになる。これを調整するためには、ピタゴラス・コンマの分だけ狭い五度を、積み重ねた純正五度のうちのいずれかに置き換えなければならない。この二十四セント狭い五度は、唸りが多いためウルフ（狼音）と呼ばれ、響きが美しくなかった。

ピタゴラス律は、ピタゴラス・コンマのほかにも、三度の和音が美しくないという問題を抱えていた。五度の積み重ねによって形成されるピタゴラス律の三度は、九対八の音程関係にある全音二つを重ねた八十一対六十四の音程関係になる。純正三度の音程比は五対四（八十対六十四）であり、ピタゴラス律と比較すると、八十一対八十の数比によって表される差が生じる。これがシントニック・コンマであり、ほぼ二一・二セントである。

中世、キリスト教の典礼音楽では一オクターブに七音だけを配し、単旋律で歌われることが多かったため、ピタゴラス・コンマはそれほど気にならなかった。ルネサンス期にかけて多声音楽が展開し、音が同時に響きあうことで、ピタゴラス律の問題点が露呈する。とりわけ三度の響きが好まれるようになると、前述したようにピタゴラス律の三度は美しくないため、より美しい三度の響きを得るために、純正律[2]や中全音律（ミーントーン）[3]が登場した。しかし純正律は、三度の響きは美しいけれども、場所によって全音の間隔に差が生じてしまう。中全音律は、五度をピタゴラス律よりも狭くし三度の響きを優先させたが、使用できる調性が限られていた。

また、中世末期には一オクターブに七音だけではなく、半音変化した音が音楽の中で多用されるようになった。鍵盤楽器にも、すべての半音が出せる鍵盤が備わるようになる。声楽や弦楽器や管楽器と異なり、鍵盤楽器は演奏者が音の響きを聞いて微妙に高さを調整することはできない。そのため、できるだけ美しい響きが出るようにどう調整するのかが重要なテーマとなった。

以上のように、ピタゴラス律の持つ様々な問題（ピタゴラス・コンマ、シントニック・コンマ）や鍵盤楽器の普及が原因となり、ルネサンスからバロック期にかけて、音律を調整して、より機能的に、より効率的に美しい響きを得ることを目指し、様々な試みが登場した。中全音律のように、特定の音程の純正さを優先するために、もともと純正だった別の音程をあえてずらして調整することをテンペラメントという。そしてさらに、この調整を細かく巧妙に行ない、適用できる調性を十二個すべての音に拡大したり、転調をより自由に行なえるようにしたりした音律のことをウェル・テンペラメントと呼んだ。十二平均律もその流れに位置付けられる(4)。

一オクターブを十二に等分割するという感覚的な発想自体は、中国と同様、西欧にも古くからあり、ギリシアのアリストクセノス（前四世紀）に遡る。しかし十二平均律を本格的に定めるためには、$\sqrt[12]{2}$の値を求める必要があった。西欧で初めてこの値を計算したのが、朱載堉とほぼ同時期に活躍した、オランダの数学者ステヴィンである。朱載堉の計算より精度は劣るものの、音程比をかなり正確に算出している。ステヴィン自身はあくまで数学者であり、作曲や演奏など音楽実践に携わっていたわけではなかった。彼の計算した十二平均律が、同時代の音楽家に受容された様子もない。ステヴィンの後、より正確な値を計算したのが、メルセンヌである。彼もまた数学者・物理学者であり、音楽家ではなかった。メルセンヌ自身は、十二平均律がただちに鍵盤楽器の調律に利用されるべきとは考えておらず、様々な調律法を想定していたという(5)。十二平均律が普及するのは、その後、産業革命によってピアノが大量生産され普及し始める十九世紀後半になってからである。

十二平均律を発明した日本人もいる。江戸時代の和算家であり、漢学者である中根元圭（一六六二―一七三三）である。発明自体は朱載堉より一世紀遅れるが、中根元圭は朱載堉の『律呂精義』を見る機会を得ないまま、『律原発揮』で十二平均律を計算している。『律原発揮』は、度量衡の研究書として書かれたものであるが、度量衡の基礎に楽律があることは、本書でも繰り返し述べてきたことである。中根元圭は度量衡を研究する過程で、蔡元定の『律呂新書』に行きついた。そして三分損益法の「往きて返らず」の矛盾に気付き、十二平均律を算出するに至ったのである。また弘前藩の和算家田中佳政（?―一七二三）も同様に十二平均律を計算している。遠藤徹は「両者がともに『律呂新書』を通じて音律を数理的に捉えたことから、三分損益法の問題点（…中略…）に辿り着いた事実は注目に価する」と述べる[6]。

吉川文は西欧の十二平均律について、「決して理論のための理論のような形でつきつめられたものではなく、あくまでも実際の音楽において活用されることを意識して追求されたものであった[7]」と述べ、また、日本の十二平均律については、遠藤徹が「単なる机上の理論として提起したのではなく、平均律が実際の音楽で採用されることを願っていた可能性は否定できない[8]」と述べている。両者ともに、十二平均律の発明者が、十二平均律を単なる理論としてではなく、技術に応用されることを願っていたと言及しているのである。筆者もまた、朱載堉は十二平均律が実際の音楽に応用されることを願っていたと考えている。しかし、十二平均律について、「理論のための理論でない」と研究者が揃ってわざわざことわらなければならないのは、十二平均律がそれだけ、「理論のための理論」と捉えられかねない性質を有していることを、逆説的に物語っているのではないか。このような十二平均律の性格を考えた場合、必ずしも、西欧では音楽実践の流れの中で生まれ、中国や日本では思想上及び数学上の要請から生まれた、とはいえないのではないか。言い換えるならば、十二平均律はそれほど「音楽」的ではないのである。

十二平均律が「音楽」的でないならば、ウェーバーの『音楽社会学』における十二平均律の評価は、どのように考えたらよいだろうか。ウェーバーは西欧の普遍性を示す現象の一つとして、科学や専門家の学問的営為、近代資本主義、近代官僚制と並び、合理的な和声音楽を挙げた。ウェーバーのいう音楽における合理化とは、現在世界的に広まっている近代的な西欧音楽、すなわち和音和声音楽を完成したことを指す。そして今日、和音和声音楽を大きく支えているのは十二平均律である。ウェーバーは和音和声音楽と十二平均律とを、西欧にしか生まれ得なかった固有の合理的文化として描こうとした[9]。

しかし、十二平均律は和音和声音楽の合理化に、本当に貢献したのだろうか。一オクターブを等分割すれば確かに転調に便利ではあるが、一つも協和する音程比を持たない十二平均律は、和音和声音楽のそもそもの目的とは本質的にそぐわないはずである。堀池信夫が「音律平均化への動きは、現実には和音和声的な方向からではなく、非和音和声的な、いいかえれば、間隔原理の方向から芽生えてくるのである。これは明らかにウェーバーの基本構想がめざしたものとは、異なっている。そして間隔原理は和音和声とちがい、西欧の特産ではない[10]」と述べているように、十二平均律それ自体は、ウェーバーが否定的に論じている間隔原理から生まれたと考えるべきである。間隔原理とは、音律を単に音と音との物理的感覚によって構成しようとするもので、和声や旋律を重視する観点から要請されたものではない。つまり、ウェーバー的な観点ではむしろ「音楽的には合理的なものではない」方針のもとで生まれてきたのが十二平均律なのである。

十二平均律が受容された背景もまた、「音楽的」ではなかった。藤枝守によれば、西欧において十二平均律が受容されたのは「音楽的な要請というよりも、楽器の生産という産業システムからの要請」であった。すなわち、産業革命後、ピアノが大量生産され、十九世紀の西欧社会においてピアノを所有し音楽を嗜むことの価値が認められていったからである。藤枝は「それまでの西欧の音律の変遷には、その当時の人々の響きに対する感覚や好みが少なからず反映されていた。ところが、平均律への移行においては、このような感覚的な要因がほとんどみられない。つまり、耳が平均律というあらたな音律を欲したのではなく、楽器の生産に関わる社会状況がこの音律を必要とした」と指摘する[11]。十九世紀の中国に、鍵盤楽器が大量生産されることはなかった。それゆえ、西欧と同じ方式で十二平均律が受容されることももちろんなかった。ピアノの普及が十二平均律の受容と関わっているのは厳然たる事実であり、中国でなぜ十二平均律が受容されなかったのかという問いに対しては、「鍵盤楽器の普及という現象がなく、技術と結び付かなかったため」というのが確実な回答の一つである。

しかし、それでは中国音楽は「音楽」的であったから十二平均律を受容しなかったのだろうか。そうではなく、本書で論証してきたように、そもそも儒学思想の中で、中国は十二平均律を選択しなかったのである。朱載堉の十二平均律は、漢代以来の律暦合一思想をふまえ、朱子学の易学理論と結合した、まさに「儒学の音律論の理想型」であるはずだった。しかし、三分損益法と十二平均律とを前に、その選択を迫られた清代の思想家たちの多くは、「往きて返らず」の矛盾があったとしても、三分損益法の方がよいと考えた。あるいは、数理的な楽律研究そのものから距離を置き、雅俗の別を超えて、実際に生き生きと存在していた音楽の歴史的な研究こそが有益だと判断した者もいた。その背景には、一体何があるのだろうか。

筆者はそこにもまた、西欧社会とは違う形での理論から技術への移行があるように思う。儒学の楽論としてあらゆる条件を満たしているという理論的な完成度よりも、矛盾を抱えたままであっても技術へと現実的に応用できる(と見なされた)もの(つまり、三分損益律)を選ぶ。そして、儒者の楽律理論よりも、音楽家や楽器職人たちが受け継いできた技術こそが「楽」であると認める方向へ、知識人たちの考え方が変わったからである。鍵盤楽器と結び付き技術が理論と結び付いたことで十二平均律が受容された西欧に対し、中国では音楽を論じる枠組自体が、理論から技術へと重点を移したことで変化し、その結果、十二平均律は選ばれなかったのではないか。

第二節　朱載堉とケプラー――「魔術」と「科学」

第一節では、十二平均律という発明について、西欧と中国の状況を比較することを通して、その特徴を改めて明らかにした。本節では、朱載堉という人物について、ほぼ同時代の西欧で、新しい天体運動の法則を発見したケプラーと比較したい。両者はそれぞれ、象数易と占星術という「魔術」を深く信奉しながら、輝かしい発明・発見を生み出した。「魔術」はたまたま「科学」を生んだだけなのだろうか。それとも「魔術」こそが「科学」を生む大きな原動力となっていたのだろうか。本書で指摘してきた通り、筆者は律暦合一思想こそが、朱載堉の理論の根幹だと考えている。そして、律暦合一の背後で重要な前提として機能するのが象数易である。十二平均律という発明を生み出した要因を考えるにあたり、朱載堉の実践主義的傾向も確かに重要ではあるけれど、最も根本的な要因は彼の象数学的思惟であり、音楽と天文が相互に関連するという律暦合一思想であるというのが、筆者の結論である。つまり筆者にとっては、十二平均律という「科学」を生み出した朱載堉がたまたま「魔術」にも興味を持っていたという説明よりも、「魔術」を深く信奉していた朱載堉だからこそ、十二平均律という「科学」を発明できたという説明の方が、しっくりくるのだ。しかし、朱載堉と同じような「魔術」を信奉していたにもかかわらず、「科学」的発明や発見には至らない思想家も数多くいた。このような思想家と朱載堉の違いは一体何なのだろうか。なお本節では、「魔術」とは自然魔術を指し、「科学」とは自然科学を指す。

象数易や律暦合一と似たようなものを西欧の歴史に求めれば、それは自然魔術であろう。ジョン・ヘンリーが「科学的世界観とは、自然哲学に自然魔術という実践的で経験主義的な伝統が融合したことから、少なくともその一部が生まれた[12]」と述べるように、近代科学が生まれるにあたり、伝統的な自然魔術が何らかの役割を果たしたことは否定できない[13]。自然魔術は「事物にはほかの事物に影響を及ぼす隠れた性質がある[14]」という前提に立ち、事物がどのような性質を持っているか、それらがどのような相互作用を引き起こすかを深く認識した上で、何らかの効果を引き起こそうとする特徴を持つ。事物の相互作用を証明するため、自然魔術では様々な「実験」が行なわれた（「レンズや鏡を使ってさまざまな幻覚や錯覚をひきおこす技術は、もともとは魔術師の技に含まれていた[15]」）。自然魔術の経験主義的指向は、近代科学に実験を導入する契機を与えたといえる。

自然魔術と近代科学の関係を考える上で重要なのが「数神秘主義という魔術の伝統に深く影響されていた[16]」ケプラーである。土星より外側の惑星の存在が知られていなかった当時、ケプラーは「惑星の数がなぜ六個なのか」、言い換えれば、「神が惑星の個数として選んだ六という数には何があるのか」を解明しようとした。彼は、六つの惑星軌道の間に嵌るようなかたちで、五つの正多面体が存在していると考えた。このモデルによって惑星間の距離も決定される。正多面体とは、各面がすべて合同な正多角形で、各頂点における立体角がすべて等しい多面体である。このような正多面体は五つしか存在せず、ケプラーの天体モデルでは、五つの正多面体が、立方体・正四面体・正十二面体・正二十面体・正八面体の順に並んでいるとされる。ケプラーによれば、これこそが神が創造した天体モデルなのである。(17)

ケプラーは朱載堉と同じように音律学と天文学の結合を図った。『世界の調和』と訳される彼の著作 *HARMONICES MUNDI*（一六一九）は、宇宙の音楽的な調和について論じたものである。惑星軌道に関するケプラーの第三法則（惑星の公転周期の二乗は太陽からの平均距離の三乗に比例する）も、この著作において初めて述べられた。この法則が「調和法則」とも呼ばれるのは、二対三というピタゴラス律で用いる完全五度の音程比に結び付く法則だからである。このほかにも、『世界の調和』では、宇宙の音楽的調和を証明する様々な事象を説明している。惑星運行諸元の両極値の間には、音楽的調和が形成されると考えたケプラーは、たとえば、遠日点・近日点における角速度の比を、一オクターヴの範囲内に入るように並べ、何種類もの音階を構成した。また惑星ごとの遠日点・近日点における角速度の比を五線譜上に置いた。両者の音程が二度以上の場合は、中間にも音を挿入し音階を形成する。たとえば、地球の場合、遠日点と近日点の間の音程の差は半音になり、当時の階名唱法では、半音の時に「ファ」という習慣があったため、地球音階は「ミ、ファ、ミ」となる。これについてケプラーは「われわれの住むところはミゼリア（悲惨）とファミス（飢餓）が支配していることの現れであろう」と注釈している。(18)前述した五つの正多面体についても、音楽的調和比との近親性を論じる。たとえば、三（正三角形からなる正四面体・正八面体・正二十面体）、四（四角形からなる立方体）、五（正五角形からなる正十二面体）を組み合わせた比には、音階比との類似性が見出されるという。[19]

以上のような音楽的調和論は、現在の科学的視点から見て、たとえば第三法則のように、正しさが証明され成立する場合もあれば、五つの正多面体説のように、その後新しい惑星が発見されることで五つである必然性がなくなり、すでに間違いであることが証明されている場合もある。小川砌は、音楽的調和論から惑星運動の法則が生まれたことを「ひょうたんから駒がでる」と述べた。[20]それでは、音楽的調和論という「魔術」が、惑星軌道の法則という「科学」を生んだのは、たまたまなのか。重要なのは「駒がでた」ひょうたんと、「駒がでなかった」ひょうたんの違いである。ジョン・ヘンリーは「魔術的伝統のうちどのような要素が取り入れられ、どのような側面が厳しく排除されたかをめぐる詳しい事情は、それほど自明ではない」[21]と述べるが、ケプラーの場合はどうであろうか。

ケプラーの占星術に焦点をあてて考えてみたい。占星術には「天体が地上で起こる出来事に影響を与える」という考え方が基本にあり、前述したような自然魔術の特徴を持つ。ケプラーは地球が天体に影響を受け、宇宙の幾何学的調和に感応しているように見える事実を、天体同士の特定の角度関係（アスペクト）によって説明しようとした。たとえば、天体同士の黄径差が百八十度の場合は「衝」（オポシティオ）というアスペクトにある。アスペクトという幾何学的関係が、地球に感応を起こさせ、春には雨を降らせ、冬には厳しい寒さを引き起こすという。たとえば農夫が知的に音楽を理解していなくても、音楽が彼を踊りたい気持ちにさせるように、地球は、非理性的な植物的霊魂しか持っていないけれど、天界の幾何学的関係に感応することはできる。このように彼の天文学には占星術的発想が強く見られる一方で、実用的占星術を激しく非難している。収穫物や政治的事件といった事柄を、占星術では予測できないとしたのである。[22]これをふまえて考えると、次のようにいえるのではないか。ケプラーは、占星術が本来持っていた主たる目的、すなわち天体現象によって人間社会の動きを予測し、我々の生活に役立てるという実践的側面をある意味骨抜きにし、特定の天体運動に対して人間社会において特定の反応が起こるのはなぜかを説明する部分にのみ、占星術の理論を用いたのである。

数神秘主義や占星術といったケプラーの「魔術」は、「宇宙がなぜそうなっているのか」を説明する原理である。惑星が調和法則に依拠して太陽の周りをめぐり、我々人間が住む地球が天体の影響を受けるのは、我々もまた音楽的調和の支配する宇宙に存在している証拠である。ケプラーは、このような調和世界こそ、神の意思だと考えた。彼は敬虔なキリスト教徒であり、聖職者にはならなかったものの、天文学研究を通じて神に仕えようとした。神の意思は聖書だけではなく、自然の中にも描かれており、「自然の書」を読み解くことこそ自分の使命であるとケプラーは信じていた[23]。そのようなケプラーにとって、「宇宙がなぜそうなっているのか」を説明できればそれで十分であり、「魔術」を実用的に用い人間の生活に役立てることは二の次である。

朱載堉の場合はどうだろうか。朱載堉は、天体と人間社会が相互に関連するという発想に基づき、律暦合一思想を唱え、律暦合一を媒介する数の理論的根拠として象数易を用いた。易学はそもそも、筮竹を操作することで何らかの数を得、そこから特定の卦を定めて、『易経』に基づき、人の運命を占うものである。朱載堉の象数易には、易学本来の目的である「人の運命を占う」という性質はあまりない。また、天文暦法については、日食や月食が起こるのは「常理」であって、「災異」ではないと述べ、「災異を予見する手段としての暦法」を否定した。従来型の候気、すなわち、律管に詰めた灰が気に感応して飛び出すことを利用して、気を律管作成の基礎にするという考え方も否定している。つまり、人の運命を占う手段としての易学、人間の社会に役立てるための天文予測、律管を作るために気を用いること――これらはすべて実用的な「魔術」だといえるだろう――を否定したのである。その一方で朱載堉は、楽律計算や天文計算の中に、積極的に河図・洛書の数を見出していった。その目的は、楽律や天文といった様々な現象が持つ数の中に、河図・洛書の「徴表」を見出すことで[24]、十二平均律も含めた自らの理論の正しさを示すためである。そして、卦爻配日を行なって六十四卦と一年の節気、そして十二律を細かく対応させた表

435　第三節　結論

を作成した。「災異を予見する」ためではないとしたら、その表は、一体何のために作成されたものなのだろうか。本書で指摘したように、それは日々刻々と移り変わる陰陽の変化を読み取るためである。決して人間の生活のために、簡単に利用できるようなものではない（陰陽の変化を読み取ることで、人間が宇宙のパターンを知ることができ、間接的には人間の役に立つが）。また、候気についても、正しい数値に基づいた律管を用い気をうかがうという行為自体は肯定し、律と気の感応自体は認めている。従来の候気が、律管の作成という実用的な目的を持っていたのに対し、朱載堉の場合は、気と律との感応そのものを確かめることにのみ目的がある。このように考えると、朱載堉にとって象数易や律暦合一思想とは、十二平均律も含めた自身のすべての理論（律・暦・度量衡、そして人間の世界が十二という数を基礎にし、一つの法則で貫かれ循環している）を説明するための原理であり、それらがもともと持っていた実用性（占いとしての易学、災異を予見する手段としての暦学）は骨抜きにされているといえよう。

本書で論じたように、朱載堉は確かに実践的傾向を持ってはいるものの、象数学的思惟、すなわち理論的側面の方が、彼の発明には大きな影響を与えていると筆者は考えている。それは彼の「魔術」に対する姿勢そのものに大きく現れ出ている。朱載堉は「魔術」から実用性を取り除き、あくまでも「宇宙がなぜそうなっているのか」の説明原理にとどめることで、「魔術」が「科学」へと転換する可能性を生んだといえるのではないか。

第三節　結論

本書では、朱載堉の十二平均律理論がどのように生まれ、どのように受容されていったのかを思想史として論じた。本書で論じた、十二平均律を中心とする中国音楽史をもう一度振り返りたい。

中国において楽は、儒学の学問の一つとして、経学の一つとして認識された。しかし他の経学と異なり、『楽経』が存在しない以上、楽は様々な議論を許容する可能性を有する。楽のうち、何を経学として扱うのかという問題は時代ごとに変化した。つまり「経学としての楽」は、時代によってその内実を変える。ただし楽の中でも楽律論は、多くの時代において経学と見なされ続けた。

前漢の劉歆は、伝統的な楽律算出法である三分損益法を体系化した。彼は、楽律学を易学・天文暦法・度量衡制と結び付け、その後の律暦思想の大きな枠組を作った。南宋の朱熹・蔡元定は漢制を踏襲し、三分損益法を整理して、『儀礼経伝通解』に経として取り入れた。気の理論を黄鐘論の根幹に据えることで、『漢書』の記述を整合的に解釈し、「律が度を生む」理念を実現した。さらに、黄鐘を気の理論だけで基礎付けるのではなく、度量衡史を考証し、その正当性を確保しようとした。『易学啓蒙』などの著作で知られる蔡元定の学術は象数学的色彩が強いが、朱熹・蔡元定の楽律論は、易学との安易な結合にむしろ注意を払い、楽律論が極度に抽象化しないよう気を付けている。また、とりわけ朱熹は演奏技術を重視し、琴に儒学的な楽律理論を応用しようとするなど、理論と技術の関連付けを強く意識していた。

明代の楽論もまた、以上のような楽論の延長にある。本書では張敔・李文利・李文察・劉濂の四人の論者を取り上げたが、彼らに共通するのは朱熹・蔡元定の理論を基盤にし、そこから自分たちなりの「朱子学的楽律論」を構築することであった。彼らは、当時の民間音楽すなわち今楽の演奏技術を積極的に利用した。また象数易（河図・洛書の学）を用いて律暦の合一をはかった。朱熹は確かに今楽に目を向けてはいたが、習慣的な演奏技術そのものを認めたわけではなかった。また、律と易そして暦には、それぞれ別々の数理体系を用い、安易に結合させようとはしなかった。つまり、明代の楽論は、朱熹・蔡元定の本来の意図とずれていく形で、「朱子学的楽律論」を展開したのである。朱載堉もまた自らが考えた「朱熹の思想」を展開させる。朱載堉が「私淑した」何瑭については、その陰陽論は朱載堉の考え方と同じだとは言い難いが、彼の象数学的思惟は朱載堉に強く受け継がれていった。

朱載堉は、楽律・天文暦法・度量衡、この世界を構成するあらゆる制度、そして人間までもが、河図・洛書の理によって同貫される世界を理想とした。律・暦・度を易の理論で同貫させる枠組は劉歆の律暦思想の影響を受け、河図・洛書を用いた象数易は蔡元定の影響が大きい。朱載堉は三分損益法を批判し、劉歆の漢制と、それに依拠した蔡元定らを厳しく批判するが、朱載堉と劉歆・蔡元定の世界観は非常に類似する。

律暦が相互に関連し永遠に循環する理念的世界を裏付けるため、朱載堉もまた今楽の技術に目を向け、度量衡という目に見える制度を考証し、明初の紙幣である鈔から起こした今尺を信頼に足る技術として造律に用いた。このように、当時の演奏技術や職人たちの技術は、朱載堉を経てさらに大きな意味を持つようになった。

しかし朱載堉もやはり、彼が考える「正しい」理念を実現するために同時代の技術を取り入れたに過ぎず、同時代の技術そのものに価値を認めたわけではない。朱載堉が行なった様々な実験も、彼が考える「正しい」理論を「正しい」と証明するだけに過ぎず、理論を覆すほどの力は持たなかった。すなわち、十二平均律及びそれを支える世界観（象数学的思惟によって貫かれた律暦合一の世界）がまず先にあり、彼が取り入れた技術や、彼が行なった実験は、このような理論や世界観を正当化する存在に過ぎないのである。十二平均律を生んだのは、彼の実証的態度ではなく、むしろ象数学的思惟である。

十二平均律は、象数易と距離があまりに近かった。清代に入ると、官製楽律書は三分損益法の「往きて返らない」数の変化こそが自然であると考え、十二平均律は数を人為的に整えた理論であると批判した。一方、江永は十二平均律を支持したが、象数学的要素を徹底的に追究したことで、十二平均律はより一層理論化、抽象化され、江永以外には受け入れ難くなってしまった。

清代後期になると、数理的楽律論そのものが低調になる。特に象数易と結び付いた楽律論は批判を受けた。三分損益法が、朱熹・蔡元定によって慎重に象数易との距離が保たれていたのに対し、十二平均律と象数易との距離はあまりに近すぎた。このような象数易との距離こそが、三分損益法と十二平均律の命運を分けた原因であろう。そして「経学としての楽」は、楽律学から音楽史へと開かれていく。凌廷堪は、これまでのような数理的楽律研究を批判し、隋唐の燕楽研究に専念する。そこには、これまでの儒者が行なってきたような、民間の演奏技術を古代の聖人の楽と結び付け、経学的に位置付けようとする態度は見られない。これまでは古楽を復元するための手段に止まっていた俗楽や外来音楽の演奏技術が、それ自体の価値を有することになったのである。凌廷堪は、東西の学術は同じ理を持つと考え、西域由来の燕楽、すなわち「雅」ではない制度そのものの中に、直接的に理を見出してゆく。

「経学としての楽」がこのように変容した根本的な原因は、そもそも楽が経を持たず、経学でありながらも、比較的自由な発想で議論をする余地を残していたからであろう。朱載堉の十二平均律は、「経学としての楽」の中から生まれたが、「経学」自体の潮流が移り変わり、「楽」として議論すべき内容も転換することで、儒学の中で正統な地位を確保できなかったと結論付けることができよう。

本書で論証したのは以上の内容である。中国では、十二平均律は儒学思想の要請から生まれ、また、儒学思想が変化したことによって最終的には広く受容されなかった。ただし、東西の十二平均律の発明を考えるに、「西欧は音楽的要請から、中国は思想的要請から」と単純に描くことはできない。そもそも十二平均律自体が、あまり「音楽的」ではない、非常に理論的、数学的な存在であったためである。また、そもそも中国が十二平均律を「音楽的」に必要としなかったわけでもない。中国音楽は単旋律が中心であるとはいえ、国家祭祀における音楽には転調が必要であり、だからこそ「往きて返らず」が問題となったのである。演奏を掌る音楽家や楽器職人からの需要はあったはずだ。しかし、もし彼らが声をあげ、十二平均律の必要性を強く訴えたとしても、状況はあまり変わらなかったのではないだろうか。

中国で楽律理論を論じた儒者たちは、音楽家や楽器を作成する技術者の声にどれほど耳を傾けただろう。中国音楽史においては、理論と技術との間にはそれほどまでに深い溝がある。朱載堉のまわりにはおそらく、演奏家も技術者も数多くいただろう。筆を用いて完全五度の和音を聞き比べた朱載堉は、三分損益律よりも十二平均律が協和すると述べた。三分損益律の方が美しく聴こえた演奏家や技術者もいたのではないか。なぜ朱載堉は自分の耳だけを信じようとしたのか。また技術者たちにとって、朱載堉はやはり、自分たちの意見を受け入れてくれるほどの人物ではなかったのか。

本書では繰り返し、民間音楽の技術を儒学の礼楽理論に取り入れようとする儒者たちの姿を描いた。朱熹も朱載堉も、決して理論だけで音楽を作れるとは思っておらず、当時の民間音楽の演奏技術には非常に注意を払っている。特に明代は、文人たちが民謡を重視し収集したように、民間の音楽がかつてないほどその存在感を増していた時期である。しかしそれは「礼が失われればそれを野に求める」に過ぎず、野にある技術そのものが価値を持つわけではなかった。今楽の技術は、古楽復興の手がかりとして価値を持つに過ぎなかったのである。『四庫提要』が歌詞や琴の楽譜など実際の演奏に関わるものを末節の技術と見なし、音楽理論と区別したように、「経学としての楽」における「理論＞技術」のヒエラルキーは非常に強固であった。朱載堉もまた、自らの理論を技術や実験によって覆すことはなかった。梁啓超は、数理的音楽研究自体に疑問を持ち、理論的なことよりも、当時実際に演奏され、多くの人に受け入れられていた燕楽の制度を考証した凌廷堪を評価した。これをふまえれば、理論から技術へと、中国音楽史はそのまなざしを大きく転換させようとしていたのである。音楽家にとってより実践しやすいという理由で三分損益律を選択した陳澧も、理論が技術として活きることを重視する傾向の表れであろう。しかしそれでも、陳澧が十二平均律を普及させることについて「職人に算数を学ばせたあと器を作らせ、音楽家に算数を学ばせたあと音を整えさせるのだろうか」と述べたように[25]、儒者にとっての技術者は、相変わらず「自分たちが教え導く存在」でしかなかった。しかし、元の馬端臨が宋代音楽史を概括して「職人の説に勝てなかった」と述べたように、技術者たちは、儒者の理論がどうあれ、何年ものあいだ楽の演奏を実際に担ってきたのである。彼らはそもそも儒者によって「教え導かれる存在」ではなかった。

我々から見れば、朱載堉や中国で音楽を論じた儒者たちは、音楽による調和を標榜しながらも、生きた演奏技術として豊かに存在している民間音楽の多様性に配慮せず（無視しているわけではない）、たった一つの理念・理想に縛られているように見えるだろう。彼らが目指しているのはあくまで、単一で美しい、括弧つきの「調和」世界である。黄鐘というたった一つの基準音が、皇帝権力を表象し政権の命運を支配すると考えた儒者たちにとっては非常に難しいことではあるが、音律理論は、何も一つに統一する必要はない。一オクターブを均等に十二分割しどの音が主音になっても矛盾なく旋律が動きめぐる音楽と、完全五度の美しい響きを重ねる音楽は、どちらが本当に調和した音楽なのか。この問いに答えがあるとするならば、十二平均律がもたらす調和も、三分損益法がもたらす調和も、共存可能だということだろう。鐘や磬など演奏中に調律し直せないような楽器を数多く用いる演奏の場合は、十二平均律がよい。自分の耳で演奏中に調整できる琴や瑟などを使う場合は、三分損益法を用いればよい。複数の調和は共存可能であり、三分損益法も十二平均律も、唯一の正解ではない。電子音楽という技術によって、容易に音律を使い分けることができる我々は、これまでのどの時代の人間よりも、もっと自由に、様々な調和を認めあい、理想的な世界を実現できるはずだ。朱載堉のように、十二平均律に拘る必要はない。

しかし、それにもかかわらず、その十二平均律をもっとも無自覚に受容しているのは我々である。朱載堉の目指した美しい「調和」世界は実現されつつあるのだ。十二平均律にすっかり耳が慣れている我々に、様々な音律の可能性を模索しながら試行錯誤し、その中で、真の調和をもたらすのは自分の楽律だということを、どのように証明するか悩み抜いた儒者たちを非難できるだろうか。我々は、自分たちで思っているほどには、実は自由に音楽を楽しめていない。むしろ、音楽という事象から自由になれていないというべきであろう。音楽が特定の「調和」に向かい、それ以外を排除しようとする傾向は、意図的であれ、意図しないものであれ、現代においても様々な場面で現れる。音楽は、調和をもたらすという役割を表向きには持つ一方で、複数の調和を認め、多様性を持つことに対して寛容ではない。大切なのは、このような音楽という事象の性質を理解し、音楽が我々をコントロールしていくという事実そのものに対し、目をつぶらないでいることなのではないか。

（1）本章では主に、藤枝守『響きの考古学　音律の世界史』、音楽之友社、一九九八年及び吉川文・遠藤徹・島添貴美子・田中有紀「東西の十二平均律」、『東京学芸大学紀要　芸術・スポーツ科学系』六七、二〇一五年、二九—五三頁を参照した。

（2）「はじめに」注（3）を参照。

（3）第一部序注（1）を参照。

（4）様々なウェル・テンペラメントがドイツを中心に考案された。そのため、十二平均律はウェル・テンペラメントの一つではあるけれど、ウェル・テンペラメントがそのまま十二平均律を指すわけではない。バッハの『平均律クラヴィーア曲集』は、ドイツ語でのウェル・テンペラメントにあたる部分が、「平均律」と翻訳されているが、それは誤りである。藤枝、前掲『響きの考古学』、一〇五—一〇六頁。

（5）西欧の十二平均律については、吉川ほか、前掲「東西の十二平均律」、三三—三八頁を参照。

（6）日本の十二平均律については、同上、四一—四六頁を参照。

（7）同上、三八頁。

（8）同上、四六頁。

（9）堀池、前掲「『音楽社会学』ノート」、一九—二一頁。

(10) 同上、三一―三二頁。
(11) 前掲『響きの考古学　音律の世界史』、一一二頁。
(12) 前掲『十七世紀科学革命』、七三頁。
(13) ただし、ジョン・ヘンリーが魔術の「経験主義的」傾向に注目するのに対し、筆者はその理論面での影響に主に注目している。
(14) 前掲『十七世紀科学革命』、七二頁。
(15) 同上、七七頁。
(16) 同上、七四頁。
(17) ケプラーの天体モデルについては、J・V・フィールド、大谷隆昶訳「宇宙の完全性を求めて　ケプラーのコスモロジー」、前掲『ケプラーと世界の調和』、六二―八二頁を参照。
(18) 小川劯「理性で聴く惑星の音楽」、前掲『ケプラーと世界の調和』、一一五頁。
(19) ケプラーの天文学における音楽的調和論については、同上、一〇五―一三三頁を参照。なお小川は *HARMONICES MUNDI* を、原題の意味により即して『世界の和声論』と訳している。
(20) 同上、一三〇頁。
(21) 前掲『十七世紀科学革命』、七七頁。
(22) ケプラーの占星術については、フィールド、前掲「占星術への寄与と批判」、一三五―一五七頁を参照。
(23) E・J・エイトン、原純夫訳「異端か正統か――ケプラーと神学」、前掲『ケプラーと世界の調和』、四〇頁。
(24) 「徴表」とは、「われわれが自然を解読できるように神がおいた象徴や刻印」である。「魔術は実践指向であ」り、「経験主義的で」あるが、時に「労苦を倹約」し、「徴表」を解読することで神の意思を読み取ることも行なわれた。ヘンリー、前掲『十七世紀科学革命』、七三頁。
(25) 第十四章注（28）を参照。

おわりに

本書は、東京大学大学院人文社会系研究科の博士学位請求論文「朱載堉音楽理論の思想的研究」に大幅な改訂を加えたものであり、第五回松下正治記念学術賞（松下幸之助記念財団）の助成を受けて刊行されたものである。また、以下に挙げる各章については、筆者の既発表論文をもとに、加筆修正したものである。


序章…『中国の音楽論と平均律——儒教における楽の思想』、東京：風響社、二〇一四年。

第二章・第三章…「朱子学の楽律思想——黄鐘論と度量衡論」、『知のユーラシア4・宇宙を駆ける知』、東京：明治書院、二〇一四年、九五—一二一頁。

第五章…「明代楽論に見る『朱子学的楽律論』の変容——『往而復返』と『礼失求諸野』」、『日本中国学会　第一回若手シンポジウム論文集』、二〇一二年、一五五—一七〇頁。

第六章…「何瑭の陰陽論と楽律論——明代後期楽論及び朱載堉との比較を通して」、『中国哲学研究』（東京大学）二七、二〇一四年、一—六三頁。

第七章…「朱載堉の黄鐘論『同律度量衡』——累黍の法と九進法、十進法の並存」、同上二五、二〇一一年、六六—一〇五頁。

第八章…「朱載堉の律暦合一思想」、『中国——社会と文化』二七、二〇一二年、一四三—一六〇頁。

第九章…「明代儒家賦予舞踏的意義――朱載堉舞踏論中的学習過程」、『漢品』二別冊、北京：金城出版社、二〇一二年、一―二一頁。

第十章…「朱載堉の楽律論における『周礼』考工記・嘉量の制――後期の数学書及び楽律書を中心に」、『経済学季報』（立正大学）六三―四、二〇一四年、一一九―一五五頁。

第十一章…「朱載堉の十二平均律における理論と実験」、『中国の音楽文化――三千年の歴史と理論』、東京：勉誠出版、二〇一六年、八八―一二三頁。

第十三章…「江永の十二平均律解釈と河図・洛書の学」、『日本中国学会報』六七、二〇一五年、一六四―一七八頁。

第十五章…「凌廷堪之経学与燕楽研究」、『東西哲学伝統中的『共生哲学』建構之嘗試国際学術研討会論文集』（台湾大学）、二〇〇九年、八六―九七頁。


私がなぜこのような研究をするに至ったのかについての研究史的理由は、本書で十分に記してきたと思うので、「おわりに」では、私がなぜ中国や音楽の研究をするようになったのか、自分のこれまでの人生を振り返りながら書いてみたい。

私が音楽に興味を持ったのは中学生の時だった。私は中学・高校で音楽部に所属し、いま考えてみると、これが私にとっての最初の大きな転機であった。音楽部といっても、オーケストラでも合唱でもなく、ミュージカルをする部活であった。音楽部では、歌・ダンス・演技の三要素が必要とされ、伴奏でピアノを弾く生徒もいた。つまり私にとっての音楽は、楽器演奏に限られるものではなく、様々な要素が混合した芸術だったのである。公演前には朝練をし、授業中はミュージカルのことでうわの空、放課後は部活、帰宅してからも歌や演技の練習、休日には誰かの家に集まってダンスの練習をしたりもした。そのように部活に明け暮れた中学・高校時代ののち、私は東京大学に進学した。

大学では、もともと中国のことを専攻しようと考えていた。音楽への興味とまったく別のところで、私は中国の近現代史に興味を持っていた。おそらくそれは祖母の影響であろう。子供の頃、祖母に聞いた戦争の話は、中国での体験を豊富に含んでいた。日本は戦争でひどいことをした。それにもかかわらず、戦後中国人は日本人に温かく接してくれた。しかし、ある時私はふと気付いた。戦争中、祖母はサイパンにいたのであり、中国で暮らした経験はない。祖母の虚実入り混じる戦争体験は、おそらく南洋で過ごした自分の経験に、山崎豊子の小説『大地の子』を読んで得た、様々なエピソードを織り交ぜたものであろうことは、後々判明していく。しかし、私よりもある意味グローバルな環境に身を置き、太平洋戦争という特殊な状況に巻き込まれつつ、アジアという世界を見てきた祖母の話は、少なくとも幼い私に、中国への敬意と興味を抱かせることになった。

大学の最初の二年間は教養学部だったため、すぐに専門が始まるわけではなかった。大学に入ったのに好きなことを学べないもどかしさもあり、また、クラスの友人が取らないような授業を取りたいというひねくれた気持ちもあり、中国に関する何か面白そうな授業はないか探していた。その時見つけたのが、中島隆博先生の「中国語テクスト分析」という授業である。最初の授業で渡されたのは、ジャック・デリダの中国講演の翻訳であり、第二外国語として中国語を学び始めたばかりの学生が、到底読みこなせるものではなかった。私は、中国語もデリダもわからないままに、一字一字辞書を引いて予習するしかなかった。しかし、中島先生の話は毎回刺激的であり、常に問いを抱えているその姿勢に、私は大きな影響を受けた。私が人生をかけて考えていきたい問いは、何だろう——そのような気持ちから、漠然と研究をしてみたいと考えるようになった。

とはいえ、私はそれほど真面目な学生ではなかった。勉強よりも、歌ったり踊ったりしている方が、やはり楽しかったのである。『老子』や『荘子』などを読んで好きなように研究しようと気楽に考えていた私は、三年生になり、中国思想文化学研究室に進学し、勉強というものに対する姿勢を根本的にたたき直されることになる。おそらくこれが、二回目の大きな転機であった。同じ研究室に進学した同級生はたった一人で、規模の小さい研究室であるため、大学院の先輩たちと一緒に授業を受けることになった。サークルやアルバイトをしていた私は忙しく、予習の時間を十分に取れなかった。一、二年生の頃はそれほど勉強しなくても何とかなり、こんなものかと舐めていた私は、専門が始まった途端、窮地に立たされることになった。漢文がまったく読めない。漢文を読めなければ、この世界では人間以下である――この時の私はそのように思い詰めるほどであった。今考えると、さすがに人間以下ということはない。

横手裕先生には、私の発表があまりにひどかったため、「もっとちゃんと準備してきて下さい」といわれた。穏やかで優しい物腰の先生のその一言は、当時の私に多大なる影響を与えた。佐藤慎一先生は、いつも颯爽と研究室に入って来て、卒論はどうなったんだ、と声をかけて下さった。先生の思いやりであるが、論文の進捗状況を聞かれ、しどろもどろになっていたのは私だけではない。先生ばかりでなく先輩もまた、個性豊かな方たちが揃っていた。研究室には、「主」のような先輩たちがたくさんいて、学部生の私には近寄りがたい重々しい雰囲気が漂っていた。その雰囲気から逃げるようにして流れ着いたのが、研究室の一階下にある漢籍コーナーという場所である。漢籍コーナーは、その名の通り、漢籍が置いてある場所である。少なくとも学部時代の私にとって、漢籍コーナーは癒しの場所であった。そこではみなが黙々と史料を探し読んでいた。授業で探してくるようにいわれた史料を探すだけで、何時間もかかってしまったこともあったが（当時の漢籍コーナーはＯＰＡＣの検索がかからないものが多かった）、それでもほぼ毎日通った。そのように過ごすうち、だんだん研究室にも慣れてきた。大学院に入り、小島毅先生の『宋史』礼志を読む授業に出てみると、再び、先生や先輩のいっていることがまったくわからなくなってしまった。小島先生は、厳しいながらも、いつも私の質問につきあってくれ、発表用のレジュメも細かく直してくれた。同じ授業に出ている先輩たちも、史料の使い方や細かい知識をたくさん伝授してくれた。ここで学んだことは、私の礼楽研究の基礎になっていると思う。

二〇〇八年の夏から、私は北京大学哲学系へ二年間留学した。これがおそらく三度目の転機である。指導教員である王守常先生の授業に出たり、朱子学関連の授業や読書会に参加することが多かったが、いつも予習が間に合わなかった。漢文を一字一句辞書で調べ、出典を調べ、意味を考えるというやり方を私なりに続けていたが、私が何時間もかけて調べたところはいつもあっという間に読み流されていった。大量のテクストを現代中国語の発音でざっとみなで読み、大意をつかんだ上で、哲学として議論する、そのような流れであった。私は最初、議論を眺めるだけになっていたが、それでも毎回出席してくる私に、友人たちは質問をふってくれた。そこで、調べてきた内容を伝えると、「そんなに細かく調べるんだね」と感心してくれ、「そんな史料があるのか」と驚いてくれたりした。留学中、村田雄二郎先生が、たびたび中国に来ては鮮やかに発表し、現地の研究者や大学院生たちと交流していった。村田先生ほどフットワークは軽くないが、私は、中国で研究発表をする話が来ればすぐに受け、すぐにでも飛んでいくことにしている。二年間の留学を通して私が学んだことは、中国哲学を自分自身の問題として引き受ける北京大学哲学系の院生たちの志の強さと、中国の中国哲学研究に対する尊敬の気持ちだろう。この時の同学と今度国際シンポジウムを開催することにもなっている。留学は、松下幸之助記念財団（当時は松下国際財団）による奨学金に支えていただいた。本書もまた、財団からの助成（松下正治記念学術賞）によって出版される。財団には、留学以来、今に至るまでお世話になっている。この場を借りて宣伝をしたいが、留学を考えているならば、その後のフォローまでも視野に入れて奨学金を選ぶのが良いと思う。

帰国後、私は研究室に戻り、そこで毎日の大半を過ごした。時間がもったいないから、勉強したいからと、あまり人と交流しない割には、研究室に長く居座る私を、留学生の友人は「冷血動物」といってからかった。しかしそれでも、みなで旅行に行ったり、読書会をしたり、大学院時代の友人たちは私にとってかけがえのない存在である。この場を借りて友人たちの名前を記したいが、遺漏があった場合に申し訳ないので、あえて書かない。博士課程の院生だった時、雑誌『中国哲学研究』の編集長も務めた。再び宣伝であるが、この雑誌は紀要ではなく、研究室在籍の院生・卒業生による査読システムを有する学術雑誌であり、投稿に向けて研究会での発表も義務付けられている。中国研究には有名な学術雑誌はたくさんあるが、それでも私にとって、『中国哲学研究』に論文を載せるということは、一番緊張することであり、掲載された時の達成感も一番大きいものである。

博論をそろそろまとめていかねばと思っていた矢先に、立正大学経済学部に就職することになり、授業準備に追われながら、博論を執筆することになった。文学部で過ごした私にとって、経済学は意外なほどに面白く、少しでも勉強をと思い、研究会にもなるべく出ている。研究会では、門外漢の私にも、同僚たちはわかりやすく話してくれる。世の中の複雑な現象を、なるべく数式で説明しようとするその姿は、朱載堉とも重なり、私はいつも「そんなことまで数式で説明できるのか」と新鮮な驚きをもって研究会に参加している。私のゼミ生たちは、経済学部でありながら、ゼミでは中国思想を学んでいる。彼らは私よりも柔軟に、中国思想の知識を人生に、社会に生かそうと考えるようで、いろいろな話をできるのも大変刺激になっている。二〇一四年にようやく博士論文を提出し、その後、修正や加筆を行ないながら、出版に向けての準備が始まった。

この本の一回目の打ち合わせは、私抜きで行なわれた。打ち合わせの直前に、娘を預けている保育園から呼び出しの電話があったため、私は打ち合わせを直前にキャンセルせざるを得ず、指導教員である川原秀城先生と東京大学出版会の丹内利香さんにすべてをお任せしたのである。川原秀城先生は、音律論や天文暦法について、その歴史や計算の方法に至るまで、直接教えて頂いた先生である。私の研究は、中国思想文化学研究室で川原先生と出会わなければまったく違ったものになっていただろう。いや、私は研究の道にすら進まなかったかもしれない。先生はいつも大学に朝から来て研究をしており、いつも新しい誰も聞いたことのないような問題に取り組み、いつでも相談に乗ってくれた。丹内さんは理系の本を担当なさることが多い中、私の原稿に関心を持って下さった上、丁寧に読み込んで下さった。学会でも、いつも論点が曖昧で質問もあまり来ないような発表ばかりしている私にとって、誰かに興味を持ってもらえるということ自体が珍しく、丹内さんが面白いといってくれたことは、本当に嬉しかった。

今日も娘は熱が出て、私はまた仕事を休んで家にいる。熱があるのにやたら元気に動き回る娘を家で眺めながら、これから自分の人生はどうなるのであろうとぼんやり想像した。私を育てるために、おそらく私の母は色々なことを犠牲にしたが、私はあいかわらず自分の好きなことを続けている。私の父も、弟たちも、伯母も、亡くなった祖母も、いつも私が自由に勉強するために、支えてくれた。娘を持ったことは、おそらく私の人生の四回目の転機になるのだろう。いまはまだ、大きな変化に翻弄され、飲み込まれそうになっているが、それでもやがては大きな糧になるであろう。育メンという言葉ではもはや表現しきれないほど、育児を分担している夫にも感謝しつつ、それぞれが理想とする中国思想研究者になれるよう、共に頑張っていきたい。そして、ずっと私を支えてくれた家族にとって、少しでも誇りに思えるような研究者になれるよう、精進していきたい。

二〇一八年七月　　田中有紀

参考文献

史料（著者名五十音順）

王廷相、王孝魚点校『王廷相集』、北京：中華書局、一九八九年。
王鐸「鄭端清世子賜葬神道碑」、『懐慶府志』、新修方志叢刊一五三、河南方志三、台北：台湾学生書局、一九六八年。
何瑭『医学管見』、内閣文庫蔵文政四年多紀元胤手校本、『栢斎文集』巻一〇。
何瑭『陰陽管見』、明隆慶刊本景印、百部叢書集成八所収百陵学山本、台北：藝文印書館、一九六七年。
何瑭『楽律管見』、鍾人傑『性理会通』続編、杭州大学図書館蔵明崇禎刊本、四庫全書存目叢書子部、第一九冊、台南：荘厳文化事業、一九九七年。
韓邦奇『苑洛集』、四庫全書珍本四集、第三五八―三六一冊、台北：商務印書館。
韓邦奇『苑洛志楽』、景印文淵閣四庫全書、第二一二冊（経部）、台北：台湾商務印書館、一九八三―一九八六年。
韓邦奇『楽律挙要』、涵芬楼影印清道光十一年六安晁氏木活字学海類編本、四庫全書存目叢書経部、第一八二冊、台南：荘厳文化事業、一九九七年。
黄宗羲、沈芝盈点校『明儒学案』、北京：中華書局、一九八五年。
紀昀『四庫全書総目』、台北：藝文印書館、一九六四年。
魏徴・長孫無忌『隋書』、北京：中華書局、一九七三年。
季本『楽律挙要』、浙江図書館蔵明嘉靖十八年宋楫刊本、四庫全書存目叢書経部、第一八二冊、台南：荘厳文化事業、一九九七年。

邢雲路『古今律暦考』、百部叢書集成九四所収畿輔叢書本、台北：藝文印書館、一九六八年。

阮逸・胡瑗『皇祐新楽図記』、張海鵬家蔵抄本に拠る刊本、叢書集成初編所収学津討原本、長沙：商務印書館、一九三七年。

乾隆御製『律呂正義後編』、景印文淵閣四庫全書、第二一五―二一八冊（経部）、台北：台湾商務印書館、一九八三―一九八六年。

康熙御製『律呂正義』、景印文淵閣四庫全書、第二一五冊（経部）、台北：台湾商務印書館、一九八三―一九八六年。

胡彦昇『楽律表微』、景印文淵閣四庫全書、第二二〇冊（経部）、台北：台湾商務印書館、一九八三―一九八六年。

孔安国伝、孔穎達疏『尚書正義』、北京：北京大学出版社、十三経注疏整理本、二〇〇〇年。

江永『律呂新論』、四庫全書原本、百部叢書集成五二所収守山閣叢書本、台北：藝文印書館、一九六八年。

江永『律呂闡微』、景印文淵閣四庫全書、第二二〇冊（経部）、台北：台湾商務印書館、一九八三―一九八六年。

黄虞稷撰、瞿鳳起・潘景鄭整理『千頃堂書目』、上海：上海古籍出版社、一九九〇年。

司馬遷『史記』、北京：中華書局、一九五九年。

朱彝尊『点校補正経義考』、中央研究院中国文哲研究所古籍整理叢刊三、台北：中央研究院中国文哲研究所籌備処、一九九七―一九九九年。

朱熹『四書章句集注』、北京：中華書局、一九八三年。

朱熹『周易本義』、『朱子全書』一、上海：上海古籍出版社、合肥：安徽教育出版社、二〇〇二年。

朱熹『儀礼経伝通解』、『朱子全書』二、同上。

朱熹「琴律説」、『晦庵先生朱文公文集』、『朱子全書』二三、同上。

朱熹「声律弁」、『晦庵先生朱文公文集』、『朱子全書』二四、同上。

朱熹・蔡元定『易学啓蒙』、『朱子全書』一、同上。

朱熹・蔡元定『律呂新書』、『性理大全書』巻二二、二三、万暦二五年新安呉勉学據永楽十三年刊本重校刊新刊本。

朱載堉『律学新説』『楽学新説』『算学新説』『律呂精義』『操縵古楽譜』『旋宮合楽譜』『郷飲詩楽譜』『六代小舞譜』『小舞郷楽譜』『二佾綴兆図』『霊星小舞譜』『聖寿万年暦』『律暦融通』、『楽律全書』、明万暦鄭藩刊本影印、北京図書館古籍珍本叢刊、北京：

書目文献出版社。
朱載堉『律呂正論』、中国芸術研究院音楽研究所資料館蔵明万暦刊本影印、続修四庫全書経部、第一一四冊、上海：上海古籍出版社、一九九五―二〇〇三年。
朱載堉『律呂質疑弁惑』、同上。
朱載堉『嘉量算経』、宛委別蔵、南京：江蘇古籍出版社、一九八八年。
朱載堉『円方句股図解』、北京師範大学図書館蔵明刊本影印、続修四庫全書子部、第一〇三一冊、上海：上海古籍出版社、一九九五―二〇〇三年。
朱載堉、閻永仁編『醒世詞』、鄭州：中州古籍出版社、一九九二年。
周敦頤『太極図説』、『周敦頤集』、北京：中華書局、一九九〇年。
徐松『宋会要輯稿』、北平図書館影印本複製重印、北京：中華書局、一九五七年。
戴震『考工記図』、叢書集成三編所収安徽叢書本、台北：藝文印書館、一九七二年。
脱脱等『宋史』、北京：中華書局、一九七七年。
脱脱等『金史』、同上。
湛若水『古楽経伝全書』、北京図書館蔵明嘉靖三十四年祝廷滂刊本、四庫全書存目叢書経部、第一八二冊、台南：荘厳文化事業、一九九七年。
陳振孫『直齋書録解題』、上海：上海古籍出版社、一九八七年。
晁公武撰、孫猛校証『郡齋読書志校証』、上海：上海古籍出版社、一九九〇年。
張載『正蒙』、『張載集』、北京：中華書局、一九七八年。
張敔『雅楽発微』、中山図書館蔵明嘉靖刊本、四庫全書存目叢書経部、第一八二冊、台南：荘厳文化事業、一九九七年。
張廷玉等『明史』、北京：中華書局、一九七四年。
趙岐注、孫奭疏『孟子注疏』、十三経注疏整理本、北京：北京大学出版社、二〇〇〇年。

鄭樵『通志』、中華書局、一九九五年。
鄭玄注、賈公彦疏『周礼注疏』、十三経注疏整理本、北京：北京大学出版社、二〇〇〇年。
鄭玄注、孔穎達疏『礼記正義』、十三経注疏整理本、同上。
程顥・程頤『河南程氏遺書』、『二程集』、北京：中華書局、一九八四年。
陳澧『声律通考』、『陳澧集』六、上海：上海古籍出版社、二〇〇八年。
陳澧「復曹葛民書」、『東塾集』巻四、『陳澧集』一、同上。
杜佑『通典』、北京：中華書局、一九八八年。
馬端臨『文献通考』、万有文庫本『十通』（乾隆官刊本）、『十通　文献通考二』、杭州：浙江古籍出版社、二〇〇〇年。
班固『漢書』、北京：中華書局、一九六二年。
房玄齢等『晋書』、北京：中華書局、一九七四年。
毛奇齢『竟山楽録』、景印文淵閣四庫全書、第二二〇冊（経部）、台北：台湾商務印書館、一九八三―一九八六年。
尤袤『遂初堂書目』、叢書集成初編所収海山仙館叢書本、上海：商務印書館、一九三五年。
陸九淵『陸九淵集』巻二二、北京：中華書局、一九八〇年。
李文察『律呂新書補註』、『李氏楽書』六種二〇巻所収、福建省図書館蔵明嘉靖刊本、四庫全書存目叢書経部、第一八三冊、台南：荘厳文化事業、一九九七年。
李文利『律呂元声』、浙江図書館蔵明嘉靖十四年浙江布政司刊本、四庫全書存目叢書経部、第一八二冊、台南：荘厳文化事業、一九九七年。
劉瑾『律呂成書』、百部叢書集成四七所収墨海金壺本、台北：藝文印書館、一九六八年。
劉濂『楽経元義』、天津図書館蔵明嘉靖刊本、四庫全書存目叢書経部、第一八三冊、台南：荘厳文化事業、一九九七年。
凌廷堪『晋泰始笛律匡謬』、続修四庫全書経部、第一一五冊、上海：上海古籍出版社、一九九五―二〇〇三年。
凌廷堪『燕楽考原』、叢書集成初編所収粤雅堂叢書排印本、上海：商務印書館、一九三六年。

凌廷堪『校礼堂文集』、北京：中華書局、一九九八年。

黎靖徳編、王星賢点校『朱子語類』、北京：中華書局、一九八六年。

廖道南『殿閣詞林記』、四庫全書珍本九集、第一三三—一三六冊、台北：商務印書館、一九七八年。

参考資料

中文（著者名ピンイン順）

安国楼・宋春「少林寺三教九流碑説」、『中原文物』、二〇〇八年、第二期、八二—八五頁。

蔡麗紅「論朱載堉的『舞学』理論」、『福建師範大学学報』、二〇〇七年、第六期、二二一—二三八頁。

陳来『宋明理学』、上海：華東師範大学出版社、二〇〇四年。

陳万鼐「明律暦学家朱載堉著作考（一）〜（三）」、『文芸復興』、一〇四—一〇六、一九七九年。

陳万鼐『朱載堉研究』、台北：故宮博物院、一九九二年。

陳万鼐『『清史稿・楽志』研究』、北京：人民出版社、二〇一〇年。

陳応時「朱載堉和古琴」、『中国音楽』、一九八五年、第一期、一三—一六頁。

戴念祖『朱載堉——明代的科学和芸術巨星』、北京：人民出版社、一九八六年。

戴念祖「朱載堉的生平和著作」、『中国科技史料』、一九八七年、第五期、四一—五一頁。

戴念祖「中国古代在管口校正方面的成就」、『黄鐘』（武漢音楽学院学報）、一九九二年、第四期、一—七頁。

戴念祖「朱載堉神道碑文注」、『中国音楽学』、二〇〇七年、第二期、五五—六一頁。

戴念祖『天潢真人　朱載堉』、鄭州：大象出版社、二〇〇八年。

戴念祖「『康乾盛世』下的朱載堉命運」、『中国音楽学』、二〇一六年、第四期、五—一三頁、四一頁。

戴念祖「朱載堉和明代一場改暦風波」、『広西民族大学学報』（自然科学版）二三―一、二〇一七年、二六―三二頁。
戴振鐸（Chen-To Tai）「広義三分損益律与朱載堉十二平均律及純律的関係」、『中国音楽学』、二〇〇〇年、第四期、一〇五―一一四頁。
鄧宏礼等『朱載堉的伝説』、鄭州：中州古籍出版社、二〇〇四年。
鄧宏礼『文化沁陽』、北京：科学出版社、二〇一一年。
董応周『狂仙朱載堉』、鄭州：中州古籍出版社、一九九七年。
杜景麗『楽聖朱載堉』、鄭州：中州古籍出版社、二〇〇六年。
杜景麗「曲儿小　韻味濃――記朱載堉『工尺譜』」、『中原文物』、二〇一六年、第一期、一一三―一一五頁。
杜石然編著『中国科学技術史稿』、北京：科学出版社、一九八二年。
范鳳書「朱載堉著述考」、『文献』、一九八七年、二〇四―二〇八頁。
范煜梅・常人葆「朱載堉的『仲呂生黄鐘正律』之論与現代験証方法」、『戯劇之家』、二〇一六年、第一一期、六二―六五頁。
方建軍「『律呂精義・楽器図様』読札」、『黄鐘』（武漢音楽学院学報）、二〇一一年、第四期、二五七―二六〇頁。
馮文慈「律学新説及其作者――紀念朱載堉誕生四五〇年」、馮文慈点注『律学新説』、北京：人民音楽出版社、一九八五年、一―二一頁。
馮文慈「朱載堉年譜」、『中国音楽』、一九八六年、第二期、一九―二〇頁。
馮文慈点注『律学新説』、北京：人民音楽出版社、一九八六年。
馮文慈「関于『朱載堉年譜』的補充説明　兼答吉聯抗同志」、『人民音楽』、一九八七年、第三期、二八―二九頁。
馮文慈点注『律呂精義』、北京：人民音楽出版社、二〇〇六年。
馮文慈「実学思潮中傑出的楽律学家朱載堉」、馮文慈点注『律呂精義』、北京：人民音楽出版社、二〇〇六年、三一―八頁。
高偉「20世紀最后十年朱載堉音楽成就研究述略」、『黄河之声』、二〇一二年、第三期、三四―三八頁。
関増建「劉歆計量理論管窺」、『鄭州大学学報』（哲学社会科学版）三六―二、二〇〇三年、一二五―一三〇頁。

黄黎星「論朱載堉的楽学与易学」、『周易研究』、二〇〇九年、第一期、六―一五頁。
黄敏学・葉鍵「朴学宗師之承接――江永的音楽史学研究」、『学術界』一八〇、二〇一三年、二〇八―二一四頁。
黄翔鵬「律学史上的偉大成就及其思想啓示」、『音楽研究』、一九八四年、第四期、一―一六頁。
吉聯抗「『朱載堉年譜』中的一些小問題」、『人民音楽』、一九八六年、第一二期、三〇頁。
賈争卉・楊小明「十二平均律：従江永和安清翹看朱載堉的思想源流」、『中国音楽』、二〇一一年、第二期、一八七―一九〇頁。
李石根「敍朱載堉霊星小舞譜」、『交響』（西安音楽学院学報）、一九九四年、第一期、八―一一頁。
李純一「朱載堉十二平均律発明年代弁証」、『音楽研究』、一九八〇年、第三期、三三―三四頁、九八頁。
李純一「『律呂精義』旧稿撰成的年代」、『中国音楽学』、一九八五年、第一期、三四―三八頁。
李曙明「朱載堉律学思惟的『自然之理』之管窺――且説十二平均律是自然律」、『中国音楽学』、一九九一年、第四期、八八―九三頁。
李天綱主編『朱載堉集』、上海：上海交通大学出版社、二〇一三年。
李一俊「江永『律呂闡微』的歴史価値」、『中国音楽学』、二〇一〇年、第四期、五七―五九頁、一二九頁。
李幼平『大晟鐘与宋代黄鐘標準音高研究』、上海：上海音楽学院出版社、二〇〇四年。
梁啓超『中国近三百年学術史』、上海：上海三聯書店、二〇〇六年。
劉漢忠「『朱載堉著述考』補」、『文献』、一九八八年、第一期、七七頁。
劉復『新嘉量之校量及推算』、輔仁大学輔仁学誌編輯会、一九二八年。
劉復「十二等律的発明者朱載堉」、『慶祝蔡元培先生六十五歳論文集』（国立中央研究院歴史語言研究所集刊外編第一種）、一九三三年、二七九―三一〇頁。
劉芊『礼楽余響　朱載堉与儒家楽教』、北京：文物出版社、二〇一五年。
劉娅娅『律以数成――朱載堉与 Stevin 等程律創立研究』、西北大学博士学位論文、二〇一四年。
劉勇「朱載堉異径管律的測音研究」、『中国音楽学』、一九九二年、第四期、五七―七五頁。

劉勇・唐継凱校注『律暦融通校注』、北京：中国文聯出版社、二〇〇六年。
劉勇「朱載堉著作的命運新探」、『黄鐘』（武漢音楽学院学報）、二〇一一年、第一期、一〇〇—一〇三頁。
劉再生『中国古代音楽史簡述』、北京：人民音楽出版社、二〇〇六年。
洛秦「朱載堉十二平均律命運的思考」、『中国音楽学』、一九八七年、第一期、八六—九二頁。
繆天瑞『律学』、北京：人民音楽出版社、一九九六年。
斉天昌「尋訪朱載堉故居」、『沁園春』、二〇〇六年、第二期、二九—三〇頁。
銭宝琮編『中国数学史』、北京：科学出版社、一九六四年。
銭穆『中国近三百年学術史』、北京：商務印書館、一九九七年。
秦序「略談朱載堉『音』・『数』思想的重大啓示——陳欣博士学位論文序」、『中国音楽学』、二〇一二年、第二期、七八—八四頁。
秦序「『精密規定』需不需要也『精密規定』？——楽律学基礎理論叩門録之一」、『音楽与表演』（南京芸術学院学報）、二〇一六年、第一期、四三—五三頁。
丘光明『中国歴代度量衡考』、北京：科学出版社、一九九二年。
山寺三知「『律呂新書』校点札記（之一）——選択底本、兼論版本系統」、『文化芸術研究』二—六、二〇〇九年、八三—八八頁。
石林昆「江永『今律』理論初探」、『天籟』（天津音楽学院学報）、二〇〇九年、第四期、五一—六一頁。
石林昆「論江永対朱載堉楽律学思想的継承与進一歩実証研究」、『中国音楽学』、二〇一二年、第四期、一六—二四頁。
史凱敏「朱載堉異径管律理論験証的再験証——与劉存俠先生商榷」、『中央音楽学院学報』、二〇一六年、第二期、一三三—一四三頁。
孫玉傑「論何瑭的二元論哲学思想」、『河南大学学報』（社会科学版）三六、一九九六年、第六期、一〇—一三頁。
孫玉傑「従朱熹的理気説到何瑭的形神二元論」、『開封大学学報』、一九九七年、第一期、六六—六八頁。
譚玉龍「『雅者、美之至也』——朱載堉与明代中後期音楽雅俗観」、『音楽研究』、二〇一六年、第四期、五二頁、八三—九三頁。
陶亜兵『明清間的中西音楽交流』、上海：東方出版社、二〇〇一年。

田中華「神道碑与朱載堉生平考述」、『中国科技史料』、二〇〇四年、第四期、三三四―三四四頁。
田中有紀「凌廷堪之経学与燕楽研究」、『東西哲学伝統中的『共生哲学』建構之嘗試国際学術研討会論文集』（台湾大学）、二〇〇九年、八六―九七頁。
田中有紀「明代儒家賦予舞踏的意義――朱載堉舞踏論中的学習過程」、『漢品』二別冊、北京：金城出版社、二〇一二年、一一―二一頁。
王光祈『中国音楽史』、桂林：広西師範大学出版社、二〇〇五年。
王克芬『中国舞踏発展史』、上海：上海人民出版社、二〇〇四年。
王克芬『中国舞踏通史』、上海：上海音楽出版社、二〇一〇年。
王克芬等主編『中国舞踏大辞典』、北京：文化芸術出版社、二〇一〇年。
王洪軍「『楽学新説』『典同』之楽律学探究」、『黄鐘』（武漢音楽学院学報）、二〇一〇年、第二期、一二八―一三三頁。
王軍「論朱載堉律学研究中的『以数為本』思想」、『星海音楽学院学報』、二〇一一年、第四期、三六―四六頁。
王軍「時代的産物――朱載堉『新法密率』産生之社会背景分析」、『人民音楽』、二〇一一年、一二、五二―五四頁。
王軍「『以道寓器』――論朱載堉律学研究中的道器合一思想」、『中国音楽』、二〇一二年、第二期、二八―三七頁。
王軍『朱載堉楽律思想研究』、北京：人民音楽出版社、二〇一三年。
王曉茹「朱載堉『楽律全書』中舞譜与合楽譜的研究」、『北京舞踏学院学報』、二〇〇九年、第三期、二七―三二頁。
王興亜「王鐸撰朱載堉『神道碑』原稿発現及其価値」、『石家庄学院学報』一八―二、二〇一六年、五九―六五頁、一四五頁。
王怡「朱載堉『楽従乎今、情合于古』思想述評」、『人民音楽』、二〇〇九年、一一、六四―六六頁。
王子初「読戴念祖『天潢真人　朱載堉』」、『中国音楽学』、二〇一一年、第三期、一四〇―一四一頁。
翁攀峰「黄鐘正律与誰合――関于朱載堉和康熙不同観点的物理証明」、『広西民族大学学報』（自然科学版）、第一九巻第三期、二〇一三年、三七―四二頁、四六頁。
呉承洛『中国度量衡史』、台北：商務印書館、一九三七年。

呉鴻雅「朱載堉新法密率的哲学意蘊」、『科学技術与弁証法』二一―四、二〇〇四年、七五―七八頁。
呉鴻雅「朱載堉新法密率的自然意蘊研究」、『自然弁証法研究』二一―一二、二〇〇五年、八〇―八二頁、一〇一頁。
呉釗・劉東昇『中国音楽史略』、北京：人民音楽出版社、一九九三年。
呉志強「朱載堉舞踏思想的現実意義」、『芸術教育』、二〇一一年、第二期、一〇七―一〇九頁。
邢兆良「晩明社会的文化変遷和科学発展」、『社会科学戦線』、一九九八年、第三期、一七四―一七八頁。
邢兆良『朱載堉評伝』、南京：南京大学出版社、一九九八年。
修海林『中国古代音楽美学』、福州：福建教育出版社、二〇〇四年。
徐飛「楊蔭瀏対朱載堉異径管律修正案得失考」、『中国音楽』、一九九六年、第二期、七―三頁。
徐艶「論朱載堉的『舞学』体系」、『四川教育学院学報』二四―六、二〇〇八年、六〇―六二頁。
許逸民・常振国編『中国歴代書目叢刊』第一輯、北京：現代出版社、一九八七年。
厳双軍『布衣王爺』、天津：百花文芸出版社、一九九一年。
楊寛『中国歴代尺度考』、上海：商務印書館、一九三八年。
楊蔭瀏「平均律算解――律呂攷之一」、『燕京学報』二一、一九三七年、一―六〇頁。
楊蔭瀏『中国古代音楽史稿』上下、北京：人民音楽出版社、一九八一年。
楊玉東「何瑭思想浅論」、『河南科技大学学報』（社会科学版）二三、二〇〇五年、第三期、二四―二七頁。
姚名達『中国目録学史』、台北：商務印書館、一九八一年。
袁静芳『民族器楽』、北京：人民音楽出版社、一九八七年。
張柏銘「浅談朱載堉縦横律度尺」、『中央音楽学院学報』、一九九四年、第三期、八二―八四頁。
張川「建国以来関于朱載堉的研究総述」、『湖北第二師範学院学報』二八―七、二〇一一年、七六―七九頁。
張川「論朱載堉『律呂精義』的楽器研究方法」、『湖北第二師範学院学報』三三―一二、二〇一六年、四一―四四頁。
張岱年『中国哲学大綱』、北京：中国社会科学出版社、一九八二年。

張立文『中国哲学範疇発展史（天道篇）』、北京：中国人民大学出版社、一九八八年。

張立文『中国哲学史主要範疇概念簡釈』、杭州：浙江人民出版社、一九八八年。

張培瑜等『中国古代暦法』、北京：中国科学技術出版社、二〇〇八年。

張慶雲編『鄭王朱載堉』、鄭州：中州古籍出版社、一九九二年。

張志荘「朱載堉十二平均律与『河図』『洛書』」、『河南理工大学学報』（社会科学版）一〇—四、二〇〇九年、六三八—六四一頁。

張志荘「朱載堉『密率律度相求第三』釈解」、『焦作師範高等専科学校学報』二五—三、二〇〇九年、一—三頁。

張志荘「朱載堉『密率周径相求第六』数据再研究」、『焦作師範高等専科学校学報』二六—三、二〇一〇年、五—七頁、四八頁。

衷爾鉅「王廷相和何瑭関于形神問題的一場弁論」、『河南師範大学学報』、一九八七年、第一期、三七—四五頁。

中国芸術研究院音楽研究所編『中国音楽詞典』、北京：人民音楽出版社、一九八五年。

中国芸術研究院音楽研究所資料室編『中国音楽書譜志』（増訂版）、北京：人民音楽出版社、一九九四年。

周予同『中国経学史講義』、上海：上海文芸出版社、一九九九年。

朱伯崑『易学哲学史』、北京：昆侖出版社、二〇〇五年。

卓仁祥（Gene Cho）、隆玉麟訳、鄧希路校『東西方文化視野中的朱載堉及其学術成就』、北京：中央音楽学院出版社、二〇〇九年。

欧文（著者名アルファベット順）

Chung, Ming, HSUEH, Robert. 1973. *Zue musikwissenschaftlichen Bedeutung Dschu Dsai-yus*. Wien: Universitat Wien, Ph. D. dissertation.
Godwin Chou, Kwongyan. 2008. *Twelve-Tone Equal Temperament: Prince Zhu Zhaiyu– His Discovery and Inspiration*. Hammond. IN: American Conservatory of Music, Ph. D dissertation.
Kuttner, Fritz A. 1975. "Prince Chu Tsai-yü's Life and Work: A Re-evaluation of His Contribution to Equal Temperament Theory". Champaign: *Ethnomusicology*, 19, 163–206.

Needham, Joseph. 1962. *Science and Civilisation in China : Physics and Physical Technology*. Cambridge: Cambridge University Press.

Lam, Joseph S.C.. 1998. *State Sacrifices and Music in Ming China : Orthodoxy, Creativity, and Expressiveness*. Albany: State University of New York Press.

Pian, Rulan Chao. 1967. *Song*（ママ）*Dynasty Musical Sources and Their Interpretation*. Cambridge: Harvard University Press.

Robinson, Kenneth. 1980. *A Critical Study of Chu Tsai-yü's Contribution to the Theory of Equal Temperament in Chinese Music*. Wiesbaden: Steiner.

和文（著者名五十音順）

明木茂夫『楽は楽なり――中国音楽論集』、東京：好文出版、二〇〇五年。

明木茂夫『楽は楽なりⅡ――中国音楽論集　古楽の復元』、東京：好文出版、二〇〇七年。

吾妻重二『朱子学の新研究』、東京：創文社、二〇〇四年。

アドルノ・Th・W、渡辺健・高辻知義訳『音楽社会学序説』、東京：平凡社、一九九九年。

荒木雪葉『論語における孔子の教育思想と楽』、福岡：中国書店、二〇一三年。

伊東倫厚主編『易学哲学史』訳注、日本周易学会、二〇〇六年。

井上進「『千頃堂書目』と『明史芸文志』稿」、『東洋史研究』（京都大学）五七、一九九八年、二七七―三〇六頁。

岩田重雄「新莽嘉量について」、『計量史研究』二六―二、二〇〇四年、九三―九九頁。

ウェーバー、マックス、安藤英治・池宮英才・角倉一朗訳解『音楽社会学』、東京：創文社、一九六七年。

上山春平「朱子の『家礼』と『儀礼経伝通解』」、『東方学報』五四、一九八二年、一七三―二五六頁。

牛嶋憂子『王光祈文献総目録　付著訳年譜』、東京：アジア文化総合研究所出版会、二〇〇七年。

榎本泰子『楽人の都・上海　近代中国における西洋音楽の受容』、東京：研文出版、一九九八年。

小方厚『音律と音階の科学――ドレミ……はどのようにして生まれたのか』、東京：講談社、二〇〇七年。

加島淳一郎「斗酒なお辞せず――中国度量衡単位の変遷」、『計量史研究』二九―一、二〇〇七年、七―一四頁。

川原秀城「三統暦の世界――経学成立の一側面」、『中国思想史研究』（京都大学中国哲学史研究室）一、一九七七年、六七―一〇五頁。

川原秀城「中国声律小史」、山田慶児編『新発現中国科学史資料の研究』、京都大学人文科学研究所、一九八五年、四六三―五〇四頁。

川原秀城「律暦淵源と河図洛書」、『中国研究集刊』（大阪大学）列号、一九九五年、一―二二頁。

川原秀城「『形と神』――中国医学の〝たましい〟論」、『鍼汪』二四、二〇〇三年、一三―三五頁。

川原秀城「世界最古の統一度量衡制」、週刊朝日百科、四三『日本の歴史　古代3　暦と年号・度量衡』、東京：朝日新聞社、二〇〇三年、八九頁。

簡其華等編著、石黒健一訳『中国の楽器』、東京：シンフォニア、一九九三年。

関増建、加島淳一郎訳「中国計量史上の貴宝――新莽嘉量」、『計量史研究』二六―二、二〇〇四年、一〇一―一〇五頁。

岸邉成雄『東洋の楽器とその歴史』、東京：弘文堂、一九四八年。

岸邉成雄『唐代音楽の歴史的研究』上・下、東京：東京大学出版会、一九六〇年。

岸邉成雄『唐代音楽の歴史的研究』続巻（復刻版）、大阪：和泉書院、二〇〇五年。

吉川良和『中国音楽と芸能』、東京：創文社、二〇〇三年。

木下鉄矢「朱熹の『易』理解について（1）」、『岡山大学文学部紀要』二〇、一九九三年、五三―六五頁。

木下鉄矢「理・象・数そして数・象・理―朱熹の『易』理解―」、『東洋古典学研究』三、一九九七年、二三―六六頁。

楠山春樹『淮南子』上、東京：明治書院、一九七九年。

栗原圭介『中国古代楽論の研究』、東京：大東文化大学東洋研究所、一九七八年。

呉釗・劉東昇、古新居百合子・南谷郁子訳『中国音楽史』、東京：シンフォニア、一九九四年。

江文也『上代支那正楽考――孔子の音楽論』、東京：平凡社、二〇〇八年。

小島毅「宋代の楽律論」、『東洋文化研究所紀要』一〇九、一九八九年、二七三―三〇五頁。

小島毅「嘉靖の礼制改革について」、『東洋文化研究所紀要』一一七、一九九二年、三八一―四二六頁。

小島毅『中国近世における礼の言説』、東京：東京大学出版会、一九九六年。

小島康敬編『「礼楽」文化　東アジアの教養』、東京：ぺりかん社、二〇一三年。

小竹武夫訳『漢書2　表・志上』、東京：筑摩書房、一九九八年。

児玉憲明「劉歆の音律理論」、『待兼山論叢』一五、哲学篇、一九八二年、三三―四七頁。

児玉憲明「『周礼』楽律解釈初探――鄭注の位置」、『人文科学研究』（新潟大学）六九、一九八六年、四七―七三頁。

児玉憲明「律呂新書研究序説――朱熹の書簡を資料に成立の経緯を概観する」、同上八〇、一九九二年、六九―一〇八頁。

児玉憲明「候気術に見える気の諸観念」、同上八二、一九九二年、一―二九頁。

児玉憲明「『律呂新書』研究――『声気之元』と『数』」、同上九五、一九九八年、一七―三九頁。

児玉憲明「経学における『楽』の位置」、同上一〇六、二〇〇一年、三三―五五頁。

児玉憲明「蔡元定律呂本原詳解」、同上一二五、二〇〇九年、一四一―一七六頁。

児玉憲明「蔡元定律呂證辨詳解（一）」、同上一三〇、二〇一二年、三三―六二頁。

児玉憲明「蔡元定律呂證辨詳解（二）」、同上一三二、二〇一三年、一五―四〇頁。

児玉憲明「『楽記』の音楽論　楽記の成立事情」http://hyena.human.niigata-u.ac.jp/files/jugyo/yueji/yueji01.html（新潟大学中国思想史研究室オンライン授業）（最終アクセス　二〇一四年四月十五日）

島一「『通典』における杜佑らの議論について――食貨・選挙・職官を中心として」、『立命館文学』五〇〇、一九八七年、四七六―五〇九頁。

島一「『通典』における杜佑の議論について――食貨・刑法を中心として」、『立命館文学』五〇二、一九八七年、一〇六三―一〇八五頁。

島一「中唐期の天人論と杜佑の『通典』」、『立命館文学』五〇六、一九八八年、四九六―五二四頁。

朱伯崑・伊東倫厚主編『易学哲学史訳注』、日本周易学会、二〇〇六年。

銭宝琮編、川原秀城訳『中国数学史』、東京：みすず書房、一九九〇年。

孫玄齢『中国の音楽世界』、東京：岩波書店、一九九〇年。

瀧遼一『中国音楽再発見　思想篇』、東京：第一書房、一九九二年。

瀧遼一『中国音楽再発見　歴史編』、同上。

竹内照夫『礼記』、東京：明治書院、一九七七年。

田中淡『中国建築史の研究』、東京：弘文堂、一九八九年。

田中淡編『中国技術史の研究』、京都大学人文科学研究所、一九九八年。

田中淡「『営造法式』自序看詳総釈部分校補訳注（上）」、『東方学報』七二、二〇〇〇年、七七一―八一三頁。

田中有紀「北宋雅楽における八音の思想――北宋楽器論と陳暘『楽書』、大晟楽」、『中国哲学研究』（東京大学）二三、二〇〇八年、三八―九四頁。

田中有紀「朱載堉の黄鐘論『同律度量衡』――累黍の法と九進法、十進法の並存」、同上二五、二〇一一年、六六―一〇五頁。

田中有紀「明代楽論に見る『朱子学的楽律論』の変容――『往而復返』と『礼失求諸野』」、『日本中国学会　第一回若手シンポジウム論文集』、二〇一二年、一五五―一七〇頁。

田中有紀「朱載堉の律暦合一思想」、『中国――社会と文化』二七、二〇一二年、一四三―一六〇頁。

田中有紀「朱子学の楽律思想――黄鐘論と度量衡論」、『知のユーラシア4・宇宙を駆ける知』、東京：明治書院、二〇一四年、九五―一二一頁。

田中有紀「何塘の陰陽論と楽律論――明代後期楽論及び朱載堉との比較を通して」、『中国哲学研究』（東京大学）二七、二〇一四年、一―六三頁。

田中有紀「朱載堉の楽律論における『周礼』考工記・嘉量の制――後期の数学書及び楽律書を中心に」、『経済学季報』（立正大

学）六三―四、二〇一四年、一一九―一五五頁。

田中有紀『中国の音楽論と平均律――儒教における楽の思想』、東京：風響社、二〇一四年。

田中有紀「江永の十二平均律解釈と河図・洛書の学」、『日本中国学会報』六七、二〇一五年、一六四―一七八頁。

田中有紀「朱載堉の十二平均律における理論と実験」『中国の音楽文化――三千年の歴史と理論』、東京：勉誠出版、二〇一六年、八八―一二三頁。

田邊尚雄『東洋音楽史』、東京：雄山閣、一九三〇年。

田邊尚雄『音楽音響学』、東京：音楽之友社、一九五一年。

田邊尚雄『音楽通論』、東京：東京電機大学、一九五九年。

田邊尚雄『中国・朝鮮音楽調査紀行』、東京：音楽之友社、一九七〇年。

陳応時、山寺三知訳「中国楽律研究の回顧と展望」、『国学院短期大学紀要』二五、二〇〇八年、二三―三五頁。

柘植元一・植村幸生編『アジア音楽史』、東京：音楽之友社、一九九六年。

杜石然、川原秀城訳『中国科学技術史』上下、東京：東京大学出版会、一九九七年。

内藤虎次郎「通典の著者杜佑」、『龍谷大学論叢』二八九、一九三〇年、一―一一頁。

内藤湖南『支那目録学』、『内藤湖南全集』巻一二、東京：筑摩書房、一九六九―一九七六年。

中純子「北宋期における唐代音楽像――『新唐書』『礼楽志』を中心にして」、『天理大学学報』五八―二、二〇〇七年、一―一五頁。

中純子『詩人と音楽――記録された唐代の音』、東京：知泉書館、二〇〇八年。

中純子『中国音楽の泉』、天理：天理大学出版部、二〇〇八年。

長井（野村）尚子「朱載堉『楽学新説』における数学的叙述」、『お茶の水女子大学中国文学会報』一八、一九九九年、九四―八七頁。

長井尚子「朱載堉『瑟譜』について」、『お茶の水女子大学人文科学紀要』五五、二〇〇二年、二六一―二七四頁。

長井尚子「朱載堉舞踏譜小考」、『お茶の水女子大学中国文学会報』二一、二〇〇二年、七九―九六頁。

長井尚子「朱載堉の瑟論――初期論考と後期論考の比較を通じて」、『人間文化論叢』六、二〇〇三年、一四九―一五八頁。

長井尚子「『瑟譜』の予備的考察――熊朋来と朱載堉の瑟の調弦をめぐって」、『お茶の水女子大学中国文学会報』二三、二〇〇四年、一三四―一二〇頁。

長井尚子「瑟の楽器学――失われた古代中国楽器の文化象徴的役割」、お茶の水女子大学博士学位論文、二〇〇九年。

中山茂「消長法の研究（Ⅰ）――東西観測技術の比較」、『科学史研究』第二期六六、一九六三年、六八―八四頁。

中山茂「消長法の研究（Ⅱ）」、『科学史研究』第二期六七、一九六三年、一二八―一三〇頁。

ニーダム、ジョセフ、東畑精一・藪内清訳『中国の科学と文明』、東京：思索社、一九七七年。

バターフィールド、ハーバード、渡辺正雄訳『近代科学の誕生』上、東京：講談社、一九七八年。

蜂屋邦夫「范縝『神滅論』について」、『東洋文化研究所紀要』（東京大学）六一、一九七三年、六三―一一八頁。

藤枝守『響きの考古学――音律の世界史』、東京：音楽之友社、一九九八年。

ベッカー、パウル、河上徹太郎訳『西洋音楽史』、東京：新潮社、一九七二年。

ヘンリー、ジョン、東慎一郎訳『十七世紀科学革命』、東京：岩波書店、二〇〇五年。

堀池信夫「京房の六十律――両漢経学の展開と律暦学」、『日本中国学会報』三一、一九七九年、七四―八九頁。

堀池信夫「中国音律学の展開と儒教」、『中国――社会と文化』六、一九九一年、一一四―一四一頁。

堀池信夫「『音楽社会学』ノート――音律理論の形成についての予備的考察」、『哲学・思想論集』（筑波大学）一八、一九九三年、一九―四〇頁。

馬淵昌也「王廷相思想における規範と人間――人性論・修養論を中心に」、『東方学』七三、一九八七年、九三―一〇七頁。

溝口雄三・丸山松幸・池田知久編『中国思想文化事典』、東京：東京大学出版会、二〇〇一年。

藪内清『中国の天文暦法』、東京：平凡社、一九六九年。

山下龍二「羅欽順と気の哲学」、『名古屋大学文学部研究論集』（哲学）、一九六一年、一―五四頁。

山田慶児『朱子の自然学』、東京：岩波書店、一九七八年。

山田慶児『授時暦の道』、東京：みすず書房、一九八〇年。

山寺三知「朱熹『琴律説』における調弦法について」、『国学院雑誌』一〇六―一一、二〇〇五年、一―一三頁。

渡辺正雄編著『ケプラーと世界の調和』、東京：共立出版、一九九一年。

朱載堉関連年表

西暦	年号	年	中国の政治と礼楽制度	朱載堉関連	中国科学史と西学	ヨーロッパの歴史と科学
1533	嘉靖	12	夏言が大雩の祀で雲門の曲・舞を行なうべきと上言する.	朱厚烷が鄭王となる．何瑭が『追封鄭定王碑銘』を撰し，朱厚烷との交流が始まる.		
1534		13	南京太廟の火災.			
1535		14	八廟から成る宗廟を建設（北京・南京). 七廟の楽制が不備だったため，礼官が太廟のやり方に依拠して宗廟雅楽を定めるよう上言する. 七廟楽官と楽舞生を増設し，2200人に至る. 張鶚が太常卿となる．特鐘を設けること，宮懸を復すること，元気を候い鐘律を定めることを求める.			
1536		15		朱載堉が生まれる.		
1538		17	山西遼州同知李文察が『聖図解』『楽記補説』『律呂新書補注』『興楽要論』を上進．礼部に評価され，太常典簿となる. 上帝を元極宝殿にて大享するにあたり，祈穀の楽器を借用しようとしたが，鐘・磬・琴・瑟が大き過ぎて元極殿の陛上に陳設できず，春祈・秋報の楽器を用いるよう請願するが許されず，楽器は殿の左右四間に並べ，楽舞は陛上に置いた.			

西暦	年号	年	中国の政治と礼楽制度	朱載堉関連	中国科学史と西学	ヨーロッパの歴史と科学
1540		19	一条鞭法が始まる.			
1541		20	北京宗廟の火災. →七廟楽官と楽舞生を増やす. 王艮（1483-1541），没.			
1543		22		何瑭（1474-1543），没.		コペルニクス（1473-1543）『天体の回転について』刊行，地動説を発表する.
1546		25		朱載堉が鄭世子に冊封される.		ルター（1543-1546），没.
1549		28		朱厚烷が何瑭の『柏斎集』を刊行する.	ザビエル（1506-1552）が日本に到着.	
1550		29		朱厚烷が爵位を剥奪され，朱載堉も鄭世子の身分を剥奪.		
1551		30	楽舞生を減らし，1053 人とする.			
1558		37			周述学『神道大編暦宗算会』完成.	
1560		39	湛若水（1466-1560），没.	朱載堉，『瑟譜』に序をなす.		
1562		41				ユグノー戦争（～ 1598）.
1565		44	礼官が諸王府の女楽を批判．宴享には仮に鼓吹を用いるよう詔される.	朱載堉，少林寺にて『混元三教九流図』を描き，碑文を撰す.		
1566		45	世宗崩御.			
1567	隆慶	1	海禁が解除される.	朱厚烷が復爵し，朱載堉も再び鄭世子となる.		
1568		2				オランダ独立戦争（～ 1609）.
1569		3	協律郎等の官を 48 人に革める.			

1570		4		朱載堉，何瑭の孫娘と結婚.		
1571		5				レパントの海戦.
1572		6	穆宗崩御．張居正（1525-1582）の改革が始まる（～ 1582）.			
1578	万暦	6			李時珍（1518-1593）『本草綱目』完成.	
1580		8		朱載堉が竹と黍を採取させ，律管を作成して実験を行なう.		スペインがポルトガルを併合.
1581		9		『律暦融通』に序をなす.		ネーデルラント連邦共和国樹立.
1582		10			マテオ・リッチ，マカオに到着.	グレゴリウス 13 世（1502-1585）の暦法改正.
1583		11	王畿（1498-1583），没.			ガリレオ，振り子の等時性を発見.
1584		12		『律学新説』に序をなす.		
					マテオ・リッチ北京在住を許可される.	
	（神宗時）			『律呂精義』『律学新説』『楽舞全譜』を上進．当時の典楽尤世賢によって正しさが証明される.		
1592		20	文禄の役.		程大位『算法統宗』編纂.	
1595		23		『暦書』（『律暦融通』『聖寿万年暦』『万年暦備考』を上進，大統暦を修正する必要性を上言.	邢云路が治暦の重要性を上言.	
1596		24		『律呂精義』に序をなす.	邢云路が大統暦の修正を上言.	
1597		25	慶長の役.		マテオ・リッチがローマにあてた手紙の中に「Cem-	

西暦	年号	年	中国の政治と礼楽制度	朱載堉関連	中国科学史と西学	ヨーロッパの歴史と科学
					sceze Zaeiu」（鄭世子，朱載堉）らの改暦運動に関する記述.	
1598		26				ケプラー『宇宙の神秘』刊行. ナントの王令，プロテスタントに信仰の自由が認められる.
1602		30	李贄（1527-1602），没.		マテオ・リッチ『坤輿万国全図』作成.	オランダ，東インド会社設立.
1603		31		『算学新説』刊行（『楽律全書』完成）.		
1604		32			李之藻，マテオ・リッチとの交流を始める.	
1605		33		朱載堉，爵位を譲る.		
1607		35		『楽律全書』と楽器を鄭王に送る.	マテオ・リッチ，徐光啓と『幾何原本』を漢訳.	
1609		37				ガリレオ式望遠鏡の制作，木星の衛星，土星の環が発見される. ケプラー，惑星運動に関する第1法則，第2法則を発見.
1610		38		『嘉量算経』『律呂正論』『円方句股図解』が完成	邢云路が致仕し郷里に向かう途中，懐慶府に立ち寄り朱載堉と会う．帰郷後『古今律暦考』を送り，朱載堉が序をなす.	

					マテオ・リッチ（1552-1610）没.	
1611		39	党争が起こる.	朱載堉（1536-1611），没.		
1613		41			李之藻が改暦に関して西洋暦算書の翻訳の必要性を上奏.	
1617		45	『金瓶梅』出版.			
1618		46			李之藻『頖宮礼楽疏』刊行，十二平均律に依拠した計算を記述.	三十年戦争勃発.
1619		47				ケプラー，第3法則を発見.
1620	（泰昌）	48(1)	神宗崩御，光宗崩御.			
1621	天啓	1			邢云路が中法に基づき日食の推算を行なうが天象に合わなかった.	
1622		2			アダム・シャール（1591-1666）来朝.	
1624		4				オランダ，台湾を占領.
1627		7	熹宗崩御.			
1628	崇禎	1	陝西地方で大飢饉，農民反乱に発展.			
1629		2			徐光啓が西法で日食予報計算を行ない的中.	
1620頃					邢云路（1580頃-1620頃），没.	
1630		3			ケプラー（1571-1630），没.	
1631		4			『崇禎暦書』の編纂（～1634）．李之藻（1565-1631），没.	
1632		5			徐光啓，宰相となる.	
1633		6			徐光啓（1562-1633），没.	

西暦	年号	年	中国の政治と礼楽制度	朱載堉関連	中国科学史と西学	ヨーロッパの歴史と科学
1637		10			宋応星『天工開物』完成.	
1642		15	礼部が「郊廟の祭の琴瑟や舞容が乱れている. 舞生を選抜し直し,『律呂正声』の舞図舞節の通りにすべき」と上言.			ガリレオ（1564-1642), 没.
1643		16	冬至・正旦・寿節・端陽・中秋及び諸大典礼には楽の演奏を許可するが, その他はみな免除すると勅命が出される.		大統暦廃止の詔勅.	
1644		17	北京陥落, 崇禎帝自殺.			
1646	順治	3			『時憲暦』頒行. 湯若望,『崇禎暦書』を改め『西洋新法暦書』を上呈.	
1652		9			南懐仁（フェルビースト）来華.	
1672	康熙	11			南懐仁, 欽天監監正となる.	
1673		12			梅文鼎『暦学疑問』刊行.	
1687		26				ニュートン『プリンキピア』刊行, 万有引力の法則を発表.
1688		27			南懐仁（1623-1688), 没.	
1721					梅文鼎（1633-1721), 没.	
1724	雍正	2			『律呂正義』『数理精蘊』『暦象考成』を合わせ『律暦淵源』を刊行.	
1727						ニュートン（1642-1727), 没.
1762					江永（1681-1762), 没.	

索　引

人名索引

事項索引

さ　行

著者略歴

1982年　千葉県千葉市に生まれる.
2005年　東京大学文学部卒業.
2007年　東京大学大学院人文社会系研究科修士課程修了.
　　　　中国北京大学哲学系高級進修生,
　　　　立正大学経済学部専任講師を経て,
2014年　東京大学大学院人文社会系研究科博士課程修了.
現　在　立正大学経済学部准教授. 博士（文学）

主要著書

『中国の音楽論と平均律――儒教における楽の思想』
（風響社, 2014年）.

中国の音楽思想
朱載堉と十二平均律

2018年9月21日　初　版

［検印廃止］

著　者　田中有紀《たなかゆうき》

発行所　一般財団法人　東京大学出版会
代表者　吉見俊哉
153-0041 東京都目黒区駒場4-5-29
http://www.utp.or.jp/
電話 03-6407-1069　Fax 03-6407-1991
振替 00160-6-59964

組　版　有限会社プログレス
印刷所　株式会社ヒライ
製本所　牧製本印刷株式会社

ISBN 978-4-13-016037-7　Printed in Japan